学前教育史

郭法奇　编著

北京大学出版社
PEKING UNIVERSITY PRESS

图书在版编目(CIP)数据

学前教育史/郭法奇编著. —北京：北京大学出版社，2022.6
21世纪学前教育专业规划教材
ISBN 978-7-301-32988-7

Ⅰ. ①学… Ⅱ. ①郭… Ⅲ. ①学前教育—教育史—世界—幼儿师范学校—教材 Ⅳ. ①G619.1

中国版本图书馆CIP数据核字(2022)第071211号

书　名	学前教育史 XUEQIAN JIAOYUSHI
著作责任者	郭法奇　编著
责任编辑	于　娜
标准书号	ISBN 978-7-301-32988-7
出版发行	北京大学出版社
地　址	北京市海淀区成府路205号　100871
网　址	http://www.pup.cn　新浪微博：@北京大学出版社
电子信箱	zyl@pup.pku.edu.cn
电　话	邮购部 010-62752015　发行部 010-62750672　编辑部 010-62767857
印刷者	北京溢漾印刷有限公司
经销者	新华书店
	787毫米×1092毫米　16开本　19.75印张　432千字 2022年6月第1版　2022年6月第1次印刷
定　价	65.00元

未经许可，不得以任何方式复制或抄袭本书之部分或全部内容。
版权所有，侵权必究
举报电话：010-62752024　电子信箱：fd@pup.pku.edu.cn
图书如有印装质量问题，请与出版部联系，电话：010-62756370

内 容 简 介

《学前教育史》力求内容全面、系统,以帮助读者从整体上把握中外学前教育发展的历史及其规律。全书共分上下两编。上编为中国学前教育史,主要包括六章内容:古代学前教育实践、古代学前教育思想、清末时期学前教育、民国时期学前教育、著名教育家的学前教育思想、中国当代学前教育。下编为外国学前教育史,主要包括六章内容:古代学前教育、近代学前教育实践、近代学前教育思想、现代学前教育实践、现代学前教育思想、当代学前教育国际化。

本书的主要特点是:(1)力求恰当、全面把握中外学前教育发展的基本线索、特征和趋势;(2)注重学前教育的历史与逻辑的统一,通过各章节的阐述客观反映从古代社会到现代社会演进过程中学前教育发展的历史脉络和基本逻辑;(3)在兼顾学前教育思想和学前教育实践的基础上,注重历史的纵向演进与问题的横向维度的统一;(4)本书结构均衡、主题突出,注重学习目的与问题反思的结合,有利于读者更好地把握学前教育史的基本内容。

本书适合学前教育专业学生以及对学前教育史感兴趣的读者阅读。

作者简介

郭法奇 教授,博士生导师,曾任北京师范大学教育学部教育历史与文化研究院院长。主要研究领域为学前教育史、西方教育史学、杜威教育思想研究等。主要著作有《中外教育简史》《外国学前教育史》《教育史研究:寻求一种更好的解释》《欧美儿童研究运动:历史、比较及影响》等。在《新华文摘》《教育研究》《比较教育研究》《教育学报》等国内核心期刊发表多篇论文。

前　言

自从人类社会产生以来,儿童的养护和教育就成为人类教育活动的重要内容之一,并伴随着人类教育的演进而得到改善。学前教育史就是记录和研究人类社会不同历史时期和阶段儿童养护和教育的历史。在学前教育历史的早期,尽管人们可能缺乏对儿童的有意识的研究,但却在养护和教育的过程中留下或者记录了许多宝贵的观察和培育儿童的资料,为以后人们有意识地、系统地研究学前教育历史提供了重要的基础和条件。

从学前教育的历史来看,无论是在古代,还是在近现代,学前儿童教育主要是从家庭开始的,家庭学前教育是儿童养护和教育的最初阶段和基础阶段。儿童的成长离不开家庭、父母,也离不开全社会的关爱。也正是在学前家庭教育的基础上逐步形成了学前教育关注和研究的一些基本问题。这些基本问题包括:如何认识儿童的地位,儿童与父母、与成人是什么关系,儿童的发展阶段和特点如何,儿童教育的内容和方法有哪些,等等。进入近代社会以后,随着学前教育社会化的开始,各种新的因素包括学前教育社会机构的出现、社会有关学前教育政策的提出,以及国家和政府对学前教育的干预,使学前教育研究的问题更为丰富和多样化。学前教育的研究已经从家庭的学前教育扩展到社会的学前教育;从单一的学前教育机构扩展到多元化的学前教育形式;特别是随着现代国家学前教育制度的建立,以及学前教育的国际合作与交流,使得学前教育发展和研究进入一个全新的阶段。

学前教育史是教育史学科的重要组成部分,二者既有联系,又有区别。教育史为前者提供了背景和基础,学前教育史则丰富了后者的内容与形式。由于学前教育史学科自身的性质,它又具有不同于教育史学科的特点和内容。目前研究存在的主要问题是:由于资料的匮乏和不足,往往把教育史中的一些内容当作学前教育史的内容,尤其是在学前教育思想的研究中,常常把一些教育家论述学校教育思想的史料直接用到学前教育思想研究中,不仅不利于解释学前幼儿发展的特点,也难以反映学前教育历史发展的基本特征。

学前教育史有自己的学科体系和逻辑结构,仅仅参照教育史学科的体系或逻辑来进行解释显然是不够的。学前教育史的体系和逻辑结构的核心就是根据儿童自身发展的特点,把握不同时期儿童发展及学前教育发展的基本问题及影响因素,揭示学前教育发展的基本特征和演进趋势。基于上述认识,在学前教育史的研究中,如何提出一个能够恰当反映学前教育发展的解释框架是非常必要的。美国著名科学哲学家库恩(Thomas Kuhn)曾经指出,研究上提出一个新的东西的过程就是用新的"范式"(paradigm)替代旧"范式"的过程。虽然新的范式产生于旧的范式,收编了旧范式的一些概念或语汇,但是新范式要通过对这些概念和语汇的整合,建立一种"新的关系"。[①] 这个过程就是,首先

---

① 〔美〕托马斯·库恩.科学革命的结构[M].金吾伦,等译.北京:北京大学出版社,2003:134.

是根据当代教育发展的实际,对原有的概念进行新的解释;其次是建立一个新的解释框架,对原有资料进行分析,并且给予新的解释。对于学前教育史来说,它意味着在对一些相关概念进行解释的同时,建立一个新的分析框架,把"原有的资料",运用到新分析框架中,建立一种新的关系,形成新的认识和解释。这一过程需要根据对已有资料进行分析和评判,需要把过去的资料和新的研究成果结合起来,以便获得对学前教育史的新的认识。

教育部在2020年5月印发的《高等学校课程思政建设指导纲要》(教高〔2020〕3号)中明确指出:"培养什么人、怎样培养人、为谁培养人是教育的根本问题。"《高等学校课程思政建设指导纲要》要求:专业教育课程要根据不同学科专业的特色和优势,深度挖掘提炼专业知识体系中所蕴含的思想价值和精神内涵,增加课程的知识性、人文性,提升引领性、时代性和开放性。历史学类课程要在课程教学中帮助学生掌握马克思主义世界观和方法论。要结合专业知识教育引导学生深刻理解社会主义核心价值观,自觉弘扬中华优秀传统文化、革命文化、社会主义先进文化。教育学类专业课程在课程教学中要引导学生树立学为人师、行为世范的职业理想,培育爱国守法、规范从教的职业操守,培养学生传道情怀、授业底蕴、解惑能力。"学前教育史"课程属于教育学类专业课程,也是教育学与历史学交叉学科课程。基于《高等学校课程思政建设指导纲要》的基本要求,本书的主要特色如下。

(1)根据马克思主义历史唯物主义的世界观和历史观,力求恰当、全面展示学前教育发展的基本线索,把握学前教育发展的基本特征和趋势。

(2)运用马克思主义的历史与逻辑的辩证统一方法论,通过各章节的阐述客观反映从古代社会到现代社会演进过程中学前教育发展的历史脉络和基本逻辑。

(3)在构建学前教育思想和学前教育实践框架的基础上,注重历史的纵向演进与问题的横向维度的统一,注重课程的学习目的与问题反思的结合,通过设置一定的思考练习题,提升学生分析、解决教育历史问题的能力。

(4)深度挖掘学前教育专业知识体系中所蕴含的教育家的思想价值和精神内涵,体现课程的知识性、人文性、时代性和开放性的统一,引导学生自觉弘扬中华优秀传统文化和社会主义先进文化,理解和尊重不同国家的历史和文化特征。

在撰写本书的过程中,学前教育史界同人的研究专著和教材为本书的编写提供了有益的参考和诸多启发,在此表示诚挚的谢意!同时也要特别感谢学前教育史的前辈,北京师范大学的何晓夏教授为校对书稿提供的原始文本,感谢同事乔卫平教授和李子江教授为校对书稿所做出的工作。在此,对于前辈和同事的无私奉献表示衷心的谢意!

衷心感谢北京大学出版社为本书的出版提供的大力支持!感谢责任编辑于娜女士精益求精的工作和在本书编写中的愉快合作。

郭法奇

2021年6月30日

目 录

绪 论 …………………………………………………………………………… 1

上编　中国学前教育史

第一章　古代学前教育实践 …………………………………………… 11
第一节　原始社会至先秦时期的学前教育 ………………………… 11
一、原始社会时期的学前教育 ……………………………………… 11
二、原始社会后期学前教育机构的出现 …………………………… 12
三、奴隶社会的学前教育目标和计划 ……………………………… 13
四、春秋战国时期的学前教育 ……………………………………… 14
第二节　秦统一至清末前的学前教育 ……………………………… 17
一、学前教育的主要内容与方法 …………………………………… 17
二、学前教育的教材 ………………………………………………… 21
三、学前教育的社会慈幼活动 ……………………………………… 23
四、古代社会、家庭对学前儿童的认识 …………………………… 23
自我评量 …………………………………………………………………… 31

第二章　古代学前教育思想 …………………………………………… 32
第一节　贾谊的学前教育思想 ……………………………………… 32
一、论"早谕教" …………………………………………………… 32
二、论师保傅制 ……………………………………………………… 33
第二节　颜之推的学前教育思想 …………………………………… 34
一、论教育对象和教育目的 ………………………………………… 34
二、论家庭的早期教育 ……………………………………………… 35
三、儿童早期教育的主要方法 ……………………………………… 36
第三节　朱熹的学前教育思想 ……………………………………… 37
一、重视学前儿童的蒙养教育 ……………………………………… 37
二、重视学前教育环境的选择 ……………………………………… 37
三、儿童学习当从"眼前日用之事"开始 ………………………… 38
四、应当重视儿童行为习惯的培养 ………………………………… 39

第四节　王守仁的学前教育思想 ……………………………… 39
　　一、创设适合儿童发展的教育环境 ………………………… 40
　　二、"明人伦"的儿童教育目的 …………………………… 40
　　三、德育为中心的儿童教育内容 …………………………… 41
　　四、顺应儿童身心发展的"自然教育" …………………… 43
自我评量 ……………………………………………………………… 45

第三章　清末时期学前教育 …………………………………… 46
第一节　清末时期学前教育的社会基础 ……………………… 46
　　一、清末时期学前教育的政治经济基础 …………………… 46
　　二、清末时期学前教育的思想文化基础 …………………… 47
第二节　蒙养院制度的建立与实施 …………………………… 48
　　一、科举制的废除和封建传统教育的结束 ………………… 48
　　二、"癸卯学制"与蒙养院制度的建立 …………………… 49
　　三、"癸卯学制"中关于蒙养院的规定 …………………… 49
　　四、蒙养院制度的实施 ……………………………………… 52
第三节　清末时期学前教育思想 ……………………………… 54
　　一、康有为的学前教育思想 ………………………………… 55
　　二、梁启超的学前教育思想 ………………………………… 56
第四节　外国人在华的学前教育活动 ………………………… 58
　　一、外国人创办幼稚园的目的和活动 ……………………… 58
　　二、外国人创办的幼稚园的保教内容和方法 ……………… 59
　　三、外国人创办的幼稚师范学校 …………………………… 59
自我评量 ……………………………………………………………… 60

第四章　民国时期学前教育 …………………………………… 61
第一节　蒙养园制度的确立与发展 …………………………… 61
　　一、"壬子癸丑学制"的颁行 ……………………………… 62
　　二、蒙养园制度的确立与发展 ……………………………… 62
第二节　幼稚园制度的确立与实施 …………………………… 63
　　一、幼稚园制度的确立 ……………………………………… 64
　　二、幼稚园制度的实施 ……………………………………… 64
　　三、幼稚园的发展 …………………………………………… 66
　　四、幼稚师范教育的发展 …………………………………… 67
第三节　外国学前教育思潮的影响 …………………………… 68
　　一、外国学前教育思想的引进 ……………………………… 68

二、学前教育思潮的兴起和几所著名的幼稚园 ………………………………… 70
　自我评量 ……………………………………………………………………………… 73

第五章　著名教育家的学前教育思想 ………………………………………………… 75
第一节　蔡元培的学前教育思想 …………………………………………………… 75
　　一、"五育"并举的教育方针 ……………………………………………………… 75
　　二、尊重和发展儿童个性的教育观 ……………………………………………… 76
　　三、平民教育和儿童公育的思想 ………………………………………………… 77
　　四、美育思想及儿童美育 ………………………………………………………… 77
第二节　鲁迅的学前教育思想 ……………………………………………………… 78
　　一、儿童观与儿童教育 …………………………………………………………… 78
　　二、儿童教育的方法 ……………………………………………………………… 79
　　三、儿童读物与儿童教育 ………………………………………………………… 80
第三节　陶行知的学前教育思想 …………………………………………………… 82
　　一、普及幼稚教育思想 …………………………………………………………… 82
　　二、儿童生活教育思想 …………………………………………………………… 84
　　三、解放儿童的创造教育思想 …………………………………………………… 85
　　四、幼稚师范教育思想 …………………………………………………………… 86
第四节　张雪门的学前教育思想 …………………………………………………… 88
　　一、论幼稚教育的目的和目标 …………………………………………………… 88
　　二、论幼稚园的"行为课程" ……………………………………………………… 89
　　三、论幼稚师范教育 ……………………………………………………………… 91
第五节　陈鹤琴的学前教育思想 …………………………………………………… 92
　　一、"活教育"理论与儿童的发展 ………………………………………………… 94
　　二、论儿童的发展与教育 ………………………………………………………… 95
　　三、论幼稚园教育 ………………………………………………………………… 98
第六节　张宗麟的学前教育思想 …………………………………………………… 99
　　一、幼稚教育的作用和意义 ……………………………………………………… 100
　　二、幼稚教育的服务对象和发展方向 …………………………………………… 100
　　三、论幼稚园课程 ………………………………………………………………… 101
　　四、论幼稚园教师的培养 ………………………………………………………… 103
　自我评量 ……………………………………………………………………………… 104

第六章　中国当代学前教育 …………………………………………………………… 105
第一节　社会主义改造时期的学前教育 …………………………………………… 105
　　一、新学制中学前教育的地位 …………………………………………………… 105

二、《幼儿园暂行规程》和《幼儿园暂行教学纲要》的制定 ……………… 106
　　三、学习苏联学前教育经验和学前教育学术批判 …………………… 108
　　四、学前教育事业得到较快发展 ……………………………………… 108
　　五、学前教育师资的快速发展 ………………………………………… 109
第二节　社会主义建设时期的学前教育 ………………………………… 111
　　一、学前教育方针的确立 ……………………………………………… 111
　　二、学前教育的曲折发展 ……………………………………………… 112
　　三、学前教育领域的整顿和提高 ……………………………………… 112
　　四、"文化大革命"时期的学前教育 …………………………………… 113
第三节　社会主义建设新时期的学前教育 ……………………………… 114
　　一、学前教育管理体制的恢复和整顿 ………………………………… 114
　　二、学前教育事业的稳步发展 ………………………………………… 116
　　三、学前教育师资的发展 ……………………………………………… 119
　　四、学前教育的国际合作与交流 ……………………………………… 121
　自我评量 ……………………………………………………………………… 122

下编　外国学前教育史

第七章　古代学前教育 …………………………………………………… 127
第一节　古希腊的学前教育 ……………………………………………… 127
　　一、古希腊社会儿童的地位 …………………………………………… 127
　　二、古希腊社会儿童的特性 …………………………………………… 128
　　三、古希腊教育家的学前教育思想 …………………………………… 129
第二节　古罗马的学前教育 ……………………………………………… 134
　　一、古罗马社会儿童的地位 …………………………………………… 134
　　二、古罗马社会儿童的特性 …………………………………………… 135
　　三、古罗马学前教育思想 ……………………………………………… 136
第三节　中世纪和文艺复兴时期的学前教育 …………………………… 140
　　一、西欧中世纪的学前教育 …………………………………………… 141
　　二、文艺复兴时期的学前教育 ………………………………………… 148
　自我评量 ……………………………………………………………………… 153

第八章　近代学前教育实践 ……………………………………………… 154
第一节　近代英国学前教育实践 ………………………………………… 154
　　一、贫困问题与幼儿机构计划的提出 ………………………………… 154

二、工业革命的产生与欧文幼儿学校 …………………………………… 155
　　三、英国幼儿学校运动与怀尔德斯平幼儿学校 ………………………… 159
　　四、福禄培尔幼儿园运动对英国学前教育的影响 ……………………… 160
第二节　近代法国学前教育实践 ……………………………………………… 161
　　一、慈善救济活动与奥柏林的幼儿"编织学校" ……………………… 161
　　二、贫民儿童救济活动与柯夏托儿所 …………………………………… 162
　　三、法国学前教育制度化的探索 ………………………………………… 163
　　四、福禄培尔幼儿园对法国学前教育的影响 …………………………… 164
　　五、法国托儿所的发展与母育学校 ……………………………………… 165
第三节　近代德国学前教育实践 ……………………………………………… 166
　　一、救济和保护贫儿的巴乌利美保育所 ………………………………… 167
　　二、德国托儿所的政策及规定 …………………………………………… 168
　　三、魏尔特的阿尔古斯堡托儿所 ………………………………………… 169
　　四、福禄培尔幼儿园及幼儿园运动 ……………………………………… 170
第四节　近代美国学前教育实践 ……………………………………………… 173
　　一、欧文幼儿学校的影响与幼儿"家庭学校运动" …………………… 173
　　二、福禄培尔的影响与福禄培尔式幼儿园的建立 ……………………… 174
　　三、教会和社会慈善团体开办幼儿园 …………………………………… 175
　　四、公立幼儿园的创办与学前教育制度化的探索 ……………………… 175
　　五、幼儿园协会的建立与幼儿园运动 …………………………………… 176
第五节　近代日本学前教育实践 ……………………………………………… 177
　　一、学前教育政策与幼儿教育机构的建立 ……………………………… 177
　　二、幼儿园立法与《幼儿园保育及设备规程》的制定 ………………… 179
　　三、福禄培尔幼儿园思想在日本的传播与改造 ………………………… 180
自我评量 ………………………………………………………………………… 182

第九章　近代学前教育思想 ………………………………………………… 183
第一节　夸美纽斯的学前教育思想 …………………………………………… 183
　　一、论母育学校及基本任务 ……………………………………………… 183
　　二、论儿童的价值和父母的责任 ………………………………………… 185
　　三、学前教育内容及其他教育 …………………………………………… 186
　　四、论学前教育向学校教育的过渡 ……………………………………… 188
　　五、夸美纽斯学前教育思想评价 ………………………………………… 189
第二节　洛克的学前教育思想 ………………………………………………… 190
　　一、儿童身体健康和精神健康教育 ……………………………………… 190

二、学前教育的内容和方法 …………………………………………… 192
第三节　卢梭的学前教育思想 …………………………………………… 194
　　一、儿童的地位与儿童期 ………………………………………………… 194
　　二、儿童的发展阶段与教育 ……………………………………………… 196
　　三、学前教育的方法 ……………………………………………………… 198
第四节　裴斯泰洛齐的学前教育思想 …………………………………… 201
　　一、婴幼儿成长与"母爱"教育 …………………………………………… 201
　　二、论学前教育的内容 …………………………………………………… 202
　　三、影响儿童发展的主要因素 …………………………………………… 204
第五节　赫尔巴特的学前教育思想 ……………………………………… 205
　　一、0—3岁儿童的教育 …………………………………………………… 205
　　二、4—8岁儿童的教育 …………………………………………………… 206
第六节　福禄培尔的学前教育思想 ……………………………………… 209
　　一、对幼儿期和少年期儿童发展的认识 ………………………………… 209
　　二、幼儿园教育理论和方法 ……………………………………………… 212
　　三、幼儿园的发展和福禄培尔的贡献 …………………………………… 216
自我评量 …………………………………………………………………… 219

第十章　现代学前教育实践 …………………………………………… 220
第一节　现代英国学前教育实践 ………………………………………… 220
　　一、保育学校的创立与发展 ……………………………………………… 221
　　二、学前教育与初等教育的关系 ………………………………………… 223
　　三、英国现代学前教育的特点 …………………………………………… 224
第二节　现代法国学前教育实践 ………………………………………… 226
　　一、法国学前教育制度的形成 …………………………………………… 226
　　二、儿童智力测量与法国学前教育 ……………………………………… 227
　　三、学前教育与初等教育的关系 ………………………………………… 228
　　四、法国学前教育的特点 ………………………………………………… 229
第三节　现代德国学前教育实践 ………………………………………… 230
　　一、《儿童福利法》颁布与学前教育的发展 ……………………………… 230
　　二、学前教育与初等教育的关系 ………………………………………… 231
　　三、现代德国学前教育制度的形成 ……………………………………… 231
　　四、现代德国学前教育的主要特点 ……………………………………… 232
第四节　俄国、苏联和俄罗斯的学前教育实践 ………………………… 233
　　一、俄国的学前教育 ……………………………………………………… 233

二、苏联的学前教育 ……………………………………………………… 235
　　三、俄罗斯的学前教育 …………………………………………………… 238
　第五节　现代美国学前教育实践 …………………………………………… 239
　　一、在引进和争论中形成自己的特色 …………………………………… 239
　　二、政府主导下的学前教育"开端计划" ………………………………… 242
　　三、幼儿智力研究与学前教育实验方案 ………………………………… 243
　　四、现代学前教育制度的形成 …………………………………………… 245
　第六节　现代日本学前教育实践 …………………………………………… 246
　　一、《幼儿园令》的颁布与学前教育制度的形成 ………………………… 246
　　二、《幼儿园教育大纲》的制定与学前教育的发展 ……………………… 247
　　三、幼儿教育振兴计划与学前教育的发展 ……………………………… 248
　自我评量 ……………………………………………………………………… 249

第十一章　现代学前教育思想 251

　第一节　爱伦·凯的学前教育思想 ………………………………………… 251
　　一、对幼儿园教育的认识 ………………………………………………… 251
　　二、儿童的个性发展与教育 ……………………………………………… 252
　　三、儿童的自我发展与教育 ……………………………………………… 253
　第二节　蒙台梭利的学前教育思想 ………………………………………… 254
　　一、儿童发展观和教育观 ………………………………………………… 255
　　二、"儿童之家"的管理和教学 …………………………………………… 257
　　三、学前教育的内容和方法 ……………………………………………… 261
　第三节　杜威的学前教育思想 ……………………………………………… 263
　　一、杜威的"儿童中心观" ………………………………………………… 264
　　二、论幼儿教育的特点 …………………………………………………… 265
　　三、幼儿教育教材和方法 ………………………………………………… 266
　　四、幼儿游戏与幼儿教育 ………………………………………………… 269
　　五、杜威学前教育思想的特点及贡献 …………………………………… 271
　第四节　皮亚杰的学前教育思想 …………………………………………… 272
　　一、儿童认知的结构与发展 ……………………………………………… 272
　　二、儿童认知结构的阶段和特点 ………………………………………… 273
　　三、儿童的发展与教育 …………………………………………………… 274
　第五节　马拉古奇的学前教育思想 ………………………………………… 279
　　一、瑞吉欧教育的思想基础 ……………………………………………… 279
　　二、瑞吉欧教育的组织机构 ……………………………………………… 280

三、瑞吉欧教育的主要特点 ……………………………………………… 281
　自我评量 ……………………………………………………………………… 284

第十二章　当代学前教育国际化 ……………………………………………… 285
第一节　国际学前教育机构的建立及重要法规 ……………………………… 285
　　一、国际教育机构的建立及宗旨 ………………………………………… 285
　　二、国际学前教育机构的建立及宗旨 …………………………………… 286
　　三、《儿童权利宣言》和《儿童权利公约》 …………………………… 288
第二节　国际学前教育研究的主要问题 ……………………………………… 289
　　一、儿童发展的早期干预问题 …………………………………………… 290
　　二、儿童发展的早期评价问题 …………………………………………… 291
　　三、儿童的入学准备问题 ………………………………………………… 291
第三节　国际学前教育的主要方案及大纲 …………………………………… 293
　　一、"婴儿教育方案" ……………………………………………………… 293
　　二、"儿童看护方案" ……………………………………………………… 295
　　三、《全球幼儿教育大纲》的制定 ……………………………………… 297
　自我评量 ……………………………………………………………………… 299

参考文献 …………………………………………………………………………… 300

绪　　论

一、关于《学前教育史》编写的几个基本概念

学前教育史是教育史学科的一个分支。其研究对象是学前教育发展各个阶段儿童教育实践和教育思想演变的基本事实及其基本规律。这里涉及几个基本的概念。

目前的学前教育史研究，在概念的使用上是有不同的。其中主要涉及"学前教育"(preschool education)、"幼儿教育"(young children's education)、"儿童早期教育"(early childhood education)等概念。因此，也出现了相应的学前教育史、幼儿教育史和儿童早期教育史研究的称谓。这些概念的区别见表0-1。

表0-1　学前教育、幼儿教育、儿童早期教育的概念区别

概念	广义（泛指）	狭义（特指）
学前教育	0岁至入小学前的教育（多为0—6岁，也有的国家为0—5岁）	3、4岁—入小学前的教育，多为3、4岁—6岁
幼儿教育	0—6、7岁的教育	3—6、7岁的教育
儿童早期教育	0—6岁的教育（北美为0—8岁）	0—3岁的教育，又称先学前期

这些概念虽然在使用上有一些不同，但在具体的研究中，还是有共同的方面。如在广义"学前教育"的概念使用上，基本上是一致的，都是指0—6、7岁的儿童教育。1981年，在巴黎举行的国际学前教育协商会议上，就将学前教育概念理解为，"能够激起出生至入学前的学习愿望，给他们学习体验，且有助于他们整体发展的活动总和"[①]。

从学前教育史研究的需要来看，本书采用的是广义的概念，即与幼儿教育和儿童早期教育一致的概念。使用这一概念的一个基本考虑是，20世纪60年代以来，随着儿童早期教育为各国教育所重视，儿童早期教育也成为学前教育史研究的重要内容。儿童早期教育在国外一般是指儿童从出生到8岁以前的教育，它包括了婴儿期、幼儿期和小学低年级的教育，其中学前教育是儿童早期教育中最重要的一个阶段。但在过去，学前儿童的教育往往指入学前的幼儿园教育，并不包括学前儿童的家庭教育和社会教育，这一概念显然是有缺陷的。因此，本书这里使用的"学前教育"概念还包括学前儿童的家庭教育和社会教育。从学前教育史的角度来看，应当考察在历史发展过程中，家庭和父母与儿童的关系及教育情况；考察一定时期社会的幼儿教育设施的建立和发展情况，以及学前教育的形成和发展情况，等等。另外，关于胎教的问题，也是需要注意的，它也属于学

[①] 顾明远.教育大辞典（下）[M].上海：上海教育出版社，1998：1084.

前教育的范畴,而且中外古代教育家早就提出了这个问题。

在现代的历史条件下研究学前教育史,还应当对"儿童"(child)这一概念进行分析。儿童的概念也有广义和狭义之分。广义的儿童概念主要是指从幼儿到青少年之间未成熟的人(a young person between the periods of infancy and youth);它包括了一个人从婴儿期到青春期的发展,是关于一个人成年以前发展的许多阶段的综合概念。狭义的儿童概念是指作为一个儿童的一种状态或一段时光(the state or time of being a child),即儿童期(childhood)。它是与婴儿期(babyhood)、幼儿期(infancy)、少年期(boyhood)、少女期(girlhood)和未成年期(minority)等相联系的概念。从历史的角度来看,儿童在很长时期没有成为研究的对象。英国史学教授亨德瑞克(Harry Hendrick)说:"如果说女人是被隐藏在历史里,那么儿童则被排除在历史之外。"因此,在现代社会,人们越来越多地使用广义的儿童概念来全面和深入研究儿童的存在和发展。这种研究不仅指其领域有新的变化,其所使用的材料也有新的变化。它主要是根据历史的不同阶段,挖掘与儿童生存和发展最密切相关的资料,对儿童在不同时期发展的实际情况进行一定的研究。它包括了儿童从出生到婴儿、幼儿和少年的许多阶段。从这个角度来看,学前教育史的研究应根据儿童存在和生活空间或场所的变化,分时期、有重点地研究学前儿童存在、发展及接受教育的历史。因此,本书关注的对象主要是"学前儿童",并且尽量做到贯通学前教育史和学校教育史的联系,贯通儿童的家庭教育、学校教育与社会教育的联系,对学前儿童的存在和发展进行系统、全面、综合的研究。

二、关于《学前教育史》的编写框架

《学前教育史》的不同编写框架和章节安排不仅反映了作者对学前教育发展历史的基本认知,也是对学前教育史内容的理解和选择。这里主要就具有代表性的中外学者关于学前教育史的几部教材的编写框架作简要的分析。

第一部是南京师范大学唐淑教授主编的、人民教育出版社2007年出版的《学前教育史》。该书共分上、下两编,11章。上编为中国学前教育史,有6章,包括:古代学前教育,古代学前教育思想(包括贾谊、颜之推、王守仁),近代学前教育的产生,现代学前教育的演进,现代教育家的学前教育思想(包括张雪门、陶行知、陈鹤琴、张宗麟),当代学前教育的发展。下编为外国学前教育史,有5章,包括:古代学前教育,古代学前教育思想(包括柏拉图、亚里士多德、昆体良),近现代学前教育实践,近现代学前教育思想(包括夸美纽斯、卢梭、福禄培尔、杜威、蒙台梭利),当代学前教育实践与理论(包括皮亚杰、乌索娃、维果茨基、加德纳)。

第二部是杨雄等人编写的、西南师范大学出版社2018年出版的《学前教育史》。该书分上、下两篇,上篇是中国篇,共5章,包括:古代学前教育发展与实施,古代学前教育思想(包括贾谊、王充、颜之推、朱熹、王守仁、张履祥),近现代学前教育的发展与实施,近现代学前教育思想(包括陶行知、陈鹤琴、张雪门、张宗麟),当代学前教育的发展与实施。下篇是外国篇,也是5章,包括:古代学前教育的发展与实施,古代学前教育思想(包括柏拉图、亚里士多德、昆体良和夸美纽斯),近现代学前教育的发展与实施,近现代学前教育思想(包括洛克、卢梭、福禄培尔、蒙台梭利、马拉古奇),当代学前教育的发展与实施(包括当代西方学前教育发展的现状、新动态和发展趋势)。

第三部是李贺等人编写的、北京理工大学出版社2019年出版的《学前教育史》。该书也分上、下两篇,上篇是中国学前教育史,共5章,包括:古代学前教育的实践,古代学前教育思想(包括贾谊、颜之推、朱熹、王守仁),近现代学前教育的实践,近现代学前教育理论(蔡元培、鲁迅、陶行知、陈鹤琴、张雪门、张宗麟),当代学前教育的发展。下篇是外国学前教育史,也是5章,包括:古代的学前教育,文艺复兴时期的学前教育(包括夸美纽斯),近现代学前教育实践,近代学前教育理论(包括洛克、卢梭、裴斯泰洛齐、赫尔巴特、福禄培尔),现代学前教育理论(包括蒙台梭利、皮亚杰、德可乐利、马拉古奇)。

第四部是美国拉斯卡里德和辛尼茨(V. Celia Lascarides and Blythe F. Hinitz)编的《儿童早期教育史》(*History of Early Childhood Education*, 2000)。该书的基本结构共分四部分,共21章。第一部分,儿童早期教育的开端,有6章,包括:古典时期(古代希腊、斯巴达、雅典和罗马),欧洲的根源(中世纪和文艺复兴、夸美纽斯、17世纪的英格兰、洛克、英国婴儿学校、卢梭、裴斯泰洛齐),工业革命1700—1850(欧文),福禄培尔,后工业革命1860—1980(格雷斯·欧文、M.麦克米兰和R.麦克米兰、皮亚杰),蒙台梭利。第二部分,美国的早期教育,有7章,包括:欧洲的殖民,美国教育的改革家(赫拉斯·曼、哈里斯、霍尔、克伯屈、尤杜拉、海尔曼、进步主义运动、杜威和杜威学校),幼儿园运动,幼儿学校运动,日间托儿所到日间托儿到儿童照管,50年代联邦政府的卷入,60年代及以后联邦政府的干预。第三部分,各色各样的人口,有6章,包括:印第安人,美国黑人,亚裔美国人,西班牙语美国人,双语教育,近期海外的影响(英格兰)。第四部分,专业组织和结论,有2章,包括:专业组织及其计划(儿童教育国际协会、幼儿教育国际协会、世界儿童早期教育组织),结论(儿童的重要性、儿童的教育和照料、儿童与成人的区别、游戏的重要性、教育的目的、多样性、教学内容和教室组织、教师的专业发展以及趋势等)。

概括来说,国内几部《学前教育史》的共同特点是在发展阶段大体一致的基础上把握了学前教育发展中最重要的事件和最基本的史实。具体来说,一是在学前教育发展阶段的划分上,除了时间上有一定差异外,中国学者所编写的教材基本都是把学前教育的发展划分为古代、近代和现代三个阶段。二是在教材内容的选择上,许多章节的安排和人物的选择也大体上是一致的。三是在编写的思路上,基本都是按照历史年代分期和"实践—思想"两分的结构进行安排。四是都能够对学前教育发展的最新思想和趋势进行介绍和概括。当然,这些教材的编写也存在不足:一是有的教材仍然把夸美纽斯的教育思想放在古代部分;二是一些教材关于学前儿童和幼儿发展及教育的最新资料发掘不够,尤其是对20世纪60年代以来的新发现的儿童史资料把握不够;三是许多教材对现代学前发展中相关儿童教育国际性组织及开展教育活动和研究的情况重视不够。

比较而言,美国学者的著作在研究思路和结构安排上与我们的教材有很大不同,如编写打破时空的界限,在儿童早期教育开端的问题上,划分出工业革命和后工业革命,甚至把后工业革命时期的皮亚杰,以及学前教育的重要人物蒙台梭利放在开端的时期。美国学前教育教材的特色是重点突出和研究细致。如对在学前教育形成和发展上有重要贡献的教育家专门进行重点介绍,如对福禄培尔、蒙台梭利进行专章介绍。对在学前教育发展上有重要影响的运动进行专章介绍,如幼儿园运动、幼儿学校运动。在一些章节的后面都能够把所使用的详细的参考资料反映出来;在书后面的附录中,不是列上学前教育大事年表,而是放上幼儿学校的每日活动时间表,早期儿童教育教室的材料和配备,《儿童宪章》的内容。当然,美国人的研究是从自身的立场和历史观看待问题的,反映了教材的美国特色。

总之,通过对几部教材的分析,可以看出教材的编写需要有一个把自身立场和写作视角结合起来审视研究对象和处理史实的问题。从这个角度进行思考,关于《学前教育史》的研究和编写,需要协调好中国学前教育史和外国学前教育史的关系,把不同国家的内容放在一个恰当的、合理的框架内来思考、分析和评价一些共同的问题。

三、本书编写的基本框架与资料使用

根据对以上四部教材的分析,本书编写的基本框架如下。

(1) 从学前教育史演进的逻辑上看,与外国社会和文化的历史发展相比,中国社会、文化和教育的发展有自己的逻辑和理路。因此,本教材的编写还是按照中国学前教育和外国学前教育各自发展的线索和研究框架进行,这样可以更好地集中了解中国和外国学前教育各自的发展历史、逻辑和特点。

(2) 从学前教育发展的阶段上看,中国学前教育发展有自己的文化根基,各个阶段的划分也有自己的特点,不一定完全按照西方或者国外的发展阶段进行。同样,外国学前教育的发展也有自己的阶段,古代学前教育的发展与近现代有明显的不同。当然在关注这种区别的同时,也要注意后者对前者的继承性和批判性的发展。

(3) 中国学前教育史与外国学前教育史的交集主要在近代。因此,从近代开始,在介绍中国学前教育史的同时,要注意近现代外国学前教育思潮及流派对中国学前教育的影响,注意中国学前教育在接受这种影响的同时所进行的反思、批判和改造。

(4) 关于外国学前教育史的阶段划分和人物选择,根据学界的最新研究成果,近代学前教育的发展分期主要放在各国学前教育制度逐步建立时期。文艺复兴时期学前教育和夸美纽斯学前教育思想,虽然属于古代教育向近代教育过渡时期的内容,但是为了研究方便,还是把文艺复兴时期学前教育放在古代部分,夸美纽斯学前教育思想放在近代部分。

另外,关于《学前教育史》教材编写的资料问题也是一个需要注意的问题。从目前的已有成果来看,不管是中国学前教育史,还是外国学前教育史,在教材的编写上都存在资料需要更新和资料使用不当的问题。在资料需要更新方面,如在一些教材的编写上,没有使用最新发现的资料,或者没有把最新的研究资料放进去。在资料使用不当方面,往往用把对教育家关于一般教育或者学校教育的研究资料或者观点当成学前教育研究的资料和观点。因此,一方面,需要在资料的使用上有新的突破。例如,利用"儿童史"的研究资料。另一方面,在资料的使用上,要尽量挖掘和利用教育家关于学前教育的论述。这里主要谈前一个问题。需要指出的是,美国学者拉斯卡里德和辛尼茨的研究值得我们重视。他们在资料的使用上能够把20世纪60年代以来西方儿童史研究的最新成果反映在自己的研究中,包括菲力浦·阿利埃斯(Philippe Ariés)写的《儿童的世纪:旧制度下的儿童和家庭生活》(*Centuries of Childhood*:*A Social History of Family Life*,1962)。

20世纪60年代的西方儿童史研究是从关注历史上"儿童的命运"开始的。研究者提出的问题是,在西方过去五百年的历史中,儿童的命运是一直"延续"下来,还是经历了重大"变迁"?[①] 所谓"变迁说"是指社会、父母对儿童的关系由古代对儿童冷漠、疏远、忽视,向近代更为人性、更为亲近的方向发展;所谓"延续说"是指,在这一过程中,父母的关爱和儿童的生活并没有出现重大的转变,几乎所有的孩子都是为父母所疼爱的。

法国学者阿雷斯是"变迁说"的代表。他在研究中提出了一个重要的观点,即儿童观的发展是一个由古代向现代转变且不断进步的过程。他说:"在古代社会,童年的观念是不存在的。"[②]14世纪以后,西方社会开始出现新的动向,即通过艺术作品、肖像画和宗教来表达儿童所拥有的人格。在16、17世纪的上层社会中,儿童穿上一种可以与成人相区别的服饰。阿雷斯认为,儿童服饰的专门化表明,社会对儿童的一般态度发生了变化,一种新的儿童观念出现了:儿童是可爱、单纯的,同时也是弱小和需要保护的。到了18世纪,由于家庭对儿童身体健康和卫生的关注,现代儿童观出现了:与儿童有关的一切事情和家庭生活都成为需要关注的事情;不仅需要关注儿童的将来,也应关注他们的现在。

受阿雷斯的影响,"变迁说"成为20世纪70年代以后的主流的儿童观。一些历史学家、心理学家和医学史家参与进来,大量的研究成果出现,西方社会出现了儿童史研究的高潮。同时,一些新的资料如家书、自传、儿科医学专家的论述、育儿手册等被大量发掘出来。1973年,《儿童史季刊》(*History of Childhood Quarterly*)问世,成为当时宣传儿童史成果的最有影响的杂志之一。

但到了20世纪80年代以后,西方儿童史的研究发生了新的变化。更多的研究成果发现历史上欧洲人有儿童的观念,欧洲父母对子女有强烈的感情。他们关心孩子的需要,关怀他们的成长。在历史发展过程中,父母与子女的关系并没有出现重大的转变,而是延续性的。新的研究分析了过去的研究成果,认为过去研究较多关注父母对儿童的严厉管教,而很少说明儿童的实际生活。新的研究比较多地使用了成人的日记、儿童日记和自传,并从资料、方法等方面进行新的尝试。这样,"延续说"开始成为主流的观点,阿雷斯的观点逐步失去人们的支持。

20世纪80年代后期到90年代,人们在研究中也对这种"非此即彼"的观点提出了批评。认为历史的发展并非单一的简单选择,而是复杂和多样的,应当用辩证的观点对"变迁"和"延续"同时进行研究。这样,西方儿童史的研究又开始进入了一个新的阶段,

---

① 俞金尧.西方儿童史研究四十年[J].中国学术,2001(4).
② Philippe Ariès. Centuries of Childhood:A Social History of Family Life[M]. Translated from the French by Robert Baldick Jonathan. Cape Ltd,1962:128.

即在继续强调"延续性"的同时,更注重发掘儿童生活的多样性和复杂性。

20世纪60年代以来的西方儿童史研究取得了重要的成果,尽管也存在一些问题,①但它对促进学前教育史的研究是具有重要意义的。

第一,它提出了学前教育史研究应当重新认识儿童的问题。西方儿童史的研究表明,儿童观是一个随时间变化而变化且不断建构的概念,它随地域、文化、经济以及社会地位的不同而变化。对儿童的认识仅仅依靠传统的"变迁说"是有局限的。儿童观的变化不仅是一个"变迁"的过程,也有一个"延续"的过程,应对二者进行共同研究。单一强调"变迁说",不仅不利于全面认识儿童存在和生活的历史,也容易把对儿童的认识简单化和片面化。因此,有必要吸收现代西方儿童史研究的成果。

第二,它提供了学前教育史研究的新资料。西方儿童史的研究表明,资料的创新是历史研究得以不断发展的关键。传统的历史研究,主要是依据文献和档案材料,而儿童史的研究告诉我们,研究不仅需要文献和档案,还可利用儿童肖像、儿童艺术和民间传说等资料;利用儿童词汇、儿童玩具,甚至儿科医生的论述、给父母的建议、父母的育儿手册、日记、书信和自传等第一手资料,都是儿童史研究的重要资料。这些资料对于我们丰富对学前儿童的认识,解决学前教育史资料匮乏问题是有帮助的。

第三,在资料的使用上,它也提出了三个值得注意的问题:一是从儿童的发展来看,虽然儿童早期的养育主要是妇女的责任,但是大量的文学、美术作品、法律法令和法规实际上都是由男子设计和生产的。因此,研究者必须试图确定每一种历史资料产生的背景及与儿童的实际联系。二是许多历史资料反映的主要是贵族社会的生活方式,研究者不能据此推断这一生活方式是整个社会生活的或大部分人生活的方式,从而产生"贵族的偏见"。三是尽管在大部分时期,艺术家把儿童画成小型的成人,但不能由此就推断他们在现实中把儿童看作小型的成人。历史研究的重要原则是,资料的使用应当更能充分地反映问题的实质。

总之,本书在资料使用上的基本观点:一是以学前儿童的发展和对儿童的新认识为中心,在借鉴前人研究的基础上,吸收当代学者研究的最新成果和资料;二是尽量挖掘教育家有关学前儿童认识的史料进行研究,反映学前教育历史发展的实际情况。

同时,在教材的编写上,本书力求带着这样一些问题进行分析和思考,以促进我们对相关问题的进一步研究。在不同时期和历史发展阶段主要思考以下一些问题。

(1) 关于对儿童重要性的认识,包括对儿童的存在和地位的认识等;

(2) 关于儿童特性的认识,包括对儿童的概念、特点,以及对儿童与成人的区别的认识等;

(3) 关于儿童年龄和发展阶段的认识,包括对儿童的年龄特征、发展过程,以及对儿童发展阶段的认识等;

(4) 关于儿童教育内容和方法的认识,包括对儿童的发展所需要的有关读写算、游戏、性别教育及方法的认识等;

---

① 关于儿童史研究的成果和存在的问题可以参考俞金尧《西方儿童史研究四十年》一文。

（5）关于儿童对成人影响的认识，包括儿童的需要、思想及行为可能对成人影响的认识等。

显然，不同时期、不同国家的教育发展的不同阶段对这些问题的认识是不一样的。通过学习和思考要把握不同国家、民族和文化中儿童及学前教育的特点。

上编

中国学前教育史

第一章　古代学前教育实践

学习目的

通过本章的学习,认识中国古代各个时期学前教育的政策及基本主张,把握家庭教育和社会教育中关于儿童观、教育观的论述,以及学前教育的内容及方法。认识中国古代学前教育实践的特点及经验。

中国是一个历史悠久的文明古国。古代中国的各类教育,包括古代中国的学前教育,在当时都得到一定的发展,并占有一定的地位。

第一节　原始社会至先秦时期的学前教育

原始社会至先秦时期主要指从远古时代人类祖先的群居生活到氏族公社的出现,直到进入文明社会以后,经历了夏、商、西周,以及春秋、战国等历史时期。在这一时期,原始社会的学前教育无所谓学前与学龄的划分,学前教育实行社会的公共养育。

一、原始社会时期的学前教育

研究和了解中国远古时期人类的社会生活和儿童教育,主要依靠两个途径:一是通过考古发掘的文物进行研究;二是对已有的古籍经典进行解读。考古研究表明,在200多万年以前,中华大地上就已经有了人类的存在。大约从170万年前到5万年前,中国的原始社会处在原始人群时期。这个时期,在我国历史上曾经出现的原始人主要有元谋人(170多万年前)、蓝田人(70万—115万年前)和北京猿人(20万—70万年前)。这个时期人类生活的特点是:已经懂得用火;结群进行集体生活和生产劳动;在教育上集体教育子女,内容有如何制造和使用石器,如何用火,以及如何集体采集,等等。

大约五万年前到五千年前,中国社会进入母系氏族社会时期。这个时期社会的特点是:以母系血缘为纽带,组成社会生产和生活的基本单位,生产资料公有,人们共同劳动,共同消费。这一时期的学前教育的主要特征是共同抚养和教育。

(一) 儿童的地位

原始社会的儿童有一定地位,得到了社会成员的重视。2005年10月,中国考古工作者在陕西省武威市的文物发掘中发现了新石器时代晚期的"瓮罐葬"遗迹,并在其中25座"瓮葬"中发现了一座装有儿童的尸骨。"瓮罐葬"是当时存在的一种厚葬儿童的习俗,即在埋葬时一般是把陶罐口朝下,把陶罐的底部削掉,然后把死了的儿童蜷曲着放在陶罐里,再把底部盖上进行掩埋。据有关专家介绍,这种埋葬方式早在西安半坡的仰韶文化(前5000—前3000)中就已发现,当时人们把非正常死亡的儿童装在陶罐里,埋在人类居住地的周围,以求得心灵的安慰。"瓮罐葬"这种习俗一直延续到原始氏族社会的末期。另外,在青海马厂塬文化遗址、山东大汶口文化遗址也有类似的遗存。这些情况表明,在原始社会中,儿童已经有了一定的地位,人们往往通过一定的方式表达对儿童的存在或离去的重视和哀思。

(二)儿童教育的主要内容

从已有的研究资料看,这个时期学前教育的内容是多方面的和比较丰富的,主要包括以下几个方面。

(1)注重生活中对儿童进行道德教育和宗教教育。当时的氏族部落内没有法律和规章制度,成员的一切活动主要是按照习俗和传统行事。儿童道德教育的内容主要包括:从小就要教育他们不能损人利己,不能侵犯集体的利益,否则就要受到公众的谴责;教育他们要尊敬长辈,听从指导,照顾老人,爱护幼小,团结互助。当时的儿童宗教活动主要是原始宗教,内容有自然崇拜、图腾崇拜、鬼魂崇拜、祖先崇拜、占卜活动等。在自然崇拜教育上,如在祭日活动中,通过对太阳的崇拜,让儿童把太阳与人类生活联系起来,如时间、方位、温度等,让儿童知道它们在生活中的意义和作用。在祖先崇拜教育中,主要是将祖先神化,举行祭祖仪式,祈求祖先保护自己和后代。通过这种方式让儿童认识部落成员之间的亲缘关系,学习先辈团结互助的精神。

(2)儿童的生产劳动教育。主要是长辈将简单劳动工具的制造、取火的技术、渔猎的经验、采集和农作物栽培的经验等,传授给儿童,让他们从小了解和学习这些知识和技术。

(3)儿童的艺术教育。主要有氏族部落在举行各种仪式和节日时所组织的唱歌和跳舞活动。参与这些活动,儿童不仅可以学到曲调和舞蹈动作,还可以陶冶情操,进行审美教育。

(4)儿童的体格和军事训练。主要是应对自然环境和氏族部落之间战争的需要。在训练中,儿童要面对恶劣、艰苦的环境。同时,氏族部落里所有的成人都有责任对儿童进行体格训练。另外,儿童还要接受军事训练,学习必要的军事技能等。

总之,这一时期的学前教育主要是在生活中进行的,还没有从原始社会生活中独立出来,成为社会教育和生活教育的重要组成部分。

二、原始社会后期学前教育机构的出现

原始社会后期的父系氏族公社时期(5000年前到前21世纪),大约在公元前2700多年,产生了学校的萌芽,出现了传说中中国最早的学校——"庠"。据史籍记载,"庠"是虞舜时代的教育机构名称。最初,这一机构是一个养老的场所,后来由于老年人还要承担对儿童教育的任务,于是这一机构的任务逐渐包括对儿童进行教育,成为对学前儿童实施社会公养、公育的教育机构,"庠"也具有了对幼儿进行保育和教养的功能。

三、奴隶社会的学前教育目标和计划

进入奴隶社会(夏商西周)以后,随着文字的出现和社会分工的加强,儿童教育也逐渐从原始社会生活中分离出来,出现了专门的教育机构和教师。在夏商西周所出现的庠、序、学、校等,就是当时实施学前和初等教育的机构。儿童教育机构的产生,意味着学前教育也开始出现了。

这一时期的学前教育主要是指儿童入学前的教育。在公元前 11 世纪的西周时期,已经提出了学前教育的目标和按照儿童年龄和性别制订的学前儿童的教育计划。

学前教育的目标最早反映在先秦儒学经典《礼记》中。该书虽然成书于汉代,但对先秦的礼制,也包括对学前儿童教育进行了多方面的讨论,确立了儒家儿童教育的基本原则,被认为是儒家儿童教育思想的开端。在《礼记·内则》中,有:"三月之末……是日也,妻以子见于父……妻抱子出自房,当楣立东面。姆先,相曰:'母某敢用时日只见孺子。'夫对曰:'钦有帅。'"①这段话的意思是说,在婴儿出生三个月末举行的仪式上,母亲把孩子抱出来见父亲,父亲说,要让孩子"钦有帅"。有研究者认为,"钦有帅"就是"循善道",是对孩子一生的期许和教育要求,它构成了《礼记》的学前教育的总的目标。②

关于学前儿童的教育计划也反映在《礼记·内则》中,它是西周王公贵族子弟进行教育的计划。其中就包括进入学校前的家庭教育和学前儿童的教育计划。这一计划的具体内容是:

"子能食食,教以右手。能言,男唯女俞。男鞶革,女鞶丝。六年,教之数与方名。七年,男女不同席,不共食。八年,出入门户及即席饮食,必后长者,始教之让。九年,教之数日。十年,出就外傅,居宿于外。学书计,……女子十年不出,姆教婉娩听从。……学女事以共衣服。"

这段话的意思是,孩子自己能吃东西时,要教会他使用右手进食。在孩子开始学说话时,要教他学会应答大人的招呼。男孩子要应声"唯",发声较直些;女孩子要应声"俞",声音委婉些。在穿戴上,男孩子要学习佩戴革制衣袋,女孩子要学习佩戴丝质衣袋。儿童到了六岁时,要教他学习简单的数字,并教他辨别东西南北方位的名称。从七岁开始,男孩和女孩便不能坐在同一个席上了,也不能共用同一个食具。八岁开始,要对儿童进行一些基本的礼让训练。内容主要是关于礼让的一些规矩,如出入门或吃饭时,都要让年长者优先,做到不抢先、不挑食。九岁的时候,要教儿童学习计算日期,学会有关天干地支等基本的排列年月日的方法。儿童十岁开始,离开家庭到外面的学校学习,学习识字和算术。女孩十岁时不再出门,由保姆或母亲教女德、女工等女孩子应当学习的事情。

《礼记·内则》这一计划提出后对后世的学前教育产生较大影响。有研究者指出,宋代司马光的《涑水家仪》的全篇内容就是对《礼记·内则》这一计划的进一步解释。分析

---

① 礼记·内则.
② 韩臣才.《礼记》儿童教育思想初探[D].杭州:浙江大学硕士学位论文,2020.

《礼记·内则》的这一计划内容可以看出，中国古代学者已经对学前教育有了较为初步的认识，主要表现为：

第一，学前教育已经有了按照儿童发展的一定阶段安排不同内容的考虑，并对儿童发展阶段有了初步的认识；

第二，学前教育已经有了生活常规教育、文化知识教育和道德教育，其中学前儿童的礼仪、规矩教育成为最重要的教育内容之一；

第三，已经有了根据性别进行的男女不同的学前教育，而且比较重视对男孩的教育；

第四，在学前日常行为教育上，一些规定是比较严格的，如用右手吃饭，对男孩和女孩的不同发声要求等。

可以看出，这一时期的学前教育主要是家庭教育。学前教育虽然与社会生活开始分开，但主要是在家庭中进行，并且成为家庭生活的重要组成部分。

四、春秋战国时期的学前教育

（一）学前教育的政策及主张

春秋战国时期，由于连年战乱，造成人口死亡率激增、大片土地荒芜、劳动力短缺的局面，为了解决这些问题，许多国家采取了一些积极的社会改进政策和措施。例如，齐国提出了"敬老慈幼，无忘宾旅"政策，管仲也在齐国倡导"老老"和"慈幼"。越国则采取了鼓励妇女生育，保护幼儿的措施。其中包括由国家派"乳医"帮助妇女分娩；生育三个孩子的家庭，由国家派乳母加以照料；生育两个孩子，由国家提供食物等。

这个时期，一些政治家和教育家也提出了社会应重视学前教育的主张。例如，孔子就强调："老者安之，朋友信之，少者怀之。"[①]意思是说，让年老的都得到安心，让朋友们都信任，让年轻人都得到关怀。孟子则主张："老吾老，以及人之老；幼吾幼，以及人之幼。"[②]意思是说，敬爱自己家的老人，也敬爱别的老人；呵护自己的孩子，也呵护别人的孩子。这些主张在一定程度上反映了社会对敬老慈幼和学前教育的重视和关心。

（二）儿童的家庭教育

春秋战国时期的学前教育主要是在家庭中进行的，下面通过几个方面的现实情况来看这一时期人们对学前教育的基本认识。

1. 关于家庭教育作用的论述

关于儿童家庭教育作用的认识，许多思想家都提出了自己的看法。孟子说："天下之本在国，国之本在家，家之本在身。"[③]意思是说家庭是治国的基础，而家庭中子女的教育又是治国的根本。家庭教育的最终目的就是齐家治国平天下。这也对学前儿童家庭教育提出了较高的要求。

战国末期韩国的哲学家韩非所阐述的主张也具有一定代表性。韩非指出："爱子者

---

① 论语·公冶长·第二十六.
② 孟子·梁惠王上.
③ 孟子·离娄上.

慈于子,重生者慈于身,贵功者慈于事。慈母之于弱子者,务致其福;务致其福,则事除其祸;事除其祸,则思虑熟;思虑熟,则得事理;得事理,则必成功;必成功,则其行之也不疑;不疑之谓勇。圣人之于万事也,尽如慈母之为弱子虑也,故见必行之道。见必行之道,则其从事亦不疑;不疑之谓勇。不疑生于慈,故曰:'慈,故能勇。'"①

这段话的意思是说,喜欢孩子的对孩子慈爱,重视生命的对身体爱惜,看重功业的对事务珍惜。慈母对于幼儿,要致力于给他幸福;致力于给他幸福,就要免去他的祸害;免去他的祸害,就要考虑周详;考虑周详,就要获得事理;获得事理,就必定会成功;必定会成功,实行起来就不要犹豫;不犹豫就会勇敢。圣人对于万事万物,全部像慈母为幼儿考虑一样,所以看到了一定要实行的道理。看到了一定要实行的道理,则做事情就不犹豫;不犹豫就叫作勇敢。不犹豫,则产生慈爱。所以说,有了慈爱,就能够勇敢。在这里,韩非虽然是在谈论圣人要学习母亲慈爱孩子的精神,但是也可以看到,作为家庭中的母亲为了孩子的成长所具有的"慈爱为本"和"为母则刚"的意志和品质。同时,这些话包含了作为一个母亲,只有慈爱孩子,才能够真正教育孩子的思想。

当然,韩非也注意到了儿童家庭教育中母亲在教育孩子时"慈爱"与"溺爱"的区别,提出了"爱而有教"的主张。他说:"慈母之于弱子也,爱不可为前。然而弱子有僻行,使之随师;有恶病,使之事医。不随师则陷于刑,不事医则疑于死。慈母虽爱,无益于振刑救死,则存子者非爱也。"②

这段话的意思是,在家庭教育中,慈母对于孩子的爱是任何其他的爱都无法超越的。但是如果孩子有了不良行为,就要让他接受管教;有了重病,就要让他就医治疗。不接受管教,就会犯法受刑;不去就医治疗,就会临近死亡。慈母虽然有对孩子的爱,但必须是爱而有教;溺爱则是爱而无教,是放弃了教育孩子的责任,不是对孩子真正的爱。

韩非的这些主张反映了在对待母亲"爱孩子"的问题上如何处理情感与理性关系问题的正确理解,是难能可贵的。

2. 儿童家庭教育的育儿习俗

这个时期的儿童家庭教育,还可以通过当时的一些育儿习俗略见一斑。《礼记·内则》中记载,婴儿出生时,生男则在产房门的左侧挂上弓弧,以示将来习武从军之事;生女则在产房门的右侧挂上绢帨(佩巾),以示将来从事家务绣织之事。这种象征性的悬挂物在一定程度上预示了父母对孩子的将来成长的一种期望,也是古代社会男女分工活动在学前教育观念上的反映。同时,还要在三天之内选择吉日,举行接子仪式。接子之后,需要将婴儿安置在其他的房间内,选择慈惠、温和、恭敬、寡言、品行端正的人作婴儿的"子师",对婴儿实施道德教育。同时还要选择"慈母""保姆",来负责婴儿的哺乳及饮食起居。子师、慈母和保姆要与婴儿同居一室,以便更好地照顾婴儿。

3. 贵族儿童的家庭教育

关于贵族儿童家庭教育内容的记载是比较多的。这里的贵族儿童家庭教育主要是

---

① 韩非子·解老.
② 韩非子·八说.

以宫廷的太子们为教育对象,多采取"师保傅"制和"备三母"制等形式。

(1) "师保傅"制

"师保傅"制是一种在宫廷里设置专门的师保傅官,对统治者及其继承者进行辅导和教育的制度。

根据史料记载,早在殷商时期,宫廷里就有了师、保、傅官。西周时的师保傅官制度进一步完善。当时关于"师保傅"职责的明确规定是:"保,保其身体;傅,傅之德义;师,导之教训"①,即负责身体的养护;培养道德和进行文化知识及统治经验的传授。以后,设置的太师、太保、太傅官合称为"三公",他们的副职分别称为少师、少保、少傅,合称为"三少"。需要指出的是,这些师保傅官,都是从贵族和官僚大臣中选出的出类拔萃的男子,负责对太子们的道德、知识和身体进行训练。

"师保傅"制的出现,说明统治阶级非常重视对年幼帝王进行教育。

(2) "备三母"制

宫廷里的师保傅官都由男子担任,为朝廷正式官员。他们的工作主要在外廷,培养太子从事政治活动所必备的道德品质和知识才能。与此同时,在宫内,还设有"三母"制度,即选择条件合适的女子担任保育和教导太子的职责。由于这一制度在一定程度上分解了母后的一些工作,它也被称为"备三母"制。根据文献记载,太子出生后不久,就要"异为孺子室于宫中,择于诸母与可者,必求其宽裕、慈惠、温良、恭敬、慎而寡言者,使为子师,其次为慈母,其次为保母,皆居子室,他人无事不住"②。子师、慈母、保母,合称为"三母",她们共同承担教养太子的任务。但也有不同的分工。即"师,教以善道者;慈母,审其欲恶者;保母,安其寝处者"③。也就是说,子师要负责对太子道德行为规范的教育;慈母主要根据太子的需要,供给衣食和其他所需;保母负责安置和料理太子的睡眠。

总之,宫廷中太子的道德行为规范的培养和日常生活的起居由三母负责。除了"三母"外,宫廷还为幼小的太子设"乳母",以其乳汁哺育太子。据说,这一时期宫廷采取的"备三母"制和乳母的制度,也影响到了士大夫家庭,但是规格逐次下降。"以庶母为慈母",兼子师、保母之责;而士以下的家庭,"妻自养其子"。从这里可以看出,这一时期的许多贵族家庭都是比较重视对幼儿的教育的。

(三) 社会"慈幼"活动

这一时期出现的社会"慈幼"活动属于儿童社会教育的一种形式,主要是以社会的慈幼活动或者相应举措为其表现形式的。

史前阶段的慈幼活动主要是指社会全体成员对处于学前阶段儿童的照顾和教育,进入阶级社会以后逐步发展为国家统治者的一种政治举措或政府行为。例如,管仲在齐国就曾经实行"九惠之教"政策,专门设置掌幼官员,规定平民有幼子者,若由于幼弱不能抚养者,以及一家有3个幼儿者,妇人免税赋;有4个幼儿者全家免征赋税;有5个幼儿者,国家要派保姆帮助,国家给两个人的口粮。春秋末年,越国也采取了鼓励妇女生育、保护

---

① 大戴礼记·保傅.
② 礼记·内则.
③ 礼记·内则.

幼儿的措施,其中就包括国家派医生帮助妇女分娩;对于多孩子的家庭,国家可派乳母进行照料等。

虽然这个时期的"慈幼"活动主要为解决多子女家庭的幼儿照顾问题,谈不上较多的教育,但在一定程度上反映了国家和社会对儿童存在和地位的重视。

(四) 学前教育的胎教之道

学前教育的胎教之道主要指妇女在怀孕期间通过采取一些自我调节、约束行为的措施,期望对胎儿施加一定影响,以生育健康、聪明后代的一种教育方式。中国是世界上最早重视和提倡胎教的国家之一。

据记载,在三千多年前的西周就已经有了关于胎教之道的论述。刘向在所著《列女传·周室三母》中说,西周文王的母亲太任自妊娠后,"目不视恶色,耳不听淫声,口不出敖言,能以胎教"。意思是说,孕妇应不看丑恶的东西,不听邪恶的声音,不说傲慢的话,能自觉地实行胎教。以后,周文王的孙子周成王的母亲也实施胎教。汉代的贾谊在《新书·胎教》中也说,周成王的母亲能够做到"立而不跛,坐而不差,笑而不喧,独处不倨,虽怒不詈"。意思是,孕妇站立时不将身体重心放在一条腿上或跷着脚远看;坐着时身体不歪斜;笑时不大声;独处一人时也不放纵懈怠;发怒时也不破口骂人。

当然,西周的胎教之道当时主要是在宫廷里。春秋战国以后,胎教之道开始走出宫廷,渐为民间所知晓和践行。据《韩诗外传》记载,孟子的母亲怀孟子时,"席不正不坐,割不正不食,胎之谓也"。意思是说,孕妇的一切起居、饮食,皆以"正"为标准。总之,古代的胎教之道在一定程度上显示了学前教育注重孕妇在幼儿最初发育阶段的"慎始""正本"的自我行为约束的意蕴。

第二节 秦统一至清末前的学前教育

自公元前221年秦始皇统一中国以后,经过两汉、三国、魏、晋、南北朝、隋、唐、五代十国、宋、元、明、清的历代发展,到1840年鸦片战争,共两千多年,是中国历史发展的重要时期,这一时期被称为中国的封建社会时期。这一时期,古代学前教育又有很大发展,形成了许多新的内容和特点。

一、学前教育的主要内容与方法

这一时期的学前教育主要包括品德行为教育、生活常规教育、文化知识教育、身体保健教育等。

(一) 儿童的品德行为教育

中国古代的教育一般是以道德教育为主,学前教育也不例外。这一时期学前儿童品德行为教育主要在家庭中进行,包括使儿童形成初步的道德观念,培养良好的行为习惯等。

1. 孝悌之道教育

孝,主要指敬重长辈;悌,主要指敬爱兄长。孝悌之道的教育就是对幼儿从小进行敬重长辈和敬爱兄长的教育,形成尊长敬上的观念和行为习惯。

关于对幼儿进行敬重长辈的教育,主要包括两个方面:一是要求儿童从小养成不违父母意志,服从父母权威的习惯。这可以从"教"字来看。甲骨文上的"教"字,左边是"孝"字,意味"子曲伏于父",右边是手执木棒的形象。这一要求在早期的《礼记·内则》也可以看到。例如其中的"男唯女俞"都是应答"是"的意思,但男女孩声调不同。清代教育家李毓秀所作的《弟子规》中也有:"父母呼,应勿缓;父母命,行勿懒;父母教,须敬听;父母责,须顺承。"总之,在孩子的教育上,父母的一切言行都是重要的,都要放在第一位且不能违背。二是要求儿童从小养成敬奉双亲的行为习惯。做到心中有父母,从小学会侍奉父母。《礼记·曲礼》中就有:"凡为人子者,冬温而夏凊,昏定而晨省。""出必告,反必面,所游必有常,所习必有业。"这是告诉孩子,冬天要使父母暖而不受凉,夏天要使他们凉爽而不受热,早晚要向他们问候请安;外出要禀告,回来要面告,游玩要有固定的地方,学习要有方向,不可松懈。《孝经·纪孝行》中也有类似的要求:"孝子之事,亲也,居则致其敬,养则致其乐,病则致其忧,丧则致其哀,祭则致其严,五者备矣,然后能事亲。"这句话的意思是,孝敬父母之事主要有五件:一是要在父母平居无事时当尽其孝敬之心;二是要在奉养父母时当尽其和乐之心;三是在父母有病时要尽其忧虑之情;四是万一父母不幸病故要悲痛哭泣,极尽哀戚之情;五是父母去世后,要庄严、肃敬地进行祭奠。具备以上五项孝行,才能很好地尽孝道。

关于让幼儿形成敬爱兄长的教育,主要是要求儿童对待兄长时要尽做弟弟的本分,从小要学会敬爱兄长,形成敬重兄长的风气。东汉文学家孔融(153—208)"让梨"的故事就是这方面最具典型的代表之一。孔融4岁时,有一次客人送来一筐梨,围在旁边的五个哥哥争相拿大的吃。孔融却不作声,父亲让他先挑,他挑了一个最小的,父亲问他为什么这样做,他说自己年纪小,应当让哥哥们先拿,自己后挑吃小的。孔融的这种礼让行为受到父亲和家人的夸奖。

2. 要求儿童从小养成崇尚俭朴的行为习惯

崇尚节俭,反对奢华,这是中国古代家庭对后代的普遍要求。司马光就曾说过:"俭,德之共也;侈,恶之大也。""俭则寡欲""侈则多欲"。意思是说,节俭,是最大的德;有德行的人都是从节俭做起的。奢侈,是最大的恶。节俭,则少贪欲;奢侈,则多贪欲。司马光在《训俭示康》中特别警示:"由俭入奢易,由奢入俭难。"他告诫人们,由节俭进入奢侈很容易;由奢侈进入节俭就困难了。如果不能够使后代养成俭朴的习惯,他们就有可能成为败家子。为了养成儿童俭朴的行为习惯,司马光提出了许多要求。如在饮食与穿着上,不要太讲究。认为小孩穿裘裳之衣,会助长他们的奢侈之心;给孩子留过多的金钱财产,会助长他们的为恶之心。

3. 要求儿童从小养成诚心的行为习惯

诚心就是诚实之心。要求儿童从小保持纯真童心和诚实之心。明人李贽在《焚书·童心说》中指出:"夫童心者,真心也。"儿童的天性纯真,但由于自夸或惧怕等原因,有时也会说谎。他认为"若失却童心,便失却真心;失却真心,便失却真人。人而非真,全不复有初矣"。因此要保护儿童的童心,大人要进行正面的教育,以自身诚实行为来引导儿童,如发现儿童有说谎行为,要及时纠正。

4. 要求儿童从小养成行善积德的习惯

中国古人非常重视"善有善报,恶有恶报"之说,要求要积小善以成大德,从小事做起,养成行善积德的行为习惯。《易经》中说:"善不积,不足以成名;恶不积,不足以灭身。"刘备在《敕刘禅遗诏》中说:"勿以恶小而为之,勿以善小而不为。"这些都是要求儿童从小要养成做好事的习惯,积小德以成大德,做一个积德行善的人。

(二)儿童的生活常规教育

学前儿童的生活常规教育一般是通过日常生活的规矩或者礼仪以约束儿童的行为、培养良好习惯的教育。由于这一时期的儿童难以理解深刻的道理,在日常生活中,主要是训练他们要做什么,不要做什么,逐渐形成必要的习惯。古代学前儿童的生活常规教育主要包括日常生活常规礼仪的教育和卫生习惯养成的教育。

关于儿童日常生活常规礼仪的教育,一般也称为"幼仪",其中的"礼教"是对儿童进行生活常规教育的核心。总的原则是孔子的关于"礼教"的观点,即"非礼勿视、非礼勿听、非礼勿言、非礼勿动",即不合礼的不要看,不合礼的不要听,不合礼的不要说,不合礼的不要动。

在学前儿童日常生活常规礼仪教育的方法上,主要是以日常训练为主。

(1)注重儿童合乎礼仪的姿态训练。要求儿童"立必正方,不倾听",即儿童站立要直和正,不能侧身听长辈讲话。

(2)对儿童进行尊长敬上的训练。要求儿童对父母,要学会作揖拱手;每日清晨和晚上要向父母请安;父母召唤,要赶快应答;若手上有事,要放下;若正在吃东西,要赶快吐出;召唤后,要疾走,但不能跑;到了长辈面前,要站好,不能侧着身子听长辈讲话;长辈有教训,要低头听受,不可多嘴,更不可顶嘴。

(3)进行待人接物的常规礼仪训练。要求儿童与人同坐时,双臂不要妨碍别人;与父亲的朋友见面时,进退要听从吩咐;与客人同进屋时,要让客人先行;别人吃东西时,不要吐唾沫。

关于儿童卫生习惯养成的教育,主要包括两个方面:一是个人卫生;二是环境卫生。在个人卫生方面,如要求儿童要早起,自己洗脸、漱口、梳头等,外出穿戴要整齐,饮食卫生要讲究。在环境卫生方面,要求儿童不但要保持环境整洁,还要会自己整理、打扫。

总之,古代学前儿童的生活常规要求比较严格,注重行为规范和生活细节,如尊敬父辈,要求儿童坐有坐相,站有站相,吃有吃相。从一定方面来说,这对儿童适应环境,养成一定的社会和生活礼仪是必要的。但是由于禁止儿童跑、跳、嬉笑,对父辈只能低声顺从,不许有自己的独立看法,这对儿童健康人格的形成又是不利的。

(三)儿童的文化知识教育

在中国古代社会,儿童的文化知识教育也是学前教育的重要内容之一。这方面的内容主要包括语言教育、识字教育、计算计育、自然和生活常识教育等。

1. 语言教育

中国古代家庭很重视学前儿童的说话和言语教育。如"男唯女俞"的规定,就反映了学前儿童在说话时要注意自身性别与说话表达之间的关系。当然学习言语还要注意其影响。明代医师万全在《育婴家秘·鞠养以慎其疾》中说："小儿能言，必教之以正言，如鄙俚之言，勿语也。"意思是说，要求孩子学言语之初，要就正辟邪，不能让孩子学说粗俗、低下的话。

2. 识字教育

主要是在孩子入学前学习一些汉字，这是当时许多家庭的普遍做法。清人崔学古在《幼训》中指出，孩子"五六岁时，方离襁褓，未脱孩心，眷眷堂前，依依膝下，乃其天性本真。若令就学，每日先令习坐，习静，识字"。这段话的意思是，在学前教育时期，不要教孩子书本知识，主要是让他们识字，练习写字。可以把字写在一寸大小的纸上，如"闻"与"文"，"张"与"章"等，让孩子一一识之、练习。对于那些天资聪敏者，则可以对字面意思进行一些解说，让其了解。待孩子认识一些字后，则可以用线把这些纸字穿起来，每日练习十个字。据记载，清初的唐彪也有类似的做法，不过他采取的是用小木板识字的方法。每块一字，学习《千字文》；每日识三五字。还可以将字组成句子，或聚或散，或乱或齐，任其玩耍。清人王筠则认为，4—5岁的学前儿童，识字二千也并非难事。

3. 计算教育

古代儿童的计算教育多是初级的数字计算。《礼记·内则》中就有6岁时要教儿童个、十、百、千、万等数字和东、西、南、北、中、上、下等方位的名称。9岁时教计算时、日、月、年等日期。宋代的司马光曾要求子孙1—3岁学习数字与方位名。

4. 自然和生活常识教育

这种教育主要是在生活中进行，多是遇物而教。明代医师万全在《育婴家秘·鞠养以慎其疾》中说："衣服器用、五谷六畜之类，遇物则教之，使其知之也。"另外，在学前儿童的知识教育中，也经常含有自然常识方面的内容。如《三字经》中有"三光"（日、月、星），"四时"（春、夏、秋、冬），"五行"（金、木、水、火、土），"六谷"（稻、粱、菽、麦、黍、稷），"六畜"（马、牛、羊、鸡、犬、豕）等有关动植物和自然现象的知识，通过这种知识的学习，让儿童了解和掌握一些相关的自然和生活方面的知识。

（四）儿童的身体保健教育

中国古代家庭也比较重视儿童的身体保健教育。如明代医师万全在《育婴家秘·鞠养以慎其疾》中认为，儿童"能坐、能行，则扶持之，勿使其倾跌也"。明人徐春甫在《古今医统·婴幼论》中要求仆人"不可训其手舞足蹈，无礼骂人，高举放倒，猛推闪避"。关于儿童的身体保健教育，还有学者提出了注重儿童生活起居、饮食、提高儿童抗御疾病能力的观点。如儿童衣食不要过饱、过暖。另外，儿童还可以参加游戏活动以达到锻炼身体的目的。当时已经有的儿童游戏，包括拔河、跳绳、踢球、踢毽子等。

总之，以上所介绍的中国古代学前教育的内容和方法是较为多样和丰富的，反映了学前儿童在德智体等多方面成长和发展的特点。当然也存在一些不足：一是这些内容多以道德教育为主，且主要围绕品行和礼仪规范进行；二是对儿童的道德要求和行为规范具有成人化的倾向，儿童自身的特点和需要注意不够；三是所记载的资料来源较为单一，主要是一些典籍或书籍，较少有来自民间或家庭的材料。

二、学前教育的教材

古代学前教育的教材一般指与儿童发展和教育有关的读本,也称蒙养教材。早期主要是识字教材,宋代以后出现各种类型的教材。从内容上分有伦理道德、生活常识、典章名物等方面的;从形式上分有诗歌、故事、图画、歌舞和游戏,其中又以诗歌和故事为主。因古代儿童读物多以韵语编写,所以诗歌形式较为普遍。

(一)幼儿诗歌类

用诗歌形式编写幼儿教材,语言凝练,句式整齐,押韵上口,易受儿童喜欢。幼儿诗歌类教材按内容分,主要有识字类、训诫类和知识掌故类。

1. 识字类

秦朝有《仓颉篇》,汉朝有《急就篇》,南北朝时期有《千字文》,以及宋初的《百家姓》、宋末的《三字经》,都属于此类。其中又以《三字经》《百家姓》和《千字文》(俗称"三百千")影响最大。

《三字经》的作者是南宋的王应麟。该书是流行最广、影响最大的蒙学读物。共有300多句,1000多字,三字一句,六字一押韵,句中有一定的声调起伏,内容较《千字文》浅显易懂,适合学前儿童识字。如"人之初,性本善。性相近,习相远。苟不教,性乃迁。教之道,贵以专。昔孟母,择邻处。子不学,断机杼。""养不教,父之过。教不严,师之惰。子不学,非所宜。幼不学,老何为?玉不琢,不成器。人不学,不知义。"宋以后,多人模仿《三字经》,出现了《地理三字经》《历史三字经》《道德三字经》等。

《百家姓》的作者不详。该书原收集姓氏411个,后增补到504个,其中单姓444个,复姓60个。《百家姓》也采用四字押韵,韵律强,易记诵。如开始句是:"赵钱孙李、周吴郑王。"这八个姓氏的排列顺序不表示该姓人数,而是表示这些姓氏在当时的身份和地位。例如,赵姓在当时是皇姓,钱姓为当时吴越王钱氏,因而排在前面。

《千字文》是南北朝梁武帝时的周兴嗣所作。全文均为四言韵语,1000字,250句。主要供儿童识字,同时也介绍了有关自然、社会、历史、人伦、生活等知识。如开始句是:"天地玄黄,宇宙洪荒。日月盈昃,辰宿列张。寒来暑往,秋收冬藏。"这段话的意思是,天是青黑色的,地是黄色的,宇宙形成于蒙昧无际的状态中。月光圆满,太阳西斜,星辰宿集在无边的太空中。寒暑变换,来来去去,秋天收割庄稼,冬天储藏粮食。

2. 训诫类

训诫类主要指对儿童进行生活常规教育的诗歌。主要有明朝的《小儿语》《续小儿语》;清朝的《童蒙须知韵语》等。其中《小儿语》最有代表性,为明代吕氏父子吕得胜、吕坤编选。全书分四言、六言和杂言等多种格式。如其中的四言句有"一切言动,都要安详,十差九错,只为慌张。沉静立身,从容说话,不要轻薄,惹人笑骂"。六言句有"儿小任情娇惯,大了负了亲心,费尽千辛万苦,分明养个仇人"。杂言有"老子偷瓜盗果,儿子杀人放火。……人生丧家亡身,言语占了八分。……话多不如话少,话少不如话好",等等。

3. 知识掌故类

主要是指传授历史知识和一般知识的蒙养教材。其中唐朝李瀚所著的《蒙求》流传最广。全书2484字,四言韵句,两句成对,每一句讲一个历史故事。如"杜康造酒,仓颉制字。……蒙恬制笔,蔡伦造纸"。受其影响,后来人们纷纷模仿,产生了众多以"蒙求"为名的读物,如《广蒙求》《叙古蒙求》《春秋蒙求》《左氏蒙求》《唐蒙求》等。由于蒙求类的诗歌,整齐押韵,便于诵读,既有利于儿童识字,也增长了儿童的知识,为儿童进一步的文化知识学习打下了基础。明清时,主要有《龙文鞭影》和《幼学琼林》等。

(二)儿童故事和图画类

在中国古代学前教育教材中,运用儿童故事和图画的形式,编写儿童读物也是其主要教材之一。虽然这方面的教材不及诗歌类那么多,但也占有一定的比例及影响。其中较有代表性的是宋代胡继宗编写的《书言故事》,共有12卷。该书以12干支为序,分225类。该书的资料虽然出自史籍,但是语言简洁,多通过浅显易懂的故事说明深刻的道理,容易让儿童理解。如"守株待兔"的故事讲到:"宋人有耕者。田中有株。兔走触株,折颈而死。因释其耒而守株,冀复得兔。"元代虞韶编写的《日记故事》也属于同类教材中影响比较大的。该书内容广泛,涉及有勤学刻苦、为人处世、做官为政等题材。该书每个故事也都很简短,多则一、二百字,少则几十字,很容易为儿童接受。如"铁杵作针"的故事:"磨杵作针。唐李白,少读书,未成,弃去,道逢一老姬。磨铁杵。白问:'将欲何用?'曰:'欲作针。'白感其言,遂还卒业。"元代的《二十四孝图说》也是流传比较广的讲述传统孝道的教材。但是其内容由于封建"愚孝"思想浓厚,存在单方面强调孩子对父母的孝的问题。如"郭巨埋儿",说郭巨夫妻只因其子分母食,竟以"儿可再有,而母不可复得"为由,将自己的亲生儿子活埋。这种为了"孝"可以不要孩子的生命的举动,使"孝"的行为走向了极端。从认识儿童的地位来说,这种"图说"是具有消极意义的。在儿童图画方面,比较有代表性的还有明代的《养正图解》《蒙养图说》和《养蒙图说》。这些图解或图说通过图文并排的形式,对儿童进行当时社会所认同的教育。

(三)儿童歌舞和游戏类

儿童歌舞和游戏类在儿童蒙学教材中也占有一定的比例。中国古代儿童教育的教材有以儒学和成人为主的传统,存在压抑儿童个性的倾向,但并非完全反对儿童唱歌、跳舞和游戏等娱乐活动,只是在教材中比较注重合乎礼教的内容,反对反礼教的一些淫秽歌乐。古代学前教育之所以重视儿童的歌舞游戏,一个主要原因就是,"礼所修外也,乐所修内也"。自幼便教给他们礼乐,可以养成儿童的内在德性、气质,易于成人。关于儿童游戏的描写,汉唐的成果是比较多的。唐朝的路德延在《小儿诗五十韵》中就描述了儿童游戏的场景:"嫩竹乘为马,新蒲折作鞭""抛果忙开口,藏钩乱出拳""寻蛛穷屋瓦,探雀遍楼椽"……[①]宋代以后,由于"存天理,灭人欲"等理学思想的影响,教育上逐步形成了"居敬""主静"的主张,影响了人们对儿童游戏的认识,阻碍了儿童游戏的发展。许多儿童的运动和娱乐性游戏受到了限制,而"主静""文雅"的活动,如围棋、象棋等被提倡和重视。

---

① 唐淑,何晓夏.学前教育史[M].大连:辽宁师范大学出版社,2001:58.

三、学前教育的社会慈幼活动

古代学前教育的社会慈幼活动主要是指社会机构根据一定社会需要对儿童进行的慈幼保护活动。它是一个国家慈善事业的重要组成部分,体现了社会对幼儿存在和地位的态度。

在中国古代,对儿童进行的慈幼保护活动早已存在。如先秦时期,就曾经实行"九惠之教"政策,专门设置掌幼官员。当时的政策规定,平民有幼子者,若由于幼弱不能抚养者,以及一家有3个幼儿者,妇人可以免税赋;如果有4个幼儿者,全家可以免征税;有5个幼儿者,国家要派保姆帮助,国家给两个人的口粮。唐朝时,山东遇大旱,饥民遍野。唐太宗便下令一方面开仓放粮,另一方面让官府出资赎回由父母被迫卖出的子女。

中国古代社会建立专门的慈幼机构始于宋代,分中央和地方两类,主要机构有慈幼局、举子仓、育婴社等,其中慈幼局是官方的慈幼机构。这些机构的主要职责就是收留那些无家可归的饥儿或弃儿,对他们实行收养和保护。清朝时期,其主要慈幼机构为育婴堂。当时的一些条例规定:凡收养弃儿者,须登记在册,由官方出资雇乳妇哺育;也允许他人收养。这一时期,除了官方的机构外,也允许私人设办慈幼机构。

总之,中国古代社会的慈幼活动和机构的主要功能是收养和保护孤弱儿童,很少有对儿童实施一定教育。只是到了清朝后期,开始出现一些实行教养结合的慈幼机构。

四、古代社会、家庭对学前儿童的认识

中国古代社会家庭不仅有对学前儿童行为规范的具体要求,也形成了一定的对学前儿童的认识和看法。这些认识和看法实际上构成了对儿童具体规范和要求的思想基础。从总体上看,这种对学前儿童的认识和看法是建立在封建礼教和家长制基础上的。在这种制度下,从总体上看,儿童是从属于成人社会的。由于儿童从属于成人社会,成人对儿童的活动和心理是缺乏深入认识的,对学前儿童的看法在一定程度上是传统封建伦理观念的反映。

中国古代社会、家庭对学前儿童的认识主要包括对儿童地位的认识,对儿童本性的认识,以及对儿童发展的认识等。中国古代的学前教育观也是建立在社会、家庭对儿童认识的基础上的,是与儿童观有密切联系的。研究古代社会对儿童的认识可以通过一些古代典籍和家庭规范来理解。

(一) 古代社会、家庭对儿童地位的认识

古代社会、家庭对儿童地位的认识,是古代儿童观的基本内容之一,是了解和分析古代儿童观的基础。在以封建家长制和儒家伦理道德为背景的古代中国,儿童的地位往往是由成人社会所赋予的,儿童没有作为个人的权利和独立的意志,儿童处于从属的地位。影响对学前儿童地位认识的因素较多,这里主要是从以下几个方面来认识学前儿童的地位。

1. 家长制

在古代,由于生产力水平低下,在一家一户的小农经济基础上形成了封建社会的家

长制。在以父系血缘关系连接起来的封建家庭当中,家长就是家庭中的最高权威,在家庭中享有至高无上的权利。家长与家庭成员,包括儿童的关系,是支配与被支配,要求与服从的关系。在家庭中,儿童从属于家长,处于被支配的地位。

中国古代"家长"这个概念最早出现在《墨子·天志》:"恶有处家而得罪于家长而为可也?"这句话的意思是,怎么会有处于家庭中而得罪于家长呢?从这句话可以看出家长在家庭中居于不可侵犯的地位。家长在家庭中居于统治地位是古代封建家长制的基本特点。儿童不仅在经济上从属于家长,在思想上也受家长的约束,并严格地按照规定行事。

以对儿童的思想约束为例,古代家长对家庭成员实行思想上的控制,家庭成员必须服从家长的意志,以家长的是非为是非,不能有自己的独立意志。子女要"一举足而不敢忘父母,一出言而不敢忘父母"[①],"色(父母的脸色)不忘乎目,声(父母的声音)不绝乎耳,心志耆欲不忘乎心"[②]。儿童要以家长的意志为意志,家长的话就是命令,必须要恭耳敬听,绝对服从。"凡子受父母之命,必籍记而佩之,时省而速行之。"[③]凡是父母的命令要记下来带在身上,经常反思以督促自己尽快办完。"凡诸卑幼,事无大小,毋得专行,必咨禀于家长。"[④]

儿童对家长意志的从属,不仅表现在家长在世的时候,而且即使是在家长去世之后,还要"三年无改于父之道"[⑤]长期遵从、继承家长的意愿。

如果家长有错,一般不会承认,儿童也不能与家长争辩是非曲直。郑太和在《郑氏规范》里说:"子孙受长上苛责,不论是非,但当俯首默受,毋得分理。"但如果家长的话确实有明显的错误,儿童可以从家族的利益出发进行轻微、婉转的建议和劝说。《论语》中说:"是父母几谏,见志不从,又敬不违,劳而不怨。"[⑥]《礼记》中也有:"下气怡色,柔声以谏。谏若不入,起敬起孝。"[⑦]儿童对家长提意见的时候,必须低声下气,而不论结果如何,最后都必须听从家长的。

2. 孝道伦理

孝道是儒家的伦理道德的核心内容之一。据考证,甲骨文中就已经出现"孝"字。"孝"是一个会意字,意思是小孩搀扶着长着长长胡须的老人。《尔雅·释训》有:"善父母为孝",《说文解字》认为:"孝,善事父母"者[⑧]"孝"就是善于侍奉和赡养父母。《孝经》中有:"夫孝,德之本也,教之所由生也。"[⑨]孝是德行的根本,是教化的出发点,是一切教育的出发点。

古代家庭的儿童从小须接受孝道的教育,终生按照孝道行事。"身体发肤,受之父

---

① 礼记·卷七.
② 礼记·祭义.
③ 司马光.居家杂仪.
④ 朱熹.朱子家礼.
⑤ 论语·学而.
⑥ 论语·里仁.
⑦ 礼记·内则.
⑧ 说文解字·老部.
⑨ 孝经·开宗明义章.

母,不敢毁伤,孝之始也。立身行道,扬名于后世,以显父母,孝之终也。"①意思是说,孝顺父母,要从爱护自己的身体开始。凡是一个人的身体,包括一根头发和一寸皮肤,都是来自父母的,不能稍有毁伤,这就是孝道的开始;成为一个高尚的人和具有为人敬仰的美德,为后世所传扬,使父母的声名因此而显耀起来,这便是孝道的完成。在日常生活中,"孝子之事亲也,居则致其敬,养则致其乐,病则致其忧,丧则致其哀,祭则致其严。五者备矣,然后能事亲。事亲者,居上不骄,为下不乱,在丑不争。居上而骄则亡,为下乱则刑,在丑而争则兵。三者不除,虽日用三牲之养,犹为不孝也。"②

这段话的意思是,在日常生活中,子女孝敬父母,在平时当尽显敬尊之心,在奉养时当尽和乐之心,父母病时要尽其忧虑之情,父母病故时要极尽哀戚之情,父母去世后要进行庄严的祭奠。以上这五个方面的孝道都做到了,才能算是孝敬父母。除了以上的内容外,侍奉父母的人还要做到"三不",即身居高位不骄傲自大,处下位不违法乱纪,在众人中不与争斗。居高位而骄傲自大,就会招致危亡;处下位而违法乱纪,则会招来刑罚;在众人中争斗,则会导致凶险。这三者不除,即使每日给父母丰厚的供养,也是不孝。

3. 礼教规训

"礼教"是中国古代建立在封建宗法制度基础上的社会准则和道德规范。儿童从小就受到礼教的严格规训,事事要行"人子之礼"。《礼记·曲礼》中规定了较为严格的儿童行为规范。如早晨天亮,儿童就要穿一套合乎礼仪的服饰前去父母住所问安,晚上要服侍父母就寝;冬天要给父母暖被窝,夏天要给父母扇凉席;见到父辈,不叫进不能进,不叫退不能退,不问话不能言;说话应对须低声,出入起居要小心;在父母面前不能直呼,不能打喷嚏,不能咳嗽,不能斜视;出去回来都要报告;而且父母在,不能远游,不能登高,不能临渊。父母在,穿衣服,不能穿纯素色的;父母死后,不能穿彩色的。住房不能住里间,坐座位不能占中席,走路也不能走中间,等等。

古代儿童不仅要受礼教的约束,而且还要遵守基于礼教而制定的家法家规。各大封建家族根据封建礼制所制定的家法家规等,往往强调"严"教。司马光在《家范》中说:"家人知道,尚威严也。"儿童在严格的家规宗法管制之中,常常会受到家法的惩治,包括肉体的惩罚。《颜氏家训》中说:"笞怒废于家,则竖子之过立见。"有的家庭中,儿童要受"庭训",有的孩子要到祭祖祠堂接受责治,有的儿童"初犯责十板,再犯责二十,三犯卅"。(霍韬《霍氏家训》)古代儿童被家长惩罚,不仅不能反抗,连怨恨之心都不可以有。《礼记·内则》里有:"父母怒不悦,而挞之流血,不敢疾怨,起敬起孝。"

4. 等级制

古代封建社会的等级制也对儿童的存在与发展产生重要的影响,在家庭中形成了严格的尊卑长幼的等级制。在家庭里,"子之于父,弟之于兄,犹卒伍之于将帅,胥吏之于官曹,奴婢之于雇主,不可相视如朋辈,事事欲论曲直"③。意思是说,在家庭里,儿子对于

---

① 孝经·开宗明义章.
② 孝经·纪孝行章.
③ 袁氏世范.

父亲,弟弟对于兄长,好比士兵与将帅、小吏与官府、奴婢与雇主的关系一样,不可看成同辈的朋友,事事非要辩明是非。不同身份等级的儿童在家庭和社会中所处的地位是不同的。

在等级制中,影响儿童地位的主要因素之一是"嫡长子"继承制。古代家庭的身份和财产继承原则主要是"嫡长子"继承制。"立嫡以长不以贤,立子以贵不以长。"①意思是说,继承人的选择要选嫡子中最大的一个,而不是以聪明才智来划分;继承人的选择要由身份高的继承,而不是以年龄大小来区别。嫡长子是由嫡妻(正妻)所生的长子。在古代社会家庭中,子女中嫡子、长子的地位比庶子、非长子的地位要高,身份更尊贵。家长死后,其身份地位由嫡长子继承,即使庶出之子比嫡出之子年长,也要传给嫡子。如果只有嫡子或只有庶子,则按照年龄而不是才能决定继承权。如果舍嫡而立庶,舍长而立幼,则违背了宗法原则。

5. 延续香火

在古代社会,相对于成人而言,虽然儿童地位低下,但是他们在家庭,甚至在家族中也是具有重要价值的,那就是负有延续香火、继承家业的责任。当然,这些主要是男孩子的责任。

任何一个社会和家庭得以延续,离不开种族的繁衍。种族的繁衍主要是由家庭香火的不断延续来完成的。从生育观念来讲,生儿育女、传宗接代、延续香火是古代家庭的重要职能之一。只有生育,才能由后代继续供奉祭祀祖先,继承香火,延续家世。孟子曾经说过:"不孝有三,无后为大。"意思是说,不孝顺父母的事情有三种:一是一味顺从,见父母有过错而不劝说,使父母陷于不义,这是第一种不孝;二是家境贫穷,父母年老,自己却不去做官吃俸禄来供养父母,这是第二种不孝;三是不娶妻生子,断绝后代,这是第三种不孝。其中以第三种没有子孙的不孝为最大。当然,古代家庭的延续香火主要是指男孩子,男孩的地位是比女孩重要的。

由于传宗接代的重要性,对于家庭中没有后代的情况,古人也提出一些相应的解决办法。据《魏书·临淮王传》记载,北魏大臣元孝友曾经上书皇帝,提出对于家庭无子又不纳妾的人,可以处以不孝之罪。也就是说,纳妾生子是孝敬父母的一种方式,不纳妾反而是一种不孝敬父母之罪。同样,宋明时期的法律也规定,40岁以上无子者可以纳妾。可见,在传宗接代、延续香火的问题上,男孩的重要价值在这里得到了一定的体现。男孩的出生和存在寄托着家庭和家族的希望。这一重视香火延续、重视男孩的观念与古代希腊思想家的观点是完全一致的。

6. 子承父业

除了延续香火之外,子承父业也是中国古代家庭中男孩的重要职责之一。"良冶之子,必学为裘;良弓之子,必学为箕。"②意思是说,优秀冶匠的儿子,一定是先学习缝制皮衣;优良射手的儿子,一定是先学会用竹条编制器具。也就是说,继承祖业家产一定要从

---

① 春秋·公羊传.
② 礼记·学记.

基础的工作做起，由浅入深，熟能生巧。古人在长期的生活实践中，积累了丰富的置产兴业的经验。古人所说的"家业不败""养儿守业"等，就是说要子承父业，传承家业，延续祖业家产的兴旺。

（二）古代哲学对儿童本性的认识

关于儿童本性的认识也是古代哲学和教育的一个重要话题，了解古代哲学对儿童本性的认识，是了解古代社会儿童观的核心。从先秦时期一直到近现代，人们对这一问题的认识形成了不同的观点，大致有四种：性善论、性恶论、善恶皆无论、善恶皆有论。基于对学前儿童本性的认识，古代社会也形成了相应的学前教育主张。

1. 性善论与儿童的本性

在中国古代哲学中，"性"就是"生"，"生之谓性"，也就是"刚生下来"的、赤子状态的"生"，是尚未受到后天影响的"生"。而"善"就是"善良"，或者有"善端"，有道德的潜质。中国古代主张"性善论"的代表是孟子。他主张："人性之善也，犹水之就下也。人无有不善，水无有不下。"①意思是说，人的本性是善良的，就像水往低处流动一样。人性没有不善良的，水没有不向低处流动的。

人性本善与道德教育是密切联系的。孟子提出的"四心四端说"奠定了道德教育的基础。"四心四端说"的内容是，恻隐之心，仁之端也；羞恶之心，义之端也；辞让之心，礼之端也；是非之心，智之端也。仁义礼智，非由外铄我也，我固有之也。孟子认为，恻隐、羞恶、辞让、是非之心，这四心人皆有之，它们是仁义礼智等美德的开端。这些都是先天的，是不学而能的良知、良能。孟子认为，人性不但本性是善的，而且是向善的。人向善，就像水向下流一样，是不变的规律。

孟子的性善论和道德教育观点对后来的影响非常大。中国古代流传颇广的《三字经》中第一句话就是"人之初，性本善。性相近，习相远"。也就是说，儿童的本性是向善的，是好的，而且这种本性是带有普遍性的。只因为后天生活习惯和环境的变化，才造成了个人行为的差异，导致出现背离"善"的问题。

从"性善论"出发，孟子阐发出了"求放心"的观点。他认为："学问之道无他，求其放心而已矣。"②孟子认为，人心是善的，人人都有接受教育的可能性，天生不可救药的人是没有的。由于这种善心的萌芽常会受不良环境的影响而被扼杀，教育的作用是"求放心"，就是把丢失的善心再找回来，复归于善。从这个意义上说，任何人只要接受教育，肯学习，就可以成为圣人，人人"皆可以为尧舜"。③

2. 性恶论与儿童的本性

中国历史上第一个论述"性恶论"的思想家是荀子。他认为："人之性恶，其善者伪也。"④在他看来，人性恶是与生俱来的，善是后天人为"化性起伪"的结果。人的性恶主

---

① 孟子·告子上.
② 孟子·告子上.
③ 孟子·告子下.
④ 荀子·性恶.

要表现为"生而有好利焉""生而有疾恶焉""生而有耳目之欲、有好声色焉"。① 由于人性"生而有好利焉,顺是,故争夺生而辞让亡焉;生而有疾恶焉,顺是,故残贼生而忠信亡焉;生而有耳目之欲,有好声色焉,顺是,故淫乱生而礼义文理亡焉"②。在荀子看来,儿童与生俱来的好利、恶害、耳目声色之欲等天性,如果顺从这些天性任其发展而不加节制,便会导致一系列恶的结果,如争夺、残贼、淫乱等出现了,而辞让、忠信、礼义等行为则消失了。

为了避免儿童天性的恶化,荀子提出了"化性起伪"的观点。在他看来,教育的作用在于通过后天人为的努力和作用来改变恶的本性,即"化性起伪"。"故圣人化性而起伪,伪起而生礼义,礼义生而制法度;然则礼义法度者,是圣人之所生也。"③在他看来,任何人只要能够做出不懈的努力,就可以彻底改变本性,成为圣人。

3. 性善恶皆无论和性善恶皆有论与儿童的本性

告子在与孟子的讨论中提出了人性"善恶皆无"的观点。他认为:"人性之无分于善不善也,犹水之无分于东西也。"④意思是说,人性没有善恶之分,就好比水流本来没有东西之分一样。人性就好比是流动的水,在东边冲开缺口就向东流,在西边冲开缺口就向西流。

关于人性的"善恶皆有"论,周代的世硕和西汉扬雄是这一观点的代表。东汉的王充指出:"周人世硕,以为人性有善有恶,举人之善性,养而致之则善长;性恶,养而致之则恶长。"⑤意思是说,周人世硕(孔子门徒的学生)以为人的本性中有善有恶两个方面,取人之善性,培养引导,善就滋长;取人的恶性,培养引导,恶就滋长。从这个认识出发,王充认为:"论人之性,定有善有恶。其善者,固自善矣;其恶者,故可教告率勉,使之为善。"⑥意思是说,人的本性一定是有善恶之分的。其本性善的人,固然会自行完善;其本性恶的人,也是可以进行教导、劝勉,使之成为善的。西汉的扬雄也认为:"人之性也,善恶混。修其善则为善人,修其恶则为恶人。"⑦意思是说,人性中善恶是一体的、相混的。如果进行善的修为,就会出现善,成为善人;如果进行恶的修为,就会出现恶,成为恶人。

总之,关于儿童的本性问题,无论是性善论、性恶论,还是性善恶皆无论,以及性善恶皆有论等,都试图从儿童与生俱来的本性中探求人的特征,从而为如何对儿童进行教育提供了一定的理论基础,同时也提出了对儿童进行教育的依据和相应主张。不同的理论之所以都提出了各自的教育主张,一个主要原因就是它们有一个共同点——都认为人性的可改变和儿童的可塑性。因此,无论儿童的本性如何,他们都能够并且需要接受教育。只有教育,才是儿童发展和个性形成的重要影响因素之一。

---

① 荀子·性恶.
② 荀子·性恶.
③ 荀子·性恶.
④ 孟子·告子上.
⑤ 论衡·率性.
⑥ 论衡·率性.
⑦ 法言·修身.

(三) 古代典籍中关于学前教育目的和内容的观点

古人对学前教育的认识，主要体现在一些教育家的思想或者一些典籍中，这里主要以后者为主。古代中国儿童的教育观主要包括古代教育目的、古代儿童教育内容和教育方法。

1. 教育目的观

关于教育目的问题，最早体现在我国古代的教育学著作《学记》中，书中开篇就指出了教育的政治功能："化民成俗""建国君民"。在《礼记·大学》中提出了对于每一个人而言的教育的目的之所在。"大学之道，在明明德，在亲民，在止于至善。"这句话的意思是：《大学》的宗旨，在于弘扬高尚的德行，在于关爱人民，在于达到最高境界的善。有人指出，这三条的含义各有所指，第一条重在修己，第二条重在治人，第三条是终极目标。"古之欲明明德于天下者，先治其国。欲治其国者，先齐其家。欲齐其家者，先修其身。欲修其身者，先正其心。欲正其心者，先诚其意。欲诚其意者，先致其知。致知在格物。物格而后知至，知至而后意诚，意诚而后心正，心正而后身修，身修而后家齐，家齐而后国治，国治而后天下平。自天子以至于庶人，壹是皆以修身为本。"①这段话的意思是，古代那些想要在天下弘扬光明正大品德的人，先要治理好自己的国家；要治理好自己的国家，先要管理好自己的家庭和家族；要想管理好自己的家庭和家族，先要修养自身的品性；要修养自身的品性，先要端正自己的思想；要端正自己的思想，先要使自己意念真诚；要使自己的意念真诚，先要使自己获得知识；获得知识的途径在于研究万事万物。通过对万事万物的认识和研究，才能获得知识；获得知识后，意念才能真诚；意念真诚，心思才能端正；心思端正，才能修养品性；修养好品性，才能管理好家庭家族；家庭家族管理好了，才能治理好国家；治理好国家，天下才能太平。上至一国之君，下至平民百姓，人人都要以修养好品性为根本。

格物、致知、诚意、正心、修身、齐家、治国、平天下这八个步骤，朱熹称为"八条目"，是古代儿童教育的八层目的。格物、致知被视为"为学入手"或"大学始教"，实际上就是学习、领会与伦理道德有关的事物和知识，属于道德认识的阶段。诚意、正心是内心修养过程，着眼于道德情感和道德意志的养成。后四条则是道德行为的建立和扩展。首先是自身完善，即修身。齐家是从修身自然引出的，因"身修，则家可教矣。孝、悌、慈，所以修身而教于家者也"。可见，齐家是一个施教过程，即通过个人的修身来完善家族内部的关系。而且，齐家也是治国的基础，如果家家都做到了孝、悌、慈，也就达到了治国平天下的目标了，因此，治国不过是齐家的扩大和深化，而平天下又不过是治国的扩大，其基本精神是一贯的。这样，个人的学习、教人、施政等几个方面自然地联系、迁移和发展，成为一个整体。

以"三纲领八条目"为教育目的，中国古代学者和思想家相继阐述了培养人才的标准和理想人格的标准。孔子说："行己有耻，使于四方，不辱君命，可谓士矣。"②认为教育要

---

① 礼记·大学.
② 论语·子路.

把儿童培养成为"志于道""志于仁"的志士、君子。孟子说:"富贵不能淫,贫贱不能移,威武不能屈,此之谓大丈夫。"①他主张把儿童培养成以德为主、德才兼备的"君子""圣贤"及"大丈夫"。东汉王充把鸿儒当作理想的培养目标。他说:"能说一经者为儒生,博览古今者为通人,采掇传书以上书奏记者为文人,能精思著文连结篇章者为鸿儒。"②他认为儿童的培养目标:第一是鸿儒,因为鸿儒能独立思考、著书立说;第二是文人,能掌握知识、从事政治工作;第三是通人,能博览古今;第四是儒生,仅有一部分知识,只比俗人稍高明一点,既没有尽才,又不能成德。南宋朱熹认为应把儿童培养成为明人伦的圣贤、忠臣、孝子。明代王阳明认为儿童应该培养成为具有良知的圣人。

2. 教育内容观

关于中国古代儿童的教育内容的认识,最早是出现在《礼记》中。《礼记·内则》中按照儿童年龄的变化,从儿童出生到成年有所不同。《礼记·内则》中说:"子能食食,教以右手。能言,男唯女俞。男鞶革,女鞶丝。六年,教之数与方名。七年,男女不同席,不共食。八年,出入门户及即席饮食,必后长者,始教之让。九年,教之数日。十年,出就外傅,居宿于外,学书计。"这段话的意思是说,孩子自己能吃东西时,要教会他使用右手进食。在孩子开始学说话时,要教他学会应答大人的招呼。男孩子要应声"唯",发声较直些;女孩子要应声"俞",声音委婉些。在穿戴上,男孩子要学习佩戴革制衣袋,女孩子要学习佩戴丝质衣袋。儿童到了六岁时,要教他学习简单的数字,并教他辨别东西南北方位的名称。从七岁开始,男孩和女孩便不能坐在同一个席上了,也不能共用同一个食具。八岁开始,要对儿童进行一些基本的礼让训练。内容主要是关于礼让的一些规矩,如出入门或吃饭时,都要让年长者优先,做到不抢先、不挑食。九岁的时候,要教儿童学习计算日期,学会有关天干地支等基本的排列年月日的方法。儿童十岁开始,离开家庭到外面的学校学习,学习识字和算术。

宋代朱熹在总结古代教育的基础上,对儿童在小学和大学的教育内容作了系统论述。八岁以下以家庭教育为主,依次学习衣服冠履、言语步趋、洒扫涓洁、读书楔子及杂细事宜。八到十五岁教儿童"洒扫、应对进退之节,爱亲、敬长、隆师、亲友之道"③。皆所以为修身、齐家、治国、平天下。十五岁后进入穷理阶段,要让儿童知道为什么要这样做,为大学阶段。大学阶段是在小学之上的深造,对儿童"教之以穷理、正心、修己、治人之道"。大学的教材主要是《四书》和《五经》。朱熹认为:《四书》是大学的基本读物,是化入圣贤之学的门户,人人必须学好《四书》,至于进一步学习《五经》,那是专门研究的事了。

3. 教育方法观

在中国古代,也积累了丰富的儿童教育方法,"教学相长""启发诱导""因材施教""循序渐进""温故知新""言行一致""改过迁善"等。总的来说有以下特点:在对儿童的教育态度上主张严慈相济,对儿童既要严格要求又要慈爱;教授儿童知识要启发诱导,要求学

---

① 孟子·滕文公下.
② 论衡·超奇.
③ 小学.

生开动脑筋,做到"举一反三";教授过程要循序渐进,不能揠苗助长;要了解儿童的不同特点,对不同特点的儿童给予不同的教育方法;重视环境对儿童的影响。

总之,古代社会对学前儿童的认识是建立在封建礼教和封建家长制基础上的一种社会意识形态。从对古代社会儿童的地位、儿童的本性,以及对古代社会的儿童教育观分析,不难看出:在以儒家的伦理道德和封建宗法等级制度为背景的古代社会,学前儿童的地位从属于成人社会,他们缺乏独立的人格和意志,其思想和行为都要遵从封建礼教和家规家法,儿童的生存价值在于成人意志的延续。古代儿童的地位及其存在价值是古代中国对儿童本性进行讨论、形成儿童教育观的现实基础。无论认为儿童性本善还是性本恶,都要按照封建伦理的标准对儿童进行教化,只是由于儿童本性不同采用的方式不同罢了。从儿童教育的内容来看,许多都是充斥着封建伦理、孝道文化和精神的。古代社会儿童的教育目的总的来说,都是为了培养符合古代社会标准人才服务的,它对儿童本性的认识和儿童教育观又强化了古代儿童的从属地位,强化了儿童为成人而存在的价值。

 自我评量

名词解释

1. "师保傅"制   2. "备三母"制   3. 胎教   4. "三百千"

简述题

1. 简述原始社会儿童教育的主要内容。
2. 简述奴隶社会学前教育的计划。
3. 简述胎教的内容和方法。
4. 简述古代幼儿诗歌的类型。

论述题

1. 评述中国古代奴隶社会的学前教育目标和计划。
2. 评述封建社会的社会慈幼活动。
3. 评述古代家长制对儿童地位的影响。

第二章　古代学前教育思想

通过本章的学习,认识古代学前教育思想发展的基本线索,把握古代教育家在胎教、幼儿早期教育和家庭教育方面的基本主张,以及关于学前教育的内容和方法。通过比较分析,认识古代教育家学前教育思想的主要特点。

进入封建社会以后,在学前教育实践的基础上,中国古代的学前教育思想也得到一定发展,产生了一些重要的在学前教育方面有较多论述的教育家。本章主要介绍几位有影响的教育家,他们分别是西汉的贾谊、南北朝时期梁朝的颜之推、南宋的朱熹,以及明代的王守仁。

第一节　贾谊的学前教育思想

贾谊(前200—前168),西汉初年政论家和文学家,洛阳人。贾谊少时博学儒家经典,擅长写作。18岁时,他被河南郡守吴公看中,"闻其秀才,召置门下,甚喜爱"。吴公被汉文帝征为廷尉后,便向汉文帝推荐贾谊。汉文帝召年仅22岁的贾谊为博士。贾谊因才华出众,被文帝升为太中大夫。后来贾谊遭嫉妒,被贬为长沙王太傅。以后又任文帝太子梁怀王刘揖的太傅。文帝十一年时,梁怀王不慎坠马身亡,贾谊极其悲痛,自以为身为太傅没有尽到职责,次年忧郁而死,年仅33岁。

在教育思想上,贾谊主张以礼教作为治国的根本。在他看来,违背礼仪、摒弃伦理是造成风气败坏的原因。礼教的作用在于防患于未然,治理国家必须依靠礼教教化民众来实现。贾谊也非常重视君主的教育,认为君主的素质决定了国家的兴衰荣辱。由于贾谊先后出任长沙王和梁怀王的太傅,时间长达8年,这一经历使得贾谊在太子教育方面积累了丰富的经验,提出了许多有创见的学前教育思想,成为历史上较早系统阐释胎教和幼儿教育思想的教育家。贾谊的著述颇多,西汉后期,刘向整理辑为《贾谊集》,包括《新书》10卷。贾谊关于学前教育的思想主要见于《新书》的《傅职》《保傅》《劝学》和《胎教》诸篇中。

一、论"早谕教"

在教育上,贾谊非常重视太子的早期教育。"早谕教"是强调儿童早期教育的意思。在他看来,"心未滥而先谕教,则化易成也"。他按照太子一生不同时期的发展特点,将太子教育划分为胎教、学前教育、学校教育和成人教育四个阶段。"早谕教"主要包括胎教和学前教育。

（一）论胎教

关于胎教，贾谊认为要想将天子培养成德行高尚的治国人才，必须注重胎教。为此，贾谊提出了"三正"，即"正本""正礼"和"适宜环境"的主张。

（1）胎教是"正本"教育的开始和关键。贾谊以《易经》的"正其本而万物理，失之毫厘，差以千里，故君子慎始"理论，认为世间万物根基正，则会朝好的方向发展。如果万物在生长的起始阶段就有所偏差，长成之后也会与纯正相差很远。因此，君子的教育要重视根基的"胎教"。认真对待胎教，首先要选择好配偶，因为胎儿的状况和其性格的养成与母亲的天性有着密切的关系。贾谊主张，在男女婚配上也要"慎始"，即选择那些德行好的人作结婚对象，这样胎孕的过程就是"正本"的过程。

（2）对孕妇进行"正礼"教育。即要求孕妇的一言一行都要符合"礼"的要求。一切都要做到不偏不倚，这样生育的婴儿也是正善不邪的。

（3）还要为孕妇安排"正"的环境，即适宜的环境。贾谊主张，要对周围的人和事物进行选择，使周围的人和事物都要对孕妇形成好的影响。

（二）论学前教育

在太子的学前教育上，贾谊认为："太子之善，在于早谕教与选左右。"①"选左右"主要包括以下几方面的内容：一是婴儿从出生开始就要有专门的人员进行教育；二是要为幼儿提供一个比较好的教育环境，使幼儿的左右前后都是"正人"，太子出生以后，要能够"见正事，闻正言，行正道"；三是强调有多样的学前教育内容，包括德智体三个方面，不过这一阶段主要以婴儿的身体养护为主。

二、论师保傅制

为了加强太子的教育，贾谊认为应当在宫廷内设置专门的师保傅官，负责对太子进行日常生活的教育。贾谊在《新书·保傅》中记载："古之王者，太子初生，固举以礼，使士负之，有司斋肃端冕，见之南郊，见于天也。过阙则下，过庙则趋，孝子之道也。故自为赤子，而教固已行矣。昔者，周成王幼在襁褓之中，召公为太保，周公为太傅，太公为太师。保，保其身体；傅，傅之德义；师，道之教训。三公之职也。于是为置三少，皆上大夫也，曰少保、少傅、少师，是与太子燕者也。"②

贾谊认为，"太师"的职责是"道之教训"，即对太子进行天子的传统、礼仪之道的教育；"太保"的职责是"保其身体"，即对太子的身体养护、行为举止进行管理和教育；"太傅"的职责是"傅之德义"，即对太子的学习行为、言语表现进行管理和教育。

在贾谊看来，太子一出生就要受到严格的教育，"三公""三少"要承担起教育太子的责任，使太子能够"见正事，闻正言，行正道，左右前后皆正人"，从而达到太子教育的

---

① 贾谊. 治安策.
② 贾谊. 新书·保傅.

目的。

贾谊关于太子教育"早谕教""胎教""选左右"等观点的论述,反映这一时期古代统治者已经认识到,对统治者的接班人进行教育的重要性。在他们看来,只有对太子进行教育,其身正,管理才能正,国家才能有好的秩序,人民才能有好的生活。同时,贾谊所提出的"胎教"、环境教育等早期教育的观点也是有一定道理的,这些认识在当时世界的学前教育中是不多见的。当然,也要看到贾谊儿童早期教育思想的一些局限性。儿童的成长固然有其外部因素和环境的作用,但也不能忽视儿童自身发展的主观能动因素的作用。

第二节 颜之推的学前教育思想

颜之推(531—597),字介,生活在南北朝至隋朝期间的文学家和教育家。颜之推出身于士族家庭,早年接受儒学教育,是一位儒家学派的代表。晚年信奉佛教,也通玄学。颜之推20岁时入官,历官四朝(南梁、北齐、北周和隋朝)。梁元帝时,官至散骑常侍。梁亡后,投奔北齐,为黄门侍郎。北齐亡后被北周征为御史上士。隋文帝时,太子召为学士。

颜之推一生著述颇多,但所存者仅为《颜氏家训》。《颜氏家训》是一部反映中国封建社会家庭教育的教育名著,影响巨大,被称为中国古代家训的鼻祖。《颜氏家训》20篇,分上下两卷,上卷9篇,下卷11篇,论述了教子、兄弟、治家、风操、慕贤、勉学、养生、归心等内容。

一、论教育对象和教育目的

颜之推的学前教育思想首先是建立在他对教育对象和教育目的认识的基础上的。

(一)关于教育对象的认识

在关于教育对象的认识上,颜之推的教育观具有明显的阶级性。他认为人有上智、下愚和中庸之分。在教育上,"上智不教而成,下愚虽教无益,中庸之人,不教不知也"[①]。意思是说,属于上智之人的那些极具天赋的人,不用教就可以成才;属于下愚之人的农工之人,虽进行教育也是徒劳无益;而属于中庸之人的那些士大夫子弟,则具有接受教育的条件,不接受教育是无知的。教育与否以及教育之好坏,决定他们以后的发展。因此,教育对象应当是"中庸之人"。

(二)关于教育目的的认识

在关于教育目的的认识上,颜之推认为,教育在于使人"多知明达","开心明目,利于行耳"。这里表达了两层含义:一是学习知识要丰富,能明辨是非,通达事理;二是要把知识的学习体现在行动上,要身体力行、学以致用。为此,颜之推在教育上非常看重"学艺"和"自立"的问题。如在《勉学篇》,他指出:"人生在世,会当有业";"有学艺者,触地而安"。他认为,人生在世,有一定专长是非常重要的。有学艺和专长,可以安身立命,受用

---

① 颜氏家训·教子篇.

终生。同时,他还主张一个人要依靠自己的力量和学艺来立身、立业。他说:"父兄不可常依,乡国不可常保,一旦流离,无人庇荫,当自求诸身耳。"①积财千万,不如薄技在身。积蓄再多财富,不如学点读书学习的技艺。颜之推的这些主张表达了这样一种认识:在社会变化较快,可能出现动荡的情况下,一个人只有真才实学,依靠自己的力量,才能够行走天下,不受他人制约,自立自强。

二、论家庭的早期教育

从对教育目的的认识出发,颜之推在《颜氏家训》中论述了家庭的儿童早期教育问题。

(一)儿童早期教育应该从"胎教"开始

颜之推认为,儿童的教育应当及早进行。他说:"古者,圣王有胎教之法:怀子三月,出居别宫,目不邪视,耳不妄听,音声滋味,以礼节之。书之玉版,藏诸金匮(柜)。生子咳提(孩提),师保固明,孝仁礼义,导习之矣。凡庶纵不能尔,当及婴稚,识人颜色,知人喜怒,便加教诲,使为则为,使止则止。比及数岁,可省笞罚。父母威严而有慈,则子女畏慎而生孝矣。"②

这段话的意思是,古代的圣王有"胎教"的做法,怀孕三个月的时候,出去住到别的好房子里,眼睛不能斜视,耳朵不能乱听,听音乐食美味,都要按照礼仪加以节制,还得把这些写在玉版上,藏在金柜里。胎儿出生后还在幼儿时,要请师官、保官讲解孝仁礼义,来引导学习。普通百姓家纵使不能如此,也应在幼儿识人脸色、懂得喜怒时,就加以教导训诲,叫做就得做,叫不做就得不做,等孩子到长大几岁,就可以省免鞭打惩罚。只要父母既威严又慈爱,子女自然就会敬畏谨慎而有孝行了。

(二)儿童记忆力强,早期教育效果好

颜之推说:"人生小幼,精神专利,长成已后,思虑散逸,固须早教,勿失机也。"③这段话的意思是说,人在幼年的时候,注意力集中,容易专心,长大成年后就不这样了,精神涣散,难以专心。所以需要在幼年时进行教育,千万不要错过这大好的时机。

为了更好地强调早期教育的重要性,颜之推以自己为例指出:"吾七岁时,诵《灵光殿赋》,至于今日,十年一理,犹不遗忘;二十之外,所诵经书,一月废置,便至荒芜矣。"④这段话的意思是,我七岁时可以诵读《灵光殿赋》,直到今日,十年一温习,仍没有遗忘。二十岁以后,所诵读的经书,一个月搁置,就生疏了。

(三)儿童可塑性强,易于早期教育

颜之推认为:"人在年少,神情未定,所与款狎,熏渍陶染,言笑举动,无心于学,潜移暗化,自然似之;何况操履艺能,较明易习者也?是以与善人居,如入芝兰之室,久而自芳

---

① 颜氏家训·勉学篇第八.
② 颜氏家训·教子篇.
③ 颜氏家训·勉学篇.
④ 颜氏家训·勉学篇.

也;与恶人居,如入鲍鱼之肆,久而自臭也。"①

这段话的意思是说,人在少年时代,品性还没有形成、固定,和别人玩耍,受别人的熏陶,说笑举动,虽然无意学习别人,但是潜移默化,自然而然的就像别人了;更何况那些要明确学习的技能呢?因此与好人相处,就像进入培育芝兰的房子,时间长了,自己也芳香了;与坏人相处,就像进入出售咸鱼的店铺,时间长了,自己也变臭了。于是,他引用谚语说:"教妇初来,教儿婴孩。"也就是说,对一个人施加教育应该及早进行。

三、儿童早期教育的主要方法

颜之推不仅重视儿童的早期教育,也非常看重儿童早期教育的方法,为此,他提出了许多重要的方法。

(一)严教与慈爱相结合

在儿童家庭教育中,如何解决对子女的严教与慈爱的关系问题是许多教育家关注的问题。颜之推认为,父母对子女慈爱是自然的。但是"父子之严,不可以狎;骨肉之爱,不可以简。简则慈孝不接,狎则怠慢生焉"。意思是说,父亲对儿子要严格要求,不可亲近而不庄重;骨肉之间的慈爱,不可不慎重。不慎重,慈爱的结果就不能导致孝顺;亲近而不庄重,不恭敬之心就会产生。因此,亲子之间必须有爱有教,有教有管。他说:"父母威严而有慈,则子女畏慎而生孝矣。"父母威严与慈爱相结合,可以使子女畏惧、谨慎而产生对父母的孝敬。

(二)一视同仁,均爱勿偏

颜之推主张,在家庭教育中,父母应对所有的子女一视同仁,切忌偏宠。他认为,偏爱会导致一些孩子受到冷落,使其自尊心受到伤害,妨碍其成长;同样,过于受宠的子女长大以后也会遭受其害。颜之推举了许多历史上的例子,如春秋时期,郑庄公的母亲宠爱自己的儿子(郑庄公的弟弟),给予其非常优厚的待遇,超过其应当得到的待遇;儿子做错了事,母亲文过饰非,逐渐使儿子养成骄横霸道的习气,后因起兵谋位而被杀之。

(三)潜移默化,陶冶熏染

颜之推非常重视父母对儿童的潜移默化的影响以及周围环境的陶冶。他指出:"人在年少,神情未定,所与款狎,熏渍陶染,言笑举动,无心于学,潜移暗化,自然似之。"在颜之推看来,儿童在早期发展中,其心理和生理处于迅速发展时期,神情尚未定型,虽无心于学,但已受感染。成人的言谈举止在潜移默化中,不知不觉地影响了儿童。久而久之,就形成了儿童的性格。"同言而信,信其所亲;同命而行,行其所服。"意思是说,关系亲密的人所说的话,人们容易相信;人们所敬佩的人发出的指令,就愿意接受。在家庭教育中,父母与子女的亲密关系超过了其他人,父母是儿童心中最可以信赖的人。因此,父母要严格规范自己的行为,为孩子树立良好的榜样。

总之,颜之推的学前儿童教育思想主要体现在他的《颜氏家训》中,这部书反映了作者对儿童早期教育问题的深入思考,提出了一系列有价值的关于学前教育的内容、原则、

---

① 颜氏家训·慕贤篇.

方法。在中国教育历史上占有非常重要的地位。当然,其中的一些内容也带有封建伦理规范和教化的成分,需要批判性地借鉴和继承。

第三节 朱熹的学前教育思想

朱熹(1130—1200),字元晦,号晦庵,徽州婺源(今江西婺源县)人。南宋时期著名的哲学家、思想家和教育家。朱熹生于福建南剑尤溪县的书香家庭,其父朱松进士出身,曾师从北宋理学家程颐、程颢的再传弟子罗从彦。朱熹天资聪颖,勤奋好学,从小接受儒学教育与理学教育,18岁中举人,19岁中进士,从此走上仕途。先后担任浙东、漳州、潭州等多处地方官。晚年65岁高龄受宰相赵汝愚推荐,担任焕章阁待制兼侍讲,为宁宗皇帝进讲《大学》,但只有40天,就被罢免,从此结束仕途。

朱熹一生主要从事学术研究和教育活动。他继承和发展了程颐和程颢的理学思想,成为程朱理学的重要代表。在教育上,朱熹毕生从事讲学活动,曾在福建武夷山的"寒泉精舍"和"武夷精舍"授徒讲学。在担任地方官时,还积极整顿县学,主持白鹿洞书院,参与管理和讲学,并亲手拟订《白鹿洞书院揭示》,成为后来许多书院和地方官学共同遵守的学规。朱熹还写了许多著作,如《近思录》《小学》《四书章句集注》等。

在学前教育方面,朱熹也提出了许多重要的主张,主要反映在他的《小学》《童蒙须知》和一些散文中,是研究朱熹学前教育思想的主要资料。

一、重视学前儿童的蒙养教育

根据前人和自己的认识,朱熹把整个教育的过程分为小学和大学两个阶段,其中8—15岁为小学阶段,即蒙养教育阶段;15岁以后为大学教育阶段。他认为这是两个相互独立又相互联系的阶段。小学教育是大学教育的基础,大学教育是小学教育的提升。

朱熹特别重视小学阶段的儿童蒙养教育。他说:"古人之学,因以致知为先,然其始也,必养之于小学。"儿童如果在幼年时"不习之于小学,则无以收其放心,养其德性,而为大学之本"。为了强调小学蒙养教育的重要性,朱熹以"打坯模"作比喻,认为:"古者小学已自暗养成了。到长大已自在圣贤坯模,只就上面加光饰。"①因此,应当从小让儿童接受小学蒙养教育,打上圣贤的坯模,否则大了再填补就困难了。需要指出的是,朱熹在这里所强调的小学教育已经包含了儿童的学前教育,只是他所论述的范围较为宽泛而已。

二、重视学前教育环境的选择

这里的教育环境主要是指与学前儿童发展有关的人和事物。朱熹认为,幼儿在小的时候更应当注意给他选择合适的人,可以对其施加好的影响。

(一)应当选择好的乳母

在他看来,乳母与孩子接触时间比较长,对婴儿的影响比较大,对于他们最初的教育

---

① 朱子语类.卷七.

者,"乳母之教,所系尤切"。关于选择乳母的条件,朱熹认为可以考虑,宽裕慈惠、温良恭敬、寡言慎行者。这样的人才能对幼儿产生好的影响。

(二)选择好的伙伴

幼儿长大以后,为了培养儿童辨别是非、与人交际的能力,要为他们选择好的伙伴。朱熹认为,好的伙伴应当是益友。这样的人应当是敦厚忠信、能够帮助别人改正错误的人;而那些谄谀轻薄、傲慢小气的人,不是益友,而是损友。益友应近之,损友应远之。

(三)要选择好的老师

朱熹指出,儿童到了能够学习时,应当为他们选择好的老师。朱熹认为,好老师是儿童好的师友。因此,选择老师应当格外慎重和认真。在这方面,朱熹十分重视太子老师的选择。他指出:"夫太子,天下之本,其辅翼之不可不谨。"由于这个时期的儿童,德性未定,闻见未广,则保养之具,尤不可不严。因此,选择太子的老师要能够端方正直、道术闻博。老师教得正,则太子正;太子正,则天下正。

朱熹关于儿童成长需要好的教育环境,特别是注意选择周围的人的思想是有一定意义的。儿童是未成年人,他们的成长需要一定的保护。教育环境对儿童的成长是非常必要的,而教育环境中主要是人的影响,朱熹从儿童一出生就重视对影响儿童的人的选择,包括好的乳母、好的伙伴、好的老师等,这一思想丰富了以往教育家对这一问题的认识。

三、儿童学习当从"眼前日用之事"开始

在儿童学习的问题上,朱熹非常重视儿童日常生活事物的学习。他提出在早期应当就日常生活中儿童接触到的"眼前事"去教他们。对于教育者来说,是"教事"于儿童;对于儿童来说,就是让儿童"学其事"。如何学习眼前事,朱熹认为:"圣贤之学,虽不可以浅意量,然学之者,必自其近而易者始。"这段话的意思是,圣贤之道虽然不能以深浅判断,但应当从眼前日用事情开始,给初学者以简单容易的内容。

在朱熹看来,"眼前日用之事"主要包括,洒扫应对进退之节,礼乐射御书数之文,爱亲敬长隆师亲友之道。当然,对于儿童学习的这些内容,朱熹主张并不是要学得很深,而是要知大概的道理和基本的规矩。如"事君、事父、事兄、处友等等,只教他依此规矩去做"。

为了便于儿童学习"眼前日用之事",朱熹与人在1187年(宋淳熙十四年)编撰了《小学》一书。书中编辑了大量的古代圣贤的"嘉言懿行",希望通过古人的言行,教育和引导儿童学习。该书共有六卷,分内外篇,内篇有《立教》《明伦》《敬身》《鉴古》;外篇有《嘉言》《善行》。书中列举了大量刻苦学习、忠君、孝宗、事长、守节等德行方面的格言和故事,内容丰富,通俗易懂,易于为儿童接受。如其中有"大禹圣者,乃惜寸阴,至于众人,当惜分阴,岂可逸游荒醉,生无益于时,死无闻于后,是自弃也"。这句话的意思是,作为圣人的大禹,还如此珍惜着时间,对于众人来说,就更应当珍惜时间,怎么可以只想着安逸、游玩、醉生梦死的生活呢?活着的时候不能对人们有益处,死后没人知道你,这是自暴自弃啊!在这里,朱熹的观点非常明确,就是以大禹的故事勉励儿童要珍惜时间,不要只图安逸、游玩、荒度人生,要学习和去做做有益于他人的事。

四、应当重视儿童行为习惯的培养

在学前教育上,朱熹非常重视儿童行为习惯的培养。在他看来,好的习惯对于儿童的成长和发展具有重要的价值。为此,他编写了《童蒙须知》,提出了许多关于培养儿童习惯的要求。《童蒙须知》一书内容丰富,包括"衣服冠履""言语步趋""洒扫涓洁""读书楔子"以及"杂细事宜"等五大类数十条常规,论述了儿童日常习惯、学习习惯、道德行为习惯等培养的内容。

(一)儿童日常行为习惯的培养

在儿童日常行为习惯的培养上,朱熹要求儿童"大抵为人,先要身体端整。自冠巾、衣服、鞋袜,皆须收拾爱护,常令洁净整齐。""凡脱衣服,必齐整折叠","勿散乱顿放,则不为尘埃杂秽所污。仍易于寻取,不致散失"。"凡为人子弟,当洒扫居处之地,拂拭几案,当令洁净。文字笔砚,百凡器用,皆当严肃整齐,顿放有常处。取用既毕,复置元所。"①

(二)儿童读书习惯的培养

在儿童读书习惯的养成上,朱熹要求:"凡读书,须整顿几案,令洁净端正。将书册整齐顿放。正身体,对书册,详缓看字,仔细分明读之。须要读得字字响亮。不可误一字,不可少一字,不可多一字,不可倒一字。不可牵强暗记。只是要多诵数遍,自然上口,久远不忘。……凡写字,未问写得工拙如何,且要一笔一画,严正分明,不可潦草。"

(三)儿童道德行为的培养

在儿童道德行为的培养上,《童蒙须知》中也提出了许多详细的孝敬父母、尊敬兄长的行为准则。例如,"若父母长上有所唤召,却当疾走而前,不可舒缓。""凡为人子弟,……父兄长上有所教督,但当低首听受,不可妄大议论。长上检责,或有过误,不可便自分解,姑且隐默。"这实际上是在说,对于父母的言行或兄长的对错,都要听从,不能与之争辩。反映了古代社会和家庭一贯倡导的"孝悌"的教育理念。

总之,朱熹的学前教育主张反映了这一时期教育家对儿童成长的特点和发展中的问题已经有了比较细致的认识和规定。朱熹关于学前儿童教育的一些思想是有一定合理性的,但有的方面也存在一些渗透封建伦理纲常的东西,需要在学习和借鉴中进行分析,不合理的内容要给予批判和抛弃。

第四节 王守仁的学前教育思想

王守仁(1472—1529),浙江余姚人,字伯安,号阳明,因曾在会稽山阳明洞隐居修道,自称阳明子,后世之人多称他为"阳明先生"或王阳明。王守仁出身于士大夫家庭,父王华官至南京吏部尚书。他自幼便有"读书学圣贤"的志向,五岁时便可听闻祖父诵书,并加以默记、顺畅背出诗文。他21岁中浙江乡试,28岁中进士。王守仁曾任刑部主事、兵

---

① 朱熹.童蒙须知.

部主事等职,后因得罪宦官被贬。以后又任职南京兵部尚书等,死后谥号"文成公"。

王守仁是明代中期具有很大影响力的哲学家、思想家。他在批判"程朱理学"的基础上,提出了"心即理""致良知""知行合一"等命题,创立了独具一格的心学理论体系。在教育方面,王守仁一生热心于教育事业,从34岁授徒讲学,到57岁去世为止,长期从事教学。他还创建书院、设立社学,积累了丰富的教学经验。特别是在儿童教育方面提出了以"明人伦"为宗旨、"致良知"为核心的学前儿童教育思想,在古代学前教育思想中占有重要的地位。

王守仁的著作主要有《王文成公全书》38卷。关于儿童教育的著述主要有《训蒙大意示教读刘伯颂等》《教约》《传习录》等。

一、创设适合儿童发展的教育环境

受当时社会和文化的影响,儿童教育环境存在许多弊端。王守仁指出:"近世之训蒙稚者,日惟督以句读课仿,责其检束,而不知导之以礼,求其聪明,而不知养之以善。鞭挞绳缚,若待拘囚;彼视学舍如囹狱而不肯入,视师长如寇仇而不欲见,窥避掩覆以遂其嬉游,设诈饰诡以肆其顽鄙,偷薄庸劣,日趋下流。是盖驱之于恶而求其为善也,何可得乎?"①

这句话的意思是说,当时的儿童教育者,每天只是督促儿童读书写字,要求儿童约束自己,却不知道要用礼仪来引导儿童。想让儿童聪明,却不知道以善德去培养。对待儿童只知用鞭打、绳绑,就像对待囚犯一样。使得儿童把学校视为监狱不愿去,把教师看成强盗而不想见,伺机逃避、掩饰来达到他们嬉戏玩耍的目的,以作假、撒谎来掩盖他们的顽皮本性。于是,使得儿童得过且过,庸俗鄙陋,日益堕落。这是在驱使儿童作恶,却又要求他们向善,这怎么可能呢?

王守仁的这些认识,形象、深刻地揭露了古代社会封建教育压制、摧残儿童个性和身心发展的弊端。王守仁指出,儿童天性活泼好动,喜欢自由自在玩耍和嬉戏。如果按照儿童的特点设置教育环境,顺其情,就能促进其身心得到好的发展。否则,便会阻碍儿童的健康成长。王守仁主张,儿童教育环境的设置应顺应儿童的性情,培养他们学习的兴趣,调动他们的学习积极性和主动性,这样才能够使儿童自觉地接受教育。

王守仁的这种为儿童发展创设好的教育环境的主张与他的"致良知"的心学思想是一致的。在他看来,"童心"是儿童存在和发展的主要特点,教育就是要通过"存童心",顺应儿童的性情发展,唤起儿童心中固有的"良知",从而实现教育的目的。

二、"明人伦"的儿童教育目的

在儿童的教育目的和任务上,王守仁继承了古代儒家教育的传统,把"明人伦"作为儿童教育的目的和任务,将儿童的道德培养放在教育的首位。在他看来,只有先形成儿童的道德品质,才能培养儿童其他的才能。他指出,儿童道德教育的主要任务是"惟当以

---

① 王守仁.训蒙大意示教读刘伯颂等.

孝悌忠信礼义廉耻为专务",也就是说,儿童教育的主要任务就在于向儿童传授有关孝悌、忠信、礼义、廉耻的道德知识,培养儿童按照这些道德规范行事的能力。

把"明人伦"作为教育目的,是古代儒家的教育传统和大学教育所信奉的理念。王守仁认为,儿童教育与大学教育一样,皆以"明人伦"为教育目的。他说:"古圣贤之学,明伦而已。""明伦之学,孩提之童亦无不能,而及其至也,虽圣人有所不能尽也。"这段话的意思是,古代圣贤的学问,全部都蕴藏于"明人伦"这三个字之中。这种学问,儿童也能学、也会做,但是要真正做得很好是很困难的,恐怕连圣人也很难达到,因此,人们要通过不断的学习才能够取得进步。

在王守仁看来,儿童时期的"明人伦"教育并不是把伦理道德灌输进儿童的心中,而只需唤起儿童本心内已有的东西就可以了。通过"致良知"使儿童达到"明人伦"的境界,从而使其为善,养成良好的道德品质和行为习惯。王守仁始终坚持以"明人伦"作为儿童教育的目的,主要有两个方面的原因:第一,从对儿童的要求来看,是为了培养儿童的封建道德品质,塑造封建社会理想的人格;第二,从社会的要求来讲,是为了维护封建道德伦理关系,达到巩固封建地主阶级统治的目的。在王守仁看来,儿童只有从小明白道德伦理的准则,知晓为人处世的道理,长大之后才能在立身处世、待人接物上更好地符合社会道德的标准和要求,更好地立足于社会。

三、德育为中心的儿童教育内容

王守仁关于儿童教育的内容比较丰富,其主要特点是以德育为中心,包含多方面的教育内容。

(一)关于德育

从"明人伦"的儿童教育目的出发,王守仁将培养儿童的"德性"作为儿童教育的主要内容之一。所谓"德性",就是儿童的道德品质。他说:"古之教者,教以人伦。后世记诵词章之习起,而先王之教亡。今教童子,惟当以孝悌忠信礼义廉耻为专务。"这段话的意思是说,教育应当以培养儿童的封建伦理道德为主要内容,使他们早期便了解道德人伦的规范,懂得做人的道理,遵守道德行为准则。通过道德教育活动来陶冶儿童的情操,磨炼他们的意志,培养他们的品格,以达到儿童身心健康发展的目的。

王守仁认为,必须把道德教育放在儿童家庭教育的首要地位。为此,他要求每个家庭要隆师重道,教训子弟,毋得因仍旧染。①。王守仁在《示宪儿》中说:"幼儿曹,听教诲:勤读书,要孝悌;学谦恭,循礼义;节欲食,戒游戏;毋说谎,毋贪利;毋任情,毋斗气;毋责人,但自治;能下人,是有志;能容人,是大器;凡做人,在心地;心地好,是良士;心地恶,是凶类;譬树果,心是蒂;蒂若坏,果必坠。吾教汝,全在是。汝谛听,勿轻弃!"②

这段话的意思是,孩子啊,你要听从教诲:要勤奋地读书,还要孝顺父母;要学习谦恭待人,一切按照礼义行事;要节俭饮食,少玩游戏;不要说谎,不要贪心利益;不要任情要

---

① 王守仁,吴光、钱明等编.王阳明全集(卷十七)[M].上海:上海古籍出版社,2012:511.
② 王守仁,吴光、钱明等编.王阳明全集(卷二十)[M].上海:上海古籍出版社,2012:625.

性,不要与人斗气;不要责备别人,只要管住自己;能够放低自己身份,是有志向的表现;能够容纳别人,是大度的表现。凡是做人,主要在于心地的好坏;心地好,是善良之人;心地恶劣,是凶狠之人。譬如树上结的果子,中心是它的果蒂;如果果蒂先败坏了,果子必然会坠落。我现在教训你们的,全部在这里了。你们应该好好听从,千万不要轻易放弃啊!

同时,王守仁又要求童蒙教育也要注重道德教育。他在《社学教条》中指出:"视童蒙如己子,以启迪为家事,不但训饬其子弟,亦复化喻其父兄,不但勤劳于诗礼章句之间,尤在致力于德行心术之本。"[①]

由此可见,王守仁不仅重视儿童家庭的道德教育,也重视儿童的童蒙教育,以"孝悌、忠信、礼义、廉耻"为中心的儿童家庭教育与童蒙教育的合力,可以使儿童从小养成良好道德品行。

(二) 关于诗歌

王守仁也非常重视诗歌的教育作用,他主张把诵读诗歌作为对儿童进行道德教化的主要手段。认为对儿童"诱之歌诗",不但能激发起他们的意志,而且还能使儿童的情感得到正当的表达,有助于消除他们内心的苦闷和烦恼。

在王守仁看来,儿童的天性活泼好动,如果只是一味地强调读书背书,不但不能有效地提升他们,反而会压抑他们的这种天性,取得适得其反的效果。通过诵读唱歌的形式教育儿童,不但可以激发他们内心的高远志向,锻炼他们的意志品质,而且还可以解除他们内心的烦恼与愁绪,消除他们的顽皮与恶习,使其多余的精力得到合理的发泄,旺盛的情感得到合理的表达,从而变得更加活泼开朗,积极向上。

如何使儿童正确学习"歌诗",王守仁在《教约》中指出:"凡歌诗,须要整容定气,清朗其声音,均审其调节,毋躁而急,毋荡而嚣,毋馁而慑,久则精神宣畅,心气和平矣。"[②]

在这段话中,王守仁指出了有关学习歌诗的几点要求。首先,他认为,儿童的气息与姿态是影响歌诗的音色与节奏的两个重要因素,因此儿童在学习歌诗前要注意调整好自己的仪态。其次,他认为儿童在学习歌诗的时候要清理好喉咙,认真地推敲歌诗的音节韵调,使其节奏保持均衡,节奏的强弱、疾缓等都要保持在适度的水平。总之,他希望儿童不要太急切、太随意,更不要胆怯和害怕,练习时间长了,就会感到精神舒畅,心态平和。

(三) 关于习礼

习礼主要指学习礼仪,目的是培养儿童良好的思想品质和行为习惯。王守仁非常注重儿童对礼仪的学习,认为"习礼"有很多好处,不仅可以养成儿童威严的仪表,遵守礼仪的习惯,起到道德教育的作用,而且通过各种行礼动作的练习,还能达到锻炼身体的目的,实现德育与体育的有机结合。他说:"导之习礼者,非但肃其威仪而已,亦所以周

---

① 王守仁,吴光、钱明等编.王阳明全集(卷十七)[M].上海:上海古籍出版社,2012:517.
② 王阳明,邓艾民注.传习录注疏[M].上海:上海古籍出版社,2015:177.

旋揖让而动荡其血脉,拜起屈伸而固束其筋骸也。"①在王守仁看来,让儿童学习礼仪不仅可以使他们养成良好的礼仪习惯,而且还可以通过揖让叩拜来活动血脉,通过跪拜屈伸来活动筋骨,达到强身健体的功效。

王守仁还指出了儿童学习礼仪的具体方法。他在《教约》中指出:"凡习礼需要澄心肃虑,审其仪节,度其容止,毋忽而惰,毋沮而怍,毋径而野,从容而不失之迂缓,修谨而不失之拘局。久则礼貌习熟,德性坚定矣。"②

这段话的意思是,儿童习礼需要抛弃心中的杂念,清其心志,然后再以这种良好的心态去观察礼仪老师的动作,揣摩老师的表情。习礼的动作要庄重而非怠惰,要大方而非沮丧,要文雅而非粗野。形态要从容淡定,而非迟钝迂缓,态度要严谨,而非拘束呆板。久而久之,动作和神情都熟练了,儿童就会变得品性高雅且更懂礼貌。

在这里,王守仁提出了儿童在学习礼仪时应处理好心态、外表之间的关系,以及一些需要注意的事项等。在他看来,儿童的内在心态会对其外在行为产生一定的影响,所以在学习礼仪前要抛弃心中的杂念,然后以这种心态去向老师学习。同时提出了一些学习礼仪时需要坚持和注意避免的事项,使儿童的礼仪学习更加具体和具有可操作性。最终是让儿童通过长时间的学习和练习,达到品性高雅更懂礼貌的目的。

(四)关于读书

王阳明非常重视读书对儿童成长的价值和作用。他认为,首先,读书不仅能增长儿童的知识,还能提高儿童的道德认知能力,有利于培养儿童正确的道德理想和信念;其次,读书可以使儿童通过对知识的理解,养成沉思的习惯,使儿童在生活中能够冷静面对和处理一些现实问题;最后,读书还可以使儿童在读书中获得享受,自得其美。王阳明说:"凡授书,不在徒多,但贵精熟。量其资禀,能二百字者止可授以一百字,常使精神力量有余,则无厌苦之患,而有自得之美。"③这段话的意思是说,读书不在数量之多,而在质量之精。在读书过程中,儿童要量力而行,留有余力,没有厌恶之感,才能使其在读书之中获得快乐和成就,乐于读书,乐于学习。

四、顺应儿童身心发展的"自然教育"

这里所谓的"自然教育"就是依据对儿童发展特点的认识,按照儿童的身心发展过程进行有序的教育。在这方面,王守仁提出的几个观点值得注意。

(一)教育要关注儿童的性格特征

王守仁在《训蒙大意示教读刘伯颂等》一文中阐述了自己独到的见解。他指出:"大抵童子之情,乐嬉游而惮拘检,如草木之始萌芽,舒畅之则条达,摧挠之则衰痿。今教童子,必使其趋向鼓舞,中心喜悦,则其进自不能已。譬之时雨春风,霑被卉木,莫不萌动发越,自然日长月化。若冰霜剥落,则生意萧索,日就枯槁矣。"④这段话的意思是说,儿童

---

① 王阳明,邓艾民注.传习录注疏[M].上海:上海古籍出版社,2015:175.
② 王阳明,邓艾民注.传习录注疏[M].上海:上海古籍出版社,2015:176.
③ 王守仁.教约[M]//中国古代教育史资料.北京:人民教育出版社,1961:380.
④ 王守仁.训蒙大意示教读刘伯颂等[M]//中国古代教育史资料.北京:人民教育出版社,1961:379.

的性情总是喜欢嬉戏,厌恶拘束的。就像草木刚刚萌芽,顺应它就可以生长茂盛,摧残它就会衰萎。教育儿童也像栽培草木一样,必须精心培育,顺应其个性和特点,使其心情愉悦,使其身心得到健康的发展。这就好比时雨春风滋润草木一样,不断地滋润儿童身心,使之日长月久,健康成长,反之则如同冰霜剥落,渐渐枯槁。

从上面的这段话可以看出,王守仁注意到了儿童的性格特征和兴趣所在。他认为儿童性格最主要的特征是"乐嬉游""惮拘检",即儿童最喜欢的就是游玩、嬉戏,最害怕的就是束手束脚,禁止他们的活动。因此,教育上就要注意儿童的性格特征,实行"自然教育"的原则,采用符合儿童特点的、他们所乐于接受的方法,使他们受到鼓舞和感到快乐,而不是采用教育成人的方式来教育他们,这样才能使儿童不断得到进步和发展。

(二) 教育要"随人分限"

如何使教育适应儿童的具体发展,王守仁提出了"随人分限"的主张。他说:"与人论学,亦须随人分限所及。如树有这些萌芽,只把这些水去灌溉,萌芽再长,便又加水,自拱把以至合抱,灌溉之功,皆是随其分限所及。若些小萌芽,有一桶水在,尽要倾上,便浸坏他了。"①

这段话的意思是说,儿童教育也要像培育刚刚萌芽的小树一样。树木在萌芽时期需要给予少量的水分,随着它的生长,适当地加水,当树木从一掌所握到合抱不交的大树时,它们在各个阶段的需水量是不同的,要根据其生长的程度和特点,有限度地进行浇灌,才可以获得成功。如同给小树浇水一样,教育要考虑儿童的发展情况和实际能力。如果不顾及儿童的接受能力,把大量的知识灌输给儿童,就像把一桶水全部倾倒在小树幼芽上会浸坏它一样,儿童是会被毁掉的。

王守仁这里所谓的"分限"就是指儿童的接受能力或者儿童接受的限度。这个"限度"是由儿童身心的发展特点和水平决定的。儿童教育要认识和遵循这个限度,不能超越这个限度,否则会适得其反,害了他们。

王守仁认为,儿童的发展是一个从婴儿到成人的过程,有其发展的阶段性。他说:"婴儿在母腹时只是纯气,有何知识?出胎后,方始能啼,既而后能笑,又既而后能识认其父母兄弟,又既而后能立能行、能持能负,卒乃天下之事,无不可能。"②也就是说,儿童的发展是有一定顺序性和阶段性的。一个胎儿最初什么都没有,出生后才会哭能笑,再以后能够认识亲人,能够站立行走,能够持物负重,到最后什么事情都能够做。教育就要认识儿童发展的阶段性特征,根据儿童发展不同情况和特点来施教。从儿童发展的阶段特点出发来实施教育,恰恰反映了自然教育的基本特征。

(三) 儿童教育的有序环节

为了更好地对儿童进行施教,王守仁还提出了儿童教育有序环节的主张。他说:"每日工夫,先考德,次背书诵书,次习礼,或作课仿,次复诵书讲书,次歌诗。凡习礼歌诗之

---

① 王守仁,吴光、钱明等编.王阳明全集(卷三)[M].上海:上海古籍出版社,2012:84.
② 王守仁,吴光、钱明等编.王阳明全集(卷一)[M].上海:上海古籍出版社,2012:13.

数,皆所以常存童子之心,使其乐习不倦,而无暇及于邪僻。"①

这段话的意思是说,儿童的每日教学,首先要对儿童的品德进行考察,之后是背诵和朗读书本,然后是礼仪的学习,有些儿童在这段时间完成练习,再之后就是反复朗读书本和教师进行讲授,最后是诗歌教学。习礼和诗歌的教学,目的是保存儿童的童心,让他们快乐学习而不知疲倦,这样儿童就没有时间去做那些不好的事情了。

王守仁提出的儿童教育有序和具有一定环节的思想也是具有一定意义的。从这一思想可以看出,王守仁非常重视儿童的德育,并把它放在首要的位置进行考察;然后是进行诵读书本、诗歌等活动;而这些活动最终是要保持儿童的童心,让他们快乐地活动,快乐地学习。这一思想是具有一定价值的,它反映了"德育为先、保持童心"的思想特征,对于儿童的身心健康发展是有利的。当然,对儿童进行道德教育,还需要注意具体的方法,使道德教育更能够适合儿童的身心发展。

 自我评量

名词解释
1. "早谕教" 2.《颜氏家训》 3.《童蒙须知》 4. "明人伦"

简述题
1. 简述贾谊的太子教育的主要内容。
2. 简述颜之推关于教育对象和教育目的的论述。
3. 简述朱熹的儿童蒙养教育的意义。
4. 简述王守仁的"明人伦"的儿童教育目的。

论述题
1. 评述颜之推的儿童早期教育的方法。
2. 评述朱熹的学前教育环境选择的基本主张。
3. 评述王守仁的顺应儿童身心发展的"自然教育"主张。

---

① 王守仁. 训蒙大意示教读刘伯颂等.

第三章 清末时期学前教育

**学习目的**

通过本章的学习,认识清末时期学前教育的社会基础、"癸卯学制"与蒙养院制度的建立、蒙养院制度的实施,以及教育家关于学前教育的论述;把握清末时期学前教育实践、思想的特点和经验。

清朝末年虽然还有封建社会和文化的存在,但也出现了由于外部因素影响所发生的一些新的变化,其中最具有代表性的事件就是,鸦片战争的爆发,中国社会逐步由封建社会变为半殖民地半封建的社会,清末时期的社会也开始进入近代社会。与此同时,这个时期的学前教育也发生了相应的变化,出现了一些新的特征。由于清末时期的学前教育与古代学前教育有较大的区别,因此这里专门进行论述。

第一节 清末时期学前教育的社会基础

清末时期的社会基础主要包括社会的政治经济基础和思想文化基础。因此,这一时期清末学前教育的社会基础主要从两个方面进行分析。

一、清末时期学前教育的政治经济基础

清末社会以前的学前教育基本上都是以家庭为主的教育。在古代,由于封建社会是封建宗法家族制度下的自给自足的小农经济与家庭手工业相结合的经济,因此古代的学前教育,或者说学前教育的基本形式主要是以家庭教育为主的,还没有出现社会化的特点。

从学前教育的发展历史来看,有组织的、社会化的学前教育是工业革命以后资本主义大工业的产物。欧美学前教育机构是在19世纪初到30年代产生的。例如,英国教育家欧文(Robert Owen)1816年在新拉纳克(New Lanark)创办的幼儿学校。德国教育家福禄培尔在1837年开办的学前教育机构等,都是适应资本主义工业生产发展需要的产物。19世纪30年代是欧美学前教育机构不断出现的年代。

需要指出的是,中国古代社会自明末就出现了资本主义萌芽,到了清代,沿海手工业和商业都有了一定的发展。1840年第一次鸦片战争以后,外国列强的入侵打破了中国古代社会两千多年的封建主义体系,破坏了长期以来的自给自足的小农经济,封建社会逐步演变为半殖民地半封建的社会。受政治变化的影响,中国经济的性质也发生了不同

于以往的变化,主要有三种:一是外国资本进入中国市场所形成的国外工业经济,如一些外国人在华办的工厂;二是清政府洋务派兴办的官僚企业经济,如洋务派办的工厂;三是中国民族资本主义经济,如一些民族资本家办的工厂。为了适应这三种性质经济的需要,中国教育也出现了三种性质的学校教育类型。一是资本主义国家在华兴办的教会学校;二是洋务派创办的洋务学堂;三是民族资产阶级举办的新学校。随着中国社会政治经济基础的变化,城市手工业和家庭手工业遭到破坏,不少妇女走出家庭,进入工厂,中国社会早期形成的学前教育完全由家庭承担的稳定现状被打破,儿童教育社会化开始成为中国学前教育发展的重要选择之一。

二、清末时期学前教育的思想文化基础

进入近代社会以后,由于政治经济的变化和冲击,也引起了中国社会思想文化领域的变革,掀起了多次思想文化改革浪潮。特别是中国在甲午中日海战中惨败以后,更暴露了中国的落后和清王朝统治的腐朽,许多进步人士纷纷对当时学术界和教育界盛行的传统和保守思想提出了严肃批评,强烈要求变革。在思想文化上,他们提倡"经世致用"的新风,主张改革科举,学习西学,设立新式学堂,学习西方科学技术,甚至提出改变封建制度和教育制度,向西方学习的主张。

这一时期思想文化的变革主要表现在三个方面:一是出现了"放眼看世界"的官僚知识分子,如龚自珍、魏源、林则徐等,他们提出"师夷长技以制夷"的主张,以抵御外来政治军事及文化的影响。二是在19世纪60至70年代,随着民族资本主义的发展,社会出现了资产阶级维新变法运动,主要代表人物有冯桂芬、王韬、容闳、薛福成、郑观应等。他们提出了许多改革政治经济和文化教育的主张。三是在19世纪90年代,出现了资产阶级"救亡图存"的百日维新运动,代表人物有康有为、梁启超、严复、谭嗣同等。但由于以慈禧为首的反对派发动的戊戌政变,致使维新变法运动夭折,但资产阶级维新派所宣传的西方思想文化及教育思想,在社会产生较大影响。他们提出的学习西方教育思想,建立学前教育制度等主张,形成了近代学前教育机构产生的思想基础。维新派有关学前教育的主张主要包括以下几个方面。

一是强调培养才智和发展教育要从幼学开始。维新派主张中国要从落后的封建社会向资本主义社会转化,关键在教育,改革教育是改变中国的前提。他们提出"欲任天下之事,开中国之新世界,莫亟于教育"[①]。认为一个国家的强弱,要看国民的智慧,才智之民多则国强,才智之民少则国弱。中国之所以弱,是因为人才缺乏,人才缺乏的原因是教育不发达。一些思想家更是提出,要改变人才和教育落后的状况,必须从学前早期教育开始。梁启超在《论幼学》里说:"春秋万法托于始,几何万象起于点。人生百年,立于幼学。"意思是说,自古以来一切的事物最初都来源于一个开始,宇宙间的一切景象都起源于一个点。人生这一辈子,立足于幼年所受到的教育。因此,必须通过发展学前教育来振兴中国。

---

① 梁启超.康有为传(第四册)[M].上海:神州国光社 1953:9.

二是主张引进西方学前教育和心理思想,促进学前教育发展。这一时期,中国资产阶级维新派人士在引进西方学前教育和心理思想方面发挥了重要作用。1902年,梁启超写了《教育政策私议》,介绍了西方学前教育和儿童心理发展的观点,认为5岁以下是幼稚园期,也称幼儿期。梁启超还从儿童身心发展方面介绍了幼儿期的心理特点。在他看来,对幼儿进行教育应该有一定的次序,要按照不同年龄阶段儿童的心理特点进行教育。

三是抨击封建科举教育制度,主张建立近代学前教育制度。在这一时期,维新派在批评以科举考试为中心的封建教育制度的同时,还大力推介欧美和日本的近代学制,并主张将学前教育纳入近代教育体系中。例如,康有为就曾建议清政府"远法德国,近采日本,以定学制"。建议各地要兴办学校,乡立小学,县立中学,省立专门高等学校和大学;在北京设京师大学堂;还要设立海、陆、医、律、师范各专门学。在学前教育方面,主张建立人本院、育婴院等学前教育机构,认为这些机构也是整个教育体系的重要组成部分。

四是主张女性也有受教育权,应给女性接受教育的机会,为培养学前教育师资奠定基础。这一时期的一些资产阶级维新派主张,女性与男性一样,有同等接受教育的权利。1896年,梁启超在《变法通议·论女学》一文中批评了"妇人无才便是德"的封建传统观念,认为这是"祸天下之道"。他明确指出:"治天下之大本二:曰正人心,广人才,而二者之本,必自蒙养始。蒙养之本,必自母教始。母教之本,必自妇学始,故妇学实天下存亡强弱之大原也。"①也就是说,在他看来,治理国家主要有两方面的工作:一是端正人心;二是大力培育人才。而这两方面的工作必须从蒙养教育开始。蒙养教育的起步要从母亲的教育开始;母亲教育的起步要从女子教育开始。因此女子教育是国家存亡强弱的根本原因。梁启超还认为,女子接受教育涉及国民教育的基础、社会的风貌、学前儿童教育等,必须给女子接受教育的机会。女子接受教育后可以做女医生、女教师、女律师等,使她们获得自己的地位和尊严。

第二节 蒙养院制度的建立与实施

这一时期,随着资产阶级维新派的推介、宣传与努力,清末时期的教育,包括学前教育都有了一定的发展,其中最具代表性的事件就是蒙养院制度的建立与实施。

一、科举制的废除和封建传统教育的结束

1898年9月,清政府对维新变法运动的扼杀,并没有阻止清朝政治衰败的预势,而且随着八国联军的大举围攻,社会阶级矛盾和民族矛盾更加激化了。为了缓和社会各种矛盾,1901年清政府开始了"新政"改革。"新政"改革的主要内容包括废除科举、创建学部、颁布"癸卯学制"、兴办新式学校等。1905年8月,清政府下令"立停科举以广学校"。至此,实行了1300多年的封建社会的科举考试制度宣告废除,兴办新式学校成为这一时

---

① 梁启超.论女学[M]//饮冰室合集(文集第一册).北京:中华书局,1989:40-41.

期教育改革的主要内容。科举制的废除和新式学校的兴办,标志着中国封建传统旧教育在形式上的结束,新的半殖民地半封建的近代教育制度逐步形成。

二、"癸卯学制"与蒙养院制度的建立

在科举制废除之前,清政府已经对学校制度进行了一定改革。1902年8月15日,由管学大臣张百熙拟订了《钦定学堂章程》,也称"壬寅学制",这是近代中国发布的第一个关于学校系统的文件,但最终没有施行。1903年,由张百熙、张之洞等人又制定了新的学制,1904年批准为《奏定学堂章程》,也称为"癸卯学制",这一学制被称为中国近代教育史上第一个颁布并正式实行的学制,它结束了中国自古以来办教育、办学校无章程的历史,奠定了中国现代学制的基础。

"癸卯学制"规定:整个学校系统自蒙养院到通儒院,共有三段七级学堂。第一阶段为初等教育,包括蒙养院、初等小学堂、高等小学堂三级;第二阶段为中等教育,包括中学堂一级;第三阶段为高等教育,分为高等学堂或大学预科、大学堂和通儒院三级。另外,还有实业教育、师范教育系统,分别与初等教育、中等教育和高等教育相配合。(如图3-1所示)"癸卯学制"关于学校三段七级系统的设置,也结束了中国学校无系统的历史。

关于办学宗旨,"癸卯学制"规定:无论何等学堂,均以忠孝为本,以中国经史之学为基,俾学生心术壹归于纯正。而后以西学瀹其智识,练其艺能,务期他日成材,各适实用。从这里可以看出"癸卯学制"的办学宗旨已经体现了"中体为本,西体为用"的思想。特别需要指出的是,"癸卯学制"中关于蒙养院制度及教育的规定,标志着近代中国学前教育制度的正式建立,从此学前教育成为中国学校教育体系中的重要组成部分。

三、"癸卯学制"中关于蒙养院的规定

"癸卯学制"中关于学前教育的内容主要是通过《奏定蒙养院章程及家庭教育法章程》(以下简称《章程》)来规定的。该《章程》是一个专门为发展学前教育制定的章程,也是我国近代第一个把学前教育与家庭教育联系在一起的法规。该《章程》共四部分内容,包括蒙养家教合一、保育教育要旨、场屋图书器具和管理人事物,对蒙养院的设置意义、保教要求、课程、教师培训、蒙养教育与家庭教育的关系等作了相应的规定。

(一)蒙养院的作用和教育对象

关于蒙养院的作用,《章程》指出:"蒙养通乎圣功,实为国民教育之第一基址。"肯定了蒙养教育在国民教育中的基础地位。同时规定,蒙养院为教育学前儿童的专门机构,招收"3岁以上至7岁之儿童"为教育对象。《章程》规定,儿童在蒙养院的时间每日不得超过4个小时。

(二)蒙养院的设置

不过,按照《章程》规定,蒙养院不单独设立,而是附设在育婴堂和敬节堂内。要求"各省府厅州县以及极大市镇,现在均有育婴堂及敬节堂,兹即于育婴敬节二堂内附设蒙

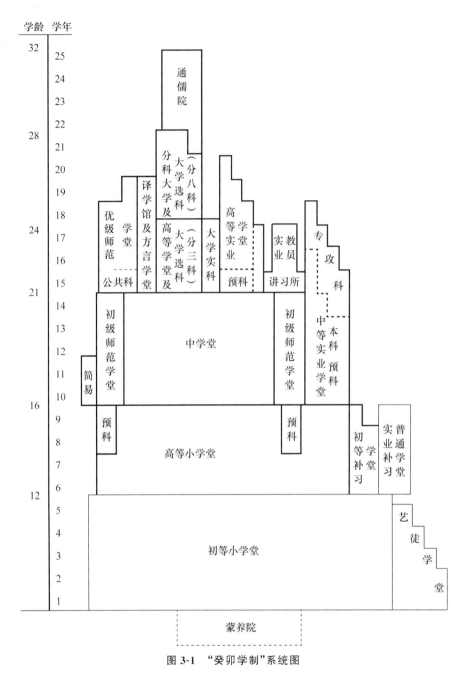

图 3-1 "癸卯学制"系统图

养院"[①]。从历史上看,育婴堂始创于我国宋代,主要用于救济孤苦无依的儿童。到了清末,随着一些工厂的出现和母亲外出做工,一些幼儿被送进育婴堂,使得育婴堂得到一定发展。据资料记载,当时的江宁府 7 个县,5 个县有育婴堂;杭州府 10 个县,4 个县有育婴堂。不过早期的育婴堂的主要功能不在教育,管理员也是一些没有受过专门训练的妇女。按照《章程》的规定,育婴堂主要是用来设置蒙养院,即在育婴堂内划出一院为蒙养

---

① 奏定蒙养院章程及家庭教育法章程[M]//中国学前教育史资料选.北京:人民教育出版社,1989:93.

院。敬节堂的设置主要是用来收留寡妇,蒙养院的教师由敬节堂的"节妇"担任。

(三) 蒙养院的保教任务

《章程》规定,蒙养院的保教任务是:"保育教导儿童,专在发育其身体,渐启其心知,使之远于尧薄之恶风,习于善良之轨范;保育教导儿童,当体察幼儿身体气力之所能为,心力知觉之所能及,断不可强授以难记难解之事,或使之疲劳过度之业;保育教导儿童,多留意儿童之性情及行止仪容,使趋端正;儿童性情极好模仿,务专意示以善良之事物,使则效之,孟母三迁即此意也。"①

蒙养院关于保教任务的规定表明,蒙养院教育已经包含了儿童的体育、德育、智育和美育等基本内容,并且提出了依据儿童身心发展特点,进行量力适度教育,注重儿童行为端正和榜样教育等观点。这些观点表明,这一时期的学前儿童教育已经开始把儿童的身心健康发展放在重要的位置上,当然也可以看到传统文化教育的影响。

(四) 蒙养院的课程

蒙养院开设的课程主要有四个部分:一是游戏。分随意游戏和同人游戏,以使儿童心情愉快活泼,养成合群、乐群的习惯。二是歌谣。主要是教儿童平和浅易之小诗。如古人的短歌谣和古人五言绝句,使幼儿运用耳目喉舌舒畅并涵养其德性。三是谈话。主要就常见的"天然物"和"人工物"与幼儿谈话,培养其观察力和思考力,并要求儿童发声洪亮,语言表达流畅连贯。四是手技。主要是让儿童用木片、竹签、纸、黏土等做各种形状,或栽培花卉,训练儿童手眼协调动作,并开发儿童的动手、操作能力。

这四部分的课程安排不仅规定了蒙养教育的内容,也提出了需要培养儿童的相应能力,对于儿童的多方面发展是有一定意义的。

(五) 蒙养院的教师及培训

蒙养院的教师一般称"保姆",由育婴堂的乳母和敬节堂的节妇训练后充当。《章程》指出,幼儿教师应由"女师范生为保姆以教之",但中国"若设女学,其间流弊甚多,断不相宜"。② 从这可以看出,受传统文化观念影响,这一时期的学前教师的观念和对学前教师的培养还是比较落后的。关于保姆的培训方法,主要是在两堂内选取识字的妇女当教员。用的教材是"官编教科书"。编选教科书的主要原则和方法:一是"将《孝经》《四书》《列女传》《女诫》《女训》等书,择其最重要而且极明显者,分别依次深浅,明白解说,编成一书,并附以图";二是"选取外国家庭教育之书,选择其平正简易,与中国妇道妇职不相悖者";三是"初等小学字课本及小学前二年级之各种教科书,语甚浅显"者。③

从上面选编教材的原则和内容来看,蒙养院保姆的培训深受封建社会的女子"三从四德"观念的影响,虽然也加上了外国家庭教育的一些新的内容,但仍可以看出,处于教育转型期的中国,学前教育师资的培训还是一个新旧教育观念和方法的大杂烩,学前教育师资的文化水平和专业训练,还是比较低的。

---

① 奏定蒙养院章程及家庭教育法章程[M]//中国学前教育史资料选.北京:人民教育出版社,1989:96.
② 奏定蒙养院章程及家庭教育法章程[M]//中国学前教育史资料选.北京:人民教育出版社,1989:93.
③ 奏定蒙养院章程及家庭教育法章程[M]//中国学前教育史资料选.北京:人民教育出版社,1989:95.

(六) 蒙养教育与家庭教育的合一

需要指出的是,虽然这个《章程》开始关注学前教育,但它的最大特色还在于提出了"蒙养家教合一"的主张,即蒙养院不是一个纯粹的幼儿教育机构,而是蒙养教育与家庭教育的合一。举办蒙养院的目的是用来辅助家庭教育。正如《章程》所指出的:"蒙养家教合一之宗旨,在于以蒙养院辅助家庭教育,以家庭教育包括女学。"[①]也就是说,建立蒙养院的真正目的在于加强家庭教育,蒙养教育是为家庭教育服务的。《章程》对此解释说:"有子者父母自教其子,以为入初等小学之基。有女者母自教其女,以知将来为人妇为人母之道;是为人母者皆自行其教育于家庭之中。母不能教者或雇保姆以教之,是家家皆有蒙养院矣。"[②]从世界学前教育的发展历史看,外国的幼儿教育早期也是以家庭为主的。例如,17世纪捷克教育家夸美纽斯提出的"母育学校",即"母亲膝前的教育",就是以家庭教育为主的。到了近代以后,这种情况才逐渐改变,出现了学前教育社会化的趋势,典型代表就是福禄培尔的"幼儿园"的出现。通过比较分析可以发现,《章程》所提出的关于蒙养院设置,只是把它看作家庭教育的一种补充形式。它在一定程度上反映出,虽然历史已经进入20世纪初期,但是这一时期社会经济和教育的发展还是十分有限的,自给自足式的家庭经济仍然占有很大的比重,幼儿教育还是以家庭教育为主,学前教育的社会化还没有真正到来。

四、蒙养院制度的实施

(一) 蒙养院的兴办

1903年秋,湖北省幼稚园在武昌建立,标志着中国最早的学前教育机构的出现。1904年,随着"癸卯学制"的颁布和《章程》推行,湖北省幼稚园改名为武昌蒙养院。同年,上海务本女塾附设幼稚舍。1905年,湖南公署设立湖南蒙养院。同年,天津创立严氏家塾蒙养院。1906年,江苏的育婴堂和敬节堂设置了蒙养院。此后,清政府还开办了一些公立的幼儿教育机构,私立蒙养院和幼稚园也得到一定发展。据统计,到1907年,已经建立的蒙养院为428所,招收幼儿人数为4893人;1908年为114所,招收人数2610人;1909年,为92所,人数有2664人。

从蒙养院的具体管理看,最先建立的湖北省幼稚园采用了日本模式,聘请了三名日本保姆教习任教并参与管理,其中毕业于日本东京女子高等师范学校的户野美知惠担任了该幼稚园园长。1904年,她为幼稚园拟订了《湖北省幼稚园开办章程》。《章程》指出,幼稚园是"因家庭教育之不完全而设,专辅小儿自然智能、开导事理、涵养德性,以备小学堂之基础为宗旨",主张"重养不重教"原则。该院的宗旨是:"一、保育身体之健旺,体育发达基此;二、培养天赋之美材,智育发达基此;三、习惯善良之言行,德育发达基此。"[③]很明显,这一宗旨体现了幼儿发展和教育的德智体多方面发展的思想,并且把幼儿的身

---

① 奏定蒙养院章程及家庭教育法章程[M]//中国学前教育史资料选.北京:人民教育出版社,1989:95.
② 奏定蒙养院章程及家庭教育法章程[M]//中国学前教育史资料选.北京:人民教育出版社,1989:95.
③ 湖北幼稚园开办章程[M]//中国学前教育史资料选.北京:人民教育出版社,1989:103.

体发展和体育放在第一位,这与以前的儿童教育观念是有很大不同的。

该幼稚园的保育任务主要包括发展身体、开发智能、培养行为习惯等三个方面。开设的课程有行仪、训话、幼稚园语、日语、手技、唱歌、游戏7项内容。该幼稚园招收的对象为5—6岁的幼儿,学制1年,收托时间为每日3小时,免收学费,最初招收儿童80人。幼儿入园所用的服装、图书、保育物品等,均由官方提供,饭费则由家庭负担。

(二) 蒙养院师资的培训

随着蒙养院的建立,师资的培训也成为蒙养院发展的主要问题。蒙养院的师资培训最早是在保姆班或讲习所进行的。这些保姆班或讲习所都是设在蒙养院或敬节堂内的。虽然有一些地方出现了女塾或女子学堂,但在当时由于女子到学堂学习仍然被看作是不合时宜的。据资料记载,1903年湖北幼稚园的出现在当时成为轰动一时的新闻。女生去上学,引起路人争相观看,甚至与门卫发生冲突。张之洞得知此事后,立即叫停。他在撰写的《札学务处办敬节育婴学堂》一文中,明令湖北停办女学,并指出湖北幼稚园内"附设女学堂聚集青年妇女至六七十人之多,与奏定章程尤为不合,若不亟予更正……女孩上学必致中国礼法概行沦弃,流弊滋多",因而"遂令该园附设的女子学堂即行裁撤"。[①]而让当地的敬节堂建敬节学堂,挑选粗通文理的节妇100人作为保姆进行培训,并聘请日本女教习,讲习幼儿保育教导之事。

既要培养幼儿教育师资,又要禁止现代女性参与,结果只能由保姆班和敬节堂培训幼儿教育师资,并借鉴日本学前教育经验,成为这一时期学前教育师资培训的主要特点。

(三) 学前师范教育的出现

女子能够接受教育问题的突破是在1907年。1907年,清政府颁布了《女子小学堂章程》和《女子师范学堂章程》,这是中国教育史上第一个关于女子可以接受教育的章程,标志着女子教育成为中国教育的重要组成部分。

《女子师范学堂章程》第一章"立学总义"第一节规定,女子师范学堂的任务是"以养成女子小学堂教习,并讲习保育幼儿方法,期于裨补家计,有益家庭教育为宗旨"。并提出"教授女师范生,须副女子小学堂教科蒙养院保育科之旨趣,使适合将来充当教习、保姆之用"。[②] 该《章程》还规定女子师范教育学科的教学科目和程序,当以"先教以教育原理,次教以家庭教育方法,次教以蒙养院保育之法"[③]。《女子师范学堂章程》的颁布,对于明确蒙养院师资培养的宗旨、学习的科目和程序,对于培养合格的幼儿教师等都具有重要的意义。

《女子师范学堂章程》颁布后,一些地方开始兴办女子师范学校并设置相应的师资培训科目。例如,浙江省女子师范学堂设立了保姆科。1907年,上海公立幼稚园设立保姆传习所,并开设保育法、儿童心理学、教育学、修身学、谈话、图画、手工等课程。1911年,湖南全省开办女子师范。广东、北京等地方也出现了类似的情况。

---

① 唐淑,何晓夏.学前教育史[M].大连:辽宁师范大学出版社,2001:89.
② 学部奏设女子示范学堂章程[M]//中国学前教育史资料选.北京:人民教育出版社,1989:98.
③ 学部奏设女子示范学堂章程[M]//中国学前教育史资料选.北京:人民教育出版社,1989:99.

培养蒙养教育师资的女子师范学堂的出现，表明这一时期解决蒙养教育的师资问题已经引起全社会的重视。从师资培训的内容来看，蒙养院师资的管理和内容与原来相比已经有很大的变化：开始强调由新式学堂培养；学习内容也开始增加一些新的反映教育最新发展的课程。

这一时期女子师范教育的发展也促进了学前教育教材的发展。1907年，由中国图书公司印行的《幼儿保育法》是一本参考日本、德国等国的幼儿教育书籍，有6章，包括总论、养护身体、传授知识、陶冶性情、保育事项、结论等。1909年，由中国图书发行公司出版的《保姆传习所讲义初集》中，包含有保育法和儿童心理学的内容。其中"保育法"的内容共有16章，包括绪论、幼稚园之主旨、幼稚园之必要、幼稚园之教育、幼稚园与家庭之联络、保姆之资格、保育事项、论游戏、论唱歌、谈话、手技、恩物之种类、恩物之理、保育时间、入园年龄与分组法、看护术等。"儿童心理学"有6章，包括引言、原气质之分类、快活儿之特色、刚愎儿之特色、忧郁儿之特色、沉钝儿之特色等。

作为我国最早出版的关于幼儿师范教育的教科书之一，在促进学前教育发展方面是有积极贡献的。当然，可以看出这些教科书的内容深受德国教育家福禄培尔的学前教育理论和日本学前教育思想的影响，反映出这一时期学前教育理论的发展及教材的编写开始注重学习和借鉴国外学前教育的经验，学前教育的发展属于引进和借鉴国外学前教育经验的阶段。

(四) 蒙养院制度的评价

蒙养院制度的建立与实施，在一定程度上表明中国学前教育已经打破完全单一化的家庭教育的模式，开始了学前教育社会化的初步尝试，尽管还没有完全脱离家庭教育的影响，但其所进行的改革和尝试是具有积极意义的。

而且这一时期的学前教育社会化的改革，在已有的基础上开始学习和借鉴国外一些较为先进的学前教育理念和幼稚园的管理模式，并通过法律和规章的形式固定下来，这对于学前教育的健康发展是具有重要价值的。

当然，这一时期的改革也存在一些问题。例如，蒙养院在章程中没有独立的地位，只是家庭教育的附属，幼儿教育的主要责任仍然在家庭；蒙养院的师资培训由素质较低的育婴堂和敬节堂的保姆承担，而能够接受教育学和心理学的保育培训的女性在接受正式的、较好的教育方面面临许多困难；蒙养院的教育，特别是在保姆的培训上仍然保留了许多封建教育的内容。

第三节　清末时期学前教育思想

清末时期，随着社会的发展和国外政治、经济以及文化思想的影响，一些进步人士也对学前教育及幼儿教育问题进行思考，提出了许多重要的见解。这里主要介绍康有为和梁启超的学前教育思想。

一、康有为的学前教育思想

康有为(1858—1927),原名祖诒,字广厦,号长素,广东南海人。清末时期重要的政治家、思想家、教育家,资产阶级改良主义的代表人物。

康有为早年接受严格的儒学教育,潜心研究程朱理学、心学和佛学。后来受到西方文化影响,成为近代历史上向西方寻找真理的重要代表之一。康有为的著作颇多,有《康有为全集》,其中影响较大的是他的《大同书》。在书中,康有为描绘了一个人人相亲相爱的美好世界,同时也阐述了他的学前教育思想和主张。

(一)儿童"公养公育"思想

康有为在《大同书》中分析了社会的各种"苦界",提出了打破一切界限,"去苦界至极乐",达到"大同世界"的思想。其中一个重要观点就是"去家界"。"去家界"就是去家族制度,去私有制度。没有家族,没有私产,就会脱离苦难,达到太平世界。

去掉"家界"后,家庭教育怎么办?康有为提出了儿童"公养公育"的主张。他认为,要实现太平世界,就要培养人才,发展教育。没有家庭,父母不承担教育子女的责任,儿童教育完全由政府承担,社会公育。在《大同书》里,康有为提出了一个前后衔接的儿童公养公育的制度。他指出:"公立政府者,人人所公设也;公立政府当公养人而公教之、公恤之。公养之如何?一曰人本院,凡妇女怀妊之后皆入焉,以端人生之本;胎教之院,吾欲名之曰人本院也,不必其夫赡养。二曰公立育婴院,凡妇女生育之后,婴儿而拨入育婴院以育之,不必其母抚育。三曰公立怀幼院,凡婴儿三岁之后,移入此院以鞠之,不必其父母怀抱……四曰公立蒙养院……五曰公立小学院……六曰公立中学院……七曰公立大学院……"①在康有为看来,儿童从一出生开始就送到公立育婴院,由社会抚养,3岁后进入慈幼院或者继续在育婴院接受保育。6岁以后,依次接受小学、中学和大学的系统的学龄期教育,20岁学成毕业,为社会服务。

康有为的儿童"公养公育"思想,提出了儿童从出生到成年全部教育由政府承担的理想教育的体系,对于认识这一时期社会人士对学前教育的理解,认识政府在发展学前教育上的作用是具有积极意义的。

(二)胎教思想

在胎教方面,康有为在继承了古代教育家关于胎教思想的基础上提出了一些新的主张。其中一个最突出的观点就是,他认为可以通过人本院对孕妇进行集体的胎教。反映出这一时期的思想家比较注重从集体教育的角度来思考学前教育问题。

1. 胎教的意义

康有为认为,胎儿的教育是从本源上来保障儿童的健康成长。在他看来,人生之本,皆在胚胎;人道之始,万化之原。把儿童的早期发展与人道的初期形成结合起来,可以看出他对道德发展的重视。同时,他也注意到,孕妇极易受到外在环境中邪恶事物及观念的影响。因此,对孕妇加强胎教,可以及早防止邪恶外物的干扰,结出"良美之果"。

---

① 唐淑,何晓夏.学前教育史[M].大连:辽宁师范大学出版社,2001:94.

2. 胎教的宗旨

康有为认为,孕妇胎教的宗旨就是使孕妇以养胎为目的,做好安胎、保胎、养胎及生子的准备。而要做好安胎、保胎、养胎,就要做好医护、饮食和衣着等事项。在医护方面,要有良好的医护设备和护理制度来照顾好孕妇。医生要采用科学的产儿方法,使孕妇生产无痛苦。在饮食方面,要选择有益于胎儿健康的食品,要根据孕妇每个人的身体情况决定食品的种类和数量。在衣着方面,要选择适合孕妇身体变化的衣服,不要外国的袒肩露臂的,也不要传统的束身缠足的服饰。

3. 孕妇的教育

除了对孕妇进行胎教的各项准备外,康有为还主张要对孕妇进行一定的教育。这主要包括,要对孕妇进行培养德性、仁心和博爱的教育;要对孕妇进行保持个人卫生、生育知识和方法的教育;还要求孕妇读好书,听好的音乐,使孕妇养成好的心境和性情。

(三)婴幼儿教育思想

这里的婴幼儿教育主要是指婴儿出生后进入育婴院的教育。在婴幼儿教育方面,康有为提出了许多重要的主张。

1. 育婴院的环境选择

康有为认为育婴院的环境要求是:周边的楼房要少,草地要多,要通风、临水、多花木、多蓄鱼鸟。同时不要靠近戏院、坟地、火化场、工厂及车场等地,以防止不良环境的污染。

2. 保育员的选择

在康有为看来,育婴院的环境选择很重要,但是保育员的选择更重要。保育员也叫女保,行使代母之责为众母。她们抚育非亲生之子,因此责任重大。康有为认为,保育员要选择那些安静慈和、身体健康、资质聪慧、有耐性而无倦心的女性。女保任期两年,期满,政府则赠以"仁人慈保星",保星获得越多者,越受到社会的尊重。

3. 育婴院的保育工作

康有为认为,育婴院的保育工作主要包括,院里的医生要按时检查婴幼儿的服装、饮食、睡眠情况,保证婴幼儿的身体健康。待幼儿能够说话时,则教以语言、唱歌等。待可以学习知识时,则教儿童认识世界万事万物,并且教以制作,逐步掌握生活知识及谋生的技能。

康有为关于儿童公养公育、胎教和婴幼儿的教育思想,反映了清末时期一些思想家对理想社会和理性教育的追求和向往。由于当时社会的发展有限,虽然其中的一些主张难以实现,但是其所反映的一些追求和理想是值得肯定的。

二、梁启超的学前教育思想

梁启超(1873—1929),广东新会人,康有为的弟子。字卓如,号任公,又号饮冰室主人,中国近代思想家、政治家、教育家,近代维新派代表人物。梁启超幼年从师学习,17岁中举,后从师于康有为,成为资产阶级改良派的宣传家。戊戌变法失败后,与康有为一起流亡到日本。梁启超倡导新文化运动,主要著作有《饮冰室合集》。在教育上,梁启超提倡国民教育,重视幼儿教育和女学,他的许多主张在近代教育思想上具有重要的影响。

(一)倡导国民教育和学前教育

梁启超指出,洋务教育的失败在于没有发展国民教育。国家的强弱根本在于国民,只有普及国民义务教育,广开民智,使每个人都能够接受教育,才能走上强国固本的正路。从这个思想出发,梁启超非常重视幼儿教育和女学,认为这是国民教育的基础。通过对欧美、日本等国教育的考察,他主张要吸收外国先进教育思想,建立中国的学前教育制度。

(二)学校教育要适合儿童的心理

1902年,梁启超写下《教育政策私议》一文,对中国教育改革的一些重大问题发表了自己的见解。其中在如何构建学校教育制度上,他主张要根据儿童身心发展的心理特点来划分不同阶段的学校教育任务。在参考了日本的学制后,他按照儿童心理发展阶段,列出了学校教育制度表。在这个表中,梁启超将人的年龄从出生到成年划分为幼儿期(5岁以下)、儿童期(6—13岁)、少年期(14—21岁)、成人期(22—25岁)四个阶段,与此相应的学制划分为家庭教育期、小学校期、中学校期、大学校期。他还把"幼儿期"的学前教育,设置为两年期的"幼稚园"教育。

梁启超还根据儿童的身体、知、情、意、自观力等五个维度,提出了幼儿的发育特点。第一,身体。一岁前后,幼儿乳齿生,习步行,学语言,产生欲望,感觉力日渐敏捷。第二,知。感觉知识能力敏锐。第三,情。基于感觉的感情形成,恐怖之情尤强。第四,意。有感觉的意志。第五,自观力。还没有认识到自我的状态。

梁启超的这些认识虽然还比较粗浅,但已经看到了儿童生理和心理发展的一般特点,这在当时是难能可贵的。

(三)发展女子教育

在梁启超的教育思想中,女子教育问题也是他一直关注的重点。女子教育问题涉及男女平等和幼儿教育等问题。

1897年,在《倡设女学堂启》一文中,梁启超指出:"圣人之教,男女平等,施教劝学,匪有歧矣。"意思是说,圣人的教育非常强调男女平等,在施教和劝学上是没有歧义的。梁启超认为,西方国家之所以强盛,主要是实现了男女平权,女子教育发达。他批评旧中国对女子教育的歧视和阻碍,并视为耻辱。梁启超分析了各国在女子教育方面的做法,认为美国女子教育最强,国力也最强;英法日次之;印度、波斯等最弱。梁启超指出,女子教育非常重要。人生百年,立于幼学。母亲是儿童一生中的第一位老师,对儿童的影响最直接和最重要,是"幼学"中的主要教育者。因此,发展女子教育不仅可以帮助母亲提高自身,还可以促进幼儿教育,特别是幼儿师资的发展。他主张借鉴美国经验,由妇女担任幼儿园的师资,通过兴办女子学堂,培养师资,提高幼儿教育的水平。

总之,梁启超关于国民教育、学前教育和女子教育等问题的论述,与康有为一样,都是这一时期资产阶级维新派对中国教育改革的思考,这些问题都是中国教育改革的基础性和关键性的问题。虽然他们的思想和主张不一定完全科学和正确,但已成为近代中国教育思想的重要组成部分。

第四节 外国人在华的学前教育活动

众所周知,近代中国教育的发展是与近代中国社会的发展相一致的。鸦片战争以后,由于外国列强的军事入侵和文化渗透,西方基督教文化也逐步传播到了中国。在这个过程中,一些外国人,包括一些外国传教士先后在华创办了一些教会学校。在学前教育方面,也出现了由外国人创办的幼稚园和幼儿教师的培训机构。需要指出的是,这里的外国人主要指西方传教士和日本人。因此,外国人在华创办的幼稚园也大体有两种,一种是教会式的,一种是日本式的。

一、外国人创办幼稚园的目的和活动

西方传教士在华办幼稚园的目的非常明确。他们认为,通过幼稚园进行宗教教育,开展宗教宣传是省费用和便捷的事情。当然,创办幼稚园还有其政治目的,就是培养安于顺从的国民。一位美国女传教士在《基督教女子教育》一文中指出:"欲造民主国国民根基,除幼稚园外,无他术也;欲使街巷顽童、家中劣子,成为安分之小国民,除幼稚园外,亦无他术。"[1]这一观点反映了外国传教士希望用西方式民主和教育影响和改造中国下一代的心理。

据资料记载,大约从19世纪40年代开始,西方传教士在中国宁波等城市兴办学前教育机构,以后举办的幼稚园逐渐增多。从1844年到1860年期间,西方传教士在华共开设了11所女子学校,全部集中在五口通商城市。[2] 不过,20世纪初,西方传教士举办的幼稚园的数量并不是太多。据美国传教士林乐知1903年发表的《全地五大洲女俗通考》一书,西方传教士在中国最初办的学前教育机构叫"小孩察物学堂",当时耶稣会办的"有小孩察物学堂六所,学生一百九十四人(男女各半)"。关于办这种学校的目的,他说:"泰西蒙学,始于幼稚园,亦称察物学堂。小孩未读书之前,先使察物,就其目所能见,手所能抚,耳所能闻之物,皆使记其名字,及其造法、用法。故至读书识字之时,能够驾轻就熟之效也。"[3]可以说,这种"小孩察物学堂"就是幼稚园,比较注重幼儿的多种感官教育。进入20世纪20年代以后,随着外国教会要求各地教堂都要附设幼稚园,使得教会幼稚园得到较快发展。据1921—1922年中华基督教教育调查团的报告,基督教教会学校在五四运动前夕共7382所,其中幼稚园139所。另据南京女师1924年的调查,当时全国有幼稚园190所,其中教会办的达156所,占全国总数的82%。[4] 可见,这一时期外国教会在中国创办的幼稚园不仅在时间上早于,而且在数量上都大于中国人自己办的幼稚园。

---

[1] 何晓夏.学前教育史[M].北京:高等教育出版社,2014:67.
[2] 唐淑,何晓夏.学前教育史[M].大连:辽宁师范大学出版社,2001:100.
[3] 唐淑,何晓夏.学前教育史[M].大连:辽宁师范大学出版社,2001:100.
[4] 唐淑,何晓夏.学前教育史[M].大连:辽宁师范大学出版社,2001:101.

需要指出的是,这一时期的外国教会除了创办幼稚园以外,还创办了一些慈善机构。这些机构主要是在教堂附设育婴堂,收养被遗弃的婴幼儿。根据美国传教士林乐知在《全地五大洲女俗通考》中的统计,到1903年,"耶稣教各会在华所设育婴堂共有9所,共有男孩5人,女孩293人,共有298人"。至于女孩在数量上为什么多于男孩,主要原因是受传统封建社会重男轻女观念的影响,弃婴中女孩为多。需要指出的是,这些育婴堂与中国的育婴院比较相近,属于慈善、救济的性质,不具备保育的功能。

二、外国人创办的幼稚园的保教内容和方法

从时间上来看,西方教会式幼稚园虽然先于日本式幼稚园在中国出现,但当时中国的学前教育却和其他教育一样,受日本影响更大,尤其在幼稚园的制度、管理、内容及方法方面。

从内容上看,蒙养院保教中的四项内容,包括游戏、歌谣、谈话、手技等主要来自日本的保教规定;从教学管理和方法上看,幼稚园使用的方法也主要是日本式的。例如游戏、歌谣等课程要列在课程表上,按课程表教学;教学中教师比较严肃,不允许课堂混乱;孩子要端端正正地在教师指导下学习。

不过,当日本式的幼稚园在中国流行时,西方教会式的幼稚园也在发展,其活动内容具有自己的特点。以美国传教士黎曼顿开办的上海崇德女子中学附属幼稚园为例。在这所幼稚园,幼儿上午8:30入园,然后依次进行一些相关的活动,包括恩物、美术、工艺、解溲、户外游戏、静息、音乐(律动、节奏等)、故事、游戏。午睡后,下午的活动主要有识字游戏、户外游戏、点心、日记、游戏、散学。在教会式的幼稚园,孩子在入园时的相见和离园时的话别,都要说一声"上帝祝福",以加强基督教的教育与激励。另外,与日本式的幼稚园强调教师的严格管理不同,教会式幼稚园会给孩子活动以很大的自主活动空间。例如,在教会式幼稚园,孩子在活动中可以按照自己的兴趣所好,随意选择,教师并没有严格的规定。

三、外国人创办的幼稚师范学校

与幼稚园的发展密切相关的就是幼稚师范学校的开办。不过,在中国最早开办幼教师资培训和幼稚师范的主要是西方教会。

1892年,美国监理会传教士海淑德在上海创办了一个幼稚园教师训练班,收20个学生,每周六下午上课,是为教会幼稚园培训师资服务的教育机构。1898年,英国长老会在厦门创办的幼稚园师资班,1912年发展为幼稚师范学校,成为西方教会在我国最早设立的独立的幼儿师范学校,招收对象为高小毕业生,学制两年。

从教学内容看,西方教会创办的幼稚师范学校一般比较重视宗教教育和英语教学。如景海幼稚师范有三个年级,每一年级的课程内容大体相同,但学分不同。三年共学25门课程,166学分,其中英语占40学分,占全部学分的近1/4。课程主要包括三类:第一类是外语、宗教等课;第二类是文化课,包括国文、体育、生理及卫生、生物学、音乐等;第三类是专业课,包括心理学、学校管理法、实习、幼稚教法、启智用具教法等。另外,还要

学习"儿童保护法"、秩序法、近代教育史等。[1]

此外,当时的一些教会大学也开始培养幼教师资。如基督教教会于1905年在北京开办了华北协和女子书院,内设两年制的幼师科。1916年改名为华北协和女子大学,1920年并入燕京大学,成为教育学系的幼稚师范专修科,培养高层次的学前教育人才。金陵、震旦、齐鲁、沪江、华西、岭南等大学以及女子大学也都分别设立幼稚教育系科或专业组,培养高层次人才。

总之,外国人在中国创办的学前教育机构,尽管带有各种各样的目的,但是客观地讲,这些教育机构,无论是从机构的创办,还是从管理模式、教学内容和方法方面,都在一定程度上为近代中国学前教育机构和师资机构的创办提供了重要的借鉴,给封闭的幼儿教育带来了新的西方学前教育的模式。从这个意义上说,外国人包括西方教会在中国近代学前教育的产生发展过程中起到了一定积极作用。

 自我评量

名词解释
1. 蒙养院　　2. 蒙养院保姆　　3. 幼稚园　　4. 幼稚师范

简述题
1. 简述蒙养院的设置。
2. 简述蒙养院的保教内容和方法。
3. 简述幼稚园的产生。
4. 简述幼稚园的保教内容和方法。

论述题
1. 评述癸卯学制与蒙养院的形成。
2. 评述蒙养院制度的实施。
3. 评述康有为学前教育思想的基本主张。
4. 评述外国人在华创办幼稚园的目的和活动。

---

[1] 唐淑,何晓夏.学前教育史[M].大连:辽宁师范大学出版社,2001:105.

第四章 民国时期学前教育

通过本章的学习,认识民国时期蒙养园制度的建立和幼稚园制度的实施,了解外国学前教育思想的引进,以及几所著名幼稚园的举办,把握这一时期学前教育发展的基本特点和经验。

1911年10月,中国爆发了辛亥革命,推翻了清王朝的统治,建立了资产阶级民主共和国——中华民国,成立了以孙中山为首的南京临时政府。1912年1月9日成立了教育部,蔡元培任第一任教育总长。蔡元培在任期间积极推行教育改革,重新拟定教育宗旨,制定新的"壬子癸丑学制",改革课程、改蒙养院制度为蒙养园制度,推动了学前教育事业的发展。不久,袁世凯窃取政权,建立北洋军阀政府,在教育上实行一系列的倒行逆施的措施,蒙养园虽有些改革,但进步不大。1915年,《新青年》创刊,标志着"五四"新文化运动的开始。在科学与民主旗帜的召唤下,学前教育上开展了对封建主义儿童教育的批判,并大量引进西方学前教育思想。以后,随着"壬戌学制"的实施,幼稚园制度得以确立。这一时期,中国教育家还对国外一些比较进步的教育思想进行推介,并开展学前教育改革实验活动,在幼稚园的课程、师资培养方面进行了可喜的探索。本章主要介绍民国时期蒙养园制度的确立与发展、幼稚园制度的确立与实施,以及外国学前教育思潮的影响等。

第一节 蒙养园制度的确立与发展

中华民国成立以后,担任教育总长的蔡元培就着手进行各方面的教育改革。首先发布了几个教育改革令,包括初等学校可以男女同校;禁用清朝学部颁行的教科书;废止小学读经科,加强手工、体操及珠算课等。1912年9月,教育部颁布了新的教育宗旨,强调"注重道德教育,以实利教育、军国民教育辅之,更以美感教育完成其道德"。[①] 这一新的教育宗旨否定了清朝1906年的"忠君""尊孔""尚公""尚武""尚实"的旧宗旨,体现了德智体美统一、和谐发展的教育精神,为后续的一系列教育改革奠定了思想基础。

---

① 舒新城.中国近代教育史资料(上册)[M].北京:人民教育出版社,1961:226.

一、"壬子癸丑学制"的颁行

1912年9月,教育部公布了《学制系统令》,也称"壬子学制"。次年修订并且重新颁行称"壬子癸丑学制"。按照这一学制,学校系统分为三段四级:小学一段二级;中学一段一级;大学一段一级。在小学段中,初小一级,为义务教育,4年;初小毕业后入高小一级,或师范、实业学校,3年。中学段4年,毕业后入大学预科或高等学校、高等实业学校、高等师范学校,大学本科3年或4年。

虽然这个学制与癸卯学制相似,基本上仿照日本的学制,但也出现了许多新的特点:一是总的修学年限缩短了3年。二是确立了女子受教育的权利,在一定程度上废除了男女在教育上的性别差异。女子不仅可以进入小学和师范,还可以进中学、高等师范学校和各类职业学校。这在历史上又是一个大的进步。三是在课程设置上,废除读经、讲经课;取消了专门为清朝贵族设立的学校,在学制形式上实现了教育上的平等。四是各级学校名称发生了变化,学堂一律改为学校,蒙养院改为蒙养园。图4-1即为壬子癸丑学制图。

二、蒙养园制度的确立与发展

按照"壬子癸丑学制"的规定,学前教育机构的名称定为蒙养园。按照当时"教育部公布学校系统"中有关蒙养园的规定,蒙养园与学校系统的关系是,"在下面有蒙养园,上面有大学院,不计年限"。意思是蒙养园虽然是学制系统的组成部分,但是与大学院一样,不占学制年限,没有单独成为学制系统的一级。它的建制是其他教育机构的附属部分,附属在小学和女子师范学校、女子高等师范学校内。同时还规定:"女子师范学校于附属小学校外应设蒙养园,女子高等师范学校于附属小学校应设附属女子中学,并设蒙养园。"[①]从这里可以看出,虽然蒙养园没有摆脱附属的地位,但已经不是设在育婴堂、敬节堂内,而是直接纳入真正的教育机构内,可以说这是对学前教育认识的新变化,它在一定程度上意味着学前教育地位的提高。

北洋军阀政府成立以后,又颁布了《国民学校令》,规定"国民学校附设蒙养园"。国民学校属于小学,即小学可以附设蒙养园。不过,后者仍处于附属的地位。

蒙养园制度确立以后,各地的蒙养园和幼稚园得到一定发展。如1913年,黑龙江私立的奎垣中学附设了蒙养园。1914年,北京女子师范学校附设了蒙养园。1918年,江苏省立第一女子师范学校附设蒙养园。根据江苏教育幼稚教育研究会调查,至1918年,仅上海一地新建的幼稚园就有12所,其中教会办6所,幼儿数439人,教师42人。此外,各地还成立了一些幼稚师范机构。

---

① 舒新城.中国近代教育史资料(中册)[M].北京:人民教育出版社,1961:10.

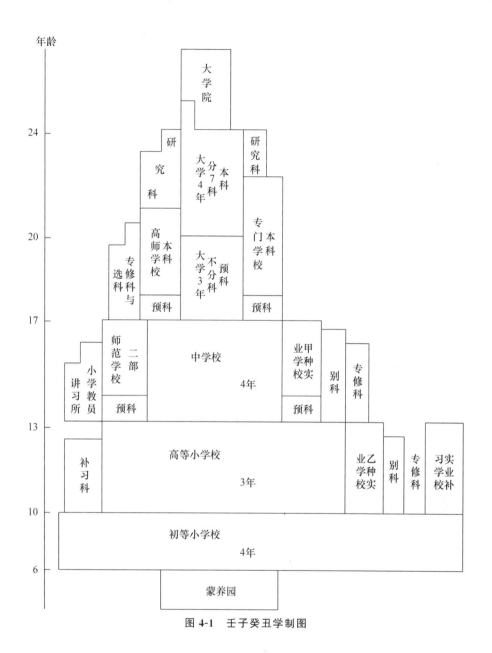

图 4-1 壬子癸丑学制图

第二节 幼稚园制度的确立与实施

1919 年的"五四"新文化运动是将中国社会推向新民主主义阶段的一次有重大意义的运动。这一时期的中国教育在"五四"新文化运动推动下,外国教育的最新成果被接受,同时在一些爱国教育家的参与下,出现教育改革的新高潮。1920 年,北京大学开始招收女生,很快影响到全国。1920 年,教育部明令小学用白话文教学。1922 年,文言文教科书一律废止。此外,蔡元培领导的北京大学的改革也对全国教育的发展产生重要影响。这一切都是在新文化运动推动下进行的,这些变化又进一步推动了学制的变革,包括学前教育和蒙养园制度的改革。

一、幼稚园制度的确立

1922年,教育部召开学制会议,通过《学制改革系统案》,11月公布《学校系统改革案》,又称"壬戌学制"或"新学制"。这个学制是受美国实用主义教育影响的,提出了"七项标准",包括适应社会进化之需要,发挥平民教育精神,谋个性之发展,注意国民经济力,注意生活教育,使教育易于普及,给地方留有一定发展空间。这个学制与以往的学制不同,不再采用日本的模式,而是采用美国的6-3-3制的基本框架,即小学6年,分初小4年,高小2年;初中3年,高中3年。中学受美国实用主义教育的影响,实行综合中学制,即把职业教育和师范教育纳入高中,作为高级中学附属的师范科和职业科。大学4—6年。这个学制强调要以儿童身心发展为依据,教育以儿童为中心,顾及儿童的个性和智能,高等、中等教育采用选科制,初等教育升级采用弹性制。

关于学前教育,该法案明确规定:在小学校下设幼稚园,幼稚园接收6岁以下的儿童,并把幼稚园正式列入学校系统。这一规定改变了以往的学前教育机构如蒙养院和蒙养园在学制中没有独立地位的状况,确立了学前教育机构在学制系统中作为国民教育的基础地位。

新学制的颁行,促进了学前教育事业的发展。1922年12月,江西省立第一女子师范及第一师范分别开设幼稚园。1923年5月,浙江教育厅要求各县自本年度起至少要筹设一所幼稚园。以后全国各省市幼稚园不断发展,一些农村也出现了幼稚园。一些教育家,如陈鹤琴在南京也办起了实验幼稚园。

二、幼稚园制度的实施

这一时期,幼稚园制度的实施主要通过《幼稚园课程标准》的制定和《幼稚园规程》的颁布进行的。

(一)《幼稚园课程标准》的制定

1922年幼稚园制度确立以后,幼稚园的课程问题成为制约幼稚园发展的主要问题。1928年5月,一些教育家如陶行知、陈鹤琴等人,在全国第一次教育会议上提出了有七项内容的"注重幼稚教育案"。其中一项是关于"审查编辑幼稚园课程及教材案"。提案认为,民国建立以来,国内的幼稚园课程和教材缺乏统一的标准,幼稚园所使用的课程和教材多是从外国来的,不适合国情,应当制定自己的幼稚园课程标准。同时,这一时期,国内的一些幼稚园已进行了相应实验,积累了经验,制定课程标准的条件已经成熟。于是,教育会议责成由陈鹤琴等人负责组织11位专家,着手新课程标准的制定。

1929年9月,《幼稚园课程暂行标准》拟定完成,开始在各地进行实验。1932年10月,教育部正式颁布《幼稚园课程标准》。这个标准的颁布具有重要意义,它是中国人自己制定的第一个、统一的幼稚园课程标准。《幼稚园课程标准》分幼稚教育总目标、幼稚园课程范围和幼稚园教育方法要点三个部分。

第一部分的幼稚教育总目标,主要包括四个方面:增进幼稚儿童身心的健康;力谋幼稚儿童应有的快乐和幸福;培养人生基本的优良习惯(包括身体、行为等各方面的习惯);

协助家庭教养幼稚儿童,并谋家庭教育的改进。

第二部分的幼稚园课程范围,规定幼稚园的课程主要有七项,包括音乐、故事和儿歌、游戏、社会和常识、工作、静息、餐点。其中每一项都有目标、内容及最低限度的要求。这里以"社会和常识"课程为例,主要包括"目标、内容、最低限度"。其中关于"内容"的主要有:衣食住行等生活需要、卫生方法,以及家庭邻里、商铺、公园、交通机关等社会组织的观察研究;日常礼仪的演习;纪念日和节日的研究;常见的鱼鸟花虫、树木和日月阴晴雨雪风云等自然现象的认识和研究;附近或者园内动植物的观察采集、饲养或培植;身体各个部位的认识和简易卫生规律(如不吃杂食,食前必洗手,食后必洗脸,不随地便溺,不随地吐痰,不吃手,不用手挖耳揉眼,早睡早起,爱清洁等)。"最低限度",实际上是对幼儿学习的基本要求。例如,要认识自己日常生活所用的主要衣食住行方面的各种物品;略知家庭、邻里、商铺、工厂、农田以及地方公共机关的作用;知道四肢五官的机能作用;认识家禽家畜及五种以上植物,以及太阳、风雨的作用;对于师长、家长有相当的礼貌;有爱好清洁的习惯。

第三部分的幼稚园教育方法要点,共有17项内容,规定幼稚园课程的关系和具体教育方法。综合起来主要是5项内容。

(1) 幼稚园的7项课程,应相互联系,在实际实施时,应实行课程(作业)中心制的设计教学,以一种需要的材料,作1日或2日内的作业,一切活动都不要离开这一中心。

(2) 幼儿在园的时间,全日约6小时,半日约3小时。

(3) 各种作业可由儿童各从所好、自由活动,每日有一次团体作业。在团体作业时,如有少数儿童不愿参加,不必强迫。团体作业主要由教师引导。儿童活动主要是分组合作,分工活动,教师给予个别指导。在活动中,教师应体察儿童的心理,提出引导儿童活动的材料和指导儿童活动的方法,都要切合儿童的经验。

(4) 教师是儿童活动的引导者和裁判者,不是儿童活动的替代者。儿童的问题主要由儿童自己解决。儿童不能解决时,教师也只可以从旁启发引导。幼儿园中的事务,凡儿童能做的应充分让他们自己去做。

(5) 幼稚园设备要合乎我国的民族性,不必过于华美,而要多注意坚固,不必多采用洋式或舶来品,而须尽量中国化。

这个《幼稚园课程标准》具有明显的现代教育的特色。它在很大程度上吸收了美国进步主义的教育思想,也借鉴了现代西方学前教育的思想,对儿童的存在和发展,以及教师的作用和价值有了新的认识。如强调儿童中心、儿童活动、儿童作业中心、设计教学、儿童自主自立、教师是一个引导者,等等,反映了中国学前教育对国外最新教育成果的重视和引进。同时,这一课程标准的制定也注重教育借鉴中的中国化和本土化问题,强调根据自己的实际情况来学习和借鉴西方教育的成果,讲求实用和坚固,这些观点在以前的教育改革法案中是不多见的。

(二)《幼稚园规程》的颁布

为了加强对幼稚园管理的规范,1939年10月,南京政府教育部颁布了《幼稚园规程》,这是我国学前教育管理史上一个重要的法规。该规程共38条,规定幼稚园可以单独设立或者附设于小学;招收 4 岁以上至 6 岁以下的幼儿,每园以 120 人为限;幼稚园教育的目的是增进幼稚儿童身心健康、力谋幼儿快乐幸福、培养优良习惯、协助家庭教养幼儿并谋求家庭教育的改进。1943 年该法规进行修订,改名为《幼稚园设置办法》。其主要内容包括:幼稚园招收 4—6 岁以下儿童,必要时经批准可以对 3 岁儿童进行保育;幼稚园应视不同地方情况分半日制、上下午制和全日制。幼稚园由市县政府视地方需要及经济能力设置,各级师资训练机构也可以设置。幼稚园附设在国民学校或小学,并且可以单独设置。幼稚园教员,以幼稚师范毕业或具有小学教员资格一年以上之女子为合格。

这一时期幼稚园规程或办法的颁布,是对以往幼稚园管理的一次总结和规范,对于幼稚园教育健康有序的发展具有重要意义。

三、幼稚园的发展

《幼稚园课程标准》颁布以后,幼儿教育的地位不断提高。1930 年,幼稚园已经取得与小学并立的相同地位,幼稚园有了很大发展。各地先后创办了一大批各种类型的幼稚园,包括公立的、私立的;有学校机关附属的,有单独设立的;有一般性质的,也有实验性质的;有城市的,也有乡村的;还有一些外国教会创办的。表 4-1 为 1929 年至 1947 年全国幼稚园发展统计表,反映了这一时期幼稚园发展的基本情况。

表 4-1 1929 年至 1947 年全国幼稚园发展统计表①

学年度	幼稚园数	班级数	儿童数			保育期满儿童数			教职员数	经费数（元）
			计	男	女	计	男	女		
民十八	829	1585	31967	22469	9498				1580	379954
民十九	630	697	26675	15098	11577	9474	5476	3998	1376	468329
民二十	829	1318	36770	21275	15495	12122	7075	5047	1839	610451
民二十一	936	1407	43072	24798	18274	13412	7687	5725	2056	712863
民二十二	1097	1449	47512	27432	20080	15909	8763	7146	2219	828280
民二十三	1124	1599	59498	36582	22916	14671	8953	5718	2472	940769
民二十四	1125	1666	68657	42071	26586	14490	9089	5401	2443	1076225
民二十五	1283	1988	79827	46597	33230				2607	1091459
民二十六	839	1180	46299	27150	19149	9825	5765	4060	1400	461706
民二十七	857	1157	41324	23836	17488	8301	4788	3513	1491	416253
民二十八	574	754	40482	27444	13038	7597	4334	3263	946	208195
民二十九	302	791	28517	15897	12620	8395	4988	3407	973	248901
民三十	367	925	58339	34730	23609	11060	7344	3716	789	430600
民三十一	592	1398	51749	33199	18550	14313	8688	5625	1014	1108841
民三十二	441	1190	46202	27565	18637	16910	10167	6743	1021	2563361
民三十三	428	1527	50491	30885	19606	20193	12408	7785	1393	4745442
民三十四	1028	2889	106248	66827	39421	28281	18128	10153	2407	45125394
民三十五	1263		112792			41504			2805	
民三十六	1301	3367	130413	81147	49266	54225			2502	

---

① 何晓夏.学前教育史[M].北京:高等教育出版社,2014:80-81.

通过表4-1可以看出,从1929年到1947年,幼稚园从829所发展到1301所;入园儿童从3万多人增加到13万多人;幼儿教职人员也从1580人增加到2502人;经费从近38万元增加到4500多万元。除了抗日战争时期的大幅度下降外,这一时期的幼稚教育无论是从园所数量、入园儿童和教职员工人数,以及教育经费方面,都得到了一定的发展。

四、幼稚师范教育的发展

幼稚师范教育的发展问题一直是中国学前教育发展的突出问题。从早期清末女子的师范学堂,到民国初年的女子师范学校,再到后来的幼稚师范学校,学前教育的师资已经由原来的保姆发展为经过一定专业教育的新型人才。新学制和《幼稚园课程标准》颁布以后,对幼稚师范教育的发展又提出了更高的要求。

(一) 颁布相关法律,促进幼稚师范教育的发展

早期的幼稚师范学校主要是由私人举办的。如厦门的集美幼稚师范学校(1927年),南京晓庄的幼稚师范院(1927年),北平幼稚师范学校(1930年),上海幼稚师范学校(1930年)等。1940年10月,第一所独立的公立幼稚师范学校出现在江西,创办者是陈鹤琴。1943年改为国立幼稚师范学校,是当时全国十所国立师范学校之一。这些幼稚师范学校的创办对于促进幼稚师范教育的发展产生了重要影响。

1932年12月,教育部颁布了《师范教育法》,1933年颁布了《师范学校规程》,对师范学校及其师范科、三年制和二年制幼稚师范科的教育科目、课程标准、实习规程等作了明确规定。按照这些规定,三年制幼稚师范教学科目有公民、卫生、军事、看护、国文、算学、历史、地理、生物、化学、物理、劳作、美术、音乐、伦理学、教育概论、儿童心理、幼稚园教材及教学法、保育法、幼稚园行政、教育测验及统计、实习。二年制的幼稚师范科目与三年制基本相同,只是少了伦理学、教育测验及统计等。

这些师范教育法规的颁布对于规范和保证幼稚师范教育的健康发展起到了重要的作用。

(二) 制订教学计划,加强专业教育

1935年,教育部颁发了二年制和三年制幼稚师范科的教学计划。1944年又进行了修订。新教学计划有以下特点:一是共有21门课程,与1933年的科目数量大体相同,不过有一些新的变化,出现博物、实用技艺、教育通论、教育心理、儿童保育、幼稚教育、儿童福利等。二是课程设置重基础文化课程,安排有一半课程用于文化学习。三是重视实用动手课程的开设,如有实用技艺、儿童玩具制作、军事救护、教学实习等。

(三) 实行幼稚生会考制度

为了提高幼稚园教师的培养质量,1932年教育部开始对幼稚生实行会考制度,即在幼稚生毕业之前,由国家统一设置考试科目,包括公民、国文、算学、历史、地理、生物、化学、物理、教育概论、儿童心理、幼稚园教材及教学法、保育法。毕业会考由国家统一命题,会考成绩占毕业成绩的50%。如果会考三科不及格,则须留级,一科或二科不及格则不予颁发毕业证书,须参加下次会考通过后可毕业。

(四)确立和规范幼稚园教员的任用标准

20世纪40年代,为了加强幼稚师资队伍的质量,教育部在幼稚师范科教员和幼稚园教员任用标准上有了明确规定。

1. 幼稚师范科教员的任用标准

按照"中学及师范学校教员检定办法",幼稚师范科的教员必须具备以下条件之一才可任教:国内外师范学院或师范大学毕业生;国内外大学研究院期满有硕士或博士学位者;国内外大学教育学院或其他学院毕业曾经修习教育学科20分以上有证明书者;国内外大学各院系高等师范专科毕业有一年以上教学经验者。

2. 幼稚园教员的任用标准

主要有三:(1)幼稚师范学校毕业或幼稚师范科毕业者;(2)经过幼稚园教员考试合格者;(3)具有以下条件者:师范学校各科系、旧制师范学校本科、高级中学师范科、特别师范科或乡村师范学校毕业者,高等师范学校、专科学校、师范专科学校或大学专修毕业者,国内大学教育科系、师范大学或师范学院毕业者,体育学院毕业者,乡村师范学校本科、简易师范学校或简易师范科毕业者。

1946年11月,教育部公布了国民学校教员(包括幼稚园教员)检定办法,规定分笔试、口试或实习各项。笔试科目有公民、国语、算术、本国史地、教育论、有关各科教学法。检定成绩60分为及格,其中笔试占70%,口试或实习占30%。

第三节 外国学前教育思潮的影响

中国学前教育的发展离不开与国外学前教育思想的交流,借鉴外国学前教育的成果和经验对中国学前教育的发展具有重要的作用。民国时期,引进外国学前教育思想,形成自己的教育思想,创办中国化的幼儿园等,成为这一时期学前教育发展的主要特征。

一、外国学前教育思想的引进

民国时期,在学前教育方面也引进了日本的和西方的学前教育思想。

(一)日本学前教育思想的引进

早期中国的学前教育形成和发展受日本影响较大,从管理制度到教育方法,主要来自日本。

1872年,日本产生了明治维新后的新学制。1876年在东京女子师范学校建立了日本最早的官办幼稚园。1899年日本颁布了《幼稚园保育及设备规程》,极大促进了日本幼稚教育的发展。

20世纪初,清政府实行新政,确立了教育向日本学习的政策,并掀起了考察日本教育和留学日本的高潮,在考察和留学日本的过程中也有关于学前教育的内容。在赴日的留学生中,有读师范的、学教育的,一些人还到日本的学校和课堂,以及幼稚园进行实际考察。这些人回来后,开始宣传和介绍日本的教育,包括幼稚园教育等。1901年创办的《教育世界》,是中国近代最早的教育杂志,其创办者是罗振玉和主编王国维,他们分别考察和留学于日本。这个杂志曾经连续对日本教育进行系统的介绍。在学前教育方面,主要包括《幼稚园恩物图说》《幼稚园法二十游戏》《幼稚园保育法》等内容的介绍。

(二)西方学前教育思想的引进

在蒙养院建立以前,西方传教士已在中国创办了幼稚园,并且把西方学前教育思想介绍到中国来,其中最有代表性的是美国传教士林乐知。林乐知于1860年来华,曾主办过中西书院、中西女塾等有名的教会学校。他还创办了《万国公报》杂志,编写《全地五大洲女俗通考》等著作。林乐知也十分重视发展学前教育,曾经写了《中国亟需设立幼稚园》《重视教育说》等文章。在儿童观上,林乐知重视儿童的地位,认为儿童是国之至宝。关于儿童教育与社会改革的关系,他认为社会的进步必须从儿童教育开始,儿童教育关系到社会改革的成败,中国社会的前途有赖于儿童教育。发展教育须先发展幼童教育,才可以促进初等教育、中等教育和高等教育的发展。林乐知在华活动长达47年,他所宣传的新的儿童观和教育观,对这一时期中国教育家的思想和教育改革产生较大的影响。

总之,可以看出在这一时期,日本学前教育思想对中国的影响主要表现在制度的建立和方法的指导上,西方学前教育思想的影响主要表现在理念上。

(三)福禄培尔学前教育思想的传播及影响

晚清时期,在引进日本幼稚园教育模式时,中国人就已经通过日本人的介绍了解到了德国教育家福禄培尔的幼儿教育思想,但系统介绍和了解福禄培尔教育思想则是在民国以后。

1912年,《教育杂志》第4卷第7号刊登了谢天恩撰写的《美国幼稚园略述》一文,介绍了福禄培尔的幼儿园思想和教育儿童的方法。文章认为,福禄培尔以前,儿童教育方法主要是训练儿童,强调是由外部因素去影响儿童的内在发展。福禄培尔以后,儿童教育的方法应当由内及外,这是一切生物进化的自然法则。幼儿教育要顺应儿童的心理的自然发展,发挥儿童内在因素的作用。

1919年4月,《新教育杂志》发表了《福禄培尔传》,对福禄培尔的生平和教育实践作了详细的介绍。同年,《新教育杂志》第3卷第2期发表了《赫尔巴特、福禄培尔与朱子、王阳明教育学说之比较》的文章,对中外教育家的思想进行了比较,同时也对福禄培尔幼稚园的恩物和作业等作了介绍。

五四运动以后,我国的幼稚教育改革吸收了福禄培尔的幼儿教育思想,肯定了他的注重自然、尊重儿童自由等思想,但也有一些教育家对其思想基础和教育方法进行了分析和批评。例如,张宗麟在《幼稚教育概论》(1928)中就指出福禄培尔教育思想的不足,如对宗教的迷信、恩物中无乐器、恩物偏于细小等。

(四)蒙台梭利儿童教育思想的传播及影响

这一时期,意大利教育家蒙台梭利幼儿教育思想和方法在中国也得到传播并产生一定的影响。

最早介绍蒙台梭利幼儿教育思想的是1913年在《教育杂志》第5卷第1号上发表的《蒙台梭利女士之新教育法》的文章,介绍了蒙台梭利创办的"儿童之家",并分析了蒙台梭利教育方法的心理学依据。同年,该刊第5卷第5号发表了《蒙台梭利新教育之设施》

的文章,介绍了蒙台梭利的教育法,蒙台梭利学校教具,以及运用新教育法取得的成绩等。1914年日本人写的《蒙台梭利教育法》一书被翻译出版。以后又相继有中国学者编写的《蒙台梭利教育之儿童》《蒙台梭利女士新教育法》等著作出版,形成了传播和宣传蒙台梭利教育思想的高潮。

当然,在这一时期,也有学者对蒙台梭利的教育思想和教育法进行了分析和提出了批评。如张雪门在《幼稚教育新论》一书中指出,福禄培尔和蒙台梭利的方法都是以教具作为课程,以教具发展儿童的思考力和创造力,这是存在问题的。张雪门借鉴心理学的最新研究成果指出:某一种能力,用某种特殊的东西去训练,其结果只能适应某一种东西,而不能迁移到其他事物。只有从实际生活中所发生的问题与困难,才能训练儿童对于生活上的思考力和创造力。这一观点可以明显看出也是受美国教育家杜威(John Dewey)的"教育即生活"思想的影响。

(五) 杜威儿童教育思想的传播及影响

杜威是美国著名的教育家,其教育思想的基础是实用主义哲学。杜威的教育思想在民国初年就已经有人在中国介绍。1919年,蔡元培在演讲中对杜威的教育思想给予充分的肯定,认为杜威创立了一种很好的教育思想,即工即学,就是把学校生活与社会生活密切结合。这实际上就是杜威所提倡的"做中学"和"学校即生活"的思想。同年,杜威的学生陶行知发表了《介绍杜威先生的教育学说》,介绍杜威的生平、著作和教育思想。胡适也在《新教育》的"杜威专号"上连续发表《杜威哲学的根本概念》《杜威的教育哲学》《实验主义》三篇文章,系统地介绍杜威的教育思想。

杜威教育思想的广泛传播是1919年杜威来华访问及演讲后开始的。从1919年开始,杜威在华停留达两年多,足迹遍及11个省及北京、上海等大城市。在这期间,杜威除了进行讲学外,还在各地有大量的演讲和访问。根据杜威的在华演讲整理出版的专著主要有《杜威五大演讲》《平民主义与教育》《杜威先生与中国》。这些著作及杜威在华弟子的大力宣传和介绍,杜威教育思想传播及影响达到高潮。

杜威教育思想中一个重要的方面就是对儿童及儿童教育的重视。杜威认为,儿童是教育中的太阳,是教育的中心。这是杜威教育思想与福禄培尔和蒙台梭利教育思想的最大不同。儿童是中心,就意味着,教育的一切措施和手段都要围绕儿童进行;儿童是中心,儿童是自由的,就意味着,教育手段和措施不能成为束缚儿童发展的阻碍。儿童教育需要与儿童的身心发展,与儿童的生活、学校生活和社会生活结合起来,从儿童的实际需要和问题出发。在儿童教育上,杜威提出的"做中学"和解决问题的"五步教学法"等,都是他的这些思想在实际中的运用,对儿童教育产生了重要影响。

二、学前教育思潮的兴起和几所著名的幼稚园

随着外国学前教育思想的引进和介绍,当时国内也产生了几种有代表性的学前教育思潮和几所著名的幼稚园。

(一) 尊重儿童人格的思潮

尊重儿童人格的思潮主要与对儿童的重新认识有关。在传统的封建社会,儿童往往

被看作是家庭和父母的附属品,成为父母的私有财产。家长对儿童有完全的支配权,儿童只能绝对地服从,没有自己独立的人格。而在这一时期,对儿童的尊重更多强调对儿童人格和个性的尊重。

随着西方儿童中心主义的传播,资产阶级维新派和革命派都接受了这种思想,并对传统封建主义的儿童观进行了批判,提出了新的儿童观。思想家鲁迅就明确指出,传统家庭往往把孩子当作父母的财产,任由父母支配,孩子没有自己的权力,其结果就是不断强化父权的地位,孩子永远是从属于父母,没有自己的人格和地位。但是社会是不断进化的,后起的生命,总比以前的更有意义,更近完全,也更有价值和更可宝贵。鲁迅呼吁,要放下沉重的负担,看到孩子的未来,让孩子有更多的幸福和合理地做人。为了给孩子提供更好的发展,鲁迅强调儿童教育要理解儿童、指导儿童、解放儿童,使儿童在德智体方面得到好的发展。

教育家蔡元培也提出了尊重儿童、发展儿童个性的主张。在他看来,旧教育不是把儿童作为教育的主体,而是将社会和成人的各种成见强加于儿童身上,使儿童成为被动发展的人。教育应该以儿童的个性为出发点,站在儿童的立场上,尊重儿童,让儿童自由地发展。

尊重儿童人格思潮的出现,实际上是一种新的儿童观的提倡,是这一时期对儿童认识和儿童教育的最重要的成果之一。

(二) 儿童公育的思潮

儿童"公养、公育"的思想最早是由康有为提出的。这个时期,儿童公育问题也引起了许多政治家和教育家的关注,其中蔡元培、恽代英的观点具有代表性。

恽代英在《儿童公育在教育上的价值》一文中指出,由于社会和科学的发展,人类已经认识到教育是一个复杂的过程,儿童公育在儿童的早期发展和学前教育上都具有重要的价值。

从人类与动物比较看,人类只是靠动物的先天本能去抚养后代是不合适的。教育是一种专门的事业,只靠父母和家庭也是不够的,必须有经过专门训练的人,通过一定的教育机关进行。在他看来,儿童公育就是接受集体的共同的学校教育。

从人的自身发展来看,人类的教育应该从胎教开始。人类的幼稚时期是人的智力开发和道德教育的最好时期,若是错过这个时期,会对人的后续发展产生非常大的影响。胎教和学前教育的最好方法就是实行儿童公育,使每个儿童在他出生后都能够在合适的处所中,在合适的人指导下,接受好的教育。

从家庭教育的弊端看,儿童公育也是非常必要的。蔡元培指出,家庭教育的主要问题在于它不是一个完善的教育,父母也不是完善的教育者。儿童应该接受社会教育,最好的办法就是实行儿童公育。蔡元培还提出了关于学前儿童公育的具体设想:孕妇要进入胎教院,孩子出生后则进入乳儿院。一年以后进入蒙养院,不用母亲照顾。

儿童公育思潮的出现在当时引起了很大轰动,也引起了人们的争论和非议。当时出现的比较偏激的观点是,要么消灭家庭,实行儿童公育;要么非儿童公育,保留家庭。这种争论实际上是把家庭与儿童公育对立起来,可以看出这一思潮对当时社会造成的冲击。总之,儿童公育思潮代表了一种理想化的主张,虽然难以实现,但对许多问题的探讨和思考是有意义的。

(三) 儿童平等教育思潮

儿童平等教育思潮的出现与这一时期的平民化教育思潮有关。平民化教育思潮是五四运动时期很有影响的教育思潮。其基本主张是,要求教育要面向广大普通百姓,教育应当以平民为主要对象。陈独秀在《新教育是什么》的文章中指出,新教育中的新学校都是为社会设立的。自大学至幼稚园,以及图书馆、试验场、博物院,都应公开,使社会上人人都能够享用。这实际上就是人人平等、儿童平等的教育思潮。

平民化教育思潮也影响到了学前教育,一些幼教工作者提出了要办平民幼稚教育的口号。教育家陶行知就批评当时的幼稚园教育是,费用太高,不能普及,完全是为贵族儿童服务的。他提出要办平民的幼稚园,办乡村的幼稚园,办工厂的幼稚园。这些主张都反映了幼稚园教育平民化和儿童平等教育的思想,为学前教育的平民化和学前教育的下移提供了思想基础。

(四) 几所著名的幼稚园

1922年的壬戌学制颁布后,随着幼稚园制度的确立,全国各地相继出现了许多幼稚园。据统计,到1935年,上海就有119所幼稚园,南京有21所,北京有12所。从全国范围看,1936年全国已经有幼稚园1238所。① 这里仅就几所著名的幼稚园进行介绍。

1. 厦门集美幼稚园

由爱国华侨陈嘉庚创办,1919年在厦门集美学校内成立。该园的主要理念是,幼稚园是教育的基础,要教养儿童成为健康的儿童,教育要以儿童为中心,教师是儿童的伴侣,幼稚园应该成为儿童的乐园,幼稚园教育应该有改造家庭教育的责任。该幼稚园取消学年编级制度,采用以年龄、智力为分级标准。在课程设置上主要采用月活动计划和周活动计划,课程围绕活动中心组织教学内容。

从集美幼稚园的理念可以看到外国学前教育中"儿童中心主义"思想的影响,也可以看到幼稚园在改造传统家庭教育方面的努力。其课程安排也是以儿童的活动为中心的。

2. 南京鼓楼幼稚园

1923年由教育家陈鹤琴创办,是一所实验性质的幼稚园。该园创办后,陈鹤琴任园长,聘请东南大学教育科毕业的张宗麟为研究员,开展了幼稚园的相关实验。该园的实验标志着幼稚园研究与大学教育研究的结合的开始。

该园的实验活动主要围绕课程实验、行为习惯养成、技能训练、幼稚生生活历安排、幼稚园设备等。在课程实验上,形成了幼稚园的九项课程,包括音乐、游戏、工作、常识、故事、读法、数法、餐点、静息。在行为习惯养成上,总结出了对儿童进行卫生习惯、做人习惯等方面的训练内容。在技能训练上,总结出了儿童生活技能、游戏运动技能、表达思想技能等内容。在幼稚生生活历安排上,总结了儿童入园一天、一周、一月、一年的生活历,并制定了相应的活动内容和程序。南京鼓楼幼稚园的创办和建设,反映出创建者已

---

① 唐淑,何晓夏.学前教育史[M].大辽:辽宁师范大学出版社,2001:129.

经注意到儿童的发展和幼稚园教育是建立在实验研究的基础上的,这是这一时期幼稚园发展中最有特色的方面。

3. 北京香山慈幼院

北京香山慈幼院是一所民办的包括幼儿教育的综合性教育机构,1920年由熊希龄创办。由于该院慈幼的性质,招收的对象主要是香山附近的贫穷儿童。全院共招收了600多名少年儿童,后来发展为五个部分:婴儿保教园和幼稚园;小学;中学,后改为幼稚师范;供学生手工训练的作坊和农场;职工学校。学校实行公费,儿童可以从保教园升入幼稚园,再入小学。小学毕业后,男生可以入中学,女生可以入幼稚师范。幼稚师范是1930年开设的,由著名的教育家张雪门主持,也进行了一些教育实验。

这个教育机构是一个一条龙式的从保教园到中学校或者幼稚师范教育的机构,它可以使受教育的儿童切身感受和接触到整个慈幼教育的过程,对于儿童认识慈幼教育和将来从事这一工作具有重要的价值。

4. 南京燕子矶幼稚园

这是当时中国第一个乡村幼稚园,1927年由教育家陶行知创办。这所幼稚园的办园宗旨是,要办中国的、省钱的、平民的幼稚园。该园招收30名农民的孩子,园舍和设施都以节约为原则。该园注重结合农村实际情况制定保教内容和幼儿生活纲要。例如,在制定全年"幼稚生生活历"的内容中包括节期、气候、动植物、农事、儿童玩耍、风俗、儿童卫生等。在寻找生活材料方面,就地取材,不花钱或者花很少的钱,来安排孩子的生活和教学。例如,用农村常见的番薯、蚕豆、豌豆、大豆、红豆、萝卜等为儿童制作点心。利用麦秆、豆杆、果壳、谷壳等来为儿童制作手工材料。

南京燕子矶幼稚园不仅注重为贫穷儿童提供一定接受教育的机会,还采用艺友制的方法来训练艺友成为幼稚园教师,在促进幼稚园发展和幼稚师范教育方面做出了重要贡献。

 自我评量

名词解释

1. 蒙养园 2. 幼稚园 3.《幼稚园课程标准》
4.《幼稚园规程》 5. 幼稚师范教育 6. 厦门集美幼稚园
7. 南京鼓楼幼稚园 8. 北京香山慈幼院 9. 南京燕子矶幼稚园

简述题

1. 简述民国时期蒙养园制度的确立。
2. 简述民国时期幼稚园制度的实施。
3. 简述民国时期幼稚师范教育的发展。
4. 简述民国时期外国学前教育思想的引进。

论述题

1. 评述《幼稚园课程标准》的主要内容。
2. 评述幼稚园制度的实施及意义。
3. 评述外国学前教育思潮的影响。
4. 评述几种学前教育思潮和几所著名幼稚园。

第五章 著名教育家的学前教育思想

 **学习目的**

通过本章的学习,认识民国时期著名教育家的学前教育思想,了解教育家们对儿童的生存、地位,以及学前教育问题的思考,把握这一时期教育家们在分析学前教育问题时所提出的建设性的主张和观点。

进入近代以来,随着学前教育实践的不断推进,以及外国学前教育思想的传播借鉴,这一时期中国也产生了许多重要的热心儿童教育、关注学前教育发展的教育家。本章主要介绍的教育家包括蔡元培、鲁迅、陶行知、张雪门、陈鹤琴、张宗麟等。他们主要是从关注儿童的生存、地位,并从儿童的教育和学前教育的角度思考问题,提出了许多有建设性的主张和观点,对中国儿童教育和学前教育的发展产生了重要影响。

第一节 蔡元培的学前教育思想

蔡元培(1868—1940),浙江绍兴人,著名的民主革命家和教育家。他中过秀才、举人和进士,27岁任翰林院编修。甲午战争后,蔡元培开始研究西学和学习日文。1902年与人在上海发起创立中国教育会,任会长。同年又组织爱国学社和爱国女学。1904年成立光复会,任会长。次年又加入同盟会,为上海分会负责人。蔡元培多次赴德、法留学、考察,研究哲学、文学、美学、心理学等,奠定了其教育思想的理论基础。

1912年,中华民国成立以后,蔡元培任南京临时政府教育总长。任职期间,制定了具有资产阶级性质的教育宗旨和学制。1917年任北京大学校长,实行"思想自由、兼容并包"的办学方针,整顿北京大学。1927年以后,蔡元培先后任大学院院长、中央研究院院长等职。"九一八事变"以后,他积极参加抗日活动,在许多组织和会议中担任重要职务。1940年病逝。蔡元培的教育思想涉及许多方面,关于学前教育的思想主要集中在他的《新教育与旧教育之歧点》《贫儿院与贫儿教育的关系》《美育实施的方法》《美育》等文章中。

一、"五育"并举的教育方针

1912年,蔡元培发表了《对于教育方针之意见》的文章,在批判封建主义教育的基础上,他根据当时国际教育发展的新变化,提出了军国民教育、实利主义教育、公民道德教育、世界观教育、美育"五育"并举的教育方针,对刚成立的国民政府教育进行了新的构想。

蔡元培认为,"五育"并举的教育是一个相互联系,既注重个人发展,也主张国家富强的新的全人格的教育。

第一,军国民教育就是强调体育和军事教育,这主要是从个人和国家角度说的。在他看来,加强个人身体强健和国家的强盛,是养成完全人格的基础。

第二,实利主义教育。这种教育就是智育,它也是从个人与国家两个方面讲的,即强调个人智力的发展和国家的富裕就是实利主义教育的核心。实利主义教育就是把二者统一起来。在蔡元培看来,实利主义教育能够给人以各种普通的文化科学知识,发展实业的知识和技能,以及一定的职业训练,这对个人发展和国家富裕都是有好处的。

第三,公民道德教育。蔡元培认为,仅有前面两种教育还不够,可能会产生以智欺愚、以强凌弱的情况,应当加强公民道德教育,公民道德教育就是德育。它是完全人格教育的核心,应该包括自由、平等和博爱。

第四,世界观教育。如果说前面三种教育属于现实教育的话,世界观教育则是一种超越现实的精神世界的教育。它可以培养人们具有一种超越现实、超越政治的观念。世界观教育是一种可以把前三种教育统一起来的教育,使人生变得更有价值,人格更趋于完善。

第五,美感教育。美感教育就是美育,主要是把美学理论应用于教育,用以陶冶学生的情感,养成高尚纯洁的习惯,以消除损人利己之念。在蔡元培看来,通过美育才可以更好地进行世界观的教育。美育是沟通现象世界和精神世界的桥梁。

总之,蔡元培所提出的"五育"并举的教育是一个相互联系的整体的教育。它既关注现实的教育,也考虑超现实的教育,其中每一部分都是不可缺少的。这一教育思想反映了辛亥革命后资产阶级在反对封建主义教育的过程中,对新的人才培养的需求,对这一时期的学前教育的发展有重要指导意义,是理解学前教育的思想基础。

二、尊重和发展儿童个性的教育观

1918年,蔡元培发表了《新教育与旧教育之歧点》的文章,专门谈到新旧教育与儿童发展的关系问题。他认为,新旧教育对儿童有着不同的要求。旧教育是使儿童受教育于成人;新教育是使成人受教育于儿童。旧教育之所以这样做,是因为"教者预定一目的,而强受教育者以就之;故不问其性质之动静,资禀之锐钝,而教之止有一法,能者奖之,不能者罚之"。蔡元培主张,新教育应当反其道而行之。应当了解儿童身心发展之程序,选择多种方法以助之,不能以成见来对待儿童。蔡元培列举了农业方面的例子进行说明。他说,农学家对于植物,旱时就要浇灌,寒时就要置于温室,需营养时则施以肥料。这是根据植物的种类、季节,通过实验来决定选择哪种方法的。在蔡元培看来,儿童教育应当模仿自然的发展和需要,为儿童的发展提供好的环境。他说:"教育者,与其守成法,毋宁尚自然;与其求划一,毋宁展个性。"

蔡元培的这一思想反映出他对旧教育漠视儿童发展、抹杀儿童个性的做法深恶痛绝。为了促进儿童发展和提供好的环境,他主张,新教育要研究儿童,依据儿童的身心特点循序渐进地实施教育。他主张借鉴国外先进的教育思想和经验来研究中国的教育。在教育方法上，他主张启发式教学，鼓励儿童自我探索、主动学习。蔡元培的这种尊重儿童个性发展的思想也影响了当时学前教育的发展。

三、平民教育和儿童公育的思想

蔡元培不仅关注人的全面教育和儿童的个性发展，也关注平民教育问题。他在总结五四运动经验时说，"五四"的唯一好的结果是平民教育。它使人认识到了教育的不平等。从这个思想出发，蔡元培提出了儿童公育的思想。儿童公育的思想是他的平民教育思想的重要组成部分。其思想的一个重要特点就是关注平民的孩子，主张为他们设立胎儿院、育婴院和幼稚园。

1919年，蔡元培发表了《贫儿院与贫儿教育的关系》一文，阐述了他的儿童公育的思想。蔡元培的儿童公育思想是与他对家庭教育的反思有关的。蔡元培指出，家庭教育存在几方面的问题：一是在封建家庭中存在许多不正常的人际关系和不适合儿童看的东西，会给儿童发展带来不利影响，不适合进行家庭教育。二是教育是专门的事业，而家庭中的父母不仅缺乏专业知识，也没有时间。有钱人的家庭把孩子交给奴婢，把孩子教坏了。

如何解决这个问题？蔡元培认为，可以采用儿童公育的办法。即不论什么家庭，孕妇可以进胎教院。出生后的孩子可以迁入乳儿院。断乳后的孩子可送到蒙养院接受教育。同时，这些机构都配有卫生专家。并且要求各种设施和管理要有利于幼儿和孕妇的身体。由于当时还不具备这样好的条件，蔡元培主张从贫儿院开始，先救济那些贫困家庭的儿童，然后再推广到那些富裕家庭的儿童。

从上面的这些主张可以看出，蔡元培的儿童公育思想是他的平民教育思想的推论。而且难能可贵的是，他强调首先要解决贫困幼儿的公育问题，以改变贫困家庭儿童生存和发展的问题，这是具有积极意义的。虽然在当时不可能完全实现，但反映了他对学前教育的平等性和公共性的追求。

四、美育思想及儿童美育

1922年，蔡元培发表《美育实施的方法》一文，对美育的许多问题进行了论述。有关学前美育的观点主要包括以下几个方面。

一是把胎教作为美育的起点。蔡元培认为，要进行彻底的教育，首先从孕妇的胎教开始，注重环境的美育。孕妇要入住胎教院。胎教院应与育婴院联合，都要设在风景优美的地方，以减少城市的浑浊空气和不良习俗。院内建筑的形式要匀称、玲珑。四面有庭院，还有广场可以散步，做轻便的运动，可以赏月观星。园中有各种花草树木，可以经常看到红花绿叶，以悦眼目。再选毛羽秀丽、鸣声和谐的鸟类，散布于花木中；引水成泉，再蓄养美丽活泼的鱼类。庭院四周陈列雕刻健康的图画，色彩不要过分刺激，再欣赏优美的音乐，这些都可以陶冶孕妇的性情。

二是提出了育婴院美育的思想。他认为育婴院的设施也可以与胎教院一样，或者可以联合起来,形成好的环境。他主张,在育婴院,雕刻、图画要选择有利于儿童健康的内容,有动有静,隔几日进行更换。音乐要选择简单、静细的。成人的一举一动都要适当、和谐,给儿童以好的示范。成人的衣饰也要有优美的展示。不过,他也指出,在公共教育机构没有建立之前,家庭方面也可以采取一定条件,进行家庭美育。

三是提出了幼稚园美育活动的思想。他认为,在幼稚园里应当开展各种各样的美育活动,使儿童不仅感受到美,也能够表现美。幼稚园的美育活动主要通过舞蹈、唱歌、手工等专课进行,也可以利用其他课程所包含的美育因素进行。

总之,蔡元培的儿童教育思想是在批判传统教育和吸收现代教育理念的基础上形成的。其主要特点就是注重人的全面发展的"五育"并举的教育;尊重儿童及儿童的个性;追求学前教育的民主化和平等化,以及对贫困幼儿公育问题的关注,这些都是具有积极意义的。当然,他的儿童教育思想中也有一些理想化的成分,而且在当时很难实现。不过,正是因为他的这种对教育问题的不懈思考和追求,他的教育思想成为中国近代和现代教育发展中重要的组成部分之一。

第二节 鲁迅的学前教育思想

鲁迅(1881—1936),周树人,字豫才。鲁迅是笔名,浙江绍兴人,与蔡元培是同乡。鲁迅少年时代,由于家庭变故,曾与父母在乡村亲戚家住,有机会了解到农民的疾苦。后来父亲生病,鲁迅尝到贫困的滋味。5岁时,鲁迅开始读书,11岁到"三味书屋"学习,17岁时到江南水师学堂学习。1902年留学日本,先是学医,后改学文学。1909年回国后,从事教育活动。先后担任杭州初级和高级师范学堂的教员,教授化学和生理卫生学。1910年在绍兴师范学堂任学监(教务主任)。辛亥革命后任该校校长。鲁迅关注小学教育,曾发表《维持小学教育之意见》,建议当局要重视国民义务教育,使绍兴儿童都能上小学。1912年应蔡元培之邀请,去教育部任职。曾任教育部社会教育司第一科科长等职,主管图书馆、博物馆和美术教育等。在教育部工作期间,他大力支持蔡元培"以美育代宗教"的主张,做有关《美术略论》的演讲。五四运动前夕,鲁迅发表白话文小说《狂人日记》,揭露封建社会的"吃人"本质,发出了把孩子从封建礼教的桎梏中解救出来的"救救孩子"的呼声。以后鲁迅投身于新文化运动中,成为文化革命的主将。1920年以后,先后在北京大学、北京师范大学、中国大学、黎明中学、大中公学等学校任教。由于反动派的迫害,他于1926年离开北京去厦门大学。以后又去了广州和上海,1936年在上海病逝。

一、儿童观与儿童教育

如何认识儿童和如何对儿童进行教育,是鲁迅最为关心的问题之一。在他众多著作中,有一部分是专门论述儿童和儿童教育的。在鲁迅看来,未来"是子孙的时代",儿童的命运也是国家未来的命运、民族前途的命运。如果儿童不能从小接受良好的教育,他们长大就会变成蠢材,国家和民族就会失去希望。

但是，儿童生存和发展的环境一直是不利的。鲁迅从历史上儿童一直处于被动的地位的事实进行分析。指出在长期的封建统治的旧中国，统治阶级为了培养顺民，总是千方百计用旧的思想毒害和摧残儿童，儿童完全被禁锢在封建礼教的枷锁中。在家庭里有"非礼勿视、非礼勿听、非礼勿言、非礼勿动"的规范；儿童学习的教科书主要是《三字经》《百家姓》；传递给儿童的观念是"万般皆下品，唯有读书高"；而课外读物是《二十四孝图》之类的东西。结果是"孩子长大，不但失去天真，还变得呆头呆脑"。（《准风月谈·新秋杂识》）鲁迅指出，民国以后，儿童的处境并没有变好，教育者仍然是抱着古训不放，变了法地毒害儿童，用古代的故事来教训儿童。鲁迅认为，在中国，儿童的处境和发展是不利的，儿童教育没有人关心。

鲁迅认为，儿童教育首先应当让儿童有健康的身体，养成他们有耐劳作的体力。其次，要让儿童有生动活泼的精神，而没有被压迫的胆怯萎缩的心理。鲁迅指出，决不能把孩子培养成唯唯诺诺、老成持重、不敢言笑和动弹，仿佛一个小奴才，遇到事情，如同失去网的蜘蛛，毫无能力。儿童应当是朝气蓬勃、积极主动的人。第三，要让儿童有顽强、敢作敢为的品格。鲁迅目睹了半殖民地半封建的旧中国大多数儿童的瘦弱、胆怯和驯良的情景，十分痛心，认为中国儿童之所以这样，主要是长期的社会压抑造成的。因此要把儿童的解放与社会的改革相结合，为儿童的发展提供良好的社会环境。第四，儿童教育应当从家庭教育开始。父母是第一个教育者，父母不仅对儿童有养育的责任，也有教育的责任。鲁迅批评旧中国的父母不注意家庭教育。他说："中国的孩子，只要生，不管他好不好，只要多，不管他才不才。生他的人，……小的时候不把他当人，大了以后，也做不了人。"（《热风·随感录二十五》）鲁迅指出，要搞好家庭教育，教育者首先要接受教育，要懂得教育子女的重要性。其次要用健康的思想教育子女。儿童生下来是纯洁的，而父母则是从旧社会过来的。鲁迅希望父母不要用自己所受到的旧思想去传染和影响下一代。正如鲁迅在《我们现在怎样做父亲》一文中反复强调的那样，我们"自己背负着因袭的重担，肩住了黑暗的闸门，放他们到宽阔光明的地方去；此后幸福的度日，合理的做人"。

鲁迅对传统的家庭教育弊端的批判，与当时许多教育家的思想是一致的。不过与这些教育家主张离开家庭，实行儿童公育的观点不同，鲁迅认为家庭教育还是需要的，但要进行改造。在鲁迅看来，中国的亲权重，父权更重。要改变神圣不可侵犯的父子关系，先从改变父权开始。因此，鲁迅的儿童教育思想比较多的是从家庭教育的角度，从对父权的批判进行的。

二、儿童教育的方法

鲁迅指出，对儿童教育重视不够，还有一个方法的问题。方法不对头，也不能把儿童教育好。关于儿童教育的方法，鲁迅进行了分析，并提出了自己的见解。

鲁迅批评旧中国的家庭教育有两种错误的教育方法，一个是"禁止"，一个是"放任"。所谓"禁止"的方法，就是严格限制孩子的言行，终日对孩子以冷遇或呵斥，甚至于打骂，使他畏葸退缩，仿佛一个奴才、一个傀儡。父母往往认为这就是听话，认为是教育的成功,等把他放到外面去,"则如暂出樊笼的小禽,他决不会飞鸣,也不会跳跃"。(《南腔北调集·上海的儿童》)所谓"放任"的方法,就是"任其跋扈,一点也不管,骂人固可,打人亦无不可,在门内或门前是暴主,是霸王,但到外面,便如失去了网的蜘蛛一般,立刻毫无能力"。这实际上是放任孩子"纵恶"的办法。鲁迅认为这两种方法对儿童都是有害的。

鲁迅指出,对待孩子要有正确的教育方法。要有正确的教育方法,就需要了解儿童,照顾到儿童的特点。切忌用成年人的思维去理解儿童,更不应该用成年人的一套方法去要求儿童。鲁迅认为,儿童天真活泼,喜欢游戏,习惯生动有图画的书,有爱美的天性,有丰富的想象力。"孩子是可以敬服的,他常常想到星月上的境界,想到地面下的情形,想的花卉的用处,想到昆虫的言语;他想飞上天空,他想潜入蚁穴。"(《且介亭杂文·看图识字》)鲁迅在《风筝》《从百草园到三味书屋》《故乡》《社戏》等许多文章中都描写了儿童的特点和喜好,这些对儿童特点的描写和认识恰恰是他的儿童观的反映。

鲁迅指出,要教育儿童:第一,要正确理解儿童,认识儿童的特点。鲁迅认为,儿童有自己的内心世界,不能以成人的思想强加于他们。他告诫从事教育的父母和教师说:"倘不先行理解,一味蛮做,便大碍于孩子的发达。"第二,要正确指导儿童,不能放任"纵恶"。要正确指导儿童,这就要明确教育孩子的意义。循循善诱,用健康的思想教育儿童,而不是一味放纵。第三,要解放儿童,不能完全"禁止"。要解放孩子,就是不把孩子看成父母的私有财产,而应该尽教育的义务,教给孩子自立的能力,使他们成为一个独立的、不依附于别人的人。养成儿童有耐劳作的体力,纯洁高尚的道德,广博自由能容纳新潮流的精神。

在儿童教育上,鲁迅还很重视儿童的玩具。1934年,他还专门写了一篇《玩具》的文章,批评旧中国的老爷太太只顾自己的鸦片枪、麻将牌的玩乐,而不考虑给孩子什么可以玩的东西。要为孩子创作出让他们有兴趣的小玩意。

鲁迅指出,对儿童的认识和儿童教育问题是一个十分重要的问题,应当有人进行专门的研究。他说:"倘有人作一部历史,将中国历来教育儿童的方法,用书作一个记录,给人明白我们的古人以至我们,是怎样的被熏陶下来的,则其功德,当不在禹下。"(《准风月谈·我们是怎样教育儿童的?》)

三、儿童读物与儿童教育

(一)对传统儿童读物的批判

对传统儿童读物的批判主要指对旧的蒙学读物的批判。鲁迅认为这些读物在许多方面对儿童产生了毒害,主要有以下几个方面。

(1)旧蒙学读物中封建主义思想对儿童身心的毒害。鲁迅认为,当时旧中国的儿童读物充满封建礼教,毒害和禁锢儿童的思想,使得孩子变得呆头呆脑。

(2)旧蒙学读物中的虚伪性和残忍性对儿童天性的毒害。主要是对《二十四孝图》的批判。如"郭巨埋儿"的故事,讲的是郭巨有三个儿子,因家境贫寒,他的老母不得不常常把自己的饭菜给孩子吃。于是郭巨决定将自己的儿子埋掉,以行孝于老母。认为母亲只有一个,而孩子可以再生。鲁迅认为,这种所谓的儿童读物,"不但败坏了父子之间的道德,而且也大反于做父母的实际真情,蔑视了真的人情"。

(3)旧蒙学读物中宣传的唯心主义和脱离实际的内容对儿童的毒害。如"卧冰求鲤"的故事。一个叫王祥的人,因其母想吃鱼,只好在寒冬腊月,赤身卧冰,其孝行感动了上天,于是"冰忽得解,双鲤跃出"。鲁迅认为,这样的唯心主义说教,如果儿童信以为真,不仅会使他们思想中毒,还会有生命的危险。

(二)应该给儿童优秀的读物

鲁迅认为,应当给儿童提供符合儿童身心发展特点的、科学性的、图文并茂的优秀读物。

(1)儿童读物应当注意儿童特点,浅显易懂,而且有趣。儿童有儿童的世界,与成人截然不同。儿童的特点是求知欲强,想象力丰富。他们会想到月亮怎么会跟着人走,星星怎么会嵌在空中。"可是一班别有心肠的人们,便竭力阻遏它,要使孩子们的世界中,没有一丝乐趣。"(《朝花夕拾·二十四孝图》)还有的人发表"高见",斥责童话,说猫狗是不应该会说话的。把这些动物称作先生,有失人类的体统。鲁迅认为,这是杞人忧天之虑。孩子的心是会变化的。终生没有读一篇童话,是毫无出息的。

(2)给儿童看的读物一定要慎重,要给儿童正确的印象和科学的概念。鲁迅认为,给儿童写读物是不容易的事情。一篇文章、一幅图画,就可以看出作者意中的读者,以及作者自己的生活状态。因此作者一定有广泛的和科学的知识。

(3)儿童读物要注意儿童的语言,要用"孩子的话"来写,不要有什么难字、生僻的字。他要求作者向儿童学习语言,说些孩子能懂的语言。

(4)儿童读物要图文并茂。因为孩子爱看图,有些孩子还因为图画,才去看文章。所以鲁迅认为,插图不但有趣,也有益。但图画要画的真切,给儿童正确的美的形象。儿童画也是这样。鲁迅认为,儿童画反映了民风和儿童教育的思想。有了正确的教育思想,明确要培养什么样的儿童,画出来的儿童才能影响儿童,做儿童的范本。

(5)应该给儿童创办通俗的科学杂志,用浅显易懂的文字向儿童介绍科学知识。这就要求科学家要肯放低手眼,面向儿童,写出儿童喜欢的作品。

关于给儿童提供优秀的读物,鲁迅不仅这样说,他也为儿童翻译和介绍了许多国外好的文学作品。其目的是为孩子提供精神食粮,也是为中国作家提供借鉴。从1921年起,他先后翻译了《爱罗先珂童话集》《桃色的云》《小约翰》《小彼得》《俄罗斯的童话》等共计40多万字。

总之,鲁迅的儿童教育思想是在对中国传统文化和家庭教育弊端批判的基础上形成的,尤其对父权至上的文化进行了深入的批判,充分体现了他对儿童的喜爱和尊重。不因儿童的幼稚,而看不起儿童,从儿童的立场出发,关心儿童的存在和发展,关心儿童的成长和未来,这就是鲁迅儿童观和儿童教育思想的主要特色。鲁迅提出的儿童观和儿童教育的主张是中国学前教育思想宝库中重要的财富。

第三节 陶行知的学前教育思想

陶行知(1891—1946),安徽人,原名文濬,后改知行、行知。五四运动以后著名的民主进步人士和教育家。早年读家乡童蒙馆,后入教会学堂,1910 年就读南京金陵大学文科。1914 年赴美国伊利诺斯大学学习市政,半年后转哥伦比亚大学,师从杜威、孟禄(Paul Monroe)、克伯屈(W. H. Kilpatrick)等美国教育家研究教育。1917 年回国。先后任南京高等师范学校、国立东南大学教授、教务主任等职。五四运动时期主张改革旧教育,提倡新教育、女子教育、学生自治等。1923 年任中华职业教育改进社总干事,从事平民教育运动。与人编写《平民千字课》,提倡连环教学法和平民读书处,把平民教育由城市推向农村。在其他教育家如黄炎培、梁漱溟等人推动下,20 世纪 20 年代我国掀起了乡村教育思潮和乡村教育运动。

1927 年以后,陶行知在南京晓庄创办乡村师范学校,后改为晓庄学校。学校以晓庄为中心,后发展为中心小学 8 所,中心幼稚园 5 所,民众学校 3 所,中心茶园 2 所等。后因参加反日活动示威游行而避难离开南京。

1931 年以后,他回到上海发起"科学下嫁"运动,并且与高士其等人主持编辑"儿童科学丛书"和"大众科学丛书",目的是使普通百姓大众能够享受近代科学知识。1932 年,他先后办了许多工学团,进行军事、生产、科学、识字、民权、节制生育六种能力的培养。他还创立"小先生制"等。

"九一八事变"以后,他积极投身于抗战活动,多次参加各种抗日活动和组织,宣传抗日救国,致力于抗战教育活动,在重庆创办育才学校。抗日战争胜利以后,他积极投身于民主教育运动中,面对国民党反动派的威胁,他以"仁者不忧,智者不惑,勇者不惧,达者不恋"的精神鼓励学生和自己。1946 年 7 月 25 日因病去世,年仅 55 岁。

陶行知在他的教育生涯中创办过幼稚园,思考过幼稚教育的许多问题,尤其是其提出的创办中国式的幼稚园的思想,在推动中国学前教育大众化、普及幼稚教育方面具有重要的影响。

一、普及幼稚教育思想

在陶行知的教育思想中,幼稚教育占有非常重要的地位。在陶行知看来,幼稚教育是一个人的人格和人生奠基的教育。他指出,人格教育,主要在于六岁以前的培养。人生的态度、习惯、倾向,皆可在幼稚时代建立一个适当的基础。

1926 年 10 月 29 日,陶行知在《新教育评论》上发表《创设乡村幼稚园宣言书》,从历史和现实的角度对幼稚教育的发展以及优势进行了分析。他指出,自从福禄培尔发明幼稚园以来,世人渐渐认识到幼儿教育之重要。从蒙台梭利毕生研究幼儿教育以来,人们渐渐认识到幼稚教育的功效。从小学教育来看,将家庭送来的与幼稚园升来的学生进行比较,人们也渐渐认识到,幼儿教育是人生的基础,它可以在早期为人生打下一个好的基础。在分析其原因时,陶行知援引儿童学者的观点指出,一个人的人生所需的重要习惯、倾向、态度多半可以在6岁以前培养得好。也就是说,6岁以前是人格陶冶的最重要时期。这个时期人格培养得好,以后只须在这个基础上继续培养,使他得到很好的发展和提高,就会成为社会优良的分子。假如培养得不好,形成了习惯,则不易改;形成了倾向,则不易移;形成了态度,则不易变。这些孩子到了学校以后,老师要费九牛二虎之力去纠正他们已经形成的坏习惯、坏倾向、坏态度,就要事倍功半。为此,陶行知主张,教育普及不仅要到小学,也要普及到幼稚教育。小学教育是建国之根本,幼儿教育尤为根本之根本。小学教育应当普及,幼儿教育更应当普及。

陶行知不仅关心幼稚教育在教育中的奠基作用,还关心普通百姓的幼稚教育,提出了普及幼稚教育的思想。针对中国当时的幼稚园教育主要在城市、主要服务于富贵人家孩子的现状,1926年陶行知提出了让幼稚教育"上厂下乡"的主张。他对当时的幼稚园教育进行了分析,认为存在几大突出的弊端:一是"外国病",就是一味效仿外国,不顾国情。二是"花钱病",由于处处模仿和仰仗外国,花钱就多。三是"富贵病",即所收的多为贵族儿童,只为贵族儿童服务。这样的幼稚园,平民儿童是没有资格进的。这样的幼稚园只能在大城市里,在富人集中的地方,不会在工厂和乡村。陶行知认为,幼儿教育最应该服务的对象是广大工人和农民的孩子,最应当办幼稚园的地方是工厂和农村。其主要理由是,女工去工厂做工,小孩留在家里,无人照顾,母子都会痛苦。若带到工厂,工厂里紧张的环境,也会阻碍儿童发育。倘使工厂附近有相当的幼稚园,必能增进儿童之幸福,减少母亲精神上的痛苦。由于这种幼稚园有利于儿童教育,有利于女工精神的解放,从而可以提高生产率。在农村也是这样。农忙时,农家妇女忙个不停,乡村小孩子就缺乏照顾。倘若农村里有了幼稚园,就能够给这些小孩子一种较好的教育,也是对农民切实的帮助。

为此,陶行知提出了建立一个中国的、省钱的、平民的幼稚园的具体设想:把外国人办的幼稚园变为中国的幼稚园;把费钱的幼稚园变为省钱的幼稚园;把为富人儿童服务的幼稚园变为为平民儿童服务的幼稚园。可以说,陶行知的这一设想是他平民教育思想的体现,也揭示出中国幼稚园教育发展的不平衡和需要改进的紧迫问题。

如何办好中国工厂的和乡村的幼稚园,陶行知认为最为关键的问题就是要打破对外国的盲目崇拜,建立中国式的幼稚园,使幼稚教育适合国情。他认为,可以选用外国好的材料,但必须以本土资源为中心。建设省钱的幼稚园,不必事事效法外国,教师可以本土选择,用本土的师资教育本乡儿童。玩具也可以用本乡小学生手工科和木匠仿制。只要上述问题解决了,平民儿童自然就愿意入园了,平民幼稚园就可以实现,幼稚园就可以为工人和农民服务了。正是在这种思想指导下,1927年陶行知创办了南京燕子矶幼稚园,招收30名农民的孩子。在办园上,该园强调节约的原则;注重结合农村实际情况制定保教内容和幼儿生活纲要。例如,课程内容包括:农事、儿童玩耍、风俗、儿童卫生等,并用农村常见的谷物果实,如番薯、蚕豆、豌豆、大豆、红豆、萝卜等为儿童制作点心;利用麦秆、豆杆、果壳、谷壳等来为儿童制作手工材料。

从上面的分析可以看出,陶行知的燕子矶幼稚园就是他的平民幼稚教育思想的具体体现。其主要特点是,从现实问题出发,结合本土特色,利用本土资源,办平民儿童可以接受的并且为平民儿童服务的幼稚园,是陶行知一生所追求的,这在当时是难能可贵的。陶行知的平民幼稚园教育思想是中国学前教育思想宝库中重要的财富。

二、儿童生活教育思想

陶行知的儿童生活教育思想的理论基础是他的生活教育理论。陶行知的生活教育理论是在批判传统教育、吸收改造杜威实用主义教育思想、探索普及大众教育的实践中产生的。

陶行知认为,晚清以来,虽然在全国范围内建立新式教育,但不过是把"老八股"变成"洋八股",实质上仍是一套,依然与民众生活无关。所谓科学教育,不过是书本上的科学、陈列的实验。这种教育仍以书本为中心,脱离实际,是要坚决反对的。在陶行知看来,文字和书本只是"人生工具"的一种,但是"老八股"和"洋八股"教育却把它当作人生唯一的工具,形成了"以书本为教育,学生只是读书,教师只是教书"的教育和教学模式。按照这种教育培养的学生只能是书呆子,是会走路的书架子。这种教育不给学生一点生活力和创造力,是供少数少爷和小姐享用的,与民众生活是无关的。

在批判传统教育的基础上,陶行知吸收了杜威的实用主义教育主张。杜威教育思想主张的核心是,教育即生活,教育不是生活的预备。主张将学生的学习与实际生活相联系,这一观点在反对传统教育上很有意义。不过,陶行知看到了美国国情与中国的不同,认为直接把美国教育的经验搬到中国来,是不可行的。他说:"我从美国回来用杜威的一套到处碰了壁,到了山穷水尽,不得不另找出路。"[①]陶行知认为,解决中国教育问题必须从中国实际出发。生活教育理论就是他在借鉴杜威教育思想的基础上,结合中国实际进行探索的结果。

陶行知认为,生活教育就是"给生活以教育,用生活来教育,为生活向前向上的需要而教育",一句话就是"生活即教育"。"生活即教育"是对杜威"教育即生活"的观点改造而来的,旨在反对传统教育脱离实际的弊端。但二者有区别。杜威的观点是强调,教育必须从个人的实际生活出发,必须与儿童生活和社会生活结合起来。陶行知的观点是,实际生活就是教育的源泉,实际生活就是教育。杜威与陶行知对教育的理解是有不同的。杜威更多的是主张儿童的学校教育与儿童生活和社会生活的结合。陶行知所主张的更多是社会实际生活的教育,社会的实际生活才是教育。按照陶行知的理解,杜威的观点太狭窄了,只有以实际生活作为教育的源泉,教育领域才是宽广的。

从陶行知所主张的社会实际生活才是教育的观点看,"生活即教育"的含义包括以下五个方面。

一是生活是教育的源泉。生活是根本,生活决定教育。教育要以生活为中心,有生活就有教育。

二是生活就是教育。生活是基础。人过什么样的生活,便接受什么样的教育。教育是一种适应生活的教育。按照陶行知的观点,生活教育的目标主要有六个方面,即接受

---

① 唐淑,何晓夏.学前教育史[M].大连:辽宁师范大学出版社,2001:180.

六种生活的教育,包括健康的教育、劳动的教育、科学的教育、艺术的教育、改造社会的教育、有计划的教育。从这里可以看出,陶行知所提出的六种生活的教育远远超出学校教育的内容和范围,尤其后面两种"改造社会的教育"和"有计划的教育"。

三是儿童的生活才是儿童的教育。他说:"我们主张的生活即教育,是要儿童的生活才是儿童的教育,要从成人的残酷里把儿童解放出来。"①也就是说,儿童应当过他们自己的生活,接受属于他们的教育,而不是成人的生活和教育。这个可以说是陶行知儿童生活教育思想的核心要义。

四是"社会即学校"。这是对杜威的"学校即社会"主张进行改造而提出的。陶行知也批评了杜威的观点,认为"学校即社会"就是把社会生活组织到学校里来,使学生在学校里接受社会所需要的训练。这仍然是一种"鸟笼"式的教育。"鸟笼"里的世界不是鸟儿的世界。若把教育的范围局限在学校里,就如同鸟笼一样,会束缚儿童的自由发展。因此必须把鸟笼打开,把儿童放到自然和社会中去,让他们自由发展。陶行知主张,要先做到"社会即学校",然后才能讲"学校即社会",要先能做到"生活即教育",才能讲"教育即生活"。这样的"学校"才是"学校",这样的"教育"才是"教育"。

需要指出的是,陶行知提出的这种方法,实际上是一种解决穷人接受教育问题的办法。因为中国的平民百姓无钱也无闲到学校接受教育,为了不让他们失去谋生的工作而能够接受教育,只能采取在生活中接受教育的办法。对于他们来说,凡是生活的场所,都是教育的场所。凡是有专长的人,无论是农夫、村妇、渔人、樵夫,都可以做先生,都可以向他们学习。今日看来,陶行知的这些方法是非常务实和接地气的方法。

在学校里,陶行知认为儿童生活教育可以采取这样的办法:其一是课程必须贴近儿童的生活经验,以提高他们的学习兴趣;其二是要全面关注儿童的生活,给儿童生活以教育,让儿童在生活中学会实际和有用的东西;其三是大力挖掘和利用生活中的课程资源,可以增加教育的材料、教育的工具,改善教育的环境。

五是生活教育的方法就是"教学做合一"。就是把杜威的"做中学"与"做中教"合起来,以"做"为中心。就是事情怎样做就怎样学,怎样学就怎样教。教的法子根据学的法子,学的法子根据做的法子,以"做"为中心,解决生活中的实际问题。陶行知的这一主张是对中国传统哲学的"知是行之始,行是知之成"思想的改造。在他看来,应该是"行是知之始,知是行之成"。"行"就是做,做然后才有知。

总之,建立在对"知行关系"重新思考的基础上,陶行知的儿童生活教育思想非常重视儿童的"做"和"行"的价值。在他看来,儿童只有通过"行"和"做",才可以获得真知。

三、解放儿童的创造教育思想

在陶行知的儿童教育思想中,还有一个重要内容就是他的解放儿童的创造教育思想。陶行知曾经指出,儿童的生活,是一面社会的镜子,而旧社会是儿童的地狱。我们应当负起责任来,敲碎儿童的地狱,建立儿童的乐园。这还不够,我们应该引导儿童把地狱

---

① 陶行知.生活即教育[M]//陶行知全集(第2卷).长沙:湖南教育出版社,1985:184.

敲碎,让他们自己创造出乐园来。概括地讲,陶行知的解放儿童的创造教育思想的核心观点是,儿童的发展是受社会环境影响的,要培养儿童的创造力,必须有好的社会环境,还要靠儿童自己的努力,形成自己的创造力。

陶行知指出,要认识到儿童有创造力。在他看来,儿童的创造力是祖先经过几十万年与环境斗争所获得的,并传递下来的人的才能的精华。教育的作用就是在儿童自身的基础上利用环境的影响,启发和解放儿童的创造力。他认为,教育者要把自己摆进儿童中,成为孩子中的一员,加入儿童的生活中,这才可以认识儿童的创造力。

陶行知认为,不仅要认识到儿童的创造力,还要进一步解放儿童的创造力。为此,陶行知提出了儿童创造力的"六大解放"。

一是要解放儿童的头脑。让他们去思考、去想,把他们的头脑从迷信、成见、曲解、幻想中解放出来。

二是要解放儿童的双手。让他们去做、去干。自古以来人们都是反对孩子动手的,而孩子好动手是他动脑、好奇、好学、好创造的表现。

三是要解放儿童的眼睛。要让孩子自己去看,去观察。通过去看,培养儿童的观察力。

四是要解放儿童的嘴巴。儿童有问题要允许他问。儿童只有得到问的自由,才能充分发挥他的创造力。

五是要解放儿童的空间。让他们去接触大自然、大社会,解放他们的活动空间,扩大认识眼界,发挥儿童内在的创造力。

六是要解放儿童的时间。学校及幼稚园不要把儿童的时间全部占去,使儿童失去学习人生的机会,养成无意创造的倾向,致使成年时,即使有时间,也不知怎样发挥其创造力了。

为了解放和培养儿童的创造力,陶行知还提出了一些具体的措施:一是要为儿童提供充分的营养。儿童的体力与心理都需要适当的营养,只有这样,才有高度的创造力。二是要培养儿童形成良好的习惯。在日常生活中形成良好的习惯非常重要,它可以使儿童产生更高的思想追求。三是要因材施教。要认识和发现不同儿童的特点,予以关注和培养。四是教育上要发扬民主。要保证教育机会均等,无论贫富、男女、老幼、民族之间都要机会均等;要宽容和理解儿童,给儿童犯错误的机会;要让儿童处于民主的生活,让他们在民主的生活中学会民主。

总之,陶行知的解放儿童、培养儿童创造力的思想是他把国外先进的思想与中国儿童发展和教育实际结合起来的结果,也是他提出的一种新的儿童观,是对传统的忽视儿童创造力的观点和做法的否定,在今天仍具有重要的价值。

四、幼稚师范教育思想

在陶行知的学前教育思想中,幼稚师范教育思想也是重要的内容之一。陶行知指出,中国的幼稚师范教育要从国情出发,从现实生活出发,训练有生活能力的教师,培养有生活力的国民。从这个思想出发,他在幼稚师范教育方面提出了采用"艺友制"培养师资的"艺友制师范教育"的观点。1929年他在晓庄办了幼稚师范学院,目的是培养高一级的幼教人才和开展幼教科研活动。

什么是"艺友制"?为什么要采用"艺友制"?他在《艺友制师范教育答客问》一文中进行了说明。他说:"艺友制是什么?艺是艺术,也可以作手艺解。友就是朋友。凡用朋友之道教人学做艺术或手艺便是艺友制。""凡用朋友之道教人学做教师,便是艺友制师范教育。"[①]也就是说,艺友制就是学生(艺友)与有经验的教师(导师)交朋友,在实践中学习当教师,方法是边干边学,教学做合一,使学习与实践很好地结合起来。

如何利用"艺友制"培养师资?当时负责晓庄幼稚师资的张宗麟就曾经指出,指导艺友学习当教师共有四个步骤,也可以分四个时期:第一个时期是指导艺友实际参加幼稚园孩子的各种活动,使艺友学习能够做一个儿童领袖。第二个时期是指示给艺友一些具体的方法,如怎样讲故事、怎样带小朋友玩,让他们学习一些基本技能,如唱歌、布置活动室等。第三个时期,指导艺友一方面做各种基本技能训练,一方面在幼稚园里进行实际操作。这时,要求艺友要独立活动,导师指导他们制订计划大纲,另外要组织艺友到其他幼稚园参观,参观后进行讨论。第四个时期,要用三个月时间,两个艺友一组,在指导员的指导下,独立担任整个幼稚园的工作。这四个时期,共用一年半到两年的时间,合格者发给证书。

陶行知创立的运用"艺友制"培养师资的方法影响很大。据资料记载,当年的福建集美幼稚师范学校、北京香山慈幼院等也采取了类似的方法培养幼稚教育师资。陈鹤琴在南京鼓楼幼稚园也用此法为晓庄学校培养了幼稚师资。[②]

陶行知所创立的"艺友制"的师资培训方法是根据国情解决幼稚教育师资问题的独创,是他的"教学做合一"思想的具体体现。其主要优点表现为:一是学生在幼稚园中实地学习,解决了幼稚师范教育脱离幼稚园实际的问题。二是在不能迅速建立大批师范学校的情况下,也能够培养具有一定质量的幼稚教育师资。三是导师指导与艺友学习相结合,注重实践体验,使艺友能够得到专业知识和实际能力的双重提升。四是节省时间,一年半到两年结业,缩短幼师三年的毕业年限。不过,陶行知也指出,艺友制的幼稚师范教育,不是培养师资的唯一方法,应当使它与普通幼稚师范学校"相辅而行"。不是用"艺友制"师资培训代替幼稚师范学校,幼稚师范学校还需发展,但要改造。

总之,陶行知是致力于我国教育改造和学前教育实验探索的重要教育家。他的研究中心是中国现实的教育和中国大众的教育。他对中国传统旧教育的批判,对国外教育理论引进的反思,对中国当时教育实践的探索和尝试,都使他的教育思想和实践带有鲜明的时代特色,创立了许多有重要价值和意义的成果,对后来创建有中国特色的学前教育理论和课程体系产生了重要影响。

---

① 陶行知.陶行知全集(第2卷)[M].长沙:湖南教育出版社,1985:54.
② 何晓夏.学前教育史[M].北京:高等教育出版社,2014:108.

第四节 张雪门的学前教育思想

张雪门(1891—1973),浙江宁波人,著名幼儿教育家。张雪门幼年时期就读于家乡的小学、中学,受过很好的教育。青年时期对幼儿教育产生兴趣。1918年,他与几位志同道合的朋友创立了当地第一所中国人自办的幼稚园——星荫幼稚园,并任园长。创办宁波市幼稚师范学校,任校长。以后,他又调查了北京、天津、苏州、无锡、上海等地30多所幼稚园,并将这些幼稚园归纳为三类:一是把成人认为是好的东西灌输给孩子;二是只注重室内上课;三是按照保姆的习惯和方法教儿童活动,而儿童的需要和特点没有得到重视。他决心对幼稚园进行改造,创建适合儿童的幼稚园。1924年,他去北平大学任教员,同时在教育系学习。期间他非常注重对外国幼稚教育思想和实践的研究,包括研究福禄培尔、蒙台梭利和各国幼稚园教育。在坚持和努力下,他翻译出版了《福禄培尔游戏辑要》和《蒙台梭利及其教育》两本书。以后,他还通过社会调查、参观访问,在1926年制定了"幼稚园第一季度课程",发表后引起了同行的关注。

1930年秋,应北平香山慈幼院院长熊希龄的邀请,张雪门任北平幼稚师范学校校长。1937年以后,他与北平幼稚师范学校南迁到广西桂林。在这期间,他编著了《幼稚园行政》《儿童保育》等书,并且讲授《儿童保育》课程。1944年,他所在学校又迁往重庆,开展战时保育员的培训和进行儿童福利制度的实验。

抗日战争胜利以后,他又返回北平,开展幼师教育工作。1946年7月,应邀去台湾办理儿童保育院。1947年,该院改名为台北育幼院,他任院长。1948年,在友人资助下,该育幼院建起了从婴儿部、幼稚园到小学的完整的儿童教育机构。1952年,因眼疾病重离开该院。但他仍然热心幼教事业,并著书立说,陆续写下《幼稚教育》《幼稚园课程活动中心》《幼稚园行为课程》等十几本专著。1973年,张雪门病逝于台湾。张雪门的幼教思想和实践对中国幼教事业的发展产生了重要影响。

一、论幼稚教育的目的和目标

一般来说,幼稚教育的目的是幼稚教育发展的总的指导;幼稚教育的目标是幼稚教育目的的具体落实和实施。张雪门对幼稚教育的目的和目标的理解有自己的特点。张雪门认为,当时的幼稚教育是有多重目的和多种目标的。对此,他进行了深入的分析。

第一种是旧式的以培养士大夫为目的的幼稚教育。该幼稚教育的特点是重视严格的管理和道德教育。各类科目和课程有明确的时间规定,不允许混乱。教师严格要求儿童,儿童很少有自己的自由,处于被动的学习状态。

第二种是教会举办的以培养宗教信徒为目的的幼稚教育。这种教育也存在问题。虽然它在教学设施和方法上也比较注意儿童的特点和心理的需要,但它特别重视宗教文化的灌输和影响,教育上强调对儿童精神的陶冶,其本质是要培养忠于洋人的洋奴。

第三种是来自意大利和美国的以发展儿童个性为目的的幼稚教育。张雪门认为这类教育的主要特点是,以儿童为本位,注重儿童身心的发展。通过培养儿童的习惯,以适应环境。不过,二者又有不同。前者比较注重通过教具进行日常生活的训练、感官的训练和知识训练。后者主要是利用生活环境中所见到的各种事物作为教学的材料,根据儿童的需要来设计课程。

最初,张雪门比较赞同意大利和美国的以儿童本位为中心的幼稚教育目的,但是经过长期实践,他认识到,这一目的不适合中国当时的国情和社会需要。他认为,从社会的实际情况看,教育如果不考虑社会需要,仅仅考虑儿童本位,那就没有多大效果。教育中的个人目的与社会目的是不可分割的。

与上面的三种幼稚教育目的不同的是,张雪门所倡导的是要改造中国社会、培养新一代的幼稚教育目的。他认为,中国社会存在的主要问题是贫、弱、愚、私的问题。解决这些问题不在枪炮,而在教育。应当通过教育培养国民生产的习惯与兴趣,团结的能力,客观的态度,自动的精神,并唤起民族的意识及反帝国主义的情绪。而要完成这些任务,教育应当从幼稚教育开始。为此,他提出了改造民族幼稚教育的四个具体目标:"铲除我民族的劣根性;唤起我民族的自信心;养成劳动与客观的习惯态度;锻炼我民族斗争为争中华之自由平等而向帝国主义作奋斗之决心与努力"[①]。要创造中国的幼稚教育,同时须依据三个原则:一是中国的传统文化;二是国家民族的需要;三是儿童心理的发展。

二、论幼稚园的"行为课程"

20世纪30年代初,正是西方行为主义学说在我国传播的时期。当时有人翻译了《行为课程》一书,对张雪门产生了较大影响。张雪门这时也开始了对幼稚园行为课程的研究。他又先后在《幼稚教育概论》《幼稚教育新论》《新幼稚教育》等著作中对幼稚园课程进行了专门的研究。1946年他去台湾以后也致力于幼稚园课程方面的研究,形成了他的关于幼稚园行为课程的理论体系。

(一)课程与幼稚园行为课程

关于课程,张雪门认为:"课程是经验,是人类的经验。用最经济的手段,按有组织的配制,用各种方法,以引起孩子的反应和活动。"[②]在他看来,通过课程获得的经验不是零散的、无序的、不讲效益的,而是有目的、有计划、有组织地通过活动让儿童获得有益的经验。由于课程源于人类的经验,因此课程不仅仅是知识的载体,而且应当把技能、兴趣、道德、体力、风俗、礼节等种种经验都要包括进去。

关于幼稚园行为课程,他认为:"生活就是教育,五六岁的孩子们在幼稚园生活的实践,就是行为课程。"[③]在这里,可以看出杜威的"教育即生活"和陶行知"生活即教育"思想的影响。需要指出的是,张雪门的"幼稚园行为课程"思想有两点需要注意:一是行为课程与儿童生活的关系。张雪门认为,行为课程完全是从儿童生活而来的。从生活中展开,从生活中结束。因此,幼稚园的各个科目都成为儿童生活的一个方面,不能分开,也不必分开。不是有了教材,再去引导儿童作机械的反映;而是有了生活,才有材料的需

---

① 戴自俺,等编.张雪门幼儿教育文集(上卷)[M].北京少年儿童出版社,1994:471.
② 戴自俺,等编.张雪门幼儿教育文集(上卷)[M].北京:北京少年儿童出版社,1994:24.
③ 戴自俺,等编.张雪门幼儿教育文集(上卷)[M].北京:北京少年儿童出版社,1994:24.

要。二是行为课程应当注意儿童的实际活动,把儿童的生活和活动看成是相互联系的整体。也就是说,行为课程非常重视儿童去实际行动。张雪门说:"凡扫地、抹桌、熬糖、爆火花以及养蚕、种玉蜀黍和各种小花等,能够让幼儿实际行动的,都应该让他们实际去行动。"[①]在他看来,儿童从行动中所得到的知识,才是最初的知识。从行动产生的困难,才是真实的问题。从行动中所获得的成果,才是真实的驾驭环境的能力。而没经过儿童行为活动的课程,其所获得的经验,不过是表面的和机械的经验,绝不是有机的融合。可见,张雪门关于行为课程的主张与杜威所提倡的活动课程的观点是比较相似的。从这个意义上说,"幼稚园行为课程"的本质就是儿童的"活动课程"。

(二)幼稚园行为课程的组织

既然幼稚园行为课程非常重要,那么如何组织幼稚园行为课程则是需要进一步回答的问题。张雪门认为,幼稚园行为课程需要根据幼儿的特点和要求进行组织。

一是由于幼儿对于自然和人事没有明显的区分,他们常常是按照整体来观察宇宙间的一切事物的。因此,幼稚园的课程编制不要分得太细和太强调系统。

二是在幼儿发展过程中,满足他们个体的需要,要比社会对他们的需求更重要。也就是说,幼稚园课程的编制虽然要注意社会的需要,但是更应强调儿童自身发展的需要。

三是幼稚园课程的编制要根据儿童自己的直接经验。虽然儿童自己的直接经验不如传授知识那么便捷和系统,但是对于幼儿来说是必要的。因为儿童的经验是与生活密切联系的,而不是与分科传授联系的。

张雪门关于幼稚园行为课程组织的观点也是在不断发展的。在20世纪70年代出版的《中国幼稚园课程研究》一书中,张雪门进一步提出了组织幼稚园课程的一些标准和要求。如,他虽然早期强调幼稚园的课程要与儿童的生活相联系,但是他认为幼稚园的活动是有目的、有计划的活动。儿童的活动事前应当有准备、有组织,还要有远大的目标。这一思想是对以前思想的补充和发展。当然,张雪门仍然重视儿童的经验。例如,幼稚园各种动作和材料要适合儿童的经验能力和兴趣;在动作中要给儿童自由发表创作的机会;各种知识、技能、兴趣、习惯等应当从儿童的经验中获得。

(三)幼稚园行为课程的教学

张雪门非常重视幼稚园行为课程中儿童的活动和经验,因此在幼稚园的行为课程教学上,他主张应该主要采取单元教学的方法进行教学。

在张雪门看来,单元教学的主要特点是根据幼儿的学习动机来决定学习的目的,再根据学习目的来估量行为的内容。这些内容包括幼儿的工作、游戏、音乐、故事、儿歌以及常识等科目的教材。同样,实施单元教学还要打破各学科的界限。在教学中,教师应当选择与学习单元有关的材料加以运用,并且结合儿童行为的发展,把各科知识自然地融合到儿童的生活中。如何运用好单元教学,张雪门提出了课前、课中、课后需要注意的事项。例如,在课前,要求教师事前要准备教材,布置环境,详细拟订计划。在课中,要求教师要随时进行指导。教学是不重讲解,而在指导儿童的实际行为的发展。在课后,教

---

① 戴自俺,等编.张雪门幼儿教育文集(下卷)[M].北京:北京少年儿童出版社,1994:1089.

师还要对课程进行评价和检讨,以了解儿童在知识、思考、习惯、技能、态度、理想、兴趣等方面的成就,为改进教学作参考。

总之,张雪门的幼稚园行为课程的基本特点是"生活即教育",重视儿童的活动、经验和行为的发展和变化。他的关于行为课程组织和教学的论述都是他的这一特点的反映。分析其原因可以看出,张雪门的课程教育思想明显受到这一时期美国教育的"活动课程"和"单元教学"思想的影响。当然,这一思想也可以是他对幼稚园儿童特点的思考和把外国"活动课程"思想中国化的运用。

三、论幼稚师范教育

张雪门不仅重视幼稚园课程的建设,也非常重视幼稚园师资的培养。对这一问题他曾经有过自己的思考。他说:幼稚园师资的由来,主要在于师范教育的培养。如果我们的幼教仅仅限于幼稚园的教育,抛弃了师范教育,就如同于清理溪流的人不清理水源,修剪枝叶的人不整治树本身一样,终究不是彻底的办法。在长期的幼稚园教育中,他也花费许多时间投入到幼稚师资的培养工作中。如在担任北平幼稚师范学校校长时,他就制定了培养师资的目标,并且把师范生的实习实践放在重要的位置上。

(一)论幼稚师范生的实习场所

他认为幼稚师范生的实习应当有四种场所:一是中心幼稚园。这可以通过一些幼稚师范设置的中心幼稚园来完成。在这样的幼稚园里,幼稚园的教师既是幼儿的教师,也是实习生的教师。二是平民幼稚园。当时他所负责的北平幼稚师范学校有5、6所平民幼稚园。这些幼稚园主要为幼稚生第二年的实习提供场所。在这些幼稚园里,实习生要轮流担任园长、教师、会计、采购等职务。通过这种实习,提高幼稚生独立从事幼稚园工作的各种实际能力。三是幼儿保教园。这主要是在香山慈幼院设置的,主要保育4—5岁的儿童。幼稚生在这样的环境里,通过卫生保健、儿童营养、膳食烹饪、婴幼儿服装剪裁和制作等方面的实习,来了解大一点的儿童身心特点及保教的知识。四是小学。这主要是通过在小学的实习,使实习生了解儿童在上小学前在知识、行为、兴趣、态度等方面的准备。除此之外,他还主张,还应当组织学生到乡村举办乡村幼稚园,使学生了解乡村幼稚园的实际情况。张雪门的幼稚师范生的实习与陶行知的主张有很大不同。他的设计和安排对幼稚师范生来说有更多的实习场所可以选择,学生也可以获得更多的不同场合的锻炼。

(二)论幼稚师范生实习时间的安排

由于当时的幼稚师范生的实习时间为三年,张雪门设计了三年实习时间的安排。第一学年为9学时,分3次进行。实习生先参观及观摩本校中心园的园舍、设备、教具、教学设计、各种教学、游戏、教师的态度、技能、兴趣、态度、仪表以及教师对幼儿发生问题的处理等,使实习生对幼稚园的活动和教学有一个基本认识。然后是参观各种类型的幼稚园,开阔师范生的眼界。最后是参与实习,每周有三个上午到中心幼稚园实习教育教学活动,以形成实习生的基本观念和教学能力。第二年的实习主要由实习生自己支配。第三年的第一学期,一半时间在婴儿园里实习,另外一半时间到小学实习,使实习生了解幼儿在由幼稚园向小学的过渡环节所需要的各种准备。

从这个时间安排可以看出,幼稚师范生的实习不仅有对幼稚园教育的了解,还需要有对小学教育的了解,这对于幼稚师范生理解幼稚园教育与小学教育的关系,全面认识儿童成长的各个环节是非常必要的。

(三) 幼稚生实习的计划和阶段

关于幼稚实习生的实习计划,张雪门非常重视"有系统组织的实习"。也就是说,要有规划和步骤地具体安排。他主张,要有步骤,有范围,有相当的时间,有合适的导师与方法。

关于幼稚实习生的实习阶段,张雪门提出了四个阶段的观点。

(1) 参观。时间为一个学期。这一时期,实习指导教师要以实习的导师为主,幼稚园教师为辅。

(2) 见习。时间也是一个学期。这一时期,应当以幼稚园的教师担任实习的指导教师为主。

从前两个阶段的安排可以看出,实习指导教师的作用大些,实习生要接受指导教师的安排。

(3) 试教。这一时期的时间是一学年。在这一时期,幼稚园的招生、编级、选材、组织课程指导活动、编制预算决算,以及一切教学上、教师业务上、幼稚园行政上的各种事务处理,都由二年级的师范实习生来担任。担任实习的指导教师处于顾问的地位。

(4) 辅导。这一时期的时间也是一个学年。在这一时期,辅导包括两个方面:一是纵的方面。从儿童方面看,先是从儿童家庭开始,进行家访,亲职教育,同时进行联络,包括从儿童的幼稚园教育延伸到小学教育。二是横的方面。指与幼稚教育有关的广大社会联系,包括社区调查、营养站、卫生站、辅导站、导生班,这些工作主要由三年级的师范生负责。他们要自行设计,自行分配工作,并且进行自我检讨和改进。

后两个阶段的安排,可以看出实习生的主体作用要大一些,自己负责任的要多些,指导教师多处于顾问和辅助的作用。

总之,张雪门与陶行知同年生,属于同一时代的人,都受到当时社会各种教育思潮,特别是国外学前教育思潮的影响,他们都是这一时期学前教育的领军人物。二人的共同点是都强调幼稚园教育一定要与实际生活相联系,与儿童的生活相联系。不过,陶行知的学前教育思想比较注重对普通大众学前教育事业的关注,是普通大众的学前教育学。张雪门的学前教育思想比较注重对学前教育自身问题的批判和革新,比较重视学前教育的学术性和系统性的探索,在学前教育课程研究和幼稚师范教育实践方面思考得更多些。从学前教育发展历史上看,张雪门和陶行知的学前教育思想都对这一时期学前教育的发展做出了重要贡献。

第五节 陈鹤琴的学前教育思想

陈鹤琴(1892—1982),浙江上虞人,现代儿童教育家,我国现代学前教育和儿童心理研究的开拓者和奠基人,对中国儿童教育事业的发展做出了重要贡献。

陈鹤琴出生于一个商人家庭,6岁丧父,8岁起进私塾学习6年。用他自己的话说:"读了六年死书,浪费了最宝贵的光阴。今日思之,惟有惋惜、感慨、痛恨而已。"① 14岁时,靠亲友帮助到杭州蕙兰中学读书,受到基督教"自我牺牲"精神的影响,要做济世救人的事业。但认识到,要济世救人,非有学问不可。要有学问,非读书不可。1911年春,他进入上海圣约翰大学学习,后考入清华学堂高等科。1914年,他考取奖学金赴美国霍普金斯大学留学,与陶行知同行。原想学医,但决定学教育。他说:"医生是医病的,我是要医人的。我是喜欢儿童的,儿童也是喜欢我的,我还是学教育,回去教他们好。"② 在美国留学期间,他学了英语、法语和德语,还学习了政治学、市政学、经济学、教育学、心理学、地质学和生物学等,并利用暑假到外地大学的暑期学校兼读园艺、养蜂、鸟学等。霍普金斯大学重视科学实验的特点,对陈鹤琴影响比较大。他体会到,最重要的不是学习许许多多的知识,而是学会研究的方法和研究的精神。方法是秘诀,是钥匙,得了秘诀和钥匙,就可以去开知识的宝藏之门了。1917年夏,他获得了文学学士学位。后进入哥伦比亚大学师范学院,专攻教育学和心理学。师从克伯屈(教育哲学)、孟禄(教育史)和桑代克(心理学)等。当时,美国兴起的进步教育运动,反对传统教育和形式主义教育,主张教育从儿童的兴趣和实际经验出发,强调学校要与家庭和周围社区联系,对他产生很大影响。1918年,他在哥伦比亚大学获得教育硕士学位,又转入心理系准备做博士论文。正值南京高等师范学校教务主任郭秉文在美国物色教员,应邀回国任教。

1919年8月,陈鹤琴回国,9月任南京高等师范学校教育科教授,讲授儿童心理学和教育学课程。1920年,他的孩子一鸣出生,他以孩子为对象,从孩子出生起就进行连续的观察、实验,研究儿童身心发展的特点和规律,写成《儿童心理之研究》和《家庭教育》两本著作。

针对当时中国幼稚园非常少,大部分是由外国教会或慈善机构举办的情况,1923年,他在南京鼓楼的自己家里,办起鼓楼幼稚园,自己担任园长,招收12名儿童。并建起当时我国第一个幼教实验中心,开展多方面的实验。1927年,他发表《我们的主张》一文,提出办幼稚园要适合中国国情和儿童特点的15条主张和办园的具体经验。他支持陶行知的乡村幼稚园的思想,协助办了樱花村幼稚园。他还与陶行知、张宗麟等发起组织了"中国幼稚教育研究会"。并于1927年创办了我国专门研究幼儿教育的刊物《幼稚教育》月刊。

1929年,他在"中国幼稚教育研究会"基础上发起成立"中华儿童教育社",任主席。到1937年,该社成为全国最大的儿童教育学术团体和研究、推动儿童教育的中心。1934年,他赴欧洲十一国考察教育,回来后积极介绍西方先进教育经验,特别是苏联普及教育和儿童教育的经验。抗日战争爆发后,他投入难民、难童教育和推广新文字运动中,还发起组织"儿童保育会",创办"儿童保育院"。

---

① 陈景磐.中国近现代教育家传[M].北京:北京师范大学出版社,1987:373.
② 同上注.

1940年,他在江西泰和文江村创办了我国第一所公立幼稚师范学校——"江西省立实验幼稚师范学校"。1943年改为国立幼稚师范学校。该校包括专科部、师范部、小学部、幼稚园和婴儿园这一完整的幼稚师范教育体系。

1947年,他创立上海儿童福利会,任理事长,以解决难童的教养问题。他还主办了上海特殊儿童辅导院,对五类儿童即盲、聋哑、伤残、低能、问题儿童分别进行指导。

中华人民共和国成立以后,他除了担任多项社会工作职务外,还先后担任南京师范大学师范学院院长兼幼教系主任和南京师范学院院长。开设儿童心理学、教育史等课程,创立了包括幼儿园、幼儿师范学校、幼教系、儿童教育研究室和儿童玩具研究室以及附设玩具工作等整套的教学、科研、生产相结合的学前教育体系。20世纪50年代,他受到"左"的思潮的冲击,其"活教育"思想和儿童教育思想被批判和否定。1976年以后,陈鹤琴的名誉和地位得到恢复,又担任国家和地方的许多职务。1982年,陈鹤琴在南京去世,终年90岁。陈鹤琴的著作主要有6卷本的《陈鹤琴全集》和《陈鹤琴教育文集》(上下卷)。

一、"活教育"理论与儿童的发展

1939年,陈鹤琴在他主编的《小学教师》月刊发刊词中提出了"活教育"的思想。到了20世纪40年代这一思想逐步形成了理论体系。1941年,他在《活教育》创刊词中指出,中国的传统教育是教死书,死教书,教书死;读死书,死读书,读书死。如何使这种教育变成前进的、自动的、有生气的教育,如何使教师教活书,活教书,教书活;使儿童读活书,活读书,读书活。这是一个大问题。我们要利用大自然、大社会作为我们的教材,我们在做中教,做中学,做中求进步。我们要有活教师、活儿童集中力量改造环境,创造社会,建设新国家。可见,陈鹤琴"活教育"思想的核心就是教师"教活书,活教书,教书活",使儿童"读活书,活读书,读书活",把死气沉沉的教学变成生动活泼的教学,使教师和儿童都能通过教育得到健康的发展。

陈鹤琴的"活教育"理论体系主要包括:目的论、教材观、方法论、教学原则和训育原则。

(一)"活教育"的目的论

陈鹤琴指出,他的"活教育"的目的就是"做人、做中国人、做现代中国人"。"做现代中国人"应当具备五个条件:"第一要有健康的身体;第二要有创造的能力;第三要有合作的态度;第四要有世界的知识;第五要有服务的精神。"[①]他说,我们不要一般顺民式的儿童,要培养勇敢、进取、合作、有思想、肯服务于社会的儿童。要培养儿童会用手用脑,有创造精神和独立生活能力。抗日战争以后,他又进一步提出"做人、做中国人、做世界人","爱国家、爱人类、爱真理"的要求。可以看出陈鹤琴的思想在新的环境下又有新的变化,教育不仅要培养儿童做中国人,还要培养儿童做一个世界人。

---

① 陈景磐.中国近现代教育家传[M].北京:北京师范大学出版社,1987:392-393.

(二)"活教育"的教材观

"活教育"的教材就是活教材。按照陈鹤琴的观点,大自然、大社会,都是活教材。他反对传统教育的那种固定教材的死做法。认为大自然、大社会才是活的书、直接的书。"活教育"应当向大自然和大社会学习,获取活教材。

(三)"活教育"的方法论

陈鹤琴认为,"活教育"的方法论就是"做中教,做中学,做中求进步"。就是要以儿童的"做"为中心。陈鹤琴指出,儿童生来是好动的,没有一个儿童不喜欢自己做的。只有做了就与事物发生直接的接触,就可以得到直接的经验,就知道做事的困难,就能够认识事物的性质。为此,他提出了"寓教于学"的思想。他说,所谓做,并不限于双手做才做,凡是耳闻、目睹、调查、研究都包括在内。这样做的好处很多:一是可以发展孩子的肌肉、思想和智能;二是可以养成勤俭、爱劳动的品质,知道做事不易;三是可以养成创造精神和独立工作的能力。

(四)"活教育"的教学原则

陈鹤琴根据他对心理学的理解,提出了"心理学具体化,教学法大众化"的指导思想,提出了"活教育"的17条教学原则。主要包括两个维度:一是从儿童学习的维度。凡是儿童自己能够做的,应当让他自己去做;凡是儿童自己能想的,就让他自己去想;鼓励儿童去发现他自己的世界。二是从教师教学的角度。要积极地鼓励儿童,反对消极的制裁;运用比赛的方法增进学习效率;教学游戏化、教学故事化;教师教教师,儿童教儿童;等等。

(五)"活教育"的训育原则

关于"活教育"的训育原则,一共有13条。主要有三个维度:第一是从学生的维度,包括从小训练学生养成种种优良习惯和态度;使儿童从小明理,养成法治观念。第二是从教师的维度,包括教师要依据孩子的心理进行教育,而不仅仅是惩罚;要消除师生之间的鸿沟,当学生亲如子弟父兄;要唤起儿童的自觉,发挥他们的潜力;训育工作是每个教师的责任。第三是从家校合作的维度,强调学校要与家庭联系,共同负责教育孩子。

二、论儿童的发展与教育

认识和理解儿童的发展与教育的关系,就需要认识儿童观与教育观,二者是密切联系的。陈鹤琴在这方面的观点也有自己的特点。

(一)儿童观与教育观

1921年,陈鹤琴在《儿童心理及教育儿童之方法》一文中,在批判落后的旧教育时也提出了自己对儿童观与教育观的看法。他说,传统旧教育以为儿童和成人一样,让儿童穿长衫马褂,一举一动要像成人一样,不准多问,不准游戏,不把儿童当儿童,处处用成人的意志来要求儿童,用成人的道德来规范儿童,剥夺儿童的一切活动倾向,摧残儿童的活泼天性。他指出,儿童不是成人的缩影,儿童有他独特的生理、心理特点,儿童时期不仅作为成人之预备,亦具有他的本身的价值。假如我们要取得好的教育效果,就必须改变对儿童的看法,必须研究教育儿童的方法。在陈鹤琴看来,儿童教育是一门科学,只有了解儿童,研究儿童,才能教好儿童。

(二)儿童期对于儿童发展的意义

陈鹤琴对儿童期的认识是以他对自己孩子的研究为基础的。当他的孩子一鸣出生后,陈鹤琴就用数年时间以自己的孩子为对象,就儿童的动作、能力情绪、语言、游戏及美感等方面的发展变化进行观察和研究。在这个基础上,他写成了《儿童心理之研究》一书,阐述了儿童心理发展的一般规律与年龄特征,概括了儿童形成心理特征和道德品质。

陈鹤琴认为,人与一般动物相比,一个明显的不同就是人的发展不仅胎期长,儿童期更长,因为人的生存和发展环境比动物更复杂。他将新生婴儿与小鱼、小鸟进行比较,指出鱼和鸟的各种活动是生来就会的,而人的活动大部分是出生后学来的。他认为,从出生到7岁的儿童期是人生的最重要的一个时期,它将决定儿童的人格和体格,儿童所形成的习惯、知识、技能言语、思想、态度、情绪都要在这个时期打下基础。他得出的结论是,儿童期具有两个方面的含义:一是儿童能力发展的时期;二是儿童接受教育的时期。因此,从出生到7岁的幼稚期是儿童发展的一个重要的时期,在这时期,儿童应当接受幼稚教育。

需要指出的是,为了研究幼稚园教育,而采取观察和研究自己的孩子身心发展的做法,这在中国的教育家中是比较少的。陈鹤琴的这一做法明显是受到国外教育家的影响。陈鹤琴结合国情对自己的孩子进行心理学和教育学等方面的研究,并且试图发现儿童发展的规律和特点,对于认识学前教育、丰富学前教育理论和研究是有重要贡献的。

(三)儿童的心理特点与儿童教育

概括和理解儿童的心理特点是实施幼稚教育的基础。经过长期的观察和研究,陈鹤琴认为儿童心理主要有以下特点。

1. 好活动

陈鹤琴认为,由于儿童身心的发展有限,他们在活动中往往难以控制自己,带有一些冲动的特点。例如,儿童一想到吃,就立刻寻找东西吃;一觉得痛,就立刻哭了。原因是他们还没有养成自制力,他们的行动完全为冲动和感觉所支配。对此,教师要认真对待,给儿童充分的机会和适当事物的刺激。

2. 好模仿

陈鹤琴认为,虽然人人都有模仿的特点,但是儿童的模仿格外突出。儿童的这种模仿力,对于他们学习言语、习惯、技能等非常有利。他对儿童的模仿动作进行了分类:一是儿童的模仿与所模仿的动作是不同的。例如,儿童的模仿动作与成人的动作有很大的区别。教育上要注意儿童的模仿动作,并且及时纠正儿童模仿中的错误。二是儿童最初形成的模仿,由于后续的动作成为感觉前面动作的快乐,这已经不是模仿了。教育上要注意模仿的动作的变化,让儿童体验产生快感的事情。三是儿童的模仿能力是有差异的,并有一个发展过程,不能强迫。四是儿童的模仿是无选择的。成人应当给他们提供好的榜样和好的环境。

3. 好奇心

陈鹤琴认为,儿童会对新的东西产生好奇心。好奇心容易使他们与新东西接近,接近就容易知道那个新东西的性质了。要使儿童保持好奇,就应当不断有新异的刺激。当然,儿童的好奇心是会变化的,最初是"这是什么,那是什么",以后是"这有什么用,如何做,是从哪里来的",再以后有"为什么"等。成人应当根据儿童好奇心的变化,正确地提出问题和回答问题,使他们保持对问题的好奇心。

4. 好游戏

陈鹤琴也对儿童游戏进行了研究,认为"儿童好游戏乃是天然的"。他还对儿童游戏种类进行了分类。他认为,儿童游戏的种类可以分为简单的和复杂的。玩简单的游戏,儿童主要靠力量。例如,摇铃和击鼓。玩复杂的游戏,儿童主要靠智慧、记忆和想象力。例如,球类、比赛等。陈鹤琴还对儿童游戏的发展、游戏的价值等进行了论述。例如,关于儿童的游戏发展,他认为可以分为幼稚期和儿童初期。关于儿童游戏的意义,主要包括可以发展身体、培养高尚道德、使脑筋敏锐、可以促进休息等。从这些观点可以看出,在游戏的问题上,陈鹤琴的研究是比较细致和深入的。这在当时的教育家中是比较突出的。

5. 喜欢成功

陈鹤琴认为,儿童喜欢有成就的事情。一是可以使自己感到有趣;二是可以得到父母和老师赞许。他告诫教育者,应当利用儿童的这种心理,鼓励他们把事情做成。同时,要避免让儿童做太难的事情。

陈鹤琴还对儿童的其他心理特点进行了概括,包括喜欢合群、喜欢野外生活、喜欢得到别人称赞等进行了分析。主张教育者要给儿童提供相互交友的同伴,给他们玩具娃娃等,缓解他们的寂寞心理;要给儿童接触大自然的机会,鼓励孩子到外面去;要用言语表扬孩子,在孩子的发展过程中要多鼓励他们。

(四) 学前儿童的发展阶段与教育

陈鹤琴认为,研究儿童,必须注意儿童的身心发展过程,这可以分几个阶段加以研究。他指出,具有独立人格的成人生活,主要包括反射生活、感觉运动生活、情绪生活、智慧生活与社会生活。这里有一个从生理到心理,从心理到社会,逐步社会化的过程。对照成人的生活,陈鹤琴认为儿童的生活过程大致分四个时期,包括:①感觉运动生活(新生后的 1 个月左右);②情绪生活(1 个月后到 1 岁左右);③智慧生活(1 岁左右到 6 岁左右);④社会生活(6 岁左右到 12 岁)。陈鹤琴根据这一研究,把学前儿童时期划分为四个阶段:

(1) 新生婴儿期;

(2) 乳儿期——新生后到 1 岁左右;

(3) 步儿期——1 岁左右到 3 岁左右;

(4) 幼儿期——3 岁半左右到 6 岁左右。

陈鹤琴根据儿童生活发展的这四个阶段,提出了与各阶段相适应的教育内容。这里以 1—3 岁的"步儿期"为例进行简要说明。陈鹤琴认为,这一时期儿童的主要表现为儿童开始学习步行、乐于步行、喜欢跑跳;同时,儿童的语言也有明显进步。在儿童教育上,一是要有行走教育,注意行走姿势,给予儿童行走鼓励;二是要有言语教育,要让儿童愉快地学习语言,同时纠正不良的语言习惯。

从心理学的角度,基于对儿童行为和心理活动的长期观察和细致研究,陈鹤琴的学前教育思想是独具特色的,也使得他的儿童观和教育观,以及他对学前教育的理解更具有扎实和可信的基础。

三、论幼稚园教育

陈鹤琴不仅对儿童的行为坚持长期的研究,还结合中国文化和社会的现实对幼稚园教育有自己的思考和理解。也正是在他长期坚持和努力下,他写出了许多关于幼儿教育研究的文章,如《现代幼稚教育之弊病》《我们的主张》《幼稚教育之新趋势》《战后中国的幼稚教育》等。在这些文章中,表达了他对盲目学习西化外国幼稚园教育的不满,并通过实验探索中国化的幼稚园道路。

(一) 办好中国化幼稚园的建议

陈鹤琴认为,办幼稚园的教育功能和社会功能是明显的。例如,它可以发展儿童的个性;可以节省家长的时间和精力,补充家庭之不足;可以养成合作、团结、爱国家的精神,形成公民的知识和技能等。但是办幼稚园一定要体现中华民族的特点。为此,他提出了办幼稚园的十五条建议,包括:① 幼稚园要适合国情;② 儿童教育是幼稚园与家庭共同的责任;③ 凡是儿童能够学的而且又应当学的,都应当教他们;④ 幼稚园的课程应当以自然和社会为中心;⑤ 幼稚园的课程须预先拟订,但是临时可以变更;⑥ 幼稚园第一要注意的是儿童的健康;⑦ 幼稚园要养成儿童良好的习惯;⑧ 幼稚园应当特别注重音乐;⑨ 幼稚园应当有充分而适当的设备;⑩ 幼稚园应当采用游戏式的教学法教导儿童;⑪ 幼稚生的户外生活要多;⑫ 幼稚园多采取小团体的教学法;⑬ 幼稚园的教师应当是儿童的朋友;⑭ 幼稚园的教师应当有充分的训练;⑮ 幼稚园应当有标准,考查儿童的成绩,对幼稚生在园应当养成的德行、习惯、技能、知识,都应当有考查标准。

陈鹤琴提出的这些建议是非常全面的。从幼稚园的办园性质,到课程设计、教学方法;从幼稚园的内部管理,到与家庭合作,共同承担教育责任;还有提出对幼稚园教师训练和儿童学习的考核标准,等等。这些都充分体现了他对幼稚园各方面工作的科学理解和精心考虑,对幼稚园教育发展具有重要的价值和意义。

(二) 幼稚园课程论

针对20世纪20年代幼稚园课程受外国课程模式影响大,比较混乱,缺少自己的特色,以及国内幼稚园课程缺乏具体目标,课程简单,团体活动多于个体活动,与环境接触较少等问题,陈鹤琴指出,应当通过实验研究,设置适合国情的幼稚园课程。为此,陈鹤琴提出了关于幼稚园课程的一些思考,主要内容包括以下几个方面。

(1) 幼稚园课程设置要服务于目标。包括四个目标,即把儿童培养成什么样的人;使他们形成怎么样的身体;如何开发儿童的智力;如何培养儿童的情绪。

(2) 幼稚园课程应当以自然和社会为中心。陈鹤琴指出,作为儿童每天所接触的环境来说,自然与社会是儿童接触最多的环境,因此幼稚园课程应该以自然和社会为中心。在自然方面,可以根据自然界的对应物,如春桃、夏荷、秋菊、冬雪等主体或者中心来安排课程。在社会方面,可以根据不同季节或者节日,如中秋节、重阳节、元旦、端午节等安排课程活动。

(3)幼稚园课程应当采取"整个教学法"。所谓"整个教学法",就是把儿童所应学习的东西整个地、有系统地去教儿童学,就是一种综合教学或整体教学。在陈鹤琴看来,儿童的生活是整个的,教材也应当是整个的、相互连接的。陈鹤琴不主张幼稚园进行分科教学。他认为这是模仿大学的,因为大学生程度高、知识深,不分科不行,而幼稚园如果采取分科则违反儿童的生活和心理。陈鹤琴建议,在采取"整个教学法"的课堂上,最好由一位教师教,以体现课程的整体性。

(4)幼稚园课程应采取游戏式和小团体式的教学法。陈鹤琴认为,由于儿童爱活动的特点,幼稚园课程最好采取游戏的方式,使儿童可以在游戏和活动中学习。另外还可以采取小团体的教学法,以使有差异的学生能够区别对待,都能够得到发展。

由上面的分析可以看出,陈鹤琴的幼稚园课程论实际上就是儿童活动中心的课程论。也就是说,他的幼稚园课程论实际上是以儿童的生活、儿童的经验,以及儿童的活动为中心的。从这个意义说,陈鹤琴的幼稚园课程论是属于活动课程论的范畴。这里可以看出西方,特别是美国课程论模式的影响。当然,陈鹤琴又在西方和美国课程论模式的基础上结合中国国情进行了一定的改造。

需要指出的是,陈鹤琴的幼稚教育思想,包括他的课程论思想一直是在不断发展的。20世纪50年代以后,陈鹤琴又根据对幼儿教育发展特点的认识,提出了幼稚园课程的十大原则、九项内容、五指活动及三种编制课程的方法。这些内容和方法都反映在他1951年发表的《幼稚园的课程》一文中。

第六节 张宗麟的学前教育思想

张宗麟(1899—1976),浙江绍兴人,著名的幼儿教育家。作为陈鹤琴和陶行知的学生和助手,张宗麟的学前教育思想在学前教育领域也有一定的影响。张宗麟4岁就识字读诗。16岁考入绍兴浙江第五师范学校。1921年考入南京高等师范学校教育科,师从陶行知和陈鹤琴。1925年成为陈鹤琴的助手,从事幼儿教育研究,成为当时男学生当幼儿教师的第一人。1927年6月任南京市教育局学校教育课幼教指导员。1928年任南京晓庄师范教导主任。1931年任福建集美幼稚师范教员,后兼集美乡村师范校长。

1936年到上海参加抗日救国工作,协助陶行知办生活教育社、国难教育社等组织,出任光华大学教授,并且担任一些出版机构的主要职务。1937年,上海成立文化界救亡协会,他任理事并任训练委员会主任委员。1943年,他来到延安,任延安大学教育系副主任,北方大学文教学院院长,华北大学教育研究室主任。

北京解放后,他任北京军管会教育接管部部长。后任高等教育委员会秘书长。教育部成立后,历任教育部高等教育司副司长,高等教育部计划财务司副司长、司长等职。期间曾经负责全国大专院校院系调整工作。1957年被错划为右派,1976年10月在上海病逝。1978年教育部党组给予其平反。

张宗麟的学前教育思想主要反映在由他女儿张泸选编的湖南教育出版社1985年出版的《张宗麟幼儿教育论集》中。

一、幼稚教育的作用和意义

关于幼稚教育的作用和意义问题,张宗麟在《幼稚教育概论》中指出,各种儿童教育之发达,以幼稚教育为最迟,各种教育之收效,以幼稚教育为最难。但是幼稚教育最为重要,原因主要有:一是儿童对人生、对社会、对国家最为重要。儿童如果没有良好的教育将会影响他的一生。二是由幼稚教育在学制上的地位所决定的。幼稚教育为一切教育之起点。不仅是小学教育之基础,对中学、大学也有影响。三是幼稚园教育是与家庭联系的第一场所。它通过专业教师可以帮助父母教育孩子,同时还可以教育父母。

总之,在张宗麟看来,无论是对幼儿的个人发展,还是在整个学制中的基础地位,以及与家庭教育的联系上,幼儿教育都是不可或缺的。幼儿教育对于国家、对于民族、对于社会的持续发展都是必需的。

二、幼稚教育的服务对象和发展方向

(一)幼稚教育的服务对象

与这一时期许多教育家的认识一样,张宗麟也非常关注幼稚园的服务对象问题,他在《幼稚园的演变史》一文中指出,中国的幼稚教育的兴起都是从城市发生的,幼稚生的来源是比较富裕的家庭。但是沿着这条路走下去,幼稚园将变成富贵孩子的乐园,幼稚园的教师不过是这些有钱人家孩子的"干奶妈"。他认为,这是幼稚教育的错误的服务方向。他指出,世界上第一个幼稚园是产生在穷乡村的,世界上幼稚园的发达也是在贫困地区的。但是这些幼稚园来到中国以后,就被富人拿去用了。这是极其不合理的。富人家的太太有许多闲暇时间来教育自己的孩子,但是她们却用来打牌,而穷人家的母亲们不是进工厂工作,就是到田里劳动,没有时间教育自己的孩子。可是这些贫困家庭的孩子也是中华民族的小国民,难道就让他们这样自生自灭吗?张宗麟明确提出,中国幼稚教育运动的方向应当转向劳苦大众,为他们的孩子服务。正是在这一思想指导下,张宗麟非常支持陶行知先生的幼稚园下乡进厂的主张,并与友人主持创办了晓庄的乡村幼稚教育。

关于幼稚教育为劳苦大众服务的对象,张宗麟认为应当主要包括:农家妇、工厂的女工,贫民区失业的小贩、车夫及做短工的家庭。还可以包括一些有较好工作的职业者,如女招待、女店员、女秘书等。因为她们的子女多交给老妪,难以得到很好的教养。

总之,在张宗麟看来,幼稚教育为什么人服务的问题是一个大问题。幼稚园教育为劳苦大众服务,无论是对孩子的发展,还是对社会的贡献,都会获得更大的价值。

(二)幼稚教育的发展方向

张宗麟认为,中国的幼稚园教育不仅有服务对象问题,也有发展方向问题。从当时的情况来看,中国的幼稚教育仅仅是为富人服务的,其发展下去是没有希望的。他分析了当时中国幼稚教育的情况,指出中国幼稚教育存在许多弊病:(1)教会的垄断。结果是国人自办的消失,不利于国民教育。(2)社会的漠视。认为幼稚教育不重要,轻视本国人办的幼稚园。为此,他提出具体的解决办法:(1)停办外国人设立的幼稚师范及幼稚园。这是独立的国家教育权的问题。(2)严格制定幼稚师范及幼稚园标准,以弥补和规范幼稚园的发展。(3)筹办幼稚师范并检定幼稚教师。这是保证幼稚园教师质量的重要手段。(4)引起社会之重视。他主张教育当局应当大力宣传,使更多的人知道幼稚教育和幼稚园。

不仅如此,张宗麟还对幼稚园教育发展的方向阐述了自己的看法,提出了明日幼稚教育的具体设想。包括:(1)明日的幼稚教育必定是普及的。越是乡村和工厂越普及得快。(2)明日的幼稚教育必定是为某个集团(国家或其他)或某种思想训练幼稚儿童的一种重要的事业。(3)明日的幼稚必定是"教"与"养"并重的,幼稚园是儿童的另一个家庭,不是上课读书的场所。(4)明日之幼稚教育必定是与家庭沟通的。幼稚园不但教育儿童,也是母亲受教育的地方。(5)明日的幼稚教育必定是与小学联系的,小学与幼稚园的一切办法完全一致。(6)明日的幼稚教育必定训练儿童有集团工作的精神,免去个人单独行动的散漫行为。(7)明日的幼稚教育必定运用科学的养护法,使孩子在幼稚园里成长,比家庭中光用慈母的爱去教养还有效。(8)明日的幼稚教育必定有它的一贯主张,一切设施等均合乎这个主张,尤其如玩具等免去神秘等意味。(9)明日的幼稚教师除了为维持自己的生活外,最重要的任务还是要实现他的集团的理想,所以他是集团的工作者,不是为个人的职业。

张宗麟的这些设想,一方面反映了当时国外幼稚教育和国内幼稚园发展对他的影响,另一方面也是他对幼稚教育的现状和未来发展方向的深入思考。他提出的许多设想和问题是有价值的。例如,幼稚教育的普及性问题,幼稚教育与家庭教育的关系问题,幼稚教育与学校教育的关系问题。其中关于幼稚教育与小学教育关系问题的思考就很有意思。比如,张宗麟一方面强调幼稚园是儿童的另一个家庭,不是上课读书的场所;另一方面又强调幼稚教育必定是与小学联系的,小学与幼稚园的一切办法完全一致。在这里需要注意的是,关于幼稚教育与小学教育的关系,在张宗麟看来,幼稚教育不是小学,不是以读书为主的;同时,小学教育要与幼稚园教育有一个好的衔接,就要采取与幼稚园教育较为相同的方法来对学生进行教育。这也可以说是学前教育中所谓的"幼小衔接"向"小幼衔接"转变的最早提出的一种观点吧!

三、论幼稚园课程

张宗麟曾经作为陶行知先生和陈鹤琴先生的助手,参与了鼓楼幼稚园和晓庄乡村幼稚园的课程实验,形成了自己的关于幼稚园课程的思想。

(一)幼稚园课程的含义

张宗麟指出,幼稚园课程从广义上说,是幼稚生在幼稚园的一切活动。其范围包括一切教材、科目、幼稚生活动。他根据幼稚园的儿童活动和课程设置对幼稚园课程进行了分类,主要包括两种:一是在儿童活动方面,课程有入园的活动,身体的活动,家庭的活动,社会的活动等。二是在课程设置方面,课程有各种学科,如音乐、游戏、手工、自然等科目。张宗麟认为,不论如何划分幼稚园课程,一个重要的原则是,都应当动静交替地安排好儿童的每一日活动。除了午餐、睡觉外,幼稚园一般每日可安排一两次团体活动。

张宗麟还从幼稚园课程发展史的角度探讨了幼稚园课程含义的变化。他指出,在最早的德国教育家福禄培尔幼稚园课程中,比较关注把儿童的游戏作为主要课程,并制成多组恩物,以适应儿童发展的需要。在意大利教育家蒙台梭利的幼稚园课程中,比较注重儿童的训练和身体养护,如有感觉训练、谈话、唱歌、游戏等。张宗麟还对当时各国幼稚园课程的大致范围进行了概括,主要有10项,包括音乐、游戏、故事、谈话、图画、手工、自然、常识、读法和识数。张宗麟指出,这些课程并不是一成不变的。在不同地区、不同时期都会有一定的变化。

(二)幼稚园课程的社会性

张宗麟是在20世纪30年代出版的《幼稚园的社会》一书中提出了幼稚园课程社会性的思想。在张宗麟看来,幼稚生绝不是只会吃,只会个人享受的孩子。他们应该懂得社会,应该有自己的社会生活。这里需要指出的是,幼稚园课程社会性与幼稚园课程社会化的含义是不同的。前者更多是强调幼儿教育一切活动都具有社会性的特点;后者较多地强调幼儿教育一切活动都是社会化的结果。张宗麟指出,幼稚园的各种活动都应当倾向于社会性,幼稚园的一切活动从广义上都可以说是"社会",都应当有社会性。即使是自然科目也不是纯粹研究自然。因此,幼稚园的课程应当是社会性的幼稚园课程。

张宗麟认为,幼稚园的社会性课程有两个依据,即儿童社会和成人社会。他引用罗格(Rugg)的观点说:"从成人生活里得来的事实,是决定永久价值的,从孩子生活得来的事实,是决定各期儿童教育价值的。"[①]在教育中要处理好这一对关系,应当是成人社会应当尊重儿童社会,应当让儿童到他们自己的社会中,而不是到成人的社会里来。也就是说,儿童社会与成人社会是有不同的。幼儿还不能严格区分周围人和物的界限,甚至会将动物人格化、拟人化,把小猫、小狗当作朋友对待。因此,成人应该尊重儿童的社会,幼稚园的课程应关注儿童的社会。

关于幼稚园社会性课程的内容,张宗麟认为主要包括关于衣食住行等生活需要和卫生方法,以及家庭、邻里、商铺、邮局、公园、交通机关等社会组织的观察与研究;关于日常礼仪的演习;纪念日和节日的研究;身体各部位的认识和简易卫生实践等。

为了使幼稚园课程能够更好地促进幼儿社会性的发展,张宗麟还强调在幼稚园课程实施中应当注意三个方面:一是要培养儿童具有互助和合作的精神,这些精神都远胜于幼儿之间的竞争。二是要培养儿童具有爱怜的情感,学会同情弱者,而不是自私自利。三是要培养儿童具有顾及他人的思想,扭转只顾自己的不良习惯。

---

① 张宗麟.张宗麟幼儿教育论集[M].张泸,编.长沙:湖南教育出版社,1985:283.

四、论幼稚园教师的培养

关于幼稚园教师的培训问题,张宗麟也有许多思考,并且提出了很有价值的观点。

(一)幼稚园教师的任务

张宗麟非常重视幼稚园教师在幼儿成长中的作用,并且提出了幼稚园教师的任务。他认为,与小学教师相比,幼稚园教师的作用更重要。他认为,幼稚园教师的任务主要有六个方面,包括:养护儿童;发展儿童身体;养成儿童一定的习惯;养成儿童一定的知识和技能;与家庭联系并提出家庭教育改进良方;研究儿童。其中第一个方面,养护儿童最重要。

(二)幼稚园教师的培养

关于幼稚园教师的培养,张宗麟认为应主要通过幼稚师范学校进行。为了能够使幼稚师范教育培养好师资,他对幼稚师范的幼稚园的设置、招生条件、课程安排等方面提出了许多建议,主要包括以下几个方面。

(1)举办幼稚园应当是国家的责任,不允许外国人或教会或私人办理幼稚园。

(2)幼稚师范的招生应当为初中毕业以上的学生,年龄在16岁以上,身体健康,富有爱国心,真诚爱儿童,有优良的基本知识和善能应变者,对他们进行三年或二年之专门师范教育。同时,他也提出幼稚园教师应当有男子加入。

(3)幼稚师范的课程设置不应当照搬国外的课程模式,应当有自己的标准。为此,他提出了以六组形式划分的课程标准。

① 公民训练组,包括:本国史、本国地理、生物学、应用数学、社会学、最近世界概况等。

② 普通科学组,包括:科学入门、应用科学、生物学、应用数学、簿记。

③ 语文组,包括:国文、国语、英文。

④ 艺术组,包括:图画、手工、烹饪、家事学、音乐。

⑤ 普通教育组,包括:教育学、教育心理、教育史、普通教学法。

⑥ 专门教育组,包括:幼稚教育概论、儿童心理、儿童保育法、幼稚园各科教学法、幼稚园各科教材讨论、幼稚园实习、幼稚教育的历史及其最新趋势,小学低年龄教学法。

从张宗麟设计的幼稚师范教育课程标准可以看出,这一时期幼稚师范教育的内容还是比较全面的。既有公民教育的内容,也有普通知识的学习;既有一般教育课程的学习,还有幼稚师范生的专业教育内容,而且在专业教育中还包含对小学低年级学生的理解。这些安排对于幼稚师范生成为一个公民、一个普通教育者和一个幼教工作者,都是非常重要和必要的,也反映了这一时期我国幼教研究者对学前教育的课程及标准有了更多、更新的认识。

(三)幼稚园教师的进修

张宗麟认为,幼稚园教师除了在学校学习外,还需要参加一定的进修。为此,他提出了幼稚园教师进修方面的一些要求,包括品行、学问、能力和技术等方面。如朴素、笃诚;多读书;要参加各种研究会等,了解幼教发展趋势;以及利用暑假及各种机会学习,提升自己;等等。

总之,张宗麟从许多方面对儿童发展和幼稚教育等问题进行了全面和深刻的论述。在他看来,幼稚教育是联系家庭教育和学校教育的重要环节。幼稚教育对于儿童的个人发展和国家的发展都是不可缺少的。因此,他所论述的幼稚教育的普及问题,幼稚教育与家庭教育的关系问题,幼稚教育与学校教育的关系问题,幼稚课程设置的社会性和标准等问题,都可以看出他对学前教育问题的深入思考。他的学前教育思想的核心就是把儿童放在重要位置上,要求教育的一切措施和手段都要适合儿童的发展,幼稚园教育的各个方面都要从儿童的需要考虑,尊重"儿童的社会",使儿童在一个良好的环境中得到健康的发展。

自我评量

名词解释

1. "五育"并举　　2. 平民教育　　3. 儿童公育　　4. 生活教育
5. "艺友制"　　6. "活教育"

简述题

1. 简述蔡元培的儿童公育思想。
2. 简述陶行知的儿童生活教育思想。
3. 简述陶行知的幼稚师范教育思想。
4. 简述陈鹤琴的儿童观和教育观。
5. 简述张宗麟的幼稚园课程思想。

论述题

1. 评述蔡元培的平民教育和儿童公育思想。
2. 评述鲁迅的儿童观和儿童教育方法。
3. 评述张雪门的幼稚园"行为课程"思想。
4. 评述陈鹤琴的幼稚园教育思想。
5. 评述张宗麟的幼稚园服务对象和发展方向思想。

第六章　中国当代学前教育

学习目的

通过本章的学习,认识中国当代学前教育的社会基础,把握不同时期学前教育发展的基本内容和特点,特别是改革开放以来学前教育发展和改革的新变化和经验。

中华人民共和国成立以后,学前教育得到了较快的发展,也出现了一些曲折。这一时期学前教育发展的主要特点:一是对旧的学前教育进行改造,逐步建立社会主义学前教育制度;二是学习苏联学前教育经验,苏联式学前教育模式影响较大;三是在"文化大革命"中,学前教育遭到严重破坏;四是改革开放以后,学前教育在各个方面有了新变化,出现新的局面。本章主要通过三节内容介绍学前教育事业在不同时期的发展和主要经验。

第一节　社会主义改造时期的学前教育

1949年10月到1956年9月是社会主义改造时期,在这一时期,新中国学前教育在改造旧教育的基础上逐步确立了新的教育制度。

一、新学制中学前教育的地位

社会主义改造时期开始确立新中国的学前教育制度。1949年9月,中国人民政治协商会议在北平召开。9月29日通过了《中国人民政治协商会议共同纲领》。10月1日,中华人民共和国成立。中国学前教育的性质发生彻底的变化。《中国人民政治协商会议共同纲领》第五章"文化教育政策"中明确规定新中国教育的性质和任务,"为新民主主义的,即民族的、科学的、大众的文化教育。人民政府的文化教育工作,应以提高人民文化水平,培养国家建设人才,肃清封建的、买办的、法西斯主义的思想,发展为人民服务的思想为主要任务"①。

1949年11月,教育部成立后,幼儿教育得到重视,首次在初等教育司下设幼儿教育处。1949年12月23日至31日,教育部召开第一次全国教育工作会议,确定了全国教育工作的总方针。其中规定,教育为国家建设服务,学校必须向工农开门。教育发展的方向是坚持普及与提高相结合的方针,在今后相当长的时间内以普及为主,教育应着重为

---

① 唐淑,何晓夏.学前教育史[M].大连:辽宁师范大学出版社,2001:228.

工农服务。对中国人办的私立学校,采取保护维持、加强领导、逐步改造的方针。

第一次全国教育工作会议后,学前教育的改造和建设工作也有一定的进展。一是对幼儿园长期沿袭的与工农相悖的制度进行了改革。包括:① 废除幼儿园招生的考试制度,采取报名登记与审查核实相结合的办法,优先录取参加劳动和工作而家中无人照顾孩子的劳动人民子女;② 将半日制逐步改为整日制幼儿园,同时取消寒暑假制,延长幼儿在园的时间,适应家长工作和学习的需要;③ 对家庭经济困难的幼儿,实行免费和减免收费的照顾。从此,新中国的幼儿园开始面向劳动人民。二是在教育部门的扶持下,部分私立幼儿园改为公立。如南京陈鹤琴的鼓楼幼儿园在当时就改为公立幼儿园。

1951年10月1日,政务院公布了《关于改革学制的决定》,产生了新中国的第一个学制。新学制共分五个部分,第一部分是幼儿教育,第二部分是初等教育,第三部分是中等教育,第四部分是高等教育,第五部分是研究部。(如图6-1所示)

新学制中规定,实施幼儿教育的组织为幼儿园,主要招收3—7岁的幼儿。幼儿园的主要任务是使儿童的身心在入小学前获得健全的发育。同时指出,幼儿园应当在有条件的城市首先建立,然后逐步推广。自此,1922年开始的、沿用30多年的"幼稚园"名称,改为"幼儿园"。

二、《幼儿园暂行规程》和《幼儿园暂行教学纲要》的制定

为了更好地促进幼儿园的规范发展,1951年教育部制定了《幼儿园暂行规程》和《幼儿园暂行教学纲要》,并于1952年以草案的形式在全国试行。

《幼儿园暂行规程》分八章共43条。包括总则、学制、设置、领导、教养原则、教养活动项目、入园、结业、组织、编制、会议制度、经费、设备及附则。《幼儿园暂行教学纲要》是《幼儿园暂行规程》在幼儿园教学方面的具体说明,内容包括:① 各班级幼儿的年龄特点和教育要点;② 幼儿园六个科目的教育纲要,包括体育、语言、认识环境、图画手工、音乐、计算等;③ 各科目均包括目标、教材大纲、教学要点和设备等四个方面。具体内容包括以下几个方面。

(一)幼儿园教育的双重任务

一个任务是使幼儿在入小学前获得健全的发育;另一个任务是减轻母亲对幼儿教育的负担,使她们能够有时间参加各项社会活动。

(二)幼儿园的培养目标

幼儿园的培养目标主要包括体、智、德、美四个方面。这四个方面的具体内容是:培养幼儿基本卫生习惯,注意幼儿营养,锻炼其体格,保证幼儿身体的健康发育;培养幼儿正确运用感官和语言的能力,增进其对环境的认识,以发展幼儿的智力;培养幼儿具有爱国思想,具有国民公德和诚实、勇敢、团结、友爱、守纪律等品质;培养幼儿爱美的观念和兴趣,培养其想象力和创造力。

(三)幼儿园的教养原则

这主要是针对幼儿园管理者和教育者的,有五条原则。具体内容包括:① 使幼儿得到全面发展;② 教养内容与幼儿生活实际相结合;③ 为幼儿提供通过自己的活动完成简

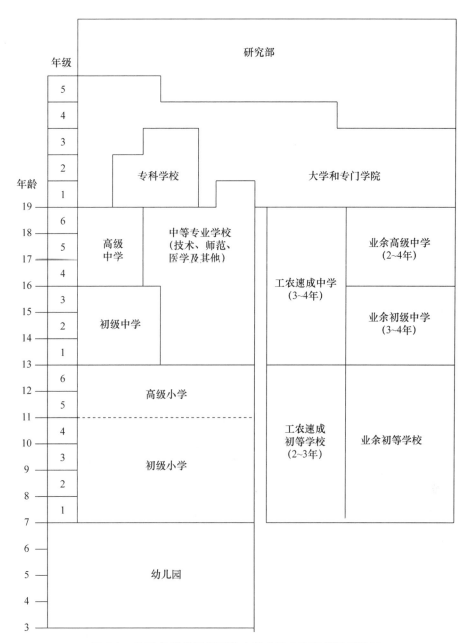

图 6-1 1951年新学制规定的中华人民共和国学校系统图

单任务的机会,使幼儿习惯于集体生活;④ 使幼儿园的必修作业、选修作业,以及户外活动能够相互配合进行;⑤ 使幼儿家庭教育与幼儿园教育密切配合。

(四)幼儿园的教养活动

主要有六项活动,分别涉及体育、语言、认识环境、图画和手工、音乐、计算活动等。具体内容是:① 体育活动,包括日常生活、卫生习惯、体操、游戏、舞蹈和活动等;② 语言活动,包括谈话、讲故事、歌谣、谜语等;③ 认识环境活动,包括日常生活环境、社会环境、自然环境;④ 图画和手工活动,包括图画、纸工、泥工、其他材料作业等;⑤ 音乐活动,包括唱歌、表情唱歌、听音乐、乐器演奏等;⑥ 计算活动,包括认识数目、心算、度量等。

(五)幼儿园的招收对象和管理体制

具体规定是:幼儿园招收3—7岁的幼儿;实行整日制度;幼儿每天在园时间为8到12小时;根据需要可以采用寄宿制和开办季节性幼儿园;开学、放假安排比照小学学历,但要便利妇女的工作。同时规定,幼儿园园长应兼任教养员;教养员应对幼儿负全面教养的责任。

这两个法规的颁布主要是在借鉴早期教育经验和苏联学前教育经验的基础上,在苏联专家指导下拟订的,可以看出苏联学前教育思想和经验的影响。

三、学习苏联学前教育经验和学前教育学术批判

中华人民共和国成立初期,由于受到帝国主义的包围,又缺乏建设社会主义的经验,中央当时提出了向苏联学习的方针。在教育上,也积极学习苏联教育,包括学前教育经验,进行教育改革。在学前教育上,翻译苏联的《幼儿园教养员工作指南》《我的儿童教育工作经验》等书。教育部还专门发出通知指定这两本书作为幼儿园学习参考书。从1953年起,又陆续翻译了苏联一些教育家的《学前教育学》《幼儿心理学》《教育史》《幼儿园音乐教学法》《幼儿园绘画教学法》《幼儿卫生学》等几十种书籍,成为我国师范院校学前教育专业的主要教科书。

除了翻译苏联学前教育方面的书籍外,还邀请一些苏联学前教育专家来华指导和工作。1950年9月,苏联学前儿童卫生专家戈林娜在北京师范大学教育系任教,后被聘为教育部的幼儿教育顾问。在华期间,她为本科生和进修学员讲课,并到许多幼儿园指导教育实践和研究工作。她还指导拟订了我国最早的《幼儿园暂行规程》和《幼儿园暂行教学纲要》。

这一时期,在学习苏联教育经验的同时,也开展了对杜威的实用主义教育、儿童中心论等的批判。以后又涉及对陶行知的"生活教育"理论和陈鹤琴"活教育"思想的批判。这种对学术问题简单化的批判和否定的做法,实际上不利于教育理论和教育实践的发展。

与此同时,随着第一次全国初等教育和师范教育会议关于"废除单元教学和不进行识字教育"规定的出台,也使得一些需要深入探讨的学术问题难以进行了。一些批判者指出,单元教学是以儿童为本位的教育,其结果只能培养出对旧社会的适应者,而不是革命者。对于识字教育,一些人认为幼儿园不是正式的学校教育,让幼儿进行识字,学习抽象符号,是非常困难和有害的。需要指出的是,这一时期的学术批判是对学前教育发展中问题的反思,但也存在严重不足,主要是把学术研究政治化了,不利于学术的健康发展。

四、学前教育事业得到较快发展

这一时期,学前教育事业得到较快发展。主要表现为:学前教育机构和幼儿入园人数有了较快的发展。当时学前教育推进采取的政策是:先是在有条件的城市建立幼儿

园,然后逐步推广。发展的顺序是:先在工厂、企业部门推广;其次是机关、学校和郊区农村。同时,社会各界也积极组织起来办幼儿园,如部队幼儿园、街道幼儿园、乡村幼儿园等。在农村,适应农业互助的需要,成立了临时托儿组、抱娃组、个别寄托、换工看娃等。据统计,从1950年到1956年,全国各类幼儿园得到较快发展,儿童入园人数有较快增长,幼儿园教职工人数和教养员人数也有较大的增长。可参见表6-1和表6-2。

表6-1 幼儿园数和幼儿数①

年份	幼儿园数(所)				幼儿数(万人)			
	合计	城市	县镇	农村	合计	城市	县镇	农村
1950	1799	1205	—	594	14.0	8.8	—	5.2
1951	4833	3238	—	1595	38.2	25.5	—	12.7
1952	6531	4540	315	1676	42.4	28.7	2.7	11.0
1953	5469	3875	458	1136	40.0	26.2	4.3	9.5
1954	6290	3868	1051	1371	48.4	29.7	7.9	10.8
1955	7129	3730	1617	1782	56.2	31.3	12.0	12.9
1956	18534	4538	2462	11534	105.1	36.2	18.5	50.4

表6-2 教职工数和教养员数② 单位:万人

年份	教职工总数	其中教养员数			
		合计	教育部门办	其他部门办	民办
1950	0.22	0.17	0.11	—	0.06
1951	0.55	0.44	0.29	—	0.15
1952	1.91	1.36	0.88	0.16	0.32
1953	2.82	1.60	1.07	0.26	0.27
1954	4.77	2.09	1.20	0.54	0.35
1955	5.95	2.59	1.24	0.88	0.47
1956	9.18	4.83	1.59	1.22	2.02

根据相关资料,1949年,全国幼儿园数有0.13万所,入园人数有13.0万人。从表6-1中可以发现,到了1956年,全国幼儿园有1.8534万所,入园人数达105.1万人。与解放初期相比,幼儿教育事业得到了快速的发展。同时,幼儿园教职工人数和教养员人数也有较大的增长。1956年,幼儿园教职工人数达到9.18万人,其中教养员人数达到4.83万人。

五、学前教育师资的快速发展

1951年的全国第一次师范教育会议以后,确定了师范教育发展的"正规师范教育与大量短期培训相结合"的基本方针。促进了师范教育的发展,也促进了学前师资教育的

---

① 何晓夏.学前教育史[M].北京:高等教育出版社,2014:133.
② 同上注。

发展。学前教育师资的培养主要依靠幼儿师范学校、幼教师资培训和师范学院的学前教育专业等。从1951年到1956年学前教育师资也得到较快发展。

(一)幼儿师范教育机构的发展

1952年,教育部颁发了《师范学校暂行规程》,规定培养幼儿园师资的学校称为幼儿师范学校。师范学校应设幼儿师范科、师范速成班、短期师资培训班等。正规幼儿师范承担培养幼儿园新教师和在职教养人员的双重任务。由于幼儿师范教育得到重视,使得幼儿师范学校和学生人数得到较快的发展。表6-3是1952年到1956年幼儿师范学校及在校学生人数和毕业生人数的情况。[1]

表6-3　1952—1956年幼儿师范学校及在校学生人数和毕业生人数

年份	校数	班数	在校学生人数			毕业生人数		
			合计	中级	初级	合计	中级	初级
1952	2	47	2100	2100		585	585	
1953	7	151	6755	6047	708	1013	934	79
1954	7	191	8469	7852	617	2880	2303	577
1955	9	204	9191	9155	36	2442	2406	36
1956	21	342	15199	15150	49	2280	2244	36

从表6-3可以看出,1952年,幼儿师范学校才有2所,到1956年已经发展到21所幼儿师范学校。1952年,幼儿师范学校在校学生人数只有2100人,到1956年已经达到15199人。虽然这个规模和体量不太大,但是与起点比较已经是发展较快的了。不过需要指出的是,这一时期幼儿师范学校的毕业生人数并不是太多。通过表6-3可以发现,1956年的在校生有15199人,但是毕业人数只有2280人,比1954年和1955年的毕业人数还要少。

这一时期,幼儿高等师范教育也有一定的发展。1952年,教育部颁发试行《关于高等师范学校的规定》,指出高等师范学校设置的教育系应当设置学前教育专业,培养中等师范学校的专业课的教师。根据教育部有关高等学校院系调整的精神,将分散于一些高校的有关专业进行合并,调整为学前教育专业或幼儿教育系,是这一时期学前教育调整的主要任务。其工作包括,将分散于南京金陵大学、广东岭南大学、上海震旦大学的儿童福利组、托儿专修班并入南京大学师范学院幼儿教育系。将北京燕京大学、辅仁大学的家政系与北京师范大学的学前教育专业合并为北京师范大学教育系学前教育专业。1953年,又将华西大学保育系与西南师范学院保育系合并,成为西南师范学院教育系学前教育专业;将西北师范学院家政系改为甘肃师范大学教育系学前教育专业。以后又在长春的东北师范大学和武汉的华中师范大学教育系增设了学前教育专业。1956年发布了师范学院教育系幼儿教育专业暂行教学计划。

1953年7月,教育部颁发《幼儿师范学校教学计划(修订草案)》,规定幼儿师范学校

---

[1] 唐淑,何晓夏.学前教育史[M].大连:辽宁师范大学出版社,2001:238.

设语文与语文教学法、数学及计数教学法、物理、化学及矿物学、人体解剖生理学、达尔文主义基础、地理、历史、政治、幼儿心理、幼儿教育、幼儿卫生及生活管理、认识环境教学法、体育及教学法、音乐及教学法、美工及教学法、教育参观实习等课程,总教学时数为3372课时。1956年5月,教育部正式颁发该计划,并增设植物学、动物学,将语文分设汉语和文学及儿童文学;认识环境教学法改为认识自然教学法;取消计算教学法、生活管理和世界近代史;增设选修科钢琴等。

1955年,教育部决定幼儿园师资由地方教育行政部门设立幼儿师范学校并负责培养,在全国增设了中级和初级幼儿师范学校。

(二)幼儿教育师资的培训

这一时期,除了幼儿师范学校培养幼儿师资外,教育主管部门还通过多种渠道和方法对在职幼儿教师进行培训和提高。1954年6月,教育部发布了《关于举办小学教师轮训班的指示》,规定将实际文化程度在高小毕业以上,不及初级师范毕业程度的小学教师,包括幼儿园教养员,经过一定期限的培训,使其在主要学科方面达到初级师范毕业文化水平。1956年2月,教育部又提出了对幼儿园园长和教养员进行培训和提高的要求。6月在《关于大力培养小学教员和幼儿园教养员的指示》中又提出在发展幼儿师范学校的同时,也要采取短期培训的形式,增加幼儿教育师资。于是各地举办了多种类型的培训班,在一定程度上缓解了幼儿教育师资短缺的问题。

第二节 社会主义建设时期的学前教育

1956年到1966年是社会主义建设时期。这一时期我国执行了第二个五年计划,第三个五年计划只执行了三年,因"文化大革命"的出现而终止。在复杂的社会背景下,这一时期学前教育由快速发展到整顿提高,也经历了一个重要时期。

一、学前教育方针的确立

1957年2月27日,毛泽东发表了《关于正确处理人民内部矛盾的问题》的报告。报告指出,应当使受教育者在德育、智育、体育几个方面都得到发展,成为有社会主义觉悟的、有文化的劳动者。这一思想明确了我国教育的社会主义性质和德智体全面发展的教育方针。这一方针被称为"德智体全面发展"的方针。

1958年9月19日,中央在《关于教育工作的指示》中,提出了教育为无产阶级政治服务,教育与生产劳动相结合;党领导教育工作的思想。以后毛泽东又在讲话中提出了"教育必须为无产阶级政治服务,教育必须同生产劳动相结合"的观点。这一方针被称为教育的"两个必须"的方针。

这一时期,学前教育的发展也贯彻了这一总的教育方针,但根据幼儿身心发展和幼儿教育的特点,学前教育确定了"体、智、德、美全面发展"的教育方针。这一方针的提出是有意义的。它考虑到了幼儿的特点,先是从身体发育出发,然后是知识技能学习,再是道德、审美发展,这也是符合幼儿教育特点的。不过,在后来贯彻执行时有一些偏差,出现了幼儿道德教育成人化的倾向。

二、学前教育的曲折发展

1958年5月,党的八大二次会议通过了"鼓足干劲、力争上游,多快好省地建设社会主义"的总路线,随后发动了"大跃进"运动和农村人民公社化运动。由于对形势和实际情况把握不够,加上迅速摆脱贫穷落后、赶超英美的心理,在运动中出现了追求"高标准"和"大跃进"的"左"倾错误。

这种追求"高标准"和"大跃进"的倾向也影响到了学前教育。据统计,这一时期,尤其是1958年到1960年,幼儿园数量和入园人数都出现了惊人发展。1957年,全国幼儿园的数量是1.6万所,入园人数是108万;而1958年,幼儿园的数量一下达到69.53万所,其中民办(集体)幼儿园为68.6万所,入园人数达2950.1万人。1959年幼儿园数量稍有减少,但仍然有很大的体量,为53.20万所,其中民办(集体)幼儿园为52.1万所,入园人数为2172.2万人。但1960年,幼儿园又有大规模的发展。全国幼儿园为78.5万所,其中教育部门办幼儿园1.1万所,其他部门办28.2万所,民办(集体)幼儿园为49.2万所,入园人数为2933.1万人。[①] 这一时期幼儿园数量急剧膨胀,干扰了学前教育的正常发展。同时,这一时期的幼儿师范学校、高师学前教育专业,以及一些短期培训班也得到较快发展。

需要指出的是,这一时期,全国除了幼儿园数量和入园人数有了飞速发展外,幼儿教师人数也得到快速发展。例如,1957年,全国幼儿园教师人数为4.98万;1958年快速发展,达到133.96万人;1959年,为95.76万人;1960年,为134.04万人。[②]

三、学前教育领域的整顿和提高

20世纪60年代初,随着中央关于"整顿、巩固、充实、提高"方针的提出,国家各个方面开始出现整顿的局面,学前教育也发生了变化。幼儿园有条件就保留,没有条件就撤掉,幼儿园开始进入正常发展的轨道。表6-4反映了1961年到1965年全国幼儿园数量和幼儿入园人数变化的情况。

表6-4　1961—1965年全国幼儿园数及入园幼儿数

年份	幼儿园数(万所)				入园幼儿数(万人)			
	合计	教育部门办	其他部门办	民办(集体)	合计	教育部门办	其他部门办	民办(集体)
1961年	6.03	0.76	1.92	3.35	190.6	64.7	114	11.9
1962年	1.76	0.44	0.48	0.84	144.6	47.6	49.2	47.8
1963年	1.66	0.45	0.58	0.63	147.2	49	55.1	43.1
1964年	1.77	0.44	0.60	0.73	158.9	50.8	58.4	49.7
1965年	1.92	0.44	0.63	0.85	171.3	51.6	63.4	56.3

---

① 唐淑,何晓夏.学前教育史[M].大连:辽宁师范大学出版社,2001:243.
② 唐淑,何晓夏.学前教育史[M].大连:辽宁师范大学出版社,2001:245.

1961年到1965年,随着幼儿园数量的变化,幼儿教师的数量也发生了变化,可以参考表6-5。

表6-5　1961—1965年幼儿教师数量情况

年份	幼儿园数	教师数	其中					
			教育部门办		其他部门办		民办(集体办)	
			幼儿园数	教师数	幼儿园数	教师数	幼儿园数	教师数
1961年	6.03	11.64	0.76	2.56	1.92	5.24	3.35	3.84
1962年	1.76	7.01	0.44	2.54	0.48		0.84	4.47
1963年	1.66	6.81	0.45	2.48	0.58	2.53	0.63	1.8
1964年	1.77	6.99	0.44	2.47	0.60	2.62	0.73	1.9
1965年	1.92	6.18	0.44	2.2	0.63	2.16	0.85	1.82

同时,这一时期的师资培训也开始走向正轨,使许多幼儿园教师通过培训,其业务和能力得到提升。

总之,教育是一个社会的重要组成部分,当社会整体处于快速发展的时期,教育也会受到影响。学前教育的发展也证明了这一点。

四、"文化大革命"时期的学前教育

"文化大革命"时期是指1966年5月到1976年10月的十年时期。

(一)全盘否定新中国十七年的教育,学前教育衰退

十年"文化大革命"对中国教育的影响是巨大的。如在体育和生活常规方面,幼儿园原来科学、合理的措施被当作资产阶级生活方式加以批判,致使幼儿园取消了合理的生活制度和科学的生活管理,体格检查不做了,体育锻炼也停止了。幼儿园管理和幼儿生活无常规可言。

这一时期,全国的幼儿园培训也被迫中断。全国19所幼儿师范学校全面停止招生,有的停办,有的被改为中学,一些幼儿教师改行。只有个别院校保留了一定数量的学前教育专业人员。

(二)学前教育事业的逐步恢复

需要指出的是,"文化大革命"期间的1966—1972年全国幼儿教育没有统计数字。20世纪70年代以后,幼儿教育才逐步恢复,但增长速度缓慢,能够见到的统计数字是1973年到1976年的。例如,1973年,幼儿园数量为4.55万所,比1965年增加1.3倍。不过,有9个省、市、自治区的幼儿园数量比1965年减少。如贵州减少60%,辽宁减少43%,云南和新疆减少41%,黑龙江减少35%,四川减少29%,湖北减少21.5,内蒙古减少17.5%,北京减少6%。[①] 到了1975年和1976年,幼儿园又有了较快的发展。1975年全国幼儿园有17.17万所,1976年为44.26万所。同时,幼儿园入学人数也有很大增

---

① 唐淑,何晓夏.学前教育史[M].大连:辽宁师范大学出版社,2001:251.

长,由 1973 年的 245 万,增加到 1976 年的 1395.5 万多。(见表 6-6)

表 6-6　1973—1976 年全国幼儿园数及入园幼儿数

年份	幼儿园数(万所)			入园幼儿数(万人)		
	合计	教育部门办	其他部门办	合计	教育部门办	其他部门办
1973 年	4.55	0.48	4.07	245.5	63.8	181.7
1974 年	4.03	0.39	3.64	263.8	56.5	207.3
1975 年	17.17	0.71	16.46	620	69.4	550.6
1976 年	44.26	1.19	43.07	1395.5	96.8	1298.7

第三节　社会主义建设新时期的学前教育

1976 年 10 月,"四人帮"反革命集团一举被粉碎,宣告了"文化大革命"的结束。1978 年 12 月,党的十一届三中全会召开,中国开始进入改革开放新的历史时期。中国教育包括学前教育也得到快速发展,进入一个新的阶段。

一、学前教育管理体制的恢复和整顿

(一)学前教育管理体制的恢复

1978 年,教育部在普通教育司中重建幼特教处。随后一些省市、地方也恢复了幼教管理机构和幼教教研机构,或者设置专职人员管理所辖区域的幼儿园,形成了由上至下的统一领导、分级管理的学前教育管理体制,为新时期学前教育的健康发展提供了组织保证。

(二)学前教育管理体制的整顿

1. 加强全国托幼工作的统一领导

为了继续整顿学前教育管理体制,加强托幼工作的领导和管理,1979 年 7 月召开了全国托幼工作会议,提出了加强托幼工作的统一领导和分工合作问题;解决托幼工作的经费和保教人员的工资、劳动保护、福利待遇问题;关于坚持"两条腿走路"的方针,提高、整顿各类托幼组织问题。在随后发布的《全国托幼工作会议纪要》中明确指出,要加强托幼工作的统一领导和分工合作,坚持国家办园和社会力量办园相结合发展幼儿教育事业。并在国务院设立托幼工作领导小组及其办事机构,负责研究和实施全国的托幼工作。

2. 理顺关系,明确分工和职责

1987 年 10 月,国务院转发国家教委等部门《关于明确幼儿教育事业领导管理职责分工的请示》,提出了政府统一领导;地方负责,分级管理;有关部门分工负责的原则。规定托儿所和幼儿园分属卫生部和教育部两个部门各自主管。

3. 颁布城市托幼管理条例,明确托幼机构责任

1979 年 11 月教育部颁发的《城市幼儿园工作条例(试行草案)》,主要内容包括:卫

生保健和体育锻炼,游戏和作业,思想品德教育,教养员、保育员和其他工作人员,组织、编制及设备等。要求幼儿园必须贯彻保教结合的原则和勤俭办园的方针。1980年卫生部颁发的《城市托儿所工作条例》,主要内容包括:婴幼儿卫生保健工作,婴幼儿教养工作,组织编制及工作人员职责,房屋设备等。

4. 颁发托幼机构教育教养纲要

1981年6月,卫生部颁发了《三岁前小儿教养大纲(草案)》,提出3岁前幼儿教养工作的目的是使幼儿在体、智、德、美几方面得到发展。具体内容包括:3岁前幼儿的集体教育原则;幼儿神经心理发育的主要标志;通过生活环境进行教育;语言和动作的发展;认识能力的培养;与成人和小朋友相互关系的培养等。

1981年10月,教育部颁发了《幼儿园教育纲要(试行草案)》,提出了幼儿年龄特点与幼儿园教育任务;幼儿园教育的内容与要求;教育手段及注意事项等。具体包括:生活卫生习惯、体育活动、思想品德、语言、常识、计算、音乐、美术八个方面。还为此配套编写了幼儿园教材教法。《幼儿园教育纲要(试行草案)》的颁布,对于规范幼儿园教育和解决教师教学问题,提供了指导和依据。

5. 颁布农村幼教文件,加强对农村托幼机构的管理

1983年9月,教育部颁发《关于发展农村幼儿教育的几点意见》,强调要根据农村改革的形势,积极创造条件,有计划地发展农村幼儿教育。具体内容包括:发展学前一年教育,创造条件接收3—5岁的幼儿入园;建设稳定、合格的幼儿教师队伍;努力提高保教质量;提高统筹、自筹和集资等办法,改善办园条件;加强对农村幼儿教育工作的领导和管理。1986年6月,国家教育委员会印发《关于进一步办好幼儿学前班的意见》,文件指出举办学前班是发展农村幼儿教育的重要途径。具体内容包括:按照《幼儿园教育纲要(试行草案)》精神进行,端正办班指导思想;规定教育活动的要求;加强学前班教师的培训;努力改善办班条件;加强领导和管理。强调学前班不是小学一年级,不得给儿童留家庭作业和进行考试,还规定了每周的上课节数和每节课的时间。这两个文件颁布后,使得农村幼儿园和学前班得到迅速发展。据统计,农村幼教机构由1982年的91809所,增加到1992年的111016所。到1993年,农村学前班占全国幼教机构的总数的44.6%。[①]

(三)完善制度,规范幼儿园管理

这一时期,还陆续发布了一些重要文件,完善幼儿教育制度,规范幼儿园管理。

1985年12月,卫生部颁发《托儿所、幼儿园卫生保健制度》。这个文件是对1980年卫生部和教育部颁发的《托儿所、幼儿园卫生保健制度(草案)》试行后修改的正式印发。

1989年6月,国家教育委员会发布《幼儿园工作规程(试行)》。包括10章60条。这一条例经过7年试运行,于1996年3月正式施行。新的《规程》包括:总则,幼儿入园和编班,幼儿园的卫生保健,幼儿园的教育,幼儿园的园舍、设备,幼儿园的工作人员,幼儿园的经费,幼儿园、家庭和社区,幼儿园的管理,附则等,是一个科学、全面规范幼儿园管理和发展的文件。在1996年《规程》"总则"的第二条规定,幼儿园是对3周岁以上学龄

---

① 唐淑,何晓夏.学前教育史[M].大连:辽宁师范大学出版社,2001:257.

前幼儿实施保育和教育的机构,是基础教育的有机组成部分,是学校教育制度的基础阶段。第三条规定,幼儿园的任务是:实行保育与教育相结合的原则,对幼儿实施体、智、德、美诸方面全面发展的教育,促进其身心和谐发展。幼儿园同时为家长参加工作、学习提供便利条件。值得注意的是,《规程》的第六条体现了现代教育对儿童的尊重的理念。提出要尊重、爱护幼儿,严禁虐待、歧视、体罚和变相体罚、侮辱幼儿人格等损害幼儿身心健康的行为。这是 1989 年的《规程》里所没有的。

以后,又有一些相关文件陆续颁布。例如,1989 年 9 月,国家教委发布实施《幼儿园管理条例》,规定了举办幼儿园的条件、审批程序、幼儿园体育、教育工作、行政管理的要求等。它是新中国成立后第一部正式的幼儿园教育行政法规,对于规范幼儿园管理具有重要的作用。

2001 年 7 月,教育部颁发《幼儿园教育指导纲要(试行)》。《纲要》包括健康、语言、社会、科学和艺术五个领域,规定了幼儿园教育的目标、内容,提出了幼儿园教育的具体规范和要求,这个《纲要》发布后,原来 1981 年的《幼儿园教育纲要(试行草案)》便即刻废止了。新的《纲要》提出了一些新的理念,如以儿童为本、关注幼儿潜质、关注幼儿的社会性发展等成为幼儿园工作的主要内容。

(四)重视儿童权益保护,促进幼儿的健康发展

这一时期,国家还从立法的层面对儿童权益保护问题颁布了相关法案。其中最典型的就是 1991 年 9 月 4 日第七届全国人民代表大会常务委员会通过的面向未成年人的《中华人民共和国未成年人保护法》,该法共 7 章 56 条,内容包括总则、家庭保护、学校保护、社会保护、司法保护、法律责任和附则等。以后分别在 2006 年 12 月、2012 年 10 月、2020 年 10 月进行了三次修订。第三次修订增加了"网络保护、政府保护"等新的内容。新修订的法案于 2021 年 6 月 1 日起施行。在新修订法案的第三章第二十六条规定:"幼儿园应当做好保育、教育工作,遵循幼儿身心发展规律,实施启蒙教育,促进幼儿在体质、智力、品德等方面的和谐发展。"第二十七条规定:"学校、幼儿园的教职员工应当尊重未成年人人格尊严,不得对未成年人实施体罚、变相体罚或者其他侮辱人格尊严的行为。"

新修订的《未成年人保护法》对于未成年人,特别是对幼儿的健康发育及规范幼儿园的办园行为,起到了有力的保护和制约作用。

二、学前教育事业的稳步发展

改革开放以来,在恢复、整顿和发展思想的指导下,学前教育事业得到了稳定发展,各类幼儿园机构也有了较快的发展,形成了教育部门、其他部门和民办机构多方举办的局面。

(一)学前教育的稳定发展

这里主要通过幼儿园数量、幼儿入园人数,以及幼儿园教师的数据变化来说明。

从 1977—1989 年的统计数据(见表 6-7)看,除了 1981—1983 年有所减少外,幼儿园数量都得到比较平稳的发展,尤其是 1985—1989 年这五年间,一直稳定在 17 万所左右。这期间,入园幼儿数也有较大的增长。1986—1989 年的入园人数稳定在 1600 万至 1800

万人左右,1989年入园人数达到最高,有1847.66万人。

表6-7　1977—1989年幼儿园历年发展情况

年份	幼儿园数(万所)				入园幼儿数(万人)			
	合计	教育部门办	其他部门办	民办(集体)	合计	教育部门办	其他部门办	民办(集体)
1977	25.89	0.60	25.29		896.8	70.9	825.9	
1978	16.4	0.7	15.7		787.7	87.1	700.6	
1979	16.56	0.5	1.98	14.08	879.23	84.2	146.11	648.92
1980	17.04	0.75	2.13	14.16	1150.77	131.27	155.73	863.77
1981	13.03	0.6	2.27	10.16	1056.21	134.09	171.71	750.41
1982	12.21	0.63	2.52	9.06	1113.1	151.1	218.2	743.8
1983	13.63	1.32	2.97	9.34	1140.3	191.8	226.6	721.9
1984	16.65	1.003	3.05	12.6	1294.74	207.01	250.25	837.48
1985	17.23	1.12	2.98	13.13	1479.69	253.51	269.86	956.32
1986	17.34	1.1	2.74	13.5	1628.98	278.84	290.08	1060.06
1987	17.68	1.01	3.29	13.38	1807.84	326.22	323.09	1158.53
1988	17.18	1.01	2.78	13.39	1836.53	374.96	302.88	1158.69
1989	17.26	1.12	2.81	13.33	1847.66	378.89	323.81	1144.96

进入1990年以后,随着各项改革政策的落实,学前教育发展进入一个新的时期,在幼儿园数量保持稳定增长的基础上,入园幼儿人数也得到快速的增加。除了1990年为1972.23万外,1991—2000年,入园人数都超过了2000万人。其中,1994—1996年的入园人数达到2600多万以上,1997年以后才逐步下降。(见表6-8)

表6-8　1990—2000年幼儿园历年发展情况

年份	幼儿园数(所)					入园幼儿数(万人)				
	合计	教育部门办	其他部门办	集体办	民办	合计	教育部门办	其他部门办	集体办	民办
1990	172322	12820	28136	131366		1972.23	442.26	339.87	1190.09	
1991	164465	17746	27830	118889		2209.28	568.45	353.17	1287.66	
1992	172506	20938	28167	123401		2428.21	666.2	371.9	1390.09	
1993	165197	17861	27899	11437		2552.53	757.86	370.69	1423.96	
1994	174657	20645	23266	112462	18284	2630.27	814.61	326.17	1385.85	103.62
1995	180438	21561	23234	114863	20780	2711.23	879.66	329.63	1391.94	109.98
1996	187324	25217	21905	115736	24466	2666.32	914.75	310.15	1311.02	130.39
1997	182485	30694	20410	106738	24643	2518.96	941.53	24.51	1148.02	134.88
1998	181368	31741	19154	99649	30824	2403.03	922.63	291.31	1018.31	170.78
1999	181136	35710	17427	90979	37020	2326.25	92.65	272.96	906.20	222.42
2000	175836	35219	15578	80722	44317	2244.18	909.53	255.49	794.88	284.26

2001年以后,全国幼儿园仍然得到较快发展。除了教育部门举办外,各地还通过多

种渠道创办幼儿园,形成了教育部门与集体共同举办、集体举办、社会力量举办、民间举办、其他部门举办的多样化的办园格局,使得学前教育得到稳步发展。从表 6-9 可以看出,2001—2004 年,由教育部门与集体共同举办的幼儿园比较多。2005—2007 年,民办幼儿园增长很快,到 2007 年达到 77616 所,占全国幼儿园数 129086 的 60% 以上。到 2010 年,民办幼儿园数量达到 10.22 万所,占全国的 68%。

表 6-9 1991—2007 年各渠道创办学前教育的统计情况

年份	教育部门办	教育部门办与集体办	集体办	社会力量办	民办	其他部门办
1991	12761		100063		18284	27069
1993	20645		112462		24466	23266
1995	25217		115736		37020	21905
1998	35710		90979			17427
2001		55682		44526		11496
2002		53838		48365		9549
2003		51774		55536		9080
2004		47575		62167		8157
2005	25688		24054		68835	3825
2006	26877		22680		75426	5512
2007	26697		19710		77616	5063

2007 年以后,随着幼儿园数量的稳步增长,幼儿入园人数得到较快的增加。从与 1980 年的数字比较看,2007 年全国在园幼儿数为 2349 万人,为 1980 年入园人数 1150 万人的两倍多。2010 年,全国幼儿园在园人数为 2976.66 万人,是 1980 年的 2.9 倍。[①] 通过这些数据可以看到,随着国家对学前教育事业的高度重视,学前教育发展的速度和规模都达到历史上新的高度。

(二)学前教育机构主要形式和类型

1. 学前教育机构的主要形式

根据办园的主体、性质、群众的不同需求,学前教育机构也形成了不同形式。

(1)全日制幼儿园。为目前幼儿园的主要形式。幼儿白天在园,在园的时间为 6、7 小时至 11、12 小时不等。

(2)寄宿制幼儿园。幼儿昼夜在园。幼儿园负责孩子的食宿、保教、医护等。家长每周接孩子一次或者二三次。

(3)幼儿学前班。是农村幼儿接受学前教育的主要形式。一般接收入小学前一年的幼儿,全日和半日都有。

(4)混合班。也是农村学前教育采取的一种特殊形式,多是在学前教育条件比较差或者接受学前教育的人数比较少的地区所采取的一种形式。一般是将 2、3 岁至 5、6 岁

---

① 何晓夏.学前教育史[M].北京:高等教育出版社,2014:141.

或者各年龄段的孩子,甚至与小学一年级的孩子混合编班,以使不同年龄段的幼儿能够共同生活和学习。

2. 学前教育机构的主要类型

根据对幼儿园的级别评定和所处位置,幼儿园也有不同的类型。

(1) 示范性幼儿园。示范性幼儿园多是在20世纪80年代后出现的。主要根据一些指标,如在科学管理、探索规律、总结推广经验等方面具有一定示范作用,是由教育部门评选出来的。一些实验幼儿园也具有这样的作用。

(2) 中心幼儿园。中心幼儿园是乡镇根据实际情况举办的幼儿园,也属于公办性质。主要是对本地区各村幼儿园起到一定示范和指导作用。

(3) 一般性幼儿园。一般性幼儿园是由城市、乡镇、农村各地举办的公办、民办的幼儿园。由于各地的地域、经济和管理条件、管理水平不同,这类幼儿园的规模和质量存在较大差异。

三、学前教育师资的发展

改革开放以后,在幼儿园数量和入园人数得到快速增长之时,学前教育师资也有较快的发展。

(一) 中等幼儿师范学校的发展

1978年,教育部颁发了《关于加强和发展师范教育的意见》,就提出了要"办好幼儿师范学校"的要求。1980年,教育部颁发了《关于办好中等师范教育的意见(试行草案)》,要求师范教育要承担培养小学师资(含幼儿师资)的责任,培养具有社会主义觉悟、辩证唯物主义世界观、共产主义道德品质、从事小学或幼儿教育工作必备的文化与专业知识、技能,热爱儿童、全心全意为社会主义事业服务、身体健康的小学或幼儿园师资。

在国家发展幼儿师范教育精神的指引下,幼儿师范学校得到较快发展。从1978年到1979年,幼儿师范学校从1所恢复到22所,以后逐年都有较大的增长。到1989年,独立的幼儿师范学校有63所,毕业生人数10956人。同时,中等师范学校附设幼师班在校生为22907人。进入20世纪90年代以后,10年来基本上保持在65所左右。[①]

进入20世纪90年代以后,随着中等师范教育包括幼儿师范教育的政策发生变化,幼儿师范学校结构也开始进行调整。1996年,国家教委发布的《关于师范教育改革和发展的若干意见》中提出,稳定中等师范教育、高等师范专科学校、高等师范本科教育,适度发展本科,按需发展专科,调整加强中师。在幼儿师范学校系统中率先进行调整的是上海幼儿师范学校。该校于1985年由国家教委批准升格为上海幼儿师范专科学校,培养3—2分段的大专学历的幼儿师资。1992年,该校改名为上海幼儿师范高等专科学校。1997年,该校并入华东师范大学。20世纪90年代末许多幼儿师范学校纷纷效仿,有的提升办学层次,有的升格为幼儿师范专科学校。

---

① 唐淑,何晓夏.学前教育史[M].大连:辽宁师范大学出版社,2001:272.

(二)高等师范教育学前教育专业的发展

如果说早期的幼儿师资培养主要靠幼儿师范学校的话,随着学前教育的持续发展和对高质量幼儿师资人才的追求,高等师范教育学前教育专业也成为幼儿师资培养,特别是幼儿师范学校师资培养的重要力量之一。

1978年,教育部在《关于加强和发展师范教育的意见》中指出:"原有的学前教育专业的师范院校应积极办好这个专业,扩大招生名额,为各地培养幼师师资。"从1978年开始,原有的6所高师学前教育专业先后恢复了招生。进入20世纪80年代以后,一些师范大学,以及地方师范院校还在校内增设了学前教育专业。到1987年,已有22所师范院校设置了学前教育专业。

高等师范教育学前教育专业的主要任务包括:一是提供2—3年专科教育,培养幼儿园骨干教师;二是提供4年制本科教育,培养幼儿师范学校专业课教师及其他幼教工作者;三是提供3年制的硕士研究生和3年制的博士研究生教育,培养高校教师和幼教研究人员。20世纪80年代以来,北京师范大学和南京师范大学学前教育专业设立了硕士点。20世纪90年代末,又在华东师范大学等学校增设了硕士点。同时北京师范大学、南京师范大学等高校还设置了博士点。

(三)幼儿园师资培训的发展

当然,除了幼儿师范学校和高等师范教育学前教育专业培养师资外,政府也非常重视对在职幼儿园教师的进修培训工作。这也是提升幼儿师资质量和水平的重要渠道之一。1983年,教育部《关于加强小学在职教师进修工作的意见》中就提出了关于幼教师资培训的问题。要求各地要制定培训幼教师资的规划。1986年年底,各地教育部门开始对幼儿园教师进行考核,使更多的在职教师获得专业资格证书。1996年,国家教委颁发《关于开展幼儿园园长岗位培训工作的意见》,要求采取多种形式开展培训工作,争取用5年左右时间将全国的幼儿园园长轮训一遍。实行12周全脱产或半脱产培训的方式,培训后进行考核,并通过撰写专题论文,以达到园长任职的资格。

进入21世纪以后,政府及相关部门又连续发布关于幼儿园师资队伍建设的文件。2010年在《国家中长期教育改革和发展规划纲要(2010—2020年)》中,就明确提出要"切实加强幼儿教师培养培训,提高幼儿教师队伍整体素质",要"严格执行幼儿教师资格标准"。同年,在国务院发布的《关于当前发展学前教育的若干意见》中指出,要多种渠道加强幼儿教师队伍建设,健全幼儿教师资格准入制度。2012年,教育部发布了《幼儿园教师专业标准(试行)》,为保证幼儿教师质量提升制定了相关标准。内容主要包括三个部分:基本理念、基本内容、实施建议。在基本理念部分,强调幼儿教师要以"幼儿为本""师德为先""能力为重""终身学习"。在基本内容部分,包括三个方面,即"专业理念与师德""专业知识""专业能力"。如在"专业理念与师德"部分的"个人修养与行为"中,要求幼儿园教师要有爱心、责任心、耐心和细心,要热情开朗,有亲和力,等等。

《幼儿园教师专业标准(试行)》是新中国成立以来第一个规范幼儿园教师专业标准的法规性文件。对于幼儿园教师的培养、准入、培训、考核等工作具有重要的指导和规范意义。

四、学前教育的国际合作与交流

改革开放以来,随着学前教育事业的不断发展,国际沟通、交流、合作也成为学前教育改革与发展的重要任务之一。

(一)加入国际公约,履行儿童保护承诺

1989年11月20日,联合国大会通过了《儿童权利公约》,提出了四个重要的基本原则,包括儿童最佳权益原则、尊重儿童尊严原则、尊重儿童观点与意见的原则、无歧视原则。根据《儿童权利公约》精神,联合国召开了世界儿童问题首脑会议,并于1990年9月30日通过了《儿童生存、保护和发展世界宣言》。

1990年8月29日,中国驻联合国大使代表中华人民共和国政府签署了《儿童权利公约》,中国成为第105个签约国。1991年12月29日第七届全国人民代表大会常务委员会第23次会议批准了《儿童权利公约》,该公约于1992年4月2日对中国生效。

1996年4月,北京举行了由国家教委和联合国联合举办的"中国履行《儿童权利公约》研讨会",国家教委法规司副司长李连宁作了《中国儿童受教育权的法律保护》的报告,列举了我国保护儿童权益的6个法律。国家教委基础教育司幼教处处长朱慕菊作了《幼儿受教育权利的保护与国家政策》报告,指出了中国幼儿教育事业的发展始终围绕着为更多的儿童提供学前教育的机会这一核心。教育是否有效地促进每个幼儿在原有水平上的发展,是幼儿学习权利的实质。

经过几十年的努力,中国基本实现了幼儿权益保护和幼儿教育发展的目标。2001年完成的《中华人民共和国九十年代儿童发展状况报告》指出,我国已经提前实现了1997年3—6岁入园率43%,农村学前一年幼儿入园率超过60%的目标。我国还将继续履行《儿童权利公约》的承诺,以促进儿童发展为主题,以提高儿童素质为重点,从儿童与健康、儿童与教育、儿童与环境、儿童与法律保护4个领域,提出中国儿童生存、保护、发展和参与的目标以及实现目标的策略、措施。

(二)开展学前教育项目国际合作

在学前教育方面,开展项目国际合作和进行相关研究是改革开放以来学前教育扩大交流渠道,提升教育研究水平的重要活动之一。

1981年6月,中国政府与联合国儿童基金会签订《中华人民共和国和联合国儿童基金会合作协定》,同年该会在北京设立办事处。1980年至1989年,该会共向中国政府提供3期援助方案(1980—1981,1982—1984,1985—1989),共9366万美元,用于妇幼卫生保健、疫苗生产、儿童发展中心、改进儿童学科教育等项目。

1982—1984年,中国政府与联合国儿童基金会的学前教育合作项目,由南京师范学院承担。

1985—1989年,由国内多所师范院校的学前教育专业和多所幼儿师范学校分别承担项目。这个项目的内容包括:建立"儿童发展中心";选派30人到国外学习进修;多次派出幼儿教育代表团去国外参观访问。

1990—1994年,联合国儿童基金会与国家教委又开展合作研究,这是双方的第四期

项目。联合国儿童基金会与国家教委的合作项目"幼儿园与小学衔接研究"。这个项目在全国城乡8个试验点进行,选取88所教育机构对2189名儿童进行了调查,在16所小学和幼儿园进行教育实验,同时选取16所小学与幼儿园作为实验的对照班。研究结束后发表了"幼儿园与小学衔接的研究"丛书(共7册),包括《"幼儿园与小学衔接的研究"研究报告》《入学前社会性适应教育》《入学前数学教育》《入学前读写教育》《初入学儿童社会性适应教育》《初入学儿童数学教育》《初入学儿童读写教育》。①

1996—2000年,国家教委与联合国儿童基金会又启动了新的合作项目"贫困地区、社区、家庭、教育机构共同促进儿童发展",在内蒙古、广西、安徽等地进行。项目经过实验研究后取得明显效果。例如,作为国家级贫困县的安徽寿县在项目实施前,全县3—6岁儿童入园率为10.2%,项目实施后上升到42.7%,学前一年儿童受教育率由项目实施前的24.2%上升到项目实施后的91.6%。②

(三)开展国际学术交流,讨论共同关注的问题

这一时期,除了与国际组织进行项目合作研究外,国内的学前教育机构及有关部门还举办各种学前教育会议进行学术交流,在使国际同行理解中国学前教育的同时,讨论共同关注的问题。例如,1989年由国家教委在南京主办的"幼儿教育国际研讨会",吸引了国内外众多学者,会议围绕"幼儿园课程"主题进行了深入的讨论。这次会议是第一次在国内举行的幼儿教育国际会议。

1993年,国家教委与联合国儿童基金会联合举办"幼儿教育发展——向90年代挑战国际研讨会",会议主题包括:国家政策与事业发展、幼儿保育与教育、幼儿师范教育、家庭与社区参与幼儿发展等。

此外,一些大学还举办了亚太地区国际幼儿教育会议、学前教育一体化国际会议等。

这些学术会议交流,在增进中国与各国相互了解、开阔眼界、提升学前教育学术研究水平上,都发挥了重要的作用。

 自我评量

名词解释

1. 幼儿园
2. 《幼儿园暂行规程》(1951年)
3. 《幼儿园暂行教学纲要》(1951年)
4. 《幼儿师范学校教学计划(修订草案)》(1953年)
5. 《幼儿园教育纲要(试行草案)》(1981年)
6. 《幼儿园工作规程(试行)》(1989年)

---

① 唐淑,何晓夏.学前教育史[M].大连:辽宁师范大学出版社,2001:288.
② 唐淑,何晓夏.学前教育史[M].大连:辽宁师范大学出版社,2001:288.

7.《幼儿园教育指导纲要(试行)》(2001年)

简述题

1. 简述《幼儿园暂行规程》(1951年)的主要内容。
2. 简述《幼儿园暂行教学纲要》(1951年)的主要内容。
3. 简述社会主义改造时期学习苏联学前教育的主要途径。
4. 简述《幼儿园教育纲要(试行草案)》(1981年)的主要内容。
5. 简述《幼儿园工作规程(试行)》(1989年)的主要内容。
6. 简述《幼儿园教育指导纲要(试行)》(2001年)的主要内容。
7. 简述学前教育机构的主要形式和类型。

论述题

1. 评述社会主义改造时期学前教育发展的特点和经验。
2. 评述社会主义建设时期学前教育发展的特点和经验。
3. 评述社会主义建设新时期学前教育发展的特点和经验。
4. 评述学前教育的国际合作与交流。

下编

外国学前教育史

第七章 古代学前教育

学习目的

通过本章的学习,认识古代希腊、罗马、中世纪及欧洲文艺复兴时期学前教育的发展,了解古代西方关于儿童地位、特性的观点,把握教育家关于学前教育的基本主张,概括和分析西方古代时期学前教育实践、思想的特点和经验。

本章主要包括古代希腊、罗马、中世纪及欧洲文艺复兴时期的学前教育。古希腊和古罗马教育一般被认为是西方教育的起源,后来西方教育发展所思考的问题几乎都能在这一时期找到源头。古希腊和古罗马学前教育也是西方学前教育实践和思想的源头。了解古希腊、古罗马、中世纪及欧洲文艺复兴时期的学前教育可以帮助我们更好地认识西方学前教育的形成和发展的历史。

第一节 古希腊的学前教育

古希腊位于欧洲南部,其地理范围以希腊半岛为中心,包括爱琴海、爱奥尼亚海的岛屿、今土耳其西南沿岸地区以及意大利南部和西西里岛东部沿岸地区。古希腊文化和教育的发展大体可以划分为三个阶段:(1)荷马时代(前1100—前800);(2)城邦制时代,包括古风时代(前800—前500)和古典时代(前500—前330),其中斯巴达教育和雅典教育是希腊城邦制时代最具代表性的两种教育类型;(3)希腊化时代(前330—前30)。在古希腊社会,人们也十分重视对儿童的认识和教育,与早期其他民族相比,希腊人关于学前教育的认识,无论从范围还是从深度上看都更突出些。

一、古希腊社会儿童的地位

对儿童的地位的认识,涉及对儿童与成人关系的认识。在这方面,古希腊人强调通过儿童把自己与未来联系起来。例如,斯巴达人实行严格的"优生"和"优选"制度。男女青年在结婚前,一定要具备两个条件:一是身体健康;二是精神也要健康。孩子出生后,由长老代表国家检查新生儿的体质情况。只有那些体质健康的新生儿,才被允许抚养,而身体羸弱和有残疾的新生儿则被弃之荒野。实行身体检查的目的在于,保证斯巴达种族在体质上的优越性,有利于培养国家和民族未来的战士。

由于把儿童看成是自己与未来的连接,古希腊人也强调儿童是将来文化和文明的承担者。从当时的情况看,希腊的立法者和哲学家都比较关注对儿童和青年人的教育和训

练。与其他社会不同,希腊社会的教育目标是文化的,而不是实践或职业的。特别是随着城邦的建立,为了培养公民的需要,希腊的教育目的强调要为儿童能够参与公众生活而发展儿童的道德品格。为此,希腊人在学前教育中还专门设置了一个特殊的职位——"教仆",其基本职能是保护和监督儿童的道德品质。

古希腊人也重视儿童在家庭中的地位。在荷马时代早期,希腊人就认为没有孩子的家庭是"不完整"的。这一观念一直影响到公元前4世纪。当时一些哲学家就坚持"完整"意味着一个家庭必须有孩子。孩子的存在不仅意味着家庭的"完整",还意味着家族的"延续"。在希腊人看来,一个家庭有一个亲生的或收养的儿子来延续香火是最重要的。因此,孩子出生以后,给孩子起名和被家人接受被看作家庭的大事。一旦孩子被家庭接受,这个家庭就必须养育他,并保证孩子的安全和地位。希腊人对儿童的重视还表现在一些突发情况下。如在伯罗奔尼撒战争中,为了儿童的安全,希腊人把他们疏散到黑海附近的地方。

二、古希腊社会儿童的特性

关于对儿童特性的认识,希腊人已经有了比较清晰的观点。他们已经看到儿童与成人有身体上的区别。如幼儿有"明亮的眼睛""光滑的皮肤"。① 由于幼儿身体弱小,更需要加以保护。为此,柏拉图(Plato,前427—前347)要求"孩子生下后,应该把他像一块蜡那样造型,因为孩子仍旧是软弱的,并在头两年好好地把孩子包裹起来"②。

除了身体的特性外,希腊人也看到了儿童情绪和行为上的特性。亚里士多德(Aristotle,前384—前322)指出:"孩童们与生俱来地具有愤怒、意愿以及欲望。"③有研究者概括了希腊人发现的儿童的一些特性。认为儿童是未成熟的或能被塑造的、缺少道德的、容易受影响的、无知的、容易受骗的;缺乏力量的、不会讲话的和虚弱的;受惊吓易恐惧的和爱哭的;愉快的、有感情的、快乐的和高兴的;任性的或难以控制的、粗野的、顽固的和野蛮的;爱模仿的、天真的和有想象力的。④

在上述这些关于儿童多种特性的描述中,可以看出希腊人对儿童的认识已经形成了三种价值判断:一是倾向于把儿童看成是积极的个体,如儿童是快乐的、有感情的、喜悦的和可爱天真的。二是把儿童看成是消极的个体,如儿童是任性的、粗野的和野蛮的,是不能够安静坐下来保持注意的。因此,在儿童教育中,希腊人比较关注对儿童的纪律和控制问题。三是倾向于中性的,认为儿童身上具有"未成熟的""可塑的""无知的""易受影响的""爱哭的"等特性。这种中性的价值判断虽然没有明显的倾向性,但在实践中容易被成人利用来教育或者约束儿童,导致消极的做法。如成人可能利用儿童的这些特性,用一些可怕的动物来恐吓儿童,或者惩罚儿童的错误行为。不过也有学者指出,尽管

---

① Richard Q. Bell. Child Effects on Adults[M]. Wiley,1977:13.
② 〔古希腊〕柏拉图. 法律篇[M]. 张智仁,等译. 上海:上海人民出版社,2001:205.
③ 〔古希腊〕亚里士多德. 政治学[M]//姜勇. 国外学前教育学基本文献讲读[M]. 北京:北京大学出版社,2013:18.
④ Richard Q. Bell. Child Effects on Adults[M]. Wiley,1977:14.

希腊人看到了儿童特性的消极方面并有利用的可能,但他们没有把儿童看成是残忍的和恶毒的。①

需要指出的是,从对儿童"无知的"特点认识出发,亚里士多德提出了"白板说"(tabula rasa)。他认为,人的灵魂正如什么也没有写上的一张白纸,一块白板,它能接受对象的知识。②"白板说"思想构成了希腊教育思想的重要基础之一。在希腊人看来,儿童是无知的,他们的知识是后天获得的。知识的缺乏是儿童与成人的最大区别。它容易使儿童受影响和受骗。因此希腊人特别强调通过给儿童讲一些正面的故事和寓言,使儿童精神振奋向上,避免对不道德行为的赞美。

总之,一方面,希腊人把儿童看成是家庭和事业的重要组成部分,看成是希腊未来的承担者,强调儿童的地位和重要性,并为此提供好的条件,满足儿童的一些需要。但另一方面,希腊人也看到了儿童多方面和复杂的特性,主张在教育上要很好地利用这些特性,温和地对待孩子。

三、古希腊教育家的学前教育思想

在古希腊学前教育思想中,一个明显的特点就是教育家对儿童发展和教育有比较细致和丰富的认识。一些学者还对儿童的发展阶段进行了划分。这里重点介绍柏拉图和亚里士多德的学前教育思想。

(一) 柏拉图的学前教育思想

柏拉图是希腊著名的哲学家,客观唯心论的奠基人。他出生于雅典贵族家庭,青少年时期曾学习文学、音乐和绘画,并创作了大量文学作品。20岁后跟随苏格拉底学习,前后8年。苏格拉底去世后,他离开雅典,四处游历。公元前387年,柏拉图在雅典创办学园,收徒讲学,培养了包括亚里士多德在内的一大批学生。在那里柏拉图长期讲学近40年,直到去世。

柏拉图非常重视学前的发展与教育问题,在其著作《理想国》《法律篇》,特别是在《法律篇》中有比较详细的论述。

1. 应当重视儿童教育

柏拉图认为,儿童教育非常重要,不应草率对待。他说:"人是一种'驯养'的动物,如果他受到一种良好的教育并碰到合适的自然环境,他易于成为一种最神圣和最有礼貌的生物。但是养育只要是不适当的或者作了误导,那么他将成为世界上最野蛮的动物。……因此,不应该草率地对待儿童的教育,或者把它看作是次要的事情。"③当然,他也看到了人与人的差异。他认为,"对一切人的不加区别的平等就等于不平等"④。

在他看来,好的教育可以引导儿童向善,坏的教育会引导儿童向恶。"一切人类活动都是由需要和欲望激发起来的。给个人一种正确的教育,这些本能就会引导他向善,但

---

① Richard Q. Bell. Child Effects on Adults [M]. Wiley,1977:15.
② 吴式颖.外国教育史教程[M].北京:人民教育出版社,1999:73.
③ 〔古希腊〕柏拉图.法律篇[M].六卷.张智仁,等译.上海:上海人民出版社,2001:178.
④ 〔古希腊〕柏拉图.法律篇[M].六卷.张智仁,等译.上海:上海人民出版社,2001:168.

给他的教育不好,他的结局将是另外一个极端。"①

2. 要重视父母的怀孕和胎教

柏拉图指出,父母在希望要孩子时应该清醒自己的行为。"孩子不应该在父母的身体处在酒醉后逐渐醒来时被怀胎。受胎、结胎、胎儿都要结实。胎儿的发育要有序而不受干扰。醉鬼是生不出身心健全的孩子的,这种孩子不可信任,都有邪恶的性格,完全有可能身体也是畸形的。"②需要指出的是,关于胎教的观点,中国古代教育家也比较重视,但是柏拉图不仅重视胎教,还提出父母在怀孕时需要清醒自己行为,反对醉酒的观点是有新意的。

3. 要重视保姆在儿童养育中的作用

关于保姆在儿童养育中的作用问题,柏拉图给予重视,并且提出了许多原则。包括孩子生下后,应该把他像一块蜡那样造型,因为孩子仍旧是软弱的,并在头两年好好地把孩子包裹起来。保姆要一直带孩子到3岁,使孩子避免由于经受太大压力以致幼嫩的四肢弯曲;保姆尽可能身强力壮,而且人数要多。③

为了使孩子得到更好的发育,柏拉图还提出了保姆可以观察和判断儿童需要的方法。他说:"一个保姆试图发现孩子想要什么,她就得从对给他的东西所做出的那些反应中来判断。如果孩子一声不响,说明她给他的东西正是他想要的。相反,大哭大喊,则说明给错了东西。显然,眼泪和大叫大喊正是孩子表示他不喜欢的方法。"④

4. 重视法律和纪律在儿童成长中的作用

柏拉图认为,儿童的成长并不是完全任性和自由的,应该加强法律和纪律的作用。柏拉图指出:"法律是整个社会框架的黏合剂,把一切成文的和制定了的法律同还没有通过的法律联系起来。法律、习惯、政制,都是把国家黏合在一起所需要的,并且每种规范都永远是相互依存的。……如果这些制度受到小心谨慎和有条不紊的遵守,到了3岁的时候,一个男孩或女孩的早期训练就会得到这一制度的巨大帮助。"⑤

纪律在儿童的成长中具有重要的作用。"一个孩子在4岁、5岁、6岁,甚至7岁时,他的性格应该在玩耍的时候形成起来。我们不应该去损害他,而应求助于纪律,但要有分寸,不得羞辱他。"⑥

5. 儿童须到神庙接受教育,由保姆看管和由选出的妇女实施监督

柏拉图比较重视对孩子的集体教育。他说:"所有的孩子,从3岁到6岁,都得集合在村庄的神庙里——每个村庄的孩子都聚集在同一个地方。由保姆看管,保持良好的秩序,不得干坏事。保姆同她们的孩子群作为一个完整的整体,都受为实施监督而选出来的12个妇女的监督。"⑦柏拉图的这一观点与主张学前教育应该主要是家庭教育的观点

---

① 〔古希腊〕柏拉图. 法律篇[M]. 六卷. 张智仁,等译. 上海:上海人民出版社,2001:200.
② 〔古希腊〕柏拉图. 法律篇[M]. 六卷. 张智仁,等译. 上海:上海人民出版社,2001:190.
③ 〔古希腊〕柏拉图. 法律篇[M]. 七卷. 张智仁,等译. 上海:上海人民出版社,2001:205.
④ 〔古希腊〕柏拉图. 法律篇[M]. 七卷. 张智仁,等译. 上海:上海人民出版社,2001:208.
⑤ 〔古希腊〕柏拉图. 法律篇[M]. 七卷. 张智仁,等译. 上海:上海人民出版社,2001:210.
⑥ 〔古希腊〕柏拉图. 法律篇[M]. 七卷. 张智仁,等译. 上海:上海人民出版社,2001:210.
⑦ 〔古希腊〕柏拉图. 法律篇[M]. 七卷. 张智仁,等译. 上海:上海人民出版社,2001:211.

有很大不同,可以说是教育史上最早提出通过家庭之外的机构对儿童实施学前教育的主张。

6. 男女儿童应有不同的教育

柏拉图认为:"当男孩和女孩到了6岁时,男女就应该分开;男孩同男孩一起过日子,女孩同女孩一起过日子。每个人都得上课。男孩到骑术、射箭、掷标枪和投石器的教师那里去。女孩如果同意,也可以去。"①

7. 对儿童游戏进行立法

游戏在儿童活动中是经常可以看到的,但是主张对儿童游戏进行立法的做法是不多见的。柏拉图要求对儿童游戏立法的目的,是希望成人能够控制儿童的游戏,使儿童"根据同一规则在相同情况下做同一些游戏"②。与此相关,柏拉图反对在儿童游戏中引进新的东西。理由是"如果把新的东西引进儿童的游戏中,他们就会不可避免地变成同上一代完全不同的人"③。

柏拉图为儿童游戏的立法思想与他强调不变的"理念论"和教育国家化的思想是一致的。在他看来,经常变化会带来不稳定。稳定高于变化,国家重于个人。因此,在教育上,他要求:"儿童们不允许根据他们父亲的一个念头上学或者不上学。只要有可能,'每个人'必须强迫接受教育,因为他们首先属于国家,其次才属于他们的父母。"④

(二)亚里士多德的学前教育思想

亚里士多德,古希腊哲学家、思想家和教育家。公元前367年,他师从柏拉图,在柏拉图的学院学习和从事教学工作长达20年。虽然亚里士多德与柏拉图有师承的关系,但他们的思想并不完全一致,亚里士多德曾经说过:"我爱我师,我更爱真理。"对真理的追求成为古希腊以来西方文化的传统。公元前342年,亚里士多德担任马其顿王子亚历山大的家庭教师。公元前335年,他在雅典创办"吕克昂学园",招生授徒、著书立说。亚里士多德一生著述丰富,涉及哲学、政治学、物理学、伦理学、逻辑学、植物学、文学等,被誉为古代百科全书式的思想家。他的学前教育思想主要反映在《政治学》和《伦理学》等著作中。

1. 理性主义的教育观

亚里士多德的学前教育思想可以称为理性主义的教育观。在他看来,人之所以为善主要出于三端。"这三端为(出生所禀的)天赋,(日后养成的)习惯,及(其内在的)理性。"⑤

具体来说,人的天赋是一种自然品性,最初对社会不发生作用。而后天的习惯可以改变天赋使人向善或从恶。除了天赋和习惯外,人类还具有独有的理性。亚里士多德认为,天赋、习惯和理性须相互和谐,才能有利于人类发展。在三者关系中,理性的地位最

---

① 〔古希腊〕柏拉图.法律篇[M].七卷.张智仁,等译.上海:上海人民出版社,2001:211.
② 〔古希腊〕柏拉图.法律篇[M].七卷.张智仁,等译.上海:上海人民出版社,2001:215.
③ 〔古希腊〕柏拉图.法律篇[M].七卷.张智仁,等译.上海:上海人民出版社,2001:217.
④ 〔古希腊〕柏拉图.法律篇[M].七卷.张智仁,等译.上海:上海人民出版社,2001:225.
⑤ 〔古希腊〕亚里士多德.政治学[M].吴寿彭,译.北京:商务印书馆,2009:390.

重要,是三者的根本。如果三者不和谐,"宁可违背天赋和习惯,而依从理性,把理性作为行为的准则"①。

2. 儿童教育的最高目的是形成理性

亚里士多德指出:"人生的经历,有如一切生物的创生程序,其诞生必先有所因,[始于父母的婚配而后有胎婴这个后果,但这一后果]既诞世而为人,则以此作为起因,又当各有其后果(目的):操修理性而运用思想正是人生至高的目的。……就创生的程序而言,躯体先于灵魂,灵魂的非理性部分先于理性部分。情欲的一切征象,例如愤怒、爱恶和欲望,人们从开始其生命的历程,便显见于孩提;而辩解和思想的机能则按照常例,必须等待其长成,岁月既增,然后日渐发展;这些可以证见身心发育的程序。于是,我们的结论就应该是:首先要注意儿童的身体,挨次而留心他们的情欲境界,然后才及于他们的灵魂。可是,恰如对于身体的维护,必须以有造于灵魂为目的,训导他们的情欲,也必须以有益于思想为目的。"②亚里士多德的这一主张为他的学前教育思想提供了理论基础和依据。

3. 关于学前教育的一些主张

(1) 关于孕妇的养护

亚里士多德指出:"孕妇要注意自己的身体:进行经常的操练,摄取富于滋养的饮食。立法家可以规定孕妇们每日须到专司育儿的女神坛庙进香一次,养成她们经常运动的习惯。但思想不同于身体,孕妇应避免劳神苦思,保持安静的情绪;因为胎婴在妊娠期间恰好像植物对于土壤那样,显然要从母体吸收其生长所需的物质的。"③

(2) 关于婴儿的哺育

亚里士多德主张:"新生的婴儿应该悉予哺养,抑或有些可以暴弃?这当然可以订立法规,凡属畸形与残废的婴儿禁止哺养。另一方面,在社会风俗不愿意无限制地增殖的各城邦中,又该有相反的法规,禁止各家为减少人口而暴弃婴儿至于死亡。各家繁殖的子嗣应有一定的限数,倘使新娠的胎婴已经超过这个限数,正当的解决方法应在胚胎尚无感觉和生命之前,施行人工流产(堕胎)。堕胎的或不渎神(不悖伦)或为渎神(悖伦)当以感觉和生命之尚未显现或业已存在为判别。"④

在这里,亚里士多德提出的为幼儿哺养制定法规的思想值得注意。从亚里士多德的观点可以看出当时的雅典社会在规范幼儿养育方面已经考虑到法律的作用。当然,这种考虑更多还是从成人社会的需要出发,还没有注意到儿童生命的重要。

(3) 关于幼儿的饮食、锻炼和学习问题

亚里士多德认为:"无论从动物界方面来看或鉴于那些力求其子嗣体魄强壮而健斗的野蛮民族所施行的实例,都是明确的,乳类最适宜于儿童身体的发育。如欲免于疾病,

---

① 〔古希腊〕亚里士多德.政治学[M].吴寿彭,译.北京:商务印书馆,2009:390.
② 〔古希腊〕亚里士多德.政治学[M].吴寿彭,译.北京:商务印书馆,2009:401.
③ 〔古希腊〕亚里士多德.政治学[M].吴寿彭,译.北京:商务印书馆,2009:405.
④ 〔古希腊〕亚里士多德.政治学[M].吴寿彭,译.北京:商务印书馆,2009:406.

应戒儿童饮酒以愈少为愈好。及时诱导孩儿做适宜于他们肢体的各种活动是有益的。"①

同时,他也指出:"让婴孩尽早训练成耐冷的习惯也是有益的;这种习性既可促进健康,也可作为长大后征入军役的先期锻炼。……凡在儿童身上可能培养的习惯,都应及早开始,然后渐渐加强这些训练。儿童的体质富于内热,自然适于耐寒训练。"②

亚里士多德认为,婴儿期的保育主要是身心的教育,不可进行功课学习和劳作活动。如果要进行活动也要有利于幼儿的身体。他说:"从婴儿期末到五岁止的儿童期内,为避免对他们身心的发育有所妨碍,不可教他们任何功课,或从事任何强迫的劳作。但在这个阶段,应使进行某些活动,使他们的肢体不致呆滞或跛弱;这些活动应该安排成游戏或其他的娱乐方式。"③

(4) 关于儿童的游戏

亚里士多德提出的一些要求与柏拉图有相似的方面,如游戏与成人的关系;但是也有不同的地方,如关于是否禁止儿童号哭。他认为:"儿童游戏要既不流于卑鄙,又不致劳累,也不内含柔靡的情调。……有些人企图在他们的礼法中禁止孩儿放声号哭;这是不正确的。孩儿的号哭有如成人的屏气蓄力那样扩张肺部,确实有助于儿童的发育。"④

(5) 关于儿童日常生活的"教育监导"

亚里士多德还重视7岁以前儿童日常生活管理中的"教育监导"作用,强调要监督儿童的行为,防止他们染上恶习。他指出:"教育监导应注意儿童日常生活的管理,尤应注意不要让儿童在奴隶们之间消遣他们的光阴。凡儿童在七足岁以下这个时期,训导都在家庭中施引;这个时期容易熏染,任何卑鄙的见闻都可能养成不良的恶习。所以,立法家的首要责任应当在全邦杜绝一切秽亵的语言。人如果轻率地口出任何性质的恶言,他就离恶行不远了。对于儿童,应该特别谨慎,不使听到更不使口出任何恶言。……人在幼时,务使他隔离于任何下流的事物,凡能引致邪恶和恶毒性情的各种表演都应加以慎防,勿令耳濡目染。已经安全地渡过了开始的五年,儿童就可以在往后的两年,即到七周岁为止,旁观他人正在从事而他们将来也应从事的各种功课和工作。"⑤

从以上柏拉图和亚里士多德学前教育思想的论述可以看出,古希腊教育家比较重视儿童的"自然发展"和"理性"的教育。在他们看来,幼儿阶段以健康和天赋为主,应重视身体养育;儿童阶段以情欲和习惯为主,应重视行为教育;青年阶段以思辨和理性为主,应重视哲学教育。虽然理性是儿童发展的高级阶段,但一定要从小打下基础。同时,他们也重视教育的社会化和国家化问题,这在其他国家的学前教育中是少见的。

---

① 〔古希腊〕亚里士多德.政治学[M].吴寿彭,译.北京:商务印书馆,2009:407-408.
② 〔古希腊〕亚里士多德.政治学[M].吴寿彭,译.北京:商务印书馆,2009:407-408.
③ 〔古希腊〕亚里士多德.政治学[M].吴寿彭,译.北京:商务印书馆,2009:408-409.
④ 〔古希腊〕亚里士多德.政治学[M].吴寿彭,译.北京:商务印书馆,2009:408-409.
⑤ 〔古希腊〕亚里士多德.政治学[M].吴寿彭,译.北京:商务印书馆,2009:409-411.

第二节 古罗马的学前教育

古罗马原是意大利半岛上的一个城邦,从公元前 6 世纪开始它通过战争,不断扩大自己的领土,公元前 3 世纪开始吞食意大利南部的希腊城邦,并通过多次战争,于公元前 1 世纪征服了马其顿王国,从而征服了希腊全境。

古罗马的历史一般可分为三个时期:(1) 罗马王政时期(公元前 7 世纪至公元前 6 世纪末)。(2) 罗马共和时期(公元前 6 世纪至公元前 27 年),其中罗马共和时期又可分为共和前期和共和后期。相应地,罗马教育主要是从共和时期开始其历程的。(3) 罗马帝国时期(公元前 27 年至公元 476 年罗马帝国灭亡)。这一节主要介绍古罗马学前教育实践和思想。

一、古罗马社会儿童的地位

受希腊文学、哲学和教育的影响,古罗马家庭和社会也是非常重视儿童的。不过,罗马人与希腊人相比又有两个方面的不同:一是在罗马家庭中,父亲的权力是家庭最重要的权力;父亲绝对地、完全地控制他的孩子和他的家庭。二是在罗马社会中,统治阶级内部为了巩固自己的统治,展开了长期的斗争,也影响了父权的变化。

在古罗马家庭中,父亲的权力是十分特殊的。在古希腊社会,父亲握有处置新生儿生死的权力,但一旦父亲做出儿童获有生存的决定,处死儿童的法定权力就终止了。而古罗马不是这样,直到进入帝国时期,罗马父亲还保留处死他们孩子的法定权力,甚至可以处置那些已经步入成年的孩子。在罗马社会早期影响极大的《十二铜表法》中就有对父亲权力的明确规定。《十二铜表法》约在公元前 451—前 450 年颁布,其中第 4 条有关于"父权法"的规定:子女为父母的私有财产,父亲对子女有生杀予夺之权。① 公元 2 世纪哈德雷安(Hadrian)统治时,受基督教的影响,罗马父亲这种伤害儿童和滥用权力的做法才被制止。罗马家庭"父权制"的变化表明,罗马人已经认识到儿童的存在与社会发展的关系,儿童不仅属于家庭,更属于社会。

与古代世界许多民族一样,古罗马家庭中也存在重男轻女的现象。婴儿出生以后,如果是男孩,要立即放在地上以感谢地神,并以此检验婴儿的体格是否强壮。此后才由接生婆将男孩放到父亲脚边,意味着他属于父亲。如果生下的是女孩或身体不健全者,父亲有权将之遗弃。弃婴的命运多半是死亡,少数较为幸运的可被穷人或奴隶收养,长大后或被作为家奴使用,或被作为奴隶贩卖,丧失作为自由民的资格。②

一些研究也指出,在家庭中一旦儿童的地位被确认,罗马人就十分重视儿童的存在、发展和教育。如罗马儿童的出生和起名都要伴有重要的仪式。此外,罗马人还敬奉许多保护儿童的神。如有 3 个主管婴儿吃喝的神,3 个照看婴儿行走的神,以及主管婴儿睡

---

① 〔美〕克伯雷.外国教育史料[M].华中师范大学,等译.武汉:华中师范大学出版社,1991:29.
② Aubrey Gwynn. Roman Education from Ciceo to Quintilian[M]. Oxford . At the clarendon press, 1926:12-13.

眠、说话、哭泣、恐惧和骨骼生长的神。它在一定程度表明,罗马人看到了儿童的成长中存在一些不安全的因素,需要加以保护。①

在古罗马家庭中,人们希望母亲养育自己的孩子,但他们也常雇佣奶妈(wet-nurse)辅助完成这一任务。这一情况与古希腊有很多相似,即儿童的养育可以有外人参与而不独是母亲的责任。罗马人选择奶妈的标准是干净、端庄、奶水充足、脾气好。从这个标准可以看出罗马人希望通过奶妈的喂养一开始就对儿童性格形成良好的影响。

与古希腊社会一样,古罗马也存在着"弃婴"现象,而且罗马早期的法律是允许"弃婴"的。如公元前8世纪的法律规定,罗马的公民必须养育每一个男孩和第一个出生的女孩。禁止把任何不满3岁的孩子处死,除非有残疾。如果一个公民要遗弃一个孩子,可以把这个孩子向5个邻居展示并获得他们的同意即可。根据一些学者的研究,罗马人遗弃儿童的原因主要有四点:新生儿有残疾;私生子;经济上的需要;灾难的预兆。但有研究者指出,这些原因也可能掩盖实际的情况。② 被遗弃的孩子能否存活,主要取决于下面的因素:婴儿最初的身体条件;被遗弃婴儿的价值;社会包括个人是否愿意对作为一个奴隶的孩子进行投入;奴隶劳动所要求的水平;性别,男孩比女孩更容易获救。总之,罗马人可能依靠遗弃儿童来控制人口;社会也允许父母挑选孩子的性别。③

随着社会的发展,古罗马社会的这一"弃婴"现象也逐步被阻止。其原因主要与基督教的慈爱政策有关。在基督教看来,杀婴就是谋杀,对婴儿的处死是违背上帝意志的。公元312年,罗马皇帝下令对那些贫困的父母给予补助,以鼓励他们养育孩子,但遗弃孩子还不算犯罪。公元374年,罗马皇帝又颁布法令公开要求对那些遗弃儿童的父母处以死刑。④ 这一政策的变化在一定程度上对婴儿的存活起到了积极的保护作用。

当然,在古罗马社会,由于成年男性居于社会活动的中心,而那些不属于成年男性的人就处于社会生活的"边缘"地位,包括妇女、老人、儿童和奴隶等。由于儿童与成人相比,身体相对较弱,也使得他们更容易被看作是不完美的人。有研究者指出,儿童的这种被"边缘化"地位也使儿童幸运地得到一种特殊的照顾,即在战争中,儿童既不能被杀掉,也不会被征服者作为人质。⑤

二、古罗马社会儿童的特性

在这一时期,与古希腊人一样,罗马人对于儿童的特性也已经有了比较清晰的认识。罗马人认为,儿童身体弱小,不能进行思考和做出计划;他们缺乏判断力,不能区分对错,只知娱乐,不知责任。由于这些特征往往成为这个特定阶段被称作"儿童"的特征,因此与这些特征相联系,如果称某人是"儿童",则对他来说是一种极大的羞辱。因为"儿童"是非成人的,是带有孩子气的人。这个阶段的"儿童"是一个用来表示完全受他人或事物

---

① Richard Q. Bell. Child Effects on Adults [M]. Wiley, 1977:22.
② V. Celia Lascarides, Blythe F. Hinitz. History of Early Childhood Education[M]. Falmer Press, 2000:17.
③ V. Celia Lascarides, Blythe F. Hinitz. History of Early Childhood Education[M]. Falmer Press, 2000:18.
④ V. Celia Lascarides, Blythe F. Hinitz. History of Early Childhood Education[M]. Falmer Press, 2000:18.
⑤ V. Celia Lascarides, Blythe F. Hinitz. History of Early Childhood Education[M]. Falmer Press, 2000:18-19.

支配的人;一个不能承担成人社会职责的人。① 从这些解释和称谓可以看出,在古罗马社会,与成人相比,儿童的社会地位还是比较低下的。

当然,罗马人也看到了儿童快乐的、喜悦的、有感情的、可爱的和未成熟特性的一面。有研究者指出,与希腊人相比,罗马人在对儿童"未成熟"特性的理解上又有区别。在罗马人看来,儿童的"未成熟"特性是一种可塑造的、可教育的、无知的、无意识的,甚至是愚蠢的,具有恶的倾向。在这里,罗马人似乎更倾向于看到儿童消极的特性。如在拉丁文学中有许多关于儿童不守规则、易于发怒、易于欺骗的充满敌意的描写,而很少注意到儿童的软弱的、缺少力量的和恐惧的特性。不过,罗马人也发现了希腊人所不注意的儿童三个方面的特性,即竞争性、求知欲和记忆力。② 古罗马教育家昆体良(Marcus Fabius Quintilianus,约35—约100)就认为,孩子喜欢比赛,可以通过比赛激发孩子的竞争意识;他还指出,记忆力是教师可以帮助促进孩子发展的唯一智能。③ 罗马人关于儿童这三个新特性的发现,在一定程度上反映了罗马人比较重视儿童在学习上所具有的一些能力。昆体良就说过:"有些人认为,男孩不到七岁,不应当教他们读书,认为七岁是他们能从教导中得到益处并能经受住紧张学习的最早时期。……因此,让我们不要浪费这最早的年月。对于这一点完全没有什么可以辩解的,因为文学训练的要素,只是记忆的问题,而记忆能力不仅仅儿童就有,到了七岁这个年龄,则尤其地强。"④ 在昆体良看来,在儿童的发展中,大多数儿童都是具有学习能力,特别是记忆能力的。而那些迟钝的和不可教的儿童在数量上是极少的。教育者在早期就应当对儿童进行教育,特别是记忆能力的培养。这样,当儿童长大以后,他会记住一些格言警句,有助于其性格的形成。

罗马人也看到了儿童需要指导和纪律的问题。但是他们也强调,严格和粗暴地对待儿童是不受欢迎的。当时在罗马的教育中,鞭打和体罚孩子是家庭比较普遍的做法。许多学者表达了对于体罚的厌恶。如罗马的老加图(Cato, the Elder,前234—前149)就曾指出,那些打妻子或孩子的人是把暴力之手置于最神圣的事物之上。昆体良还提出了反对体罚的几个理由,如体罚是一种残忍的行为,只能用于奴隶;经常使用体罚会习以为常,造成儿童心情压抑和意志消沉等。⑤

三、古罗马学前教育思想

这里主要介绍昆体良、普鲁塔克、奥古斯丁三位教育家的学前教育思想。

(一)昆体良的学前教育思想

昆体良是罗马帝国时期重要的教育家,著有《雄辩术原理》一书。该著作论述的重点是雄辩家的培养。在昆体良看来,雄辩家的培养应该从小开始。正是他的这一认识可以使我们看到他在雄辩家培养中关于学前教育的许多主张。

---

① V. Celia Lascarides, Blythe F. Hinitz. History of Early Childhood Education[M]. Falmer Press, 2000:19.
② Richard Q. Bell. Child Effects on Adults [M]. Wiley, 1977:22.
③ 〔古罗马〕昆体良.昆体良教育论著选[M].任钟印,选译.北京:人民教育出版社,1989:18.
④ 华东师范大学教育系,浙江大学教育系.西方古代教育论著选[M].北京:人民教育出版社,2001:138.
⑤ 〔古罗马〕昆体良.昆体良教育论著选[M].任钟印,选译.北京:人民教育出版社,1989:89.

1. 每个孩子都有接受教育的潜能

昆体良指出:"当儿子刚一出生时,但愿作为父亲的首先对他寄予最大的希望,这样才会一开始就精心地关怀他的成长。"①在他看来,每个孩子都有教育的潜能,都是可教育的。他说:"抱怨'只有极少数人生来具有接受教育的能力,而多数人由于悟性鲁钝,对他们的教育徒然浪费劳力与时间',这是没有根据的。恰恰相反,大多数人既能敏捷地思考,又能灵敏地学习,因为此种灵敏是与生俱来的。……只有那些天生的畸形和生来有缺陷的人才是天生愚鲁而不可教的人。这样的人肯定会有,然而很少。这种说法的证明是,绝大多数儿童都表现出他们是大有培养前途的,如果在以后的岁月中这种希望成了泡影,那就说明,确实不是天赋能力,而是培养。"②

2. 儿童的天赋差异与教育

昆体良不仅重视儿童的教育潜能,也看到了儿童之间的天赋差异。但是他认为,即使存在天赋差异,也不应忽视后天教育的作用。他说:"有的人天赋能力确是比别人强。因而人们的实际成就也有差别。但是受了教育而一无所获的人是没有的。"③

教学上如何对待儿童的差异,昆体良主张应当根据儿童的能力和需要进行调整。他说:"有经验的教师应将此作为首要注意的。男孩一经接受教育,教师就要弄清儿童的能力和特征。……首先,要学习希腊语。其次,教师必须考虑教学的内容要适合学生的心智。有的男孩是松弛的,除非给他们压力,有的渴望控制,有的屈从恐惧,而有的是什么都不在乎。在有些情况下,心智需要不断地应用来形成,在有的情况下,心智可以通过快速的专心来获得。"④

3. 幼儿教育中保姆的作用

在选择保姆和保姆对孩子的教育上,昆体良提出了许多具体的要求。他说:"孩子的保姆应该是说话准确的人,最好是受过教育的妇女。无论如何也应该挑选最好的保姆。毫无疑问,首先应注意的是她们的道德,同时语言也必须正确。"⑤

在昆体良看来,儿童在成长中首先听到的是保姆的声音,首先模仿的是她们的言语。这就如同新器皿一样,一经染上气味,其味经久不变。而好的习惯变坏是容易的,越是令人讨厌的习惯,越是难以改变。他主张,在婴儿时期不要让他学会以后不应当学习的用语。⑥

4. 要为培养孩子建立完善的规则

昆体良指出:"要为培养学生建立最完善的准则,如果有了准则有的人却不遵守,那么他们的失败不在于方法,而在于人。"⑦为此,他提出了一些有关儿童学习的规则。如孩子一开始先学习希腊语;同时学习希腊的学问。因为罗马人的学问是从希腊那里发展

---

① 〔古罗马〕昆体良.昆体良教育论著选[M].任钟印,选译.北京:人民教育出版社,1989:10.
② 〔古罗马〕昆体良.昆体良教育论著选[M].任钟印,选译.北京:人民教育出版社,1989:10.
③ 〔古罗马〕昆体良.昆体良教育论著选[M].任钟印,选译.北京:人民教育出版社,1989:10.
④ Richard Q. Bell. Child Effects on Adults [M]. Wiley, 1977:25.
⑤ 〔古罗马〕昆体良.昆体良教育论著选[M].任钟印,选译.北京:人民教育出版社,1989:11.
⑥ 〔古罗马〕昆体良.昆体良教育论著选[M].任钟印,选译.北京:人民教育出版社,1989:10.
⑦ 〔古罗马〕昆体良.昆体良教育论著选[M].任钟印,选译.北京:人民教育出版社,1989:13.

而来的。其次,学习拉丁语,并与希腊语同时并进。昆体良提出,儿童在七岁以前可以学习一些东西。"在儿童能说话以后,不能无所事事,那么有什么更好的事可做呢?七岁以前的收获无论怎样微小,为什么要轻视它呢?七岁以前学习的东西无论怎么少,但有了这个基础,到了七岁以后可以学习程度更深的东西,否则到了七岁还只能从最简单的东西学起。"①他认为,这条规则在儿童七岁以后也可以适用。

5. 要让儿童喜欢学习

昆体良指出:"最要紧的是不要在儿童还不能热爱学习的时候就厌恶学习,以至在儿童时代过去以后,还对初次尝试过的苦艾心有余悸。要使最初的教育成为一种娱乐,要向学生提出问题,对他们的回答予以赞扬,决不让他们以不知道为快乐;有时,如果他不愿意学习,就当他的面去教他所嫉妒的另一个孩子,有时要让他和其他孩子比赛,经常认为自己在比赛中获胜,用那个年龄所珍视的奖励去鼓励他在比赛中获胜。"②

如何让儿童喜欢学习,昆体良认为可以采取一些有趣的方法。例如,在儿童学习字母时,可以采用有字母的象牙人像给他们玩,或者将它们摸一摸、看一看,能叫出其名并可使增加他愉快感的任何东西给他玩。③ 昆体良也重视儿童学习中的游戏。他认为,儿童爱好游戏"是天性活泼的标志;那种总是迟钝麻木、没精打采的、甚至对那个年龄所应有的激动也默然无动于衷的学生,我是不指望他能热心学习的"④。

6. 反对儿童教育中的体罚

昆体良分析了体罚的性质和弊端。首先,体罚是不光彩的惩罚,它只适用于对奴隶的惩罚,事实上它是一种凌辱;其次,如果孩子的倾向卑劣到不能以申斥矫正,他就如同最坏的奴隶,对鞭笞习以为常;再次,如果有人经常跟在他身边监督他勤奋学习,这样惩罚就完全没有必要。⑤ 从昆体良的观点可以看到,体罚是处罚奴隶的一种低级的手段,不适合贵族或者有身份阶层的孩子;对于后者可以用监督来替代处罚。

(二)普鲁塔克的学前教育思想

普鲁塔克(Plutarch,46—120)是古罗马时期著名的传记作家和散文家,著有《列传》50篇,其中《论儿童教育》讨论了学前教育的问题。

1. 应及早对儿童进行教育

在普鲁塔克看来,儿童的教育应该及早开始。因为儿童是柔嫩的、容易铸造成各种类型的人。而且,当儿童的灵魂还软弱易感的时候,容易接受进入心灵的任何事物的影响;但一旦他们长大以后,像一块坚硬的东西一样,就很难改变了。正如在软蜡上容易打上印记,儿童的头脑也易于接受在这个年龄给予的教育。在他看来,儿童早期具有可塑性,给予他什么东西,他就容易接受什么东西。因此,教育上要注意给孩子的东西,要给

---

① 〔古罗马〕昆体良.昆体良教育论著选[M].任钟印,选译.北京:人民教育出版社,1989:15.
② 〔古罗马〕昆体良.昆体良教育论著选[M].任钟印,选译.北京:人民教育出版社,1989:15.
③ 〔古罗马〕昆体良.昆体良教育论著选[M].任钟印,选译.北京:人民教育出版社,1989:17.
④ 〔古罗马〕昆体良.昆体良教育论著选[M].任钟印,选译.北京:人民教育出版社,1989:27.
⑤ 〔古罗马〕昆体良.昆体良教育论著选[M].任钟印,选译.北京:人民教育出版社,1989:28.

有利于形成孩子良好德性的东西。①

2. 应重视儿童德性的养成

普鲁塔克认为,德性的养成须有三件事协调一致,即天性、理智和应用(nature, reason and use)。理智是指学习,应用是指练习。三者结合以达到完美境界;三者缺一,德性必定是有缺陷的。天性如果不通过教导加以完善,就是华而不实;教导如果无天性之助,就是残缺不全;练习如果没有这两者的帮助,就不能完全达到目的。② 普鲁塔克非常强调后天努力的重要。他指出:"即使努力与天性相反,努力所产生的结果也比天性本身所产生的结果要大得多。"③

3. 儿童教育的一些具体要求

普鲁塔克在儿童教育方面还提出了一些具体要求:(1)为孩子选择的伴侣必须是有礼貌的。这些伴侣要能够讲平易自然、合乎规范的希腊语。(2)孩子的家庭教师要选择好。要选择那些在生活上无可指责、行为上不受非难,并具有最好教学经验的人。(3)要关注培养孩子的学问。培养孩子的学问应该是健康的、有益的,不是适合于低级情趣的、毫无价值的东西。(4)父母爱孩子不要太过分,不应给孩子过大的压力。如父母急于"想在各种学问上把他们的孩子提高到远远超出同龄孩子的水平之上的时候,他们给孩子提出太难太重而无法完成的功课,孩子由此而灰心丧气;再加上其他不适当的做法,结果就造成孩子对学习本身产生厌恶。……适度的努力可以使精神得到提高,负荷过重就力不胜任。因此,在儿童持久的努力之后,我们应该给他以喘息的机会"④。

(三)奥古斯丁的学前教育思想

奥古斯丁(Augustine,354—430)是古代基督教重要作家之一,与中世纪的托马斯·阿奎那(Thomas Aquinas)同为基督教神学的两位大师。奥古斯丁早年受基督教影响较大,后因为探索恶的来源问题,皈依摩尼教。以后受基督教影响,脱离了摩尼教,改信基督教,并任主教,成为当时基督教学术界的中心人物。奥古斯丁著作中广为传诵的是他的《忏悔录》(Confessions)。该书共十三卷,分为两部分,卷一至卷九,是记述他出生至三十三岁母亲病逝的一段历史。卷十至卷十三,即写出作者著述此书时的情况。奥古斯丁关于儿童的认识是根据他对自己童年的反思《忏悔录》和观察其他婴儿的情况的基础上形成的。我们可以通过《忏悔录》第一卷的内容来认识他的学前教育思想。

在《忏悔录》第一卷里,奥古斯丁描述了幼儿发育的情况、特点以及教育需要注意的事项。他认为,从出生至三岁是幼年的第一阶段。婴儿已经学会吸吮,知道舒服,也知道号哭;时睡时醒,开始微笑和发出笑声,学会模仿别人的表情;通过呐喊、摇动肢体表达意愿,希望引起别人注意;当别人不理解时而怒气冲天,号啕大哭,反抗那些不肯顺从的大人;有很强的妒忌心。一个还不会说话的孩子,"面如土色,冷酷地注视着他的共同吃奶

---

① 普鲁塔克.论儿童教育(节选)[M]//昆体良教育论著选.任钟印,选译.北京:人民教育出版社,1989:244.
② 普鲁塔克.论儿童教育(节选)[M]//昆体良教育论著选.任钟印,选译.北京:人民教育出版社,1989:243.
③ 普鲁塔克.论儿童教育(节选)[M]//昆体良教育论著选.任钟印,选译.北京:人民教育出版社,1989:244.
④ 普鲁塔克.论儿童教育(节选)[M]//昆体良教育论著选.任钟印,选译.北京:人民教育出版社,1989:253.

的兄弟"①。

奥古斯丁认为,进入童年是幼年的第二阶段。在这一时期,儿童已经不是不会说话的婴儿,而是能言能语的小孩。他们开始学习讲话,通过语言进行沟通。这个时期,不是成人依照一定程序教儿童言语,而是儿童凭借自己内在的能力,用各种声音、种种肢体动作,表达内心的思想。例如,儿童听到别人指称一件东西,或看到别人随着某一种声音做某一种动作。儿童通过发声或者模仿,便记住这东西叫什么,要指那件东西时,便发出那种声音。② 在这里,奥古斯丁主张在儿童的成长中尽量让孩子凭借自己的力量活动,孩子的学习主要是通过模仿完成的。

以上古罗马教育家关于儿童发展和教育的思想反映了他们不同的经历和认识。昆体良有来自教学的实践经验,他看到了儿童之间的天赋和能力差异,为儿童的知识学习和行为训练提供了心理学的基础。普鲁塔克有对历史和现实的思考,比较注重道德教育和对儿童的严格要求。奥古斯丁的思想则主要受基督教思想的影响及来自他自己童年的回忆,比较注重个人童年的感知和情感的体验。古罗马教育家的思想虽有不同,但都注意到了早期教育在儿童发展中的重要性和对儿童将来成长的影响,对儿童存在、发展和教育提出了一些新的认识。

第三节 中世纪和文艺复兴时期的学前教育

通过本节的学习,了解中世纪和文艺复兴时期儿童的生活和教育,把握教育家关于儿童地位和儿童特性的认识,以及教育家关于儿童教育内容和方法的观点。可以与古希腊、古罗马的儿童教育进行比较来认识这一时期儿童教育的状况及特点。

公元395年,罗马帝国分裂为东、西罗马两个部分。公元476年西罗马灭亡。

公元395年1月17日,罗马皇帝狄奥多西(Theodosius I,346—395)逝世。他在临终前将帝国分给两个儿子继承,从此罗马帝国分裂为东、西两部。东罗马都城君士坦丁堡,是在希腊古城拜占庭的基础上建立起来的,因此又称拜占庭帝国。拜占庭帝国的疆域最初包括巴尔干半岛、小亚细亚、叙利亚、巴勒斯坦、埃及、美索不达米亚及外高加索的一部分。皇帝查士丁尼在位时,又将北非以西、意大利和西班牙的东南并入版图。最后在1453年为奥斯曼土耳其人所灭亡。西罗马的都城在罗马。410年,日耳曼的西哥特人进入意大利,围攻罗马城。476年,西罗马最后一个皇帝罗慕路斯被废黜,西罗马帝国遂灭亡。西罗马的灭亡,标志着奴隶制度在西欧的解体。

一般来说,从西罗马灭亡到14世纪意大利文艺复兴前的近1000年,被称为"中世纪"(Middle Ages)。这是西欧封建制度从发生、发展到衰落的时期。恩格斯指出:"中世纪是从粗野的原始状态发展而来的。它把古代文明、古代哲学、政治和法律一扫而光,以便一切都从头做起。它从没落了的古代世界承受下来的唯一事物就是基督教和一些残

---

① 〔古罗马〕奥古斯丁.忏悔录(第一卷)[M].长春:时代文艺出版社,2000:8.
② 〔古罗马〕奥古斯丁.忏悔录(第一卷)[M].长春:时代文艺出版社,2000:9.

破不全而且失掉文明的城市。"①恩格斯的话指出了西欧中世纪社会的三个特点：一是中世纪的存在是建立在粗野的原始状态基础上的；二是它极大地冲击了古代希腊和罗马社会所遗留下来的文明基础，但同时也开始了不同于以往社会的新的阶段；三是中世纪所保存的最重要的精神财产就是基督教文化。因此，从这个意义上说，中世纪的社会是在一个新的历史条件下，伴随着基督教势力的不断强大而逐步基督教化的过程，基督教文化成了中世纪社会最重要的精神支柱。

在整个中世纪，基督教教会教育占主导地位，与教会教育并存的是世俗教育，它包括贵族教育和平民教育。在西欧中世纪中期，由于城市的发展和学术的复兴，产生了中世纪大学和城市教育。本节主要介绍中世纪、文艺复兴时期学前教育发展情况。由于宗教改革时期的学前教育资料较少，这一部分没有涉及。

一、西欧中世纪的学前教育

在中世纪，由于北方少数民族的入侵、欧洲内部的战争，以及饥荒和瘟疫的蔓延，给欧洲社会政治、经济和文化的发展带来极大的破坏。在这种条件下，不仅文化的发展特别是古典文化发展受到极大的阻滞，社会所有成员，包括家庭和儿童都面临社会剧变带来的极大冲击。同时由于中世纪的等级制度结构，导致社会的财产集中到少数享有特权的人手中，普通人的生存比较困难。研究显示，从400年到1400年这一时期，是儿童生存非常艰难的时期。从400年到900年，许多婴儿一出生就死了，没有活过一天。从900年到1400年，婴儿的出生率经常取决于他们在生活中的地位。尽管出生率一致，但是社会上层阶级的孩子要比下层阶级的孩子有更多的生存机会。②

（一）西欧中世纪儿童的生活

在西欧中世纪的早期，儿童的死亡率是较高的。主要原因是儿童生存条件比较差。腐败的食物，被污染的水，以及寒冷的石头房屋所带来的湿气，是使儿童成为受害对象的主要原因。另外，乡村和城市频繁发生的火灾或饥荒也对儿童的生存产生了极大的威胁。相关研究表明，不到1岁的儿童中，有54%或死于火灾或死于摇篮。当然，与男孩相比，女孩的处境更加不利。她们一出生就进入一个充满危险的境地。她们不仅不能带有家族的名字，而且还要为她们十几岁订婚准备嫁妆。另外，在中世纪，杀婴和弃婴的现象更是常见的。③

这一时期的医疗条件也比较落后。由于很少有医生，也没有医院和诊所等医疗服务机构，儿童的卫生保健是较差的。据一些研究者指出，在7至11世纪的明斯特墓地，167个被安葬者中有24个死胎和新生儿（零岁）（占14.4%），8个婴儿（至1岁）（占4.8%），45个儿童和青年（至18岁）（占27%）。19%的儿童只活了不到2岁，还有27%是约在18岁以下死亡的。只有54%的儿童存活下来。④ 在中世纪西欧，儿童生病主要在家里

---

① 〔德〕恩格斯.马克思恩格斯全集[M].第7卷.北京：人民出版社,1975:400.
② V. Celia Lascarides, Blythe F. Hinitz. History of Early Childhood Education[M]. Falmer Press, 2000:29.
③ V. Celia Lascarides, Blythe F. Hinitz. History of Early Childhood Education[M]. Falmer Press, 2000:29.
④ 〔德〕汉斯-维尔纳·格茨.欧洲中世纪生活[M].王亚平,译.北京：东方出版社,2002:58.

治疗。当时的许多家庭都备有一些草药用来治病,常用的方法有:把薄荷草编成花环套在头上用来治疗头痛或眼疾;用生洋葱涂抹被疯狗咬破的地方等。虽然还是大家庭,人口较多,但是男孩和女孩能够全部存活是不多的。因此,如果一个男孩或女孩能够很好地存活下来,是比较幸运的,可以得到较好的照顾。

这一时期,由于生活条件的限制,儿童的生活空间与成人往往是不分的。当时的许多家庭大多只有一间房屋,即便是一些富人家庭,房间也是有限的。最初,儿童都是与大人一起睡在同一个大房间里的,没有自己的房间,没有自己的床。当以后成人有了较为合适的床,儿童则睡小一些的、较低的、一种可以推入大床下面的轮式矮床。这种床有小轮子固定在床架下,晚上从大床下面拉出来,到了早上又推回去。再以后随着生活条件的改善,富人家庭的房间开始增多,儿童的居住条件得到改善。据资料记载,大约到15世纪,富人家庭的男孩和女孩开始有了自己独自的房间。①

同样,儿童的服饰也没有引起社会太多的关注。在同一社会阶层中,所有年龄的人都穿同样的服装。直到1500年以后,富裕家庭和中等阶层家庭的父母不再给自己的孩子穿成人改小的衣服,而是根据孩子的年龄定制特别的服饰。这种把服饰作为社会地位的象征是有意义的。它表明,对于处于童年时期的所有儿童来说,至少是上层社会的儿童来说,已经具有对儿童实际存在的一种认同。

这一时期,尽管儿童的生活比较单一,生活条件比较差,但他们还是有许多娱乐和游戏活动的。每当到了闲暇时节,无论是城里人还是乡村人都要聚在一起,组织自己的娱乐活动。在活动中,音乐是不可少的。当然,人们不仅是听音乐,还能够自编旋律,弹奏乐器。由于当时还不能把旋律记录下来,为了使音乐活动能够进行下去,人们要不断地重复、添加、修改,直到一首生活化的、简单的旋律为大家所记下并熟知。儿童也非常喜欢参加这样的活动,他们经常学唱一些成人的旋律,并把自己编的歌词放在里面,来代替不能理解的成人歌词。

以上的情况表明,西欧中世纪儿童的生存和生活在很大程度上是受社会条件和成人对待儿童的态度影响的。儿童的生活依赖于成人,其生活的改善也有赖于成人。儿童主要是生活在成人世界里的,这也决定了儿童地位受成人的影响很大。在中世纪后期,随着成人生活的改善,儿童的生活空间也发生了一定的变化,他们不仅有了自己独自的房间,在娱乐活动和游戏活动上也会有一些乐趣和选择性。他们可以参加自己喜爱的活动,可以根据自己的理解改编成人的歌词等。儿童的天性和精力在一定空间内得到了释放和体现。

(二)西欧中世纪儿童的地位

在西欧中世纪,由于儿童每日生活在成人的生活中,成人没有对儿童生活和儿童期以特别的关注,成人对儿童的特殊性的认识是不够的。20世纪60年代,法国历史学家菲力浦·阿利埃斯根据当时的教育书籍、肖像画和抚育儿童的方式等多方面材料研究了

---

① 〔德〕汉斯-维尔纳·格茨.欧洲中世纪生活[M].王亚平,译.北京:东方出版社,2002:41.

中世纪的儿童。他得出的结论是，儿童在中世纪文化中毫无地位可言。[①] 他认为，在中世纪的肖像画中，儿童只是一个小型的成年人；中世纪的文学作品没有刻画出具有鲜明个性的儿童形象。儿童与同一阶层的成年人生活在一起，并没有引起人们的注意。

由于儿童的生活没有引起人们的足够重视，中世纪西欧儿童的儿童期往往是比较短暂的。对于儿童来说，虽然他们从小能够得到母亲的照顾，但是在6—7岁时，他们的童年期就结束了。[②] 参加劳动、接受教育成为儿童的主要任务。这种情况不仅体现在普通民众身上，社会的贵族阶层也是这样。在中世纪的成人看来，童年期是幼稚的代名词。成人对儿童的期望是，希望他们尽快长大，摆脱幼稚的童年期。

关于中世纪儿童的地位问题，20世纪80年代，美国历史学家尼尔·波兹曼（Neil Postman）从"语言文化"的角度进行了分析。他认为，中世纪儿童地位低下的原因主要有以下几个方面。

其一，中世纪识字文化的缺乏导致大众读写能力的消失。尼尔·波兹曼指出，在西罗马灭亡以后，读和写主要保持在教会人士组成的抄写阶层中，它使得当时社会的交往主要是通过口头的、面对面的方式进行的。这样，在没有文字的口语世界里，不仅没有成人的概念，更没有儿童的概念了。

其二，中世纪社会对口语文化的过分重视导致了基础教育的消失。由于中世纪是以口语文化为主的，儿童7岁就能够驾驭语言（天主教会指定7岁为理性的年龄），会说和理解成人所说的内容。因此，当时人们认为开设学校，特别是小学是没有必要的。即使有教会或私人办学的存在，但是作为为进一步学习打基础的初级学校的概念是不存在的。例如，中世纪的学校没有出现按课程难易程度来编排课程的分级制度，也没有按不同内容和年龄分班的制度，儿童是混杂在一起学习的。

其三，以上两个方面的因素又导致中世纪的儿童缺乏关于羞耻的观念。由于儿童很早就掌握了口语交际的能力，使得儿童与成人没有什么区别，儿童和成人的世界被混淆了。成人世界的许多东西，包括一些不应当让儿童知道的东西，不加区分地完全暴露给儿童，儿童对于成人的世界见怪不怪，不知羞耻，失去了与成人的区别。[③] 在尼尔·波兹曼看来，中世纪的西欧，人们是没有关于童年的概念的，人们对于儿童是缺少兴趣和认识不够的。

以色列历史学家苏拉密斯·萨哈（Shulamith Shahar）则从"教会文学"的角度分析了中世纪儿童的地位。

第一，在中世纪西欧，教会文学关于儿童形象的消极描写，在很大程度上影响了人们对待儿童的态度。在中世纪，教会文学常常把儿童当成负担，或者说是引起罪孽的根源。父母生孩子是件好事，但有时孩子成了实现美德的障碍。一些教会文学作品常描写到，为了负担孩子，农夫们交不上"什一税"，有时父母不得不去做令人厌倦的工作。因此，中世纪的教会文学倡导的思想是，孩子活在世上时，可以恰当地抚养他们；如果他们早夭，

---

① P. Ariès. Centuries of Childhood：A Social History of Family Life[M]. Random House，1962：23.
② 〔德〕汉斯-维尔纳·格茨. 欧洲中世纪生活[M]. 王亚平，译. 北京：东方出版社，2002：59.
③ 〔美〕尼尔·波兹曼. 童年的消逝[M]. 吴燕莛，译. 桂林：广西师范大学出版社，2004：19-20.

也别抱怨太多和过分忏悔。①

第二，中世纪儿童地位的低下也受到了教会文学对待母亲态度的影响。在中世纪的教会文学作品中，一般很少提到妇女是如何做母亲的。神学家和教会法学家的著作也是如此。中世纪的基督教文化更重视的是男人和女人的角色，而不是父亲和母亲的角色。在基督教看来，家庭里生儿育女本身没有价值，只有准备让孩子受到真正的基督徒式的教育才有意义。父母有孩子是件好事，因为可以培养孩子信奉上帝，而不是希望个人传宗接代。因此，在家庭里，母亲最重要的职责不是抚养儿女，而是崇拜上帝。②

当然，在中世纪成人对儿童的认识并不是一成不变的。到了12世纪，社会开始出现一些与基督教持不同态度的文学作品，表达了对儿童的同情和喜爱。这些认识上的变化主要与中世纪社会的发展有关。法国学者菲力浦·阿利埃斯指出，在12世纪，基督常被描绘成儿童，开始受到体贴的对待，允许有适合自己的游戏。大约在13世纪以后，中世纪社会也开始出现关于儿童的新观点，形成了关于三种类型儿童的认识。③

第一种类型是根据儿童的外貌和姿态把他们描绘成天使，一个少年的教士。这些小教士是各种年龄的儿童。他们是接受教会的训练，注定为神圣秩序服务的人。还有的是某一时期神学院和拉丁学校的儿童，他们也是为将来预备成为教士而接受教育的。第二种类型是婴儿的耶稣，或是年幼的圣母玛利亚。在这里，童年与对母性的神秘和对玛利亚的崇拜联系在一起。最初，像其他儿童一样，幼年的耶稣也是缩小比例的成人：一个上帝的牧师。12世纪以后，耶稣的童年形象在绘画中更多出现了一些关于现实的和情感化的描述。耶稣被描绘成穿着薄的、几乎透明的服饰，转动着身体，用胳膊环绕母亲的脖子，依偎着母亲的形象。伴随着纯洁无瑕的母性，对儿童的认识进入一个绘画描述的时代。到了13世纪，这种绘画开始表现普通的家庭场面。在一些绘画中，父母被许多孩子所围绕着，他们手拉着手。第三种类型出现在哥特式建筑时期，主要是通过裸体的儿童来表现儿童的纯真。

以上学者的观点表明，在中世纪，由于社会发展条件的限制，成人对儿童的认识还是有限的。原因之一是，从社会基础看，中世纪西欧以农业为基础的经济结构和以基督教为核心的神学文化在很大程度上决定了成人的生活和他们对待生活的态度，这些也决定了他们对待儿童的态度，并直接影响了对儿童地位的认识。原因之二是，从世俗文化看，儿童生活在成人世界中，他们就是小的大人，成人希望他们尽快摆脱幼稚，尽快成人。原因之三是，从基督教文化看，父母生儿育女、传宗接代本身没有价值，只有让孩子受到真正的基督教教育，崇拜上帝才有意义。因此，这一时期的人们对儿童地位的认识是不够的。直到中世纪后期，随着社会政治、经济和世俗文化的发展，教会因素有所减弱，这种情况才有所改变。儿童的形象由最初的神圣的儿童，为宗教服务的儿童，逐步变为一个连接父母情感的儿童，一个环抱母亲和被母爱保护的儿童，一个纯洁、可爱、身心健康发展的儿童。

---

① 〔以〕苏拉密斯·萨哈. 第四等级——中世纪欧洲妇女史[M]. 林英，译. 广州：广东人民出版社，2003：112.
② 〔以〕苏拉密斯·萨哈. 第四等级——中世纪欧洲妇女史[M]. 林英，译. 广州：广东人民出版 2003：106-111.
③ P. Ariès. Centuries of Childhood: A Social History of Family Life [M]. Random House, 1962: 34-35.

(三) 西欧中世纪儿童的特性

关于西欧中世纪儿童特性的认识，也是研究者们特别关注的问题。20 世纪 60 年代，法国学者菲力浦·阿利埃斯在他的《儿童的世纪》一书中指出："在中世纪社会，童年的观念是不存在的。但这不意味着儿童被忽视，被抛弃，或被鄙视。童年的概念不能与对儿童的感情所混淆：它是与对儿童特性的意识相一致的，这种特性使儿童与成人相区分，甚至与年轻的成人相区分。在中世纪社会，这种意识是缺乏的。这也就是为什么孩子虽然离开他的母亲、奶妈和摇篮，他们仍然能够存活。他们是属于成人社会的。"① 这也就意味着，在中世纪虽然人们没有对儿童地位及特性的清晰认识，但是对儿童的存在是充满感情的，儿童不仅属于家庭，而且属于整个社会。

不过，萨哈在《中世纪的童年》中指出，在中世纪中期和后期，不仅有童年存在的概念，而且还认识到儿童生活发展的不同阶段。中世纪的父母在育儿上不仅有物质上的投入，也有情感上的资源。在婴儿和幼儿之间存在的高死亡率不是情感上的缺乏，而是有限的医学技术的结果。② 萨哈概括了起源于中世纪之前或期间，一直在中世纪的以后时期对认识幼儿特性产生影响的几个比较重要的观念：(1) 童年是天真的。这可以在中世纪基督教的《圣经》和注释中得到反映。(2) 儿童是由自身的内驱力所控制的。这可以在中世纪基督教圣经的注释中发现，也在以后为弗洛伊德（Sigmund Freud）所发展。(3) 童年期是将来成人发展的基础，尽管人类的依赖期要长于动物。(4) 为了正常的发展，儿童既需要身体上的养护，也需要情感上的关爱，以及与成人的交往。(5) 童年是可以分阶段的。这一概念为后来的心理学家埃里克森（Erik H. Erikson）和皮亚杰（Jean Piaget）所接受。

在中世纪社会，人们对儿童特性的认识也有矛盾的方面。受罗马人对儿童特性认识的影响，一方面，在宗教信仰和宣传中，儿童代表了纯洁、甜美、可爱和天真的形象——这可以从纯洁可爱的作为婴儿的耶稣身上看到；另一方面，基督教神学家又把儿童与"原罪说"联系起来，认为儿童是带着"原罪"来到人世的，生来带有罪恶。如奥古斯丁就强调在上帝面前，没有人是纯洁的，即使是刚刚出世的婴儿也不例外。因此，儿童天生就要严格管理，以免变成邪恶的人。在中世纪，当这一学说取得支配地位时，使得想要成为基督教徒而进行洗礼的人的年龄不断降低，最后到了婴儿身上，刚出生的婴儿也要接受洗礼。儿童成为邪恶、自私、任性和缺乏道德的代表。

在中世纪，还有两个影响比较大的关于儿童特性认识的观点：一个是《圣经·旧约》中关于儿童的观点，这一观点认为儿童是生来有罪、没有权力的人，儿童天生就应当严格管理；一个是《圣经·新约》中关于儿童的观点，这一观点认为儿童天生是无罪的，是善良的，只要环境有利于儿童发展，他们长大就会成为好人。与此相关，中世纪关于女性的认识也有两种不同的观点：一个是关于妇女是罪恶之源的观点，代表人物是夏娃；一个是关于女性是慈爱和善良的象征的观点，代表人物是耶稣的母亲玛利亚。她们不同的形象都

---

① P. Ariès. Centuries of Childhood: A Social History of Family Life [M]. Random House, 1962:128.
② V. Celia Lascarides, Blythe F. Hinitz. History of Early Childhood Education [M]. Falmer Press, 2000:30.

对认识儿童,特别是母子关系产生了重要的影响。这些观点表明,在中世纪,存在不同的认识儿童的积极的和消极的价值观体系。不过,从当时占主导的教育思想和教育实践来看,以"原罪说"为代表的观点恐怕是占统治地位的,因为它更有利于对儿童进行教育和管理。

(四) 西欧中世纪的学前教育

1. 儿童的早期养育

在中世纪的西欧,儿童早期的养育内容和方法还是非常丰富的。从婴儿期到7岁的生活中,大部分儿童都是由母亲照顾的。这一时期,母亲和奶妈在养育儿童方面,特别是在处理与儿童的冲突方面已经有了一些技巧。据记载,一个奶妈用"转移儿童注意力"的方法来取代与孩子的正面冲突。这位奶妈的经验是,对于一个小孩子,如果某些东西不适合给他,则不能给他看;如果孩子恰好看到,就应当拿别的东西以转移孩子的注意;如果他要的某些东西是允许的,并且不会对他造成伤害,就可以给他;如果他受到了物体的伤害,奶妈要防止孩子报复伤害他的物体,可用小的礼物安慰他。[①]

到了7岁,儿童有了更多的自由活动。当然,父母和社会也非常重视对儿童的监管,因为它可以在一定程度上保证儿童的存活。同时,人们认为对儿童加强纪律管束是必要的。15世纪,西欧已出现大量劝诫和训练儿童的书籍,以帮助父母和社会其他成员养育儿童。[②]

2. 儿童的日常生活教育

中世纪西欧儿童的日常生活教育是最经常的教育。无论什么阶层的孩子,这种教育主要在家庭中完成。在穷人家庭,男孩主要是通过在生活中帮助父母、邻居和朋友来学习;女孩主要是帮助家里做家务,很少有书本知识的学习。在富人家庭,男孩一般在家里接受家庭教师的教育,或者被送到高一级的家庭中作侍童。在别人家里,儿童要学习好的礼仪和行为;学习如何摆放桌子,招待客人;如何为主人穿、脱衣服,为主人铺床、斟酒,或饭前端盆洗手;等等。为此,男孩要接受许多行为规范的训练。训练时的一般要求是:"不要用手挠头或后背;不要作呕,不要吐唾沫太远;不要大声地笑和讲话;不要说谎;不要舔嘴唇或淌口水;不要用舌头舔盘子……"[③]另外,随父母去教堂作弥撒也是儿童日常生活教育的重要内容之一。当时,不管是穷人家的还是富人家的,不管是城镇的还是乡村的,孩子们每天都要作弥撒,接受宗教教育。

女孩也会接受一定的教育。她们常常与兄弟一起接受家庭教师的教育;或者有自己的女家庭教师,学习读写。女孩也常像她们的兄弟一样,在一个贵族家庭中成为服侍贵夫人的人。在那里,她们要学讲法语,行优美的屈膝礼,学刺绣,学习如何保藏水果,制作香料、药剂和药膏,弹奏乐器,跳舞和唱歌,纺纱等。

这一时期,由于人们的许多工作和劳动都是在家里完成的,因此,儿童也常在家里帮

[①] V. Celia Lascarides, Blythe F. Hinitz. History of Early Childhood Education[M]. Falmer Press, 2000:31.
[②] V. Celia Lascarides, Blythe F. Hinitz. History of Early Childhood Education[M]. Falmer Press, 2000:32.
[③] Molly Harrison. Children in History, Book one The Middle Ages[M]. Hulton Educational Publication, 1959:93.

忙,从事一些力所能及的劳动。不过,生活在不同地区的儿童劳动是有区别的。在乡村,男孩一般要帮助大人采摘水果、花朵或大麦用来酿酒,学烘烤面包和烤肉;女孩则帮助母亲纺织或织布。除了家庭劳动外,男孩还要在庄园和城镇里进行一定的劳动。如当大人在给马钉马掌时,男孩要帮助照看马匹;大人在用马匹耕地时,男孩则在前面负责牵马。

3. 儿童的知识教育

一般来说,中世纪西欧不同阶层的儿童都是能够接受一定知识教育的,只不过其教育内容和方法是不同的。

上层社会儿童的知识教育通常开始于 5—6 岁,主要在家里由父母或私人教师提供。对于这一阶段的儿童教育,教育者一般都比较注重儿童的特点,强调儿童的学习应当是逐步的和温和的,不主张强迫儿童学习和每天长时间地学习。为了使儿童喜欢学习,一些人也发明了一些比较有趣的方法,如"文学游戏"的方法,用小的奖励,或者给孩子买新鞋子、墨水瓶架,或书写用的石板等作为奖品。成人有时还用水果或糖果组成字母,让孩子认识。如果孩子认识某一字母,就让孩子把这一字母吃了。当男孩到了 7 岁时,他的父亲就开始教育他,而母亲继续教育女儿。母亲负责女儿的宗教教育,为了使她们准备承担将来作为母亲和家庭主妇的角色。有的主张给女孩一些基础的教育,但反对者认为不应当教她们读写,因为有些知识可能会使女孩接触罪恶,导致犯罪。也有人认为,读写可以帮助女孩管理地产和家庭的账目。母亲和保姆也把社会传统的或流行的女性文化传递给女孩。不过,在中世纪的许多情况下,女孩的教育还是有限的,没有得到足够的重视。

一些农民家庭的孩子也能够接受一定的知识教育。这些孩子可以接受村里的牧师,或靠近镇子的修道院或世俗机构的教育。通过教育,他们中的大部分儿童将成为神职人员或修道士;少量的懂得一些文学的儿童可能成为庄园法庭的抄写员、庄园的职员,或最早的城市公务员。有人认为,在中世纪,一些被认为贫穷的孩子可能要比那些富人家庭的后代更聪明和漂亮。因为富人家的孩子往往在家庭中被溺爱和放纵,常常变得顽固和叛逆。由于儿童倾向于模仿成人的活动,因此教育中要求成人要为儿童提供好的榜样。教育的主要任务也是防止社会腐败和有害文化对儿童产生不良影响,防止的方法主要是惩戒和鞭打。①

中层社会家庭的孩子接受知识教育的时间主要在 6 岁开始。学习的课程主要是读写算和一些适当的内容。有研究者指出,当时还没有出现这样一种在学习其他学科之前先学习比较容易学科的思想。由于没有一套系列的课程,学生可以从任何一门学科开始,也可以跟在其他任何学科的后面学习。结果是,那些学习好的学生与学习比较差的学生的区别,不在所学的学科,因为这些学科都是相同的,而在学习这些学科时所花费的大量的时间。②

在中世纪儿童知识教育中,语言学习(主要是口语)的任务是比较繁重的。当时,拉

---

① V. Celia Lascarides, Blythe F. Hinitz. History of Early Childhood Education[M]. Falmer Press, 2000:33.
② V. Celia Lascarides, Blythe F. Hinitz. History of Early Childhood Education[M]. Falmer Press, 2000:33.

丁语是基督教教会的语言,但是欧洲大部分人讲的语言是法语。① 这意味着,许多男孩或女孩在学习拉丁语的同时,还要学习学拉丁语时所需要的语言——法语。而在英国,包括英语在内的三种语言的学习,则成为儿童教育的主要内容。

在儿童的知识教育中,能够满足儿童乐趣的书是比较少的,与儿童有关的书籍主要是关于教导、语法、字典和动物寓言集的,还有就是大量的令儿童听起来毛骨悚然的故事书。另外,儿童还要学习宗教入门书。这种书通常只是一页纸,包括字母表和一个或两个写在上面的祈祷文。②

在知识学习的方法上,由于成人的严格管教,儿童的天性往往要受到较多的压抑。当时,无论是在家庭,还是在学校,成人对于儿童的要求都是非常严格的。在家庭里,儿童在父母面前要保持安静,听从父母的说教;在学校里,儿童要安静地坐着,服从教师的管教,否则就要给予责备和体罚。总之,在这一时期,成人希望儿童在所有需要学习的事情上都要服从,反映出中世纪西欧学前教育的主要特点。

二、文艺复兴时期的学前教育

文艺复兴是指发生于14—16世纪西欧出现的文化艺术复兴运动。随着中世纪后期封建制度的变化,骑士制度、封建主义、神圣罗马帝国、教皇统治权威、商业行会制度逐渐衰落,用宗教和道德来解释人生的经院哲学也失去垄断地位。③ 一种新的制度和理想逐步代替旧的制度和理想,这就是文艺复兴运动。文艺复兴的原意是再生,通常指14世纪意大利语"Trecento",即突然对希腊罗马古典文化发生兴趣。但确切地讲,在中世纪后期,人们已对古典文化有了兴趣。文艺复兴应当指从10世纪开始的一系列复兴运动所达到的高潮。这些运动的共同特征是对古典作家的敬仰。④

文艺复兴运动是以复兴古希腊、古罗马文化的形式出现的。它首先在意大利产生,以后逐渐扩展到德国、法国、英国等地。从14世纪开始,以意大利为中心,西欧各国普遍兴起了搜集、整理和研究古希腊、古罗马文学和艺术作品的热潮。1400年,拜占庭帝国受到土耳其的威胁,一大批希腊学者为躲避战乱逃到意大利。1453年,拜占庭为土耳其所灭,更多的希腊学者逃到意大利。这些学者到意大利后,不仅带来了大量古希腊、古罗马的作品,而且开设学校,传播古希腊、古罗马文化,从而进一步促进了西欧对古典文化的了解。

文艺复兴运动的思想基础是人文主义。文艺复兴人文主义的基本特征是:歌颂世俗以蔑视天堂,标榜理性以取代神性;反对中世纪教会所宣扬的来世观念、禁欲主义和蒙昧

---

① Molly Harrison. Children in History, Book one The Middle Ages[M]. Hulton Educational Publication, 1959:87.
② Molly Harrison. Children in History, Book one The Middle Ages[M]. Hulton Educational Publication, 1959:95.
③ 〔美〕爱德华·麦克诺尔·伯恩斯,等.世界文明史(第二卷)[M].罗经国,等译.北京:商务印书馆,1990:118.
④ 〔美〕爱德华·麦克诺尔·伯恩斯,等.世界文明史(第二卷)[M].罗经国,等译.北京:商务印书馆,1990:118-119.

主义,强调人是现世生活的创造者和享受者;要求文学艺术表现人的思想感情、科学为人生谋福利、教育发展人的个性,要求把人的思想、感情、智慧从神学的束缚中解放出来。人文主义者反对神性,提倡人性;反对神权,提倡人权;反对宗教束缚,提倡个性自由。它打击神的权威,讴歌人的能力与作用,在一切领域中都贯穿"抑神扬人"的原则。文艺复兴的人文主义思想实际上是一种以人性解放为中心的"人性论"的世界观。这种新的世界观,对各类教育,也包括学前教育产生了重要影响。

(一) 文艺复兴时期人文主义的儿童观

在文艺复兴时期,人文主义者在反对"原罪说"的基础上,提出了不同于中世纪的儿童观。在对儿童的认识上,他们主要从三个方面来认识儿童:① 从对人的一般特性认识出发,认为人是一个有智慧的人,和谐发展的人,因而要尊重儿童,给儿童以广博的知识,促进儿童的和谐发展;② 从对自然一般特性的认识出发,认为人是自然的一部分,教育应当遵循自然发展的秩序,并适应儿童自然发展的特点,使儿童得到自然的发展,特别是身体的健康发展;③ 从对人与神的关系的认识出发,认为人是上帝最好的造物,是最宝贵的、上帝生气勃勃的形象。因此,教育者要关心和热爱儿童,促进儿童的成长。

人文主义者的儿童观继承和发扬了自古希腊、古罗马和中世纪以来的对儿童积极评价的看法,肯定了儿童的地位和价值,是具有意义的。不过,他们的观点是建立在对儿童一般的和抽象认识的基础上的,多是从成人认识的角度来看待儿童,还存在一定的不足。

(二) 文艺复兴时期的学前教育思想

这一时期,一些教育家关心儿童教育,提出了许多关于学前儿童成长、发展的教育思想。

1. 维吉乌斯的学前教育思想

维吉乌斯(W. Vegius,1406—1458)是意大利著名的人文主义教育家。他十分关注幼儿教育问题,于1450年写成了《儿童教育论》一书,论述了学前教育思想。

关于胎教以及初生婴儿的养育问题,维吉乌斯提出了一些具体的建议。例如,孕妇的生活环境要舒适、安静、愉快,确保孕妇的顺利分娩;婴儿出生后必须由母乳哺育;婴儿的睡眠要有充足保证;根据幼儿的体质和自然需要提供衣服和食品,不给奢侈的食物;尽早地锻炼幼儿的耐寒能力和适应气候的能力;保护幼儿的人身安全,不给幼儿任何尖利或危险的器具,使他们免遭一切对身体的损伤。这些建议反映了人文主义者的新的儿童观,对于保护婴幼儿的健康、培养其健全的体魄是非常重要的。

关于儿童的行为教育和礼仪教育,维吉乌斯主张,成人要以经常赞扬好的行为、宽容细小过失的办法来教育儿童。儿童教育既要严肃认真,又要充满关心和爱。在儿童礼仪教育上,维吉乌斯认为,儿童从懂事起就应接受高尚的礼仪教育。"我们应该教育孩子要热情地问候,亲切地答礼,客人来去要殷勤有礼貌,并不拘于客人的多少。"[①]

---

① 〔日〕梅根悟.世界幼儿教育史(上册)[M].刘翠荣,等译.长春:吉林人民出版社,1986:6.

关于儿童教育的方法,维吉乌斯认为,在儿童的发展中,教育方法是非常重要的,但要考虑儿童的不同个性,"教育方法必须根据儿童个性的不同而有所区别"①。

2. 伊拉斯谟的学前教育思想

伊拉斯谟(Desiderius Erasmus,1466—1536)是文艺复兴时期尼德兰的人文主义教育家。他曾在巴黎大学学习,接受了人文主义思想。伊拉斯谟的教育著作很多,包括《愚人颂》《一个基督教王子的教育》《论正确的教学》等,其中《一个基督教王子的教育》(1516)反映了他的学前教育的主张。虽然这是一部关于王子教育的著作,但其中所阐述的学前教育思想也适合普通家庭儿童的教育。其学前教育思想包括以下几个方面。

(1) 重视孩子的早期教育。伊拉斯谟建议,当孩子开始懂事时,就要通过游戏和故事来教育他们,使他们学习读、写、画,促进智力发展。他认为有三个要素影响个人发展:自然(儿童的天赋)、训练(教育和指导下的熟练运用)和练习(自我方面的能动性)。在他看来,自然天赋是有力的,而训练辅之以练习则更为有力。正确教育的基础,是儿童在家里从自己父母身上获得的训练。

(2) 要为孩子选择好的导师。伊拉斯谟主张,要认真选择导师,使他承担起教育孩子的职责。选择导师的要求是:"具有优秀品德和无可争辩的原则性、严肃,不仅精通理论而且具有丰富经验的人——年长,使他们受到深深的尊敬;生活纯洁,使他们享有威信;爱交际和态度温柔,使他们得到爱和友谊。这样,一个幼弱、年轻的人,不至于因严格训练而受到损伤,不会在还没有懂得社会准则的时候就学会怀恨准则。另一方面,他也不会由于都是没有经验的放纵而品德败坏,滑到不应该的地步。"②

(3) 要观察和引导孩子成长。伊拉斯谟主张导师要仔细观察孩子的性情,要发现孩子在很小的年龄,是倾向于急躁还是傲慢,倾向于希望成名还是苛求名声,倾向于放荡还是赌博、贪恋,倾向于抵抗还是战争,倾向于鲁莽还是残暴。当导师发现孩子的弱点时,应该用优良的理论和适当的教导教化他,设法把一个尚易于接受引导的人引向更好的道路。如果发现孩子天性倾向于生活中的易事,或者无论如何只倾向于那些容易转化为美德的坏事,例如功名心和挥霍浪费,导师则应该更加努力,帮助孩子天性的长处得以发扬。③

(4) 要培养孩子良好的性格。孩子在成长中形成良好的性格是非常重要的,伊拉斯谟要求母亲和保姆不要娇惯和放纵孩子,要保护孩子的心灵。他认为,保姆与母亲共同的缺点就是放任而纵坏她们孩子的性格。保姆身上有两大缺点——愚蠢和阿谀。如果有这样的人,应该让她们尽早离开孩子。

(5) 要选择好的同伴和环境。伊拉斯谟认为孩子的成长环境非常重要。因此要让孩子远离那些阿谀奉承的人,除了选择好的导师和保姆外,还要给孩子找一些性格诚实

---

① 〔日〕梅根悟.世界幼儿教育史(上册)[M].刘翠荣,等译.长春:吉林人民出版社,1986:5.
② 华东师范大学教育系,浙江大学教育系.西方古代教育论著选[M].北京:人民教育出版社,2001:205.
③ 华东师范大学教育系,浙江大学教育系.西方古代教育论著选[M].北京:人民教育出版社,2001:207.

的伙伴,"他们将殷勤相处而不用阿谀,习惯于说话风雅,并且不会仅仅为了讨好而欺骗或说谎"①。

(6) 要为孩子选择好的书籍。伊拉斯谟认为,孩子最初选择哪些书籍来读是十分重要的。"不正经的谈话毁坏心灵,不正经的书籍毁坏心灵的程度不比它稍差。没有声息的文字会转变成为态度和情绪,特别是当它们碰上一个有某些缺点的天然性格的时候更会如此。"②在他看来,天性粗鲁的孩子阅读残暴的故事容易引发他的残暴。

3. 拉伯雷和蒙田的学前教育思想

拉伯雷(Rabelais,1494—1553)和蒙田(Montaigne,1533—1592)都是以文学作品来影响后世教育思想的法国人文主义作家。在他们的文学作品中,批判了封建制度及其教育,阐述了新的教育观。

(1) 拉伯雷的学前教育思想

拉伯雷的主要代表作是《巨人传》,书中批判了经院主义教育,提出了人文主义教育的主张:在愉快、自由教育的基础上培养儿童。

《巨人传》这部小说主要写了国王儿子的成长和教育过程。为了培养王子,国王先请了经院主义学者做家庭教师。在经院主义教师的训练下,小王子不但能把拉丁课文全部背诵下来,而且还能倒背如流。小王子除每天做半个小时功课之外,其余时间就是睡觉、吃饭等,结果成了一个又呆又傻的人。国王后来辞退经院主义教师,请了人文主义教师,小王子开始了新的生活。在白天,新教师教王子学习文学和实用科学,并且用玩牌的方法教他学数学,增加乐趣和刺激;同时也对他进行军事、体育等训练。晚饭后,进行谈话、唱歌以及演奏乐曲、讲故事等。睡觉前还要"向教师复述一天所读到、见到、学到、做到和理解了的东西"③。除每天进行这样的安排外,教师还带王子去参观、访问、旅行等。这样的教育使整个学习过程变得轻松、愉快,富有吸引力,王子不再把学习当成苦役,而觉得"这种教育虽然在开始时似乎有些困难,但是不久以后,它就变得那么甜蜜、轻松和愉快,与其说它是一个学生在学习,不如说它是一个国王在娱乐"④。

可见,拉伯雷的学前教育思想的特点在内容上是丰富、多样的;在形式上是寓教于乐、轻松愉快的;在师生关系上是平等、自然的。

(2) 蒙田的学前教育思想

蒙田是文艺复兴时期法国的思想家和散文作家,他反对经院主义哲学,主张人的理性自由发展。他的代表作是他的《散文集》。其教育思想主要集中在第24章《论学究气》和第29章《论儿童教育》。

蒙田十分重视儿童的早期教育,认为儿童的教育是人生最重要的事情。他批评经院主义教育只注重训练儿童的记忆,不给儿童以发展智力的机会,不给儿童独立行动的自

---

① 华东师范大学教育系,浙江大学教育系.西方古代教育论著选[M].北京:人民教育出版社,2001:219.
② 华东师范大学教育系,浙江大学教育系.西方古代教育论著选[M].北京:人民教育出版社,2001:222.
③ 华东师范大学教育系,浙江大学教育系.西方古代教育论著选[M].北京:人民教育出版社,2001:330.
④ 华东师范大学教育系,浙江大学教育系.西方古代教育论著选[M].北京:人民教育出版社,2001:332.

由,以致把儿童变成了奴性和胆怯的人。蒙田主张,教育应跟随自然、依照自然,把儿童培养成具有自由精神的"新人"。

如何培养这种新人?他认为,首先要培养儿童的判断力。他反对死读书本知识的教育,主张进行有用的、重实效的教育。他强调要发展儿童的智力,要以儿童自己的判断和思考去寻求真理。如果儿童对一个事物不能辨清真伪时,宁肯让他怀疑,切勿让他盲从。其次,在教学上要用自然的、多样的、自由的教学方法代替中世纪单一的、抽象的和奴隶式的教学方法,在他看来,没有一种完全适合一切学生的教学方法,试图用一样的内容和一样的方法去教育许多具有不同才能、不同心理倾向和品质的人是注定要失败的。教师应根据学生兴趣之所在,使教学做出相应的调整。

总之,在拉伯雷和蒙田看来,应在令人愉快和富有刺激的环境中来进行儿童的自由教育、身心并行发展的教育和认识所有事物的教育。这种教育才是人文主义的教育,是学习知识、培养才智的教育。这种教育培养的人生气勃勃,具有道德和理智判断力,才是社会所需要的新人。

(三)文艺复兴时期的学前教育实践

在人文主义思想和科学技术的影响下,文艺复兴时期的学前教育实践也发生了一些新的变化。

(1)新的儿童观的传播,使人们意识到教育的重要性。社会的中产阶级更希望让自己的子女接受教育,因为这是他们上升到贵族和获取社会重要职位的主要途径。因此,许多人文主义者对教育进行了大胆的改革,创立了许多符合儿童需要的新的教育形式,在教育内容和方法上都进行了许多新的尝试。

(2)出现了供儿童使用的小字典。据一些研究者分析,这种小字典可能是为4岁的儿童使用的。目的是希望儿童在进入学校学习和做学生之前能够认识一些生字。通常人们认为4岁是学习知识的年龄;6—7岁是进入学校的年龄。但是,女孩很少有这样的机会,因为她们的生活仍然继续在家庭中。[①]

(3)新的技术手段的出现也促使学前教育实践发生一些变化。一些研究者指出,文艺复兴和宗教改革时期的科学取代中世纪的亚里士多德学派的科学,在很大程度上也可以归因于印刷术的作用。自从有了印刷术,儿童必须通过学习识字,进入文字印刷的世界,才能变成成人。由于有了印刷术,《圣经》可以大量印刷,也有利于宗教知识的学习和普及。为了达到这个目的,儿童也必须接受教育。因此,文艺复兴和宗教改革运动重新创造了教育,重新定义了儿童,使学前教育实践发生了新的变化。

总之,基督教的存在和发展不仅决定了中世纪的教育目的,也决定了学前教育的目的。它对学前教育的影响是双重的。一方面,它使得父母生儿育女、传宗接代本身变得没有什么价值,只有让孩子受到真正的基督教教育,使孩子崇拜上帝才有意义;另一方面,它又使得儿童教育,特别是儿童的精神教育可以超越世俗,超越现实父母、家庭、社会

---

① V. Celia Lascarides, Blythe F. Hinitz. History of Early Childhood Education[M]. Falmer Press, 2000:34.

和国家的束缚,直接与对上帝的信仰联系起来,强调一种对世俗进行质疑和批判的能力,赋予学前教育以极大的重要性。文艺复兴时期的学前教育在儿童观上发生一些新的变化。人文主义者把儿童看作是一个理性的、和谐发展的人,看作是上帝最好的造物。他们注意到了儿童自身的特点,要求尊重儿童,适应儿童发展的特点,使儿童得到自然的发展,特别是身体的健康发展。当然,文艺复兴时期的教育家对儿童的认识是充满矛盾的和局限的。他们虽然看到了儿童与成人之间的区别,但是认为儿童与成人在本质上并没有什么根本的不同;虽然看到了儿童与成人的不同,但是缺乏对儿童之间区别的认识;虽然看到了儿童与成人交往时儿童对成人的影响,但不认为儿童在发展中有什么特殊的需要,儿童发展的主要任务是服从成人的安排,按照成人的安排活动。这些认识反映了当时的社会还是一个以成人为主的社会,儿童的发展和教育往往由成人所支配,儿童的存在和地位也往往被忽视。

自我评量

名词解释
1. "优生优选"制(斯巴达)　2. 教仆　3. "白板说"(亚里士多德)
4. 十二铜表法　5. "原罪说"　6. 《儿童教育论》(维吉乌斯)
7. 《论儿童教育》(蒙田)

简述题
1. 如何认识古希腊儿童的地位和特性?
2. 如何认识古罗马儿童的地位和特性?
3. 如何认识西欧中世纪儿童的地位和特性?
4. 如何认识文艺复兴时期学前教育的主要特点?

论述题
1. 评述柏拉图学前教育思想的主要观点。
2. 评述亚里士多德关于学前教育思想的基本主张。
3. 评析昆体良的学前教育思想。
4. 评析普鲁塔克的学前教育思想。
5. 评述西欧中世纪学前教育的主要内容。
6. 评述文艺复兴时期的学前教育思想和实践。

第八章 近代学前教育实践

学习目的

通过本章的学习,认识近代英国、法国、德国、美国及日本学前教育发展的基本线索;结合不同国家学前教育发展的历史背景和实际进程,思考各国在探索学前教育社会化方面的经验和教训;把握学前教育发展由家庭化向社会化转型过程中的影响因素和时代特征。

进入17世纪以后,欧美一些国家的教育出现了新的变化。主要特点是欧美等国家开始把关于学前教育的理想化构想与社会发展问题,特别是与解决社会特殊群体——贫困儿童救济和教育问题结合起来,使学前教育社会化的探索更具有时代特征和现实意义。有研究者指出:"在西欧,近代幼儿教育设施作为一种广泛的社会设施而实现大众化是在18世纪末至19世纪前叶的一个时期。在此之前,西欧各国根本不存在作为广泛的社会设施而大众化的幼儿教育机构。即或在那里开办了贫苦儿童和孤儿的保护设施用以收容幼儿,那也不是以教育为目的的设施。"①

由于贫困儿童的救济和教育问题涉及许多方面,这一问题不仅是教育家个人或宗教团体呼吁解决的问题,也逐步成为近代国家和政府致力于解决的问题。本章主要介绍近代欧美及日本等国的学前教育实践。

第一节 近代英国学前教育实践

英国通过1640—1688年的资产阶级革命,建立了君主立宪的政体,走上了发展资本主义的道路。资本主义政治制度的确立,促进了经济、科技、教育的发展,为英国的产业革命提供了条件。18世纪60年代开始的产业革命极大地推动了社会生产力的发展,也对各类教育产生了极大影响。这一时期,英国在近代学前教育社会化探索方面成为最有影响的国家之一。

一、贫困问题与幼儿机构计划的提出

从历史上看,英国学前教育具有明显的宗教性、贵族性、家庭化的特点。但是英国资产阶级革命以后,随着社会发展和持续百年的"圈地运动"的进行,社会贫困问题成为城

---

① 〔日〕梅根悟.世界幼儿教育史(上册)[M].刘翠荣,等译.长春:吉林人民出版社,1986:1.

市发展和社会亟须解决的问题,英国学前教育也相应发生一些新的变化。

16世纪以前的英国也存在贫困等社会问题,但那时解决贫困问题多是通过教会、医院、个人慈善捐款,甚至采取法律处罚的方式,解决社会贫困问题并没有被纳入国家管理的轨道。英国资产阶级革命以后,社会贫富差距扩大,贫困者剧增,对社会发展和稳定构成较大威胁,社会又开始重新认识贫困问题,并把解决贫困问题看作是社会和国家应该做的事情。1601年,英国颁布了《济贫法》(也称《伊丽莎白济贫法》),主要目的是解决社会贫困问题和给贫穷家庭的孩子一定的教育。《济贫法》主要规定,应对需要救济的贫困人员进行区分。对有能力而不劳动的懒人要进行惩罚;对残疾人、不能维持生计的人、老人、盲人,贫困而无法工作的人提供必要的救济。法案还强调,要通过税收来支持济贫;要为贫困家庭的孩子提供接受必要的教育的机会;富裕的教区要援助贫困的教区。

1697年,英国又颁布了《国内贫民救济法》,其中除规定一般的救济措施外,还提出设置"纺织学校"和"贫困儿童劳动学校"的计划。"纺织学校"计划规定,对年收入不足40先令的家庭中6—14岁的男女儿童全部实行免费义务教育;4—6岁的儿童可以自由入学。儿童每天最多进行10小时的纺纱作业。"贫困儿童劳动学校"计划是由英国教育家洛克(John Locke)提出的,其中规定:在每一个教区内设置一所"劳动学校",教区中所有接受救济的贫民的3—14岁儿童必须进入劳动学校。洛克认为这样做有两点好处:一是可以为母亲和儿童带来双重利益。可以让母亲腾出照料子女的时间去参加工作;可以让孩子在良好的学校秩序中学习一定的劳动技能,养成劳动习惯。二是孩子进入劳动学校后,父母不再领取救济金,这样教区每年可以在每个孩子身上少付给60英镑的补助金,从而大量减少国家的支出和通过孩子的劳动来维持学校的支出。①

"纺织学校"和"贫困儿童劳动学校"计划的提出是英国政府试图解决贫困儿童教育问题和学前教育社会化的一种尝试。虽然这一计划并没有完全实施,但它反映了英国政府在解决社会贫困问题时对贫困幼儿发展和教育问题的关注。如何对待这一特殊的群体,贫困幼儿教育是属于政府的事情,还是家庭或者教育家个人的事情,英国近代学前教育的发展反映了这一不断探索的过程。

二、工业革命的产生与欧文幼儿学校

发生在18世纪中期的英国工业革命,是人类历史上一次重要的变革,它把巨大的变化带进了整个国家、社会和城市,甚至普通人的家庭生活,更冲击了贫困儿童的家庭。

(一)工业革命的产生对学前教育的影响

英国工业革命的产生是生产技术、生产动力和生产方式发展到一定阶段出现突破和变革的结果。1700年以前,英国家庭主要依靠自身的生产系统来生产它们所需要的商品。而随着一些生产技术创新的发明,如织布机、纺织机的出现,引起了纺织业的革命,许多棉纺厂建立了。随之也引起了生产动力和方式的变革,煤炭取代了木材;集中劳动取代了分散劳动;机器生产取代了简单技术,导致许多工厂开始大量雇佣作为廉价劳动

---

① 唐淑,何晓夏.学前教育史[M].大连:辽宁师范大学出版社,2001:354-355.

力的妇女和儿童。家庭模式和儿童的生活也发生了重大的变化。

19世纪初,工业革命所带来的生产效率得到迅速提高,同时,其负面作用也逐渐显现出来:社会发展缺乏计划和协调;城市以随意的方式迅速扩张;许多小规模的企业和社会下层的人们受到了严重冲击。突出的问题是冲击了社会下层和贫穷家庭的生存和生活。为贫困儿童办的教育几乎不再存在;工人居住的贫民区变得拥挤、酷热,环境恶劣;社会基本的扶贫机构,如医院和学校,不能满足急剧增长的人口的需要。

英国工业革命对那些来自社会较低地位的学前儿童也产生了影响。在工业革命以前,人们一般认为,6岁以前的儿童应当在家里由母亲照顾和教育;而工业革命出现后,这种情况基本不存在了。更多的情况是儿童被送进学校,与他们的兄弟和姐妹在一起,或留下与照管人在一起。在农村,工业革命之前,小的儿童要协助家庭参加劳动,或完成家庭的杂事,以及家庭的手工业。但是当社会从农业转为工业形态时,贫困家庭的儿童,特别是那些在工作场所工作的儿童就成为最早的受害者。一些慈善组织虽然建立了一些教育机构来教授贫困儿童学习读写,但由于教学缺乏吸引力,儿童不能在学校长时间停留,儿童只能被迫进入工厂,结果大量的儿童既不能阅读,也不能书写。欧文的教育实验和幼儿学校就是在这种条件下创立的。

(二)欧文的幼儿教育实验

欧文(Robert Owen,1771—1858)是英国一位理想主义思想家及教育实践者。他对英国早期的工业革命提出了批评。他认为由早期工业革命所引发的问题来自经济和社会学者所误解的事实。工业主义对少数人有利;私有化和自由化导致了人口剧增和阶级冲突。他希望通过消除影响人类健康和福利的消极结果使工厂制度人性化;通过机器生产创造出新的社会和经济制度。因为商品可以大量生产,劳动变得更有效率,这将为社会所有人创造可供平等分享的物质财富。欧文的学前教育实践和思想就是建立在对工业革命引发的问题和对贫困儿童教育问题的关注上而形成的。

1799年,28岁的欧文与人一起购买了新拉纳克面粉厂,并成为管理者,开始了社会和工业的实验。欧文在管理中发现,那些在工厂工作的儿童家庭居住条件和教育条件非常差。工厂接受了9—10岁的儿童,还有一些6—7岁的儿童,他们被迫一天要工作12个小时。虽然晚饭后,可以接受一些教育,但劳动一天的疲劳使他们再进行学习变得十分困难。到了13—15岁解除合同后,大多数人要离开工厂。欧文管理面粉厂后采取了一些新的措施,如鼓励那些大家庭搬进工厂所建的较为舒适的房子里住;不再雇佣6、7岁或8岁的儿童;劝告父母允许儿童在10岁以前获得健康和教育。1812年,欧文提出了他对教育的假设。他认为人与人的区别主要在于环境的不同;而环境是直接由人来控制和改变的。这一基本假设构成了他以后《新社会观》(1813年)的基本内容,也成为他进行幼儿学校实验的重要依据。

(三)欧文幼儿学校的创办

1816年,欧文在新拉纳克(New Lanark)建立了"性格形成学校"(Institution for the Formation of Character),"幼儿学校"(Infant School)是其中的组成部分。在学校的设置上,学校建筑分两层:上层有两个大小不同的房间,大的房间用于讲演和礼拜,小的房间是给6—10岁的儿童使用的。下层有三个同样大小的房间,主要是为1—6岁儿童玩耍和娱乐设计的。幼儿学校招收1—6岁的幼儿,分1—3岁的儿童和3—6岁的儿童,幼儿学校主要以3—6岁儿童的保育和教育为中心。1816年共招收3—6岁的儿童200多名。[①] 幼儿学校还有一些别的生活福利设施,如花园、托儿所等。欧文认为,儿童2岁就可以进入幼儿学校,并较早地学习舞蹈、少量阅读以及学习一些自然史和地理;同时,幼儿教学还有来自花园的自然物体,外面的田地和森林等。大一些的6—10岁的儿童也有专门的教室。墙上有他们根据动物学和矿物学标本画的画;有描绘两个半球的地图,上面有各自独立的国家,以及海洋和陆地。他们的教学主要由讲座组成,一般有40—50个学生。

欧文的新拉纳克幼儿学校是建立在两个重要原则的基础上的:一是人的性格是由他出生时的机体加上外在的对机体起作用的环境形成的。欧文认为,天性和教育影响儿童性格的发展。二是每个儿童,除了那些器官有疾病的儿童,根据从出生后影响人的机体的外在环境的特性,都有可能形成非常低下的人或非常上等的人。[②]

在《新社会观》一书中,欧文谈到了设立幼儿学校的原因:一是由于工人阶级居住条件恶劣,狭小的空间不利于儿童的发展;二是孩子们的父母为生活所迫,忙于工作,很少有时间和精力考虑子女的教养和教育;三是由于父母的无知,完全不懂得如何对待孩子,在养护和教育孩子方面缺乏正确的方法。因此,他主张通过幼儿学校的教育,为形成儿童健全的性格奠定基础。

在幼儿学校的管理上,欧文非常重视儿童的理性的培养。他认为,儿童容易为他们的父母和监护人的信仰和习惯所影响,儿童只有在他们所处的环境中进行修正。欧文认为,如果一个儿童在幼儿时期接受理性的指导,他将来就有能力发现事物的来源,以及对与他相联系的习惯和观点进行推理。[③] 理性教育是儿童成长为一个具有独立判断能力的人的重要内容。在智育方面,欧文重视实用知识的学习和实物教学。在幼儿学校里,教室的墙上贴了各种动物图画,还有地图,教室里还经常放一些从花园里、田野里和树林里采集来的实物标本,供直观教学使用,以增强孩子们对事物的直接认知和学习兴趣。在德育方面,幼儿学校的主要任务就是养成幼儿遵守纪律和与小伙伴友好相处的习惯,要求任何孩子都不能损伤游戏伙伴。在幼儿学校的管理上,欧文对同事提出了严格的要求,即教学不能以任何语言和行动方式打骂或威胁任何儿童;教育者不应使用虐待的方式,而是使用愉快的面孔对待孩子,用友善的方式和语调讲话。另外,欧文还鼓励儿童父母来看孩子们上课或参与他们的身体练习。在1824年出版的《新拉纳克教育制度大纲》中指出,新拉纳克教育除了自然的影响以外,没有奖惩;对于儿童的过错是同情,而不是谴责。[④] 欧文的幼儿学校实验一改传统的儿童教育的做法,为贫困阶层儿童提供了一种新的接受教育的机构。这不仅标志着新的幼儿教育模式的创立,也倡导了一种新的教育

[①] 唐淑,何晓夏.学前教育史[M].大连:辽宁师范大学出版社,2001:356.
[②] V. Celia Lascarides, Blythe F. Hinitz. History of Early Childhood Education[M]. Falmer Press, 2000:76.
[③] V. Celia Lascarides, Blythe F. Hinitz. History of Early Childhood Education[M]. Falmer Press, 2000:73.
[④] V. Celia Lascarides, Blythe F. Hinitz. History of Early Childhood Education[M]. Falmer Press, 2000:74.

理念,即社会上层人士有责任关心社会的下层,尤其是社会贫困儿童的生存和教育状况,通过改变他们的教育条件来改变他们的性格,从而推动社会的进步。欧文的教育实验关注社会发展过程中不均衡带来的贫困化及贫困儿童的教育问题,引发了社会的极大关注。欧文的幼儿学校实验激发了许多参观者的兴趣,他的教育思想开始被认知和宣传。

(四) 欧文幼儿学校的影响与英国幼儿学校运动

欧文幼儿学校的建立引起了英国社会的广泛关注。1816年,英国国会教育会议召开,决定开办幼儿学校。1818年,在威斯敏斯特,英国第一所幼儿学校建立。1820年,又建立了第二所幼儿学校。所有这些学校都是位于最贫穷的城镇地区,这种设想的目的是要对教育的对象采取严厉的教学和纪律管理。1824年,伦敦成立了幼儿学校协会(The Infant School Society)。其中一个重要目的是促进为2—6岁的贫困儿童建立收容所。并且建议幼儿学校应通过使用图画和其他课程进行教学,促进儿童好奇心和发展他们的能力,反对使儿童处于紧张的状态。曾经担任斯平托幼儿学校校长的怀尔德斯平(Samuel Wilderspin,1792—1866)非常重视儿童的身体、智力和道德力量的发展。他认为,道德文化,自我管理习惯的发展,相互友爱的情感,要比实际知识的获取更有价值。

随着幼儿学校的发展,英国幼儿教师的培训也引起了重视。幼儿学校协会提议进行实践教学,但是由于场地问题一直没有建立。1836年,国内和殖民地幼儿学校协会(Home and Colonial Infant School Society)建立,并开办了训练学院,开始培训幼儿教师。到1843年,它每年训练的幼儿教师人数达百人之多。

1833年英国颁布了《工厂法》,开始禁止雇佣9岁以下的儿童;1842年,这一法律又扩展为禁止雇佣10岁以下的儿童在煤矿工作。到1867年,这一法律又扩展到制陶业、火柴厂,以及所有的超过50个工人的工厂。[1]

《工厂法》的颁布在一定程度上保护了童工的利益,但它也带来了一些问题。如果一个家庭的母亲离家外出劳动,她希望自己的孩子(7—10岁)能够上学,可是谁来照顾更小的7岁以下的孩子?于是引发了初级学校开办幼儿班来照顾7岁以下儿童的情况,它使得年龄较大的儿童能够留在学校里,因为如果年龄较小的儿童被赶走,大的孩子必须留在家里照顾小的孩子。这种情况推动了英国幼儿学校的发展。一些教育家认为,在学校教育阶段,幼儿学校有分离出来的价值。于是,一些新的学校建筑,包括幼儿学校,增加了为3—6岁儿童设置的教室;儿童通过游戏进行学习的思想也很快被接受。这时幼儿学校的课程主要包括绘画、音乐、身体练习、缝制、编织和园艺等。另外还有读写基础、实物教学等。

这一时期英国幼儿学校的发展在一定程度上反映英国人对于教育可以提高人的发展能力的重视。1861年,英国的一份初等教育调查委员会报告反映了这一观点:"如果两个7岁的儿童进入学校,一个来自好的幼儿学校,另一个没有受过教育,那么那个来自幼儿学校的儿童在10岁时如同那些12岁儿童一样将取得更大的进步。"[2]

---

[1] V. Celia Lascarides, Blythe F. Hinitz. History of Early Childhood Education[M]. Falmer Press, 2000:78.
[2] V. Celia Lascarides, Blythe F. Hinitz. History of Early Childhood Education[M]. Falmer Press, 2000:79.

欧文幼儿学校实践和英国幼儿学校运动的发展表明,学前教育的发展已经成为社会发展的重要组成部分。当工业革命开始和不断推进的时候,它所引发的问题对社会的各个层面都产生了深刻的影响,而其中影响最大的是处于社会不利地位的工人和他们的后代。欧文注意到了这一事实,并且身体力行,为贫困儿童的发展提供了比较有利的条件。他的思想不仅在当时有意义,在今天也具有意义。正是从这个意义上说,"欧文建立了从工业革命到后工业革命时期的桥梁"①。

三、英国幼儿学校运动与怀尔德斯平幼儿学校

欧文幼儿学校的创立及所主张的幼儿教育思想引起了英国社会的广泛关注,英国出现了幼儿学校运动。1820年英国在斯平托建立了一所幼儿学校,怀尔德斯平担任这所幼儿学校的校长。怀尔德斯平在《发展所有1—7岁儿童的身体、智力和道德力量的幼儿体系》一书中建议,幼儿学校应作为对青少年犯罪的一种补救。他在书中写了幼儿学校的开办和经营,奖励和惩罚,以及教授字母和算术几何的基础。在方法论部分,他讨论了实物教学、图画的辅助和对话。他还对引导儿童练习、唱歌、语法以及椭圆和平面图的教学进行了论述。②

斯平托幼儿学校最初开办时,怀尔德斯平发现应当对幼儿给予适当的帮助。因为孩子们相互陌生,很少认识字母。他让孩子们组成班级,并且从中挑选出2个孩子作为"导生"(monitors,主要是一些年龄较大,学习较好的孩子,也被称为"助教"),协助教师进行教学。怀尔德斯平试图利用书本、课程和设备,以及背诵学习,使教学适合每一个儿童的能力。他还发明了"阶梯教室",让儿童坐在位置上可以看到教师上课,教师也可以看到儿童学习,教师主要是通过实际展示来进行教学。怀尔德斯平还主张,在学校一半的时间里,儿童应到户外的操场活动,操场有花草和树木,使儿童了解自然。为了更好地了解这所幼儿学校的情况,下面介绍该幼儿学校一周的课程表。③

时间:上午——9点到校,12点放学;下午——2点到校,冬天4点、夏天5点放学。

星期一:上午——集合以后,做指定的祈祷,唱赞美歌。然后把石板和笔交给孩子,让他们写字和拼字。10点半游戏。11点在阶梯教室集合,跟着助教复习学过的博物绘画。

下午——和上午一样,先祈祷和唱赞美歌,然后使用"教学柱"复习有关圣经故事绘画,最后在阶梯教室里对此进行提问。

星期二:上午——照例的祈祷和唱赞美歌。利用"教学柱"学习字母和拼字。游戏。在阶梯教室里复习加减表。

下午——祈祷和唱赞美歌。复习九九表,回答助教提出的问题。学习朗诵方

---

① V. Celia Lascarides, Blythe F. Hinitz. History of Early Childhood Education[M]. Falmer Press, 2000:81.
② V. Celia Lascarides, Blythe F. Hinitz. History of Early Childhood Education[M]. Falmer Press, 2000:77.
③ 〔日〕梅根悟.世界幼儿教育史(上册)[M].刘翠荣,等译.长春:吉林人民出版社,1986:101-102.

法。游戏。在阶梯教室里计算,利用黄铜制的数字和字母进行拼写。

星期三:上午——祈祷和唱赞美歌。字母和拼字。游戏。教师在阶梯教室里教授几何学图形和音乐符号。

下午——祈祷和唱赞美歌。练习便士和先令的换算。游戏。教师在阶梯教室里教授算术。关于人和事物的即兴教学。

星期四:上午——祈祷和唱赞美歌。字母和拼字。教授除法、重量、尺度和时间等。游戏。在阶梯教室里上与星期一上午相同的课。

下午——祈祷和唱赞美歌。利用"教学柱"学习几何学和博物要点。在阶梯教室里通过黄铜制品学习文字和数字。有关人和事物的即兴教学,这种教学要完全利用实物来举例说明。

星期五:上午——祈祷和唱赞美歌。学习文字和拼法。学习由教师设计的计算表。游戏。在阶梯教室里学习关于地理学、地图、地球仪等方面的知识。

下午——祈祷和唱赞美歌。学习"教学柱"上的圣经里的画,然后在阶梯教室里就那些画提问。

星期六:上午——祈祷和唱赞美歌。文字和拼法。在教室里讲授计算表。游戏。在阶梯教室里利用"置换架"进行教学,利用黄铜制品教授几何学。宗教教学每天都安排,特别是在星期六上午的课程里占有优越的地位。

从这个课表可以看出,在怀尔德斯平的幼儿学校里,宗教祈祷和唱赞美歌活动是每天必备的内容,宗教教育和道德教育是非常重要的。同时,游戏活动也是学校每天不可缺少的,这也反映了幼儿学校对幼儿发展特点的关注。不过,幼儿学校里最突出的还是大量的与文字、拼法、绘画、音乐、几何、计算、地理等有关的知识类课程和训练,每周这样的知识量和训练对于幼儿的发展来说未必是恰当的,在一定程度上反映了"主知主义"教育的倾向。

四、福禄培尔幼儿园运动对英国学前教育的影响

当欧文的幼儿学校及教育思想在英国推广时,19世纪中期产生于德国的福禄培尔学前教育思想也开始影响英国,不同的儿童教育理念相互碰撞,使得英国学前教育发生新的变化。福禄培尔学前教育思想在英国的传播得益于流亡于英国的德国人哈勒斯·伦克及其夫人柏尔达的推动。1848年,他们来到英国伦敦开始进行推广福禄培尔幼儿园的活动。1851年,他们创办德语幼儿园,招收侨居英国的德国人的孩子为教育对象。从1854年起,他们又开始招收英国儿童入学,并改用英语进行教学。1855年,他们出版了一本《英语幼儿园入园手册》,书中回答了到幼儿园参观的参观者提出的许多问题。该书先后发行十多版,使英国人开始认识了来自德国的福禄培尔幼儿园。

1870年英国《初等教育法》(也称《福斯特法》)颁布后,福禄培尔幼儿园运动在英国逐步开展起来。1873年,曼彻斯特成立"福禄培尔协会"。1874年,伦敦也成立了"福禄培尔协会"。在这些协会的引导下,福禄培尔著作的英译本以及他的作为教具的恩物开始在英国传播,福禄培尔式的幼儿园也相继建立起来。

福禄培尔幼儿园运动的推广对英国学前教育发展产生了较大的影响,主要表现在两个方面:一是英国引进福禄培尔幼儿园后,学前教育逐步形成了两种制度(双轨制)的并立。一种是原来以收容工人阶级和贫困阶层子女为对象的英国幼儿学校;另一种是以中上层阶级子女为对象的从德国引进的幼儿园。① 二者的区别是,前者比较重视儿童的纪律和规范,强调管理和学习;后者比较重视儿童的自由发展和游戏,培养儿童活动能力。二是受到福禄培尔运动的影响,英国幼儿学校也出现一些新的变化,即福禄培尔幼儿园注重儿童自由发展的精神也影响了幼儿学校的发展,幼儿学校也开始减少读、写、算训练的时间,增加游戏的时间,注重儿童发展特点的教育开始被重视。

第二节 近代法国学前教育实践

法国是在9世纪中叶查理曼帝国一分为三(法、意、德)以后形成的封建制国家。13世纪起法兰西王国领地逐步扩大,至路易十一世统治时(1461—1483)实现了全国的统一。文艺复兴时期,一些人文主义者如拉伯雷和蒙田通过文学作品,批判了经院主义教育的危害。宗教改革以后,法国的天主教受到了较大的打击,许多教派争相办学,促进了法国各类教育的改革和发展。17世纪,各级教育虽然在天主教会的控制下,但新教教派比较关注儿童发展,反对教育中对儿童横加指责和滥用惩罚的做法,要求教育者以温和的态度对待学生,教学中强调发展儿童智力,采用实物教学等,新的儿童观和教育观逐步形成。18世纪,一些进步的思想家和教育家向法国封建制度和教育制度发起挑战,其中卢梭通过《爱弥儿》,提出了新的"儿童观",一个自由、自主、全新的儿童形象展现在世人面前,影响了法国学前教育的发展。

有研究者指出,法国的学前教育实践一般分为两个阶段:一是从18世纪70年代到19世纪30年代中期,其中以奥柏林(J. F. Oberlin,1740—1826)创办的"编织学校"为代表,标志着法国近代学前教育的开端。在这个时期出现了许多具有慈善性质的贫民育儿院和幼教机构托儿所。二是从19世纪30年代中期到19世纪末,法国政府逐步将学前教育纳入中央集权的教育行政管理体制,将各种幼儿教育机构统称为"母育学校",托儿所成为公共教育体系中的一个组成部分。② 这种划分在一定程度上表明,法国幼儿教育的发展不仅是社会化的一种探索,也是体制化的一种尝试。在教育史上,把幼儿教育纳入国家教育制度体系并由国家举办,法国开了先河。

一、慈善救济活动与奥柏林的幼儿"编织学校"

传统的法国学前教育与欧洲许多国家一样,主要是在家庭中进行。进入18世纪以后,随着社会发展和贫困救济的需要,法国也出现了最早的社会化幼儿教育机构,即"编织学校"。这种学校一般也被称为具有慈善性质的"收容所"。"编织学校"是法国新教派

---

① 〔日〕梅根悟.世界幼儿教育史(上册)[M].刘翠荣,等译.长春:吉林人民出版社,1986:290.
② 周采,杨汉麟.外国学前教育史[M].第2版.北京:北京师范大学出版社,2012:69-70.

的一名牧师奥柏林于1776年创立的。在学前教育史上,奥柏林的"编织学校"的出现被看作是近代学前教育社会化的开端。

奥柏林的"编织学校"主要是在农忙季节收容幼儿,并对他们进行管理和教育。由于管理幼儿的人员一边从事副业生产进行编织,一边教幼儿唱歌和组织他们进行游戏,因此这种幼儿教育机构被称为"编织学校",属于一种季节性的幼教机构。

奥柏林的"编织学校"主要收留3岁以上的幼儿和儿童学习,一周开放两次。学校有两名指导教师,一名担任手工技术指导,另一名担任文化、游戏方面的指导;另外挑选一些年龄较大的女孩作为"助教"。"编织学校"的教学内容主要包括:法语、宗教赞美歌、格言和童话故事、植物采集与观察、绘画、地理以及儿童游戏等。学校还对儿童进行缝纫、编织等手工方法的传授。在知识学习方面,要教授一些历史、农村经济常识等方面的知识。奥柏林比较重视幼儿的游戏活动。他认为幼儿的学习应该是完全游戏式的,或者是娱乐性的。

需要指出的是,奥柏林"编织学校"的设立早于英国欧文以及怀尔德斯平的幼儿学校。它们有许多相似之处,都是为了解决社会贫困问题,特别是解决贫困家庭儿童生存和教育所设立的一种机构,具有社会慈善和救济的作用。奥柏林的"编织学校"尽管规模小,人员少,但是在帮助贫困家庭幼儿学习,提升他们的能力方面发挥了一定作用。作为一所收留贫困家庭幼儿的"收容所",这所幼儿学校后来改为"养护所",最后又作为"母育学校"而成为法国公立学校体系的一部分。[①]

二、贫民儿童救济活动与柯夏托儿所

在近代法国贫民儿童救济活动中,作为学前教育设施之一的"托儿所",也起到了重要作用。最早创办"托儿所"的是法国上流社会的妇女帕斯特莱(Mme de Pastoret,1766—1843)。1826年,她依托慈善组织"妇女会"在巴黎创办了一个收容贫困儿童的机构,招收了80个孩子。该托儿所成为法国第一所收容幼儿的托儿机构。

帕斯特莱夫人创办的妇女会托儿所开办不久,得到了当时巴黎第12区区长柯夏(J. Cochin,1789—1841)的支持和协助。柯夏曾经考察过英国并研究了英国幼儿学校。1828年,他协助"妇女会"模仿英国的幼儿学校新建了一个托儿所。同年,柯夏自己也开办了一个"模范托儿所"。不久,这个托儿所还附带开设了培养托儿所教员的课程。托儿所教师培训课程的开设标志着托儿所在一定程度上承担起了培养幼儿师资的任务。在柯夏等人的推动下,法国托儿所发展很快,1828年巴黎只有3所,到1836年已经达24所。[②] 柯夏不仅亲自建立托儿所,还对托儿所设置的目的和性质进行了论述。1835年,他在《托儿所纲要》一书中讲述了托儿所设置的目的、性质和意义。认为托儿所主要是作为有效的公共贫民救济设施设置的,因此属于贫困救济的性质。不过作为一种贫困救济机构,托儿所还应承担一定的教育责任,负责对贫困儿童进行一定的教育。

---

① 〔美〕布鲁巴克.教育问题史[M].单中惠,等译.济南:山东教育出版社,2012:406.
② 〔日〕梅根悟.世界幼儿教育史(上册)[M].刘翠荣,等译.长春:吉林人民出版社,1986:127.

柯夏托儿所的设立反映了这一时期欧洲社会慈善活动的特点,即先救济、后教育的特点,特别是在贫困儿童方面。因此,柯夏的托儿所与英国幼儿学校的性质基本是一致的。受英国幼儿学校的影响,柯夏的"模范托儿所"还模仿了怀尔德斯平的幼儿学校,如设立了阶梯教室,使用教学柱和置换架等教具,特别是模仿怀尔德斯平幼儿学校注重对幼儿进行智育训练的做法。柯夏托儿所的教育内容也比较丰富,包括宗教、读、写、算、几何、地理、历史、博物、图画、体育等;方法上主要使用的是直观教学法,以实物教学为主。①

从教育内容看,柯夏的托儿所出现了一种"小学化"和知识化的倾向,即注重以知识为主的教育。这表明,在近代学前教育社会化的过程中,由于社会多种因素的干预和影响,往往会出现突破学前教育原有的边界,不顾幼儿发展特点,刻意施教,过多灌输知识的问题。而且这个现象不仅法国存在,也是当时欧洲一些国家比较普遍的做法。这种倾向直到20世纪以后才有所改变。

与英国幼儿学校相比,法国托儿所比较注重幼儿的道德教育。柯夏认为,托儿所应该培养幼儿具备良好的品德,包括"对同伴的宽大为怀的感情""公正的感情""说真话""服从和纯朴""正直""礼节、礼法和良好的仪表""守秩序、守规矩、服从有权威的人们""互相间有礼貌、互相尊敬""具有道德的尊严——自尊心""勤奋"。② 其中"对同伴的宽大为怀的感情"和"公正的感情"更为重要。柯夏又强调,为了培养幼儿这些品德,教师不能"偏向",要"听取孩子们本身的意见"。他还指出:"服从和淳朴"不是靠教师的要求得来的,而是基于师生间的"信赖关系"培养起来的。因此,他要求:"托儿所的教师,不仅要避免一切暴力、一切压制、一切暴躁,还必须节制一切使孩子生气的行为。教师在焦躁的时候,最好到教室外面待一会儿,……当他们干坏事的时候,应该向他们指出,那种行为是如何违反秩序和公正的。"③

三、法国学前教育制度化的探索

法国这一时期托儿所的发展,引起了教育行政当局的注意。虽然一开始还是强调托儿所的救济和管理的性质,但是最终教育当局还是承认了托儿所"不仅照看和监督孩子,而且也进行教育"的事实。④ 1833年,法国颁布了《初等教育法》(也称《基佐法案》)。当时的公共教育大臣基佐在有关的文件里提到:可以把托儿所看作是初等教育的基础。公共教育部与托儿所有密切关系,有关托儿所的启蒙和增设是必要的。此后他又要求把设立和维持托儿所的费用列入预算,公共教育部要对托儿所给予财政上的援助。1835年,公共教育部给予托儿所的补助费达到25900法郎,其他自治机构资助的费用达24000法郎。由国家参与对托儿所补助的政策,进一步推动了法国托儿所的发展。据统计,到

---

① 〔日〕梅根悟.世界幼儿教育史(上册)[M].刘翠荣,等译.长春:吉林人民出版社,1986:125.
② 〔日〕梅根悟.世界幼儿教育史(上册)[M].刘翠荣,等译.长春:吉林人民出版社,1986:124-125.
③ 〔日〕梅根悟.世界幼儿教育史(上册)[M].刘翠荣,等译.长春:吉林人民出版社,1986:125.
④ 〔日〕梅根悟.世界幼儿教育史(上册)[M].刘翠荣,等译.长春:吉林人民出版社,1986:128.

1835年年底,法国公认的托儿所已有93所,如果加上未被公认的已有102所。①

1835年,法国确立了"初等教育视学官制",规定在各县设立"视学官",负责对初等教育的管理,同时也包括对托儿所的视察和监督权。至此,法国教育行政开始了对托儿所进行管理和监督。1836年,原来负责管理托儿所的"妇女会"解散,政府当局把托儿所的管理权、监督权从妇女会手中接收过来,托儿所成为公共教育部所管辖的学校。1837年,政府发布了关于托儿所的敕令,被认为是最早的托儿所管理和监督的规定。规定有5章30条,指出:"托儿所或者为幼儿开设的学校,是考虑到6岁以下的儿童需要母性的监督和最初的教育,而为他们开设的慈善设施。"②规定把托儿所分公立和私立两种,还肯定了视学官的权力和对托儿所的管理。虽然托儿所保留慈善机构的性质,但在管理上已经成为公共教育部管辖下的学校机构,成为公共教育制度的一部分。这一规定的颁布,在以后很长时间内对托儿所的行政管理工作起了指导和约束作用,并进一步推动了托儿所的发展。1843年,公立托儿所有685所,私立托儿所有804所;1850年,公立托儿所有1055所,私立托儿所有680所。③

随着托儿所的发展以及产生的影响,1844年,法国还出现了"婴儿托儿所",专门负责对2岁以下的幼儿提供保育设施。在巴黎,"婴儿托儿所"得到发展,1845年增加了5所,1846年发展到了8所。④

法国托儿所政策和机构的发展变化表明:法国学前教育在社会化的过程中也开始了学前教育制度化的探索,幼儿教育被纳入国家管理轨道,成为法国教育制度的组成部分。

四、福禄培尔幼儿园对法国学前教育的影响

与英国一样,法国学前教育在发展过程中也受到了来自德国福禄培尔幼儿园的影响。最早将福禄培尔幼儿园引进法国的是玛伦霍尔兹·缪罗男爵夫人。她作为福禄培尔的学生,为推广老师的理论和实践积极地开展活动并献出了自己的余生。1855年,她来到法国生活了三年,宣传讲演了100次左右。⑤ 男爵夫人建议把幼儿园的方法引进现有的设施,尽可能使幼儿园与初等学校相衔接。同时向师范学生讲授福禄培尔的教育方法。经过她的传播和介绍,法国人了解并接受了福禄培尔的幼儿园思想。⑥

与英国学前教育的发展有些相似,福禄培尔幼儿园引进法国后也从两个方面对法国学前教育产生了影响。首先,开始出现为上层社会儿童创设的幼儿园。过去,上层社会的儿童都是在自己家里由专门的保姆或家庭教师进行保育和教育。福禄培尔幼儿园的经验被引进以后,法国才开始设立幼儿园。由于福禄培尔幼儿园的引进,法国的学前教育发生了新的变化:一是上层社会的儿童教育多了新的选择;二是学前教育逐步形成了双轨制,即普通民众的儿童被送往专门接收劳动人民儿童的、数量较多的、简陋的托儿

---

① 〔日〕梅根悟.世界幼儿教育史(上册)[M].刘翠荣,等译.长春:吉林人民出版社,1986:128.
② 〔日〕梅根悟.世界幼儿教育史(上册)[M].刘翠荣,等译.长春:吉林人民出版社,1986:131.
③ 〔日〕梅根悟.世界幼儿教育史(上册)[M].刘翠荣,等译.长春:吉林人民出版社,1986:134.
④ 〔日〕梅根悟.世界幼儿教育史(上册)[M].刘翠荣,等译.长春:吉林人民出版社,1986:136.
⑤ 〔日〕梅根悟.世界幼儿教育史(上册)[M].刘翠荣,等译.长春:吉林人民出版社,1986:351.
⑥ 〔日〕梅根悟.世界幼儿教育史(上册)[M].刘翠荣,等译.长春:吉林人民出版社,1986:352.

所;上层社会的儿童则被送往为数极少的、条件优越的幼儿园。① 其次,福禄培尔幼儿园的教育内容、教育方法被引入法国后,不仅是上层社会儿童的教育发生变化,托儿所也发生变化,开始注重儿童的游戏和户外运动。例如,在托儿所里设立娱乐用的庭院,在庭院里种上花卉、树木,并将福禄培尔恩物作为教具,等等。

五、法国托儿所的发展与母育学校

为了明确托儿所的性质和管理,1855年法国教育部门对托儿所进行改组,并颁布了相关规定和托儿所内部规章。关于托儿所的性质,规定指出:"托儿所无论公立或是私立,都应当成为2—7岁的两性儿童在道德和身体的成长中得到必须照顾的教育设施。"②关于托儿所的管理,内部规章提出了幼儿的保育内容。主要包括:(1) 宗教教育、读法、书写法、心算和线条画的初级知识;(2) 儿童所能理解的常识;(3) 符合儿童年龄的手工作业;(4) 宗教歌曲、道德方面的训练、身体素质方面的训练。从这个幼儿保育内容可以看出,这个时期的托儿所比较重视儿童的宗教教育以及多方面知识的学习。除了保育内容外,内部规章还对幼儿教导提出了具体要求。如规定:"禁止打骂儿童,要经常地谆谆教诲;只能对儿童进行以下的惩罚:罚站,最长不超过10分钟,赶出梯形教室,禁止和大家一起做手工作业,罚他(她)向后转,面对大家。"③还规定,对于顺从的儿童,教师要给予画册和"优良成绩"以示奖赏。"优良成绩"达到一定分数时,可以给儿童换取有价值的用品。

关于托儿所的保育设施和教员资格也有具体的规定。托儿所设有一间既可以休息,又可以娱乐的室内游戏场,另一房间是上课用的;托儿所还要设置由5—10个台阶构成的、能通往中间和两侧的梯形教室。关于托儿所的教员,规定必须是年满24岁的女子,称之为"保姆";为取得保姆资格,需要通过学力测验和实际技术测验,并考试合格。学力测验主要包括教义问答书、读法、书写法、拼音、四则运算及有关换算、基础地理、唱歌、手工作业等;实际技术测验主要是让准备获取从教资格者,上午或者下午到托儿所按照时间表对幼儿进行现场指导。如让幼儿围成一圈,朗读给他们听;在阶梯教室实习讲课,如讲历史故事、讲童话、讲事物的道理等。④

有研究者指出,法国托儿所的变化反映了托儿所开始由早期的完全慈善救济的场所转向教育的场所。这个过程加强了国家对托儿所的控制;托儿所指导内容偏重于主知主义和宗教教育;智育重于保育,宗教道德教育重于儿童身体教育。⑤ 从1856年到1883年,法国托儿所有了较快发展。据统计,1856年法国托儿所数为1735所,到1883年为5383所;托儿总数也由16万人增加到近68万人。⑥

1881年和1882年,法国政府颁布了《费里教育法》,确立了国民教育的义务、免费和

---

① 〔日〕梅根悟.世界幼儿教育史(上册)[M].刘翠荣,等译.长春:吉林人民出版社,1986:353.
② 〔日〕梅根悟.世界幼儿教育史(上册)[M].刘翠荣,等译.长春:吉林人民出版社,1986:355.
③ 〔日〕梅根悟.世界幼儿教育史(上册)[M].刘翠荣,等译.长春:吉林人民出版社,1986:357.
④ 〔日〕梅根悟.世界幼儿教育史(上册)[M].刘翠荣,等译.长春:吉林人民出版社,1986:358-359.
⑤ 〔日〕梅根悟.世界幼儿教育史(上册)[M].刘翠荣,等译.长春:吉林人民出版社,1986:359.
⑥ 〔日〕梅根悟.世界幼儿教育史(上册)[M].刘翠荣,等译.长春:吉林人民出版社,1986:360.

世俗性三原则,并规定初等教育免费的原则同样适用于母育学校。这是官方教育文献首次正式使用"母育学校"的名称,这一名称涵盖了以往包括托儿所在内的一切幼儿教育机构。法案对"母育学校"做出了如下定义:"母育学校"是初等教育的设施,那里的男女儿童将共同接受体、德、智全面发展的教育。[①] 同时规定,进入母育学校的儿童为2—6岁;学校根据儿童的年龄和理解力的发展程度,而不是按性别编成两个小组:2—4岁为一个组,5—6岁为一个组,采取男女儿童混合编班的制度,这与早期的托儿所管理按性别分班,用墙壁、木板等将男女儿童隔开的做法相比是一个非常大的变化。

母育学校的保育内容包括:(1)道德教育的初步原理、日常应用知识、绘画、书法、初步读法、语言练习、博物和地理概念以及儿童易于理解的故事;(2)手工作业的训练;(3)唱歌及按年龄阶段进行的身体锻炼。[②] 其中"道德教育"主要指通过关于家庭的话题、提问、谈话,以及向儿童灌输对家庭、祖国和上帝应尽义务的歌曲来达到目的。"日常应用知识"主要指就衣、食、住、颜色与形状、时间与季节等的区分,做最基本的说明。

1887年,法国教育部门又提出了母育学校的保育设施和设备条件。包括要设置家长接待室、保育室、游艺室、厨房、带小庭院的游戏场,以及厕所。还规定母育学校要有独立的校舍,不许设在男子学校和女子学校里等。教材主要有两类:一类是玩具,包括用木头或橡皮制作的动物、娃娃穿换的衣服、用铅和木头制作的军事模型、过家家玩的器具、积木箱、小桶、手推车、跳绳、旋转环、球等;另一类是教学用具,有碎木块、小棍、板条等,有手工作业必需的用具,还有地球仪、挂图,还有连环画和日用品之类。[③]

总之,法国母育学校的基本特点是:(1)母育学校是根据男女儿童年龄和理解力,共同混合编班学习的机构,反映了法国初等教育原则对幼儿教育的影响。(2)由于受到初等教育影响,母育学校比较注重知识的教育,学习内容和范围比较广泛。(3)受初等教育影响,母育学校也体现了去宗教化、教派中立的性质,道德教育以世俗道德教育为主,教育方式也多样化。(4)注重通过各种场所让儿童学习日常应用的知识,也注重通过教具培养儿童动手和活动能力。(5)注重根据儿童特点进行教学管理。如规定上课时间不超过15分钟或20分钟,内容主要是唱歌活动和体操活动;教师上课注重善意引导儿童,不能打骂;等等。(6)采取直观教学法,多注重儿童的游戏活动。

第三节　近代德国学前教育实践

由于德国统一较晚,其学前教育的发展比英国和法国要慢些。因此,近代德国学前教育的发展既受到法国托幼机构的影响,也受到来自英国幼儿学校的影响。19世纪初,受法国幼儿保育的影响,德意志的一些城市出现了救济性质的保育机构。19世纪20年代以后,德意志的一些邦国开始学习英国幼儿学校的办学经验,学前教育得到一定发展。不过,这一时期贫困现象已经成为欧洲各国共同面对的社会问题。在解决贫困问题,特

---

① 〔日〕梅根悟.世界幼儿教育史(上册)[M].刘翠荣,等译.长春:吉林人民出版社,1986:366.
② 〔日〕梅根悟.世界幼儿教育史(上册)[M].刘翠荣,等译.长春:吉林人民出版社,1986:368.
③ 〔日〕梅根悟.世界幼儿教育史(上册)[M].刘翠荣,等译.长春:吉林人民出版社,1986:371-372.

别是贫困儿童的生存和教育问题上,德国在借鉴和学习英国和法国经验的同时也形成了自己的特点。1840年福禄培尔创办幼儿园以后,其学前教育理论和方法得到传播并且闻名德国,极大地推动了学前教育的发展,从而使德国的幼儿园教育走向了世界。

一、救济和保护贫儿的巴乌利美保育所

18世纪,德国的幼儿教育已经有一定发展,但幼儿教育社会化的较快发展主要是在工业革命以后。其中比较著名的就是被称为"巴乌利美设施"的保育所。1802年,在受到法国巴黎"育儿院"的启发下,巴乌利美侯爵夫人(Pauline,1769—1820)设立了一个保育机构。这一机构是一个救济贫民,帮助参与劳动的母亲保育孩子的场所。正如巴乌利美夫人在关于"设立托儿所"的提案中所指出的,贫困家庭的母亲由于外出工作,把孩子留在家里,这不仅给母亲带来了恐惧和担忧,也是对孩子的一种伤害。保育所设施就是"一个把被留在家里的幼儿集合在一起进行保护的地方",是一个为孩子提供愉快活动的场所。[①]

巴乌利美保育所是农忙时期的季节性托儿所,办学时间从初夏开始到晚秋结束。招收的对象是那些母亲需要白天从事农业且断奶后的1—4、5岁的幼儿。每天的保育时间从上午6点到下午8点。保育所主要是为贫困家庭儿童服务,因此它规定:孩子入所时,为证明父母的贫困,"必须申报父母的资产、工作种类和他们的生计",以防止滥用慈善资源。[②] 保育所主要由12名贵妇人自发、无偿轮班监督工作,她们手下有一些从孤儿院和职业介绍学校来的12—16岁的女孩子做保姆,直接照看幼儿。孩子进入保育所后,每天接受一定的保育:有人给洗澡和梳头;发干净的衬衣和羊毛外衣;保姆负责给孩子穿脱衣服和洗衣服等。

除此以外,巴乌利美保育所的保育还包括,管理者经常对孩子们进行监督,但不给他们任何束缚,主要是让他们在游戏和活动中度过;教授孩子正确的德语,教他们正确地称呼身边的事物,进行守规矩、守秩序、协调、亲切、勤劳等有关社会道德方面的训练和生活规律的教养。有研究者指出,巴乌利美保育所的重点是放在孩子的健康上,教育是处于附带和从属地位的。[③]

巴乌利美保育所是德国历史上最早的幼儿保育和教育设施。这个幼儿保育设施的建立反映了创建者从人道主义立场出发,基于对贫困家庭母亲们的同情、理解,特别是对贫困儿童健康的关心。这个教育设施尽管是季节性的、非固定的,但它毕竟为社会贫困阶层幼儿的发展提供了一个相对较好的环境。巴乌利美保育所的创办引起了德国社会对贫困阶层幼儿发展和教育问题的关注,在一定程度上促进了19世纪德国保育机构的发展。

---

① 〔日〕梅根悟.世界幼儿教育史(上册)[M].刘翠荣,等译.长春:吉林人民出版社,1986:140.
② 〔日〕梅根悟.世界幼儿教育史(上册)[M].刘翠荣,等译.长春:吉林人民出版社,1986:141.
③ 〔日〕梅根悟.世界幼儿教育史(上册)[M].刘翠荣,等译.长春:吉林人民出版社,1986:142.

二、德国托儿所的政策及规定

受巴乌利美保育所的影响,1810年哈达斯莱宾成立了"保姆学校",1812年莱比锡成立了托儿所。随着幼教机构的发展,德国一些邦国开始把幼儿教育纳入初等教育的轨道,并对其进行监管。1814年,在石勒苏益格-荷尔斯泰因公国的《一般学校规程》中制定了"监督学校"的规章,规定这所学校"专门以6岁以下的幼儿"为对象,"主要是在母亲有工作而不能照顾他们时,来管理这些孩子们"。① 从这里可以看出,这些机构和学校与巴乌利美保育所的性质一样,都是一种季节性的托幼机构。这一时期,德国的一些邦国还颁布了相关的发展幼儿教育的政策。如1825年的黑森-卡塞尔选帝侯的指令规定,对于那些由于外出干活而不能照顾孩子的家庭,要提供一定的空间对孩子进行保护,给予监督和照料。

有研究者指出,这一时期德国托儿所政策反映了以下几方面的问题:一是建立以孩子们的生命和健康及父母们安心和幸福为目标的托儿设施。费用主要由富人的慈善行为和地方公费负担。二是托儿设施没有一定的名称,没有固定的设施,主要是季节性的。三是担任保育工作的人员主要是孤儿院和职业介绍学校年长的女孩或者失业居民和失业的老妇人。四是托儿所的主要目的是保护和监管儿童,教育是次要的、附带的。②

不过,随着瓦德蔡克"托儿学校"的建立,德国历史上托儿机构的季节性性质开始改变,常设的托幼机构出现了。1819年,瓦德蔡克教授设立了柏林最早的托儿所。它是以城市贫困家庭的孩子为对象,为保障他们能够得到充分的营养、细心的照料、良好的管理以及能够保持清洁的设施。这个机构被称为"托儿学校"。③ 该机构之所以具有常设性质,一个重要原因在于它以城市贫民的幼儿为对象,同时还招收了许多孤儿和流浪儿,进行24小时保育。这所托儿所被命名为"瓦德蔡克设施"。

英国幼儿学校对德国的影响是从1824年开始的。当时,德国翻译和出版了介绍英国幼儿学校的著作,包括怀尔德斯平的《贫民儿童教育的重要性》等,书中的一些观点引起了德国社会及政府的注意。④

1839年,拜恩内务部制定了托儿所的规定。这个规定代表了当时德国各邦的幼儿教育政策。此规定内容包括:(1)托儿所被看作是一种私立的设施,需要得到当局的承认并给予支持。(2)托儿所的主要对象是贫困家庭的儿童,目的是为他们提供住处和照料,促进他们身心得到有益的发展。(3)对于贫困家庭的孩子,教育中也要尊重他们的发展。强调"不要用生硬的形式主义妨碍孩子那种自由的合乎自然的心情;不要用到孩子年龄大时才适用的教育方法,损害他们幼年期的活泼;不要过早地采用学校的形式;不要使其过度紧张或让其不适当地活动"。⑤ (4)对于贫困家庭的孩子,为了他们生活的幸

---

① 〔日〕梅根悟.世界幼儿教育史(上册)[M].刘翠荣,等译.长春:吉林人民出版社,1986:144.
② 〔日〕梅根悟.世界幼儿教育史(上册)[M].刘翠荣,等译.长春:吉林人民出版社,1986:147.
③ 〔日〕梅根悟.世界幼儿教育史(上册)[M].刘翠荣,等译.长春:吉林人民出版社,1986:148.
④ 〔日〕梅根悟.世界幼儿教育史(上册)[M].刘翠荣,等译.长春:吉林人民出版社,1986:150-151.
⑤ 〔日〕梅根悟.世界幼儿教育史(上册)[M].刘翠荣,等译.长春:吉林人民出版社,1986:156.

福,为了改变他们的地位,特别需要加强教育,培养健壮而灵活的体魄、对严酷劳动的喜爱以及尽量节制欲望。(5)保育人员和监护人员要严格控制教学方式,不应该让孩子学习读和写,即使有字母和数字的练习,也只是激发其理解力和直观能力。(6)托儿所的监督和指导应该委托给专门人员。这些人员的基本条件是:有虔诚之心、品行端正、年富力强、单纯明朗、兼备友爱与适度的严肃,具备温柔与忍耐、意志力与坚韧相统一的精神,尤其是对儿童的热爱。①

这一时期德国各邦对贫民幼儿所采取的教育政策,虽然受到来自英国幼儿学校思想的影响,但总体上体现了维护社会秩序、改变幼儿原有生活习惯、提升道德水平的基本设想。这一政策由于客观上吸收了近代以来一些进步的幼儿教育观念和做法,如注重适合幼儿特点的教育活动,关注儿童健康和习惯的养成等,在一定程度上促进了德国学前教育的发展。据统计,1825—1830年,德国有托儿所18所,到1831—1835年有65所,1836—1840年有137所。1852年,普鲁士的幼儿教育设施大约有500所。②

三、魏尔特的阿尔古斯堡托儿所

19世纪30年代拜恩制定的发展幼儿教育的政策,对德国托儿所的发展产生了重要的影响,德国一些城市采取积极的幼儿教育政策,把发展托儿所作为一项重要任务来完成,其中比较有代表性的是由魏尔特创办的阿尔古斯堡托儿所。

1832年,阿尔古斯堡市议会任命福音派贫民之家的少年督学兼教师魏尔特筹办阿尔古斯堡托儿所。在花费2个月时间走访、参观和调查德国一些城市的幼儿教育设施后,魏尔特提交了一份关于托儿所、幼儿学校和流浪儿童救贫设施的报告,提出了关于发展托儿所的建议。1834年6月,阿尔古斯堡市议会发出了关于开设托儿所的公告。报告指出:"如果忽视了儿童的早期教育,必将影响到他们的整个一生,而且对于整整一代人所造成的危害是笔墨难以形容的;人的一生、将来生活的基础是在幼年期奠定的,对幼儿进行身心的教育具有极大的重要性。所有的专家都认为最为迫在眉睫的是设立受到承认的幼儿学校或者托儿所,并以此使其地区的学校制度达到更高的水平。"③

1834年7月,魏尔特开办了阿尔古斯堡托儿所。托儿所最初招收59个孩子,其中大多数来自手工业者和城市贫民家庭,由此可以看出创办这所托儿所的贫民儿童教育的性质。当时,这所托儿所有男教师1人(魏尔特本人),女教师1人,保姆1人。设施包括1间游戏室、2间保育室和1个大院子。之后,市政府发布文件鼓励贫民儿童进入新设立的托儿所。几个月内,托儿所的儿童人数就达到160人。④ 1835年,随着入托儿童的增加,又开办了两个托儿所。需要指出的是,与大多数德国的托儿所属私人性质不同,阿尔古斯堡托儿所主要是靠公费设立和维持的。因此,这个托儿所是一个公共幼儿教育设施。不过,阿尔古斯堡托儿所也得到了当地援助托儿所的妇女组织捐款和一定保育费的

---

① 〔日〕梅根悟.世界幼儿教育史(上册)[M].刘翠荣,等译.长春:吉林人民出版社,1986:155-159.
② 〔日〕梅根悟.世界幼儿教育史(上册)[M].刘翠荣,等译.长春:吉林人民出版社,1986:162-163.
③ 〔日〕梅根悟.世界幼儿教育史(上册)[M].刘翠荣,等译.长春:吉林人民出版社,1986:175.
④ 〔日〕梅根悟.世界幼儿教育史(上册)[M].刘翠荣,等译.长春:吉林人民出版社,1986:176.

支持。1838年,随着托儿所的发展,魏尔特提出了设立与托儿所相联系的培养保姆的预备学校的提案。这一提案很快得到市议会的批准并准备设立这种学校。①

据史料记载,阿尔古斯堡托儿所一天的保育活动时间夏季是这样安排的。早上6点孩子就可以到托儿所,8点半前集合完毕。首先进行祈祷和唱赞美歌。然后开始进行各种练习,每个练习项目半小时,一直到10点。从10点到10点半,是吃点心的时间。从10点半到11点再做一个练习,包括集体练习和测绘练习,以愉快的活动为主。从11点到12点是游戏时间。12点至下午2点以前孩子们回家、吃饭、清洗、如厕。从下午2点到4点半,进行各种练习,特别是进行每天1小时的手工劳动。下午4点到4点半,是吃点心的时间。下午4点半到5点,讲各种故事,然后做游戏、回家。②

魏尔特还专门研究了幼儿游戏发展的阶段。他认为幼儿游戏有两个阶段:一是把得到的所有东西都作为玩具玩的阶段,尤其是喜欢眼睛看得见的、活动的东西;二是以不连续的方式玩耍的阶段,是守规矩、守纪律游戏的阶段,也是孩子们之间集体协作游戏的阶段。③他主张,幼儿教育应当与幼儿游戏的发展阶段相适应。

总之,在魏尔特看来,托儿所就像园丁一样,在幼小的植物开始出现时就伸出保护的手,保护和教育儿童。托儿所既不是学校,也不是监禁所,而是儿童之家,是面向幼儿的收容所。在托儿所里所推行的精神,除了爱、忍耐的精神和父性般的严格精神外,不会再有其他的东西。托儿所里不是学习,而是游戏、娱乐、工作。④

魏尔特的阿尔古斯堡托儿所的设立及其运动体现了一种新的幼儿教育观,即托儿所像一个园丁,是照顾和帮助幼儿的场所。这些观点不仅在当时,也对以后德国学前教育的发展产生了影响,与福禄培尔幼儿园教育思想是一致的。

四、福禄培尔幼儿园及幼儿园运动

一般来说,福禄培尔之前的德国学前教育设施,主要是贫民救济性设施与普及幼儿教育机构的结合,直到1840年福禄培尔幼儿园的创立,才有了正规的学前教育机构。

(一) 福禄培尔的教育活动与幼儿园的创立

福禄培尔出身于一个牧师家庭,刚出生9个月就失去母亲,以后便在冷酷的继母和严厉的父亲身边长大。福禄培尔接受了小学和拉丁语学校教育,毕业后先后做过家庭教师、林务员、秘书等多种工作。福禄培尔进入耶拿大学学习自然科学、建筑技术和测量等,但是不久由于经济拮据,被迫辍学。1805年,他担任一所普通学校的教师。在教学时期,经人介绍,他访问了瑞士裴斯泰洛齐创办的伊弗东(Yverdon)学校。在伊弗东,裴斯泰洛齐的工作使他受到震动,也使他思考。他发现裴斯泰洛齐的教学思想有进步的方面,也存在不足。回国后,他承担了30多个9—11岁孩子的教学工作。

1816年,福禄培尔创办了一所教养院,招收了5个孩子,开始了教育实践活动。这

---

① 〔日〕梅根悟. 世界幼儿教育史(上册)[M]. 刘翠荣,等译. 长春:吉林人民出版社,1986:177.
② 〔日〕梅根悟. 世界幼儿教育史(上册)[M]. 刘翠荣,等译. 长春:吉林人民出版社,1986:178.
③ 〔日〕梅根悟. 世界幼儿教育史(上册)[M]. 刘翠荣,等译. 长春:吉林人民出版社,1986:180.
④ 〔日〕梅根悟. 世界幼儿教育史(上册)[M]. 刘翠荣,等译. 长春:吉林人民出版社,1986:182.

所教养院就是闻名世界的"卡伊尔霍大同教养院"。他创办教养院的理念是：教育不是一种阶级教育、等级教育和职业教育，而是为德意志民族的、一种自由的教育。这种教育是要造就自由的、探索的和不受人支配的人。[1]

与他的自由教育思想相适应，1829年，福禄培尔提出了一个"黑伦巴计划"，旨在设立一个使所有儿童都能入学，接受统一基础教育的教养院。在这个教养院里，福禄培尔附设了3—4岁幼儿的"保护有产阶级孤儿并使其得到发展的设施"。福禄培尔在解释设置这个机构时指出，新设施"不应当是一所学校，孩子们在那里不应当接受学校式教育，而应任其自由发展。之所以选择有产阶级的子女，是为了使他们将来能有能力经营自己的事业"。[2] 虽然这个计划没有实施，但是它为福禄培尔幼儿园教育理论奠定了基础。

1831年，福禄培尔在瑞士圭鲁特塞建立一所教养院。1836年提出了"布格多夫孤儿院初等学校案"。这个初等学校是以4—12岁的儿童为对象，其中第一阶段是以4—6岁儿童为对象的"预备学校"。4—6岁儿童的教育内容包括观察、说话练习、数数、唱歌、造型、体操、童话、游戏、野游、回忆等。这些内容后来也成为福禄培尔幼儿园教育内容的基础。

1836年他又回到卡伊尔霍，开始了新的探索。在长期的儿童教育实践中，福禄培尔一直在思考一个问题：学校教育花费那么多时间为什么教育不好一个孩子。他认为，这首先是学校的过错。为此，福禄培尔曾进行了卡伊尔霍学校教育的实验，试图改变学校教育的方法，但是结果不满意。在仔细的观察以后，他得出结论，儿童在进入学校之前一直接受错误的教育，儿童的学前教育有缺陷。这样，他就开始考虑如何教育学前阶段的儿童，改变早期教育不被重视的情况。在学前教育研究中，他发现虽然一直强调母亲在儿童早期教育中的重要性，但是许多母亲没有闲暇和能力在儿童最初的7年时间里来教育孩子，而且在家庭范围内又很难得到别人的帮助。福禄培尔认为，儿童在3—7岁期间社会和道德的发展需要一个有其他同伴一起活动的空间，而学前教育的家庭环境限制了儿童的活动和经验。

1837年，他在卡伊尔霍学校附近的勃兰根堡（Blankenburg）建立了一个目的是为幼儿提供教育的机构。在这里，儿童可以根据他们的本性得到自由的发展。1840年的一个傍晚，福禄培尔在与朋友一起从卡伊尔霍到勃兰根堡的散步途中，他高兴地喊道："我发现了，新机构的名字将是幼儿园。"[3]在他看来，幼儿园的"园地"非常重要，它是幼儿教育的基础。这个园地"如同在神的保护和经验丰富、洞察敏锐的园丁照顾下的园地，植物得以有规律的生长一样。在这里，人这一最高贵的植物，即人的幼芽，又是人类的一员的儿童们，受到神及自然的共同教育"[4]。

（二）福禄培尔幼儿园的推广及幼儿园运动

幼儿园创办以后，福禄培尔的主要精力用在使用各种方法来扩大和推广幼儿园的发

---

[1] 〔日〕梅根悟.世界幼儿教育史（上册）[M].刘翠荣，等译.长春：吉林人民出版社，1986：193-194.
[2] 〔日〕梅根悟.世界幼儿教育史（上册）[M].刘翠荣，等译.长春：吉林人民出版社，1986：217.
[3] V. Celia Lascarides, Blythe F. Hinitz. History of Early Childhood Education[M]. Falmer Press, 2000：98.
[4] 〔日〕梅根悟.世界幼儿教育史（上册）[M].刘翠荣，等译.长春：吉林人民出版社，1986：223.

展。他曾经指出:"应该尽可能地在每个小地方办一所幼儿园,要像努力在每个小地方至少设一个教堂那样。而且,我们应该像初期的简单的家庭礼拜堂一样,起初至少可以试验性地把几个家庭组织在一起,建立家庭联合幼儿园。"①福禄培尔的幼儿园推广活动主要表现在以下几个方面。

一是在城市开展宣传、展示、推广活动。1837年以后,福禄培尔与他的同事到德国的许多地方进行活动,促进他的教育计划和幼儿园的发展。在城里,他向市民展示他的恩物(gift)和游戏给家庭和他们的孩子;他们组成小组访问每一个家庭,动员使用这些恩物。其中有一个家庭有12个孩子。在与福禄培尔几次交谈后,父亲允许孩子玩恩物。福禄培尔使用4个恩物与其中5个孩子玩。游戏赢得了孩子的心,父亲也很满意,并答应支持他的工作。

二是通过通信和出版出版物进行宣传。福禄培尔通过举办讲座、演讲、通信等来宣传、解释他的教育思想以及游戏的目的;父母们也开始组织小的家庭协会一起使用游戏。福禄培尔还写信给他的朋友、以前的学生以及亲属,阐明他对自己教育体系的思考,鼓励他们创办幼儿园,并了解使用者的情况和对游戏的批评意见。②

三是通过组织活动,推广幼儿园的工作。在1848年的德国革命中,福禄培尔积极参加进步教师集会,呼吁政府拨款促进幼儿园的发展,要求尽量多地开办幼儿园,使幼儿园像教堂一样普及,还要求将幼儿园教育作为德国统一国民教育制度中的初级阶段。

1848年,普鲁士政府镇压自由民主运动,福禄培尔一生致力于发展的幼儿园也成为被打击和迫害的对象。1851年,普鲁士政府下令禁止开办福禄培尔幼儿园。1852年,福禄培尔去世。直到1860年这项禁令才被废除。禁令废除以后,福禄培尔幼儿园运动团体在德国各地相继成立,其中影响较大的两个团体在推广幼儿园运动中发挥了重要作用。一个是1860年成立的以玛伦霍尔兹·缪罗夫人为名誉会长的"柏林福禄培尔主义幼儿园促进妇女协会"。该协会成立以后积极地设立幼儿园。另一个也是由缪罗夫人于1863年春天在柏林设立的"家庭教育和民众教育协会"。这个协会是依据福禄培尔的思想,以进行幼儿教育的全面改革为最终的目标。1874年,这两个协会合并成为"柏林福禄培尔协会",进一步推动福禄培尔幼儿园运动的发展。

福禄培尔幼儿园的建立和推广在学前教育史上具有重要的意义。一些研究者指出,在此之前没有人能够建立一个连续的和相连接的能够完全适合所有阶级幼儿的教育制度。而通过福禄培尔的努力,使"每一个儿童,不管其地位和条件如何,都能够发展其真正的本性、性格和生活的职业;自我教育以及接受教育;以及训练那些将来继续教育幼儿的幼儿园的工作者"③。在福禄培尔的影响下,许多人接受其幼儿教育工作训练。福禄培尔创立的幼儿园教育体系,使学前教育成为教育领域中的一个重要分支,标志着学前教育机构的作用开始由"看管"转向"教育"。福禄培尔的学前教育思想体系在世界幼儿教育史上具有重要的地位,对许多国家幼儿教育的发展产生了影响。

---

① 〔日〕梅根悟.世界幼儿教育史(上册)[M].刘翠荣,等译.长春:吉林人民出版社,1986:233.
② V. Celia Lascarides, Blythe F. Hinitz. History of Early Childhood Education[M]. Falmer Press, 2000:99.
③ V. Celia Lascarides, Blythe F. Hinitz. History of Early Childhood Education[M]. Falmer Press, 2000:100.

第四节　近代美国学前教育实践

美国是北美洲主要的资本主义国家，也是一个历史相对较短、新兴的资本主义国家。美国本土原是印第安人的家乡，1492 年哥伦布发现美洲新大陆后，西班牙、荷兰、法国、英国等国先后向北美洲进行移民，形成了"除了印第安人，其余都是移民"的社会特征。18 世纪中期以后，以英国为首的殖民者在北美洲大西洋沿岸建立了 13 个殖民地，逐步形成了北部以工业生产为主、中部以小农生产为主、南部以种植园生产为主的经济特征。1775 年北美殖民地人民掀起了反对英国宗主国统治，要求民族和国家独立的战争。1776 年 7 月 4 日，在费城召开了第二次大陆会议，由乔治·华盛顿任总司令，通过了《独立宣言》，宣告了美国的诞生。1787 年制定宪法，成立联邦政府，形成了联邦制的政治特征。19 世纪初，美国开始了工业革命，经过南北战争，到 19 世纪后期美国成为一个资本主义的工业强国。建国后，美国确立了地方分权的教育原则。

美国的学前教育起步比较晚。早期受欧洲学前教育的影响，基本属于输入型。期间受英国欧文幼儿学校的影响，出现了"幼儿学校"及方法的传播；以后通过引进福禄培尔的幼儿教育思想，福禄培尔式幼儿园被广泛接受。到 19 世纪中后期，经过借鉴和改造，美国建立起了具有本土特色的学前教育机构。美国的学前教育机构产生以后得到快速发展，到 20 世纪初，美国学前教育已经形成了各种类型共同发展，公私立幼儿园并存的教育体制。

一、欧文幼儿学校的影响与幼儿"家庭学校运动"

早期的美国幼儿教育曾受到欧文幼儿学校的一定影响。1824 年，欧文曾在美国印第安纳州建立了体现共产主义精神的"新和谐村"，并开办了幼儿学校。在他的影响下，美国一些州也设立了幼儿学校。不过，这些幼儿学校比较注重与初等教育的衔接，并把幼儿学校的教学方法引进到初等教育中，强调幼儿的健康保健和户外活动。1830 年，这些幼儿学校改为初级部，招收 4 岁左右的儿童入学，并用幼儿学校的方法进行教学。幼儿学校的对象主要是社会上层家庭的儿童，经费以收费为主。[①] 这一时期强调幼儿学校与初等学校衔接的做法，可以看出美国在普及初等教育过程中初等学校对幼儿学校的影响，不过初等教育采用幼儿学校的一些教学方法，也反映了幼儿学校对初等学校的影响，这也反映了无论是初等教育还是幼儿教育都体现了对儿童发展的重视。

但是在发展过程中，由于对普及初等教育的强调，成人的要求过多，加上缺乏对幼儿特征的研究，幼儿学校也出现了一种类似"小学化"的倾向。认为学校有责任对 4—6 岁的儿童进行教育，教授他们有关宗教、道德及读写算的初步知识和内容。不过，这种现象在当时也遭到了批评。反对者认为，幼儿学校只是家庭教育的补充，而不能替代家庭教

[①] 周采,杨汉麟.外国学前教育史[M].第 2 版.北京:北京师范大学出版社,2012:80.

育。当幼儿学校高潮过后,美国出现了受裴斯泰洛齐影响的幼儿"家庭学校运动",可以看作是一种幼儿家庭教育的回归。这一运动批评幼儿学校环境恶劣,拥挤不堪,教师素质也不高,不利于儿童身体和道德的发展;幼儿学校"小学化"的做法也不符合幼儿发展特征。幼儿家庭教育的回归在某种程度上是一种去"小学化"倾向的反映。

不过,这种去"小学化"的做法,并不能完全解决幼儿家庭教育本身的问题。幼儿教育回归自身特点是必需的,但它与幼儿教育社会化的取向是不矛盾的。随着美国社会的发展,幼儿教育"家庭学校运动"和思潮很快被其他幼儿教育思想所取代。这一幼儿教育思想就是福禄培尔的幼儿园教育思想。

二、福禄培尔的影响与福禄培尔式幼儿园的建立

福禄培尔教育思想及幼儿园在19世纪50年代引入美国,其中影响较大的是玛格丽特·舒尔茨(Margarate Schurz,1832—1876)和伊丽莎白·皮博迪(Elizabeth Peabody,1840—1894)创办的福禄培尔式幼儿园。

(一)玛格丽特·舒尔茨创办的德语幼儿园

德国福禄培尔的幼儿园最初并没有直接对美国产生影响。1854年,在英国召开的教育博览会上,时任美国联邦政府教育官员的贝利·巴拿多博士在参观了福禄培尔幼儿园的展览时才了解德国学前教育的情况。回国后,他发表了介绍福禄培尔幼儿园的文章,引起了人们的关注。

美国最早的福禄培尔式幼儿园是由德国移民玛格丽特·舒尔茨于1855年在威斯康星州的维特顿创办的一所专门为德国移民的子女开办的德语幼儿园。舒尔茨夫人在德国曾受到福禄培尔思想的影响,她创办幼儿园后也采用福禄培尔的教育方法,以教授德语会话为主,并指导孩子们进行游戏、唱歌和作业。从舒尔茨夫人在美国创设第一所幼儿园至1870年为止的15年间,在美国由德国人开设的德语幼儿园已有10所左右,并且都实施福禄培尔式的教育。[①] 不过,由于当时福禄培尔的幼儿园教育思想在美国还未引起人们足够的重视,早期出现的这些幼儿园还只限于部分地区,属于私立的小规模的学前教育设施,人们还没有把幼儿园视作教育子女必不可少的途径。

(二)伊丽莎白·皮博迪创办的英语幼儿园

玛格丽特·舒尔茨创办了第一所德语幼儿园以后,美国人开始逐步使幼儿园美国化,向英语幼儿园过渡,其中具有代表性的是美国妇女伊丽莎白·皮博迪在19世纪60年代的探索和尝试。1860年,皮博迪在波士顿开办了美国第一所英语幼儿园。她也因此被尊称为美国幼儿园教育的奠基人,使幼儿园教育在美国得到了普及和发展。

1859年,舒尔茨夫人访问波士顿时,会见了伊丽莎白·皮博迪,向她介绍了福禄培尔有关幼儿园的思想。皮博迪曾经读过福禄培尔《人的教育》一书,对福禄培尔教育思想有深刻印象。受舒尔茨夫人的影响,皮博迪于1860年在自己的私人住宅里开办了一所私立幼儿园,这是美国的第一所讲英语的幼儿园。以后,皮博迪又和妹妹玛利·曼一起

---

① 〔日〕梅根悟.世界幼儿教育史(上册)[M].刘翠荣,等译.长春:吉林人民出版社,1986:297-298.

为进一步宣传福禄培尔思想而努力工作,她们发行刊物,演讲并撰写文章。皮博迪于1863年出版了《幼儿园指南》一书。在书中,她阐述了幼儿园和小学的区别,认为幼儿园不同于原来的幼儿学校,也不同于初等学校。幼儿园是儿童的乐园。在幼儿园里,应鼓励儿童自主活动和游戏,教师也要与儿童一起做游戏。1867年,为了提升自己的教育水平,皮博迪还亲自去德国学习福禄培尔的教育方法。期间,还到欧洲其他国家参观幼儿园和师范学校,学习各国的办学经验。回国后,皮博迪一方面从事写作,发表文章;另一方面积极从事幼儿园保育人员的培训工作,并在自己的幼儿园中创办了美国第一所幼儿园保育人员培训所,为社会输送了一批优秀的幼儿园教师,这些人成为美国普及幼儿园运动的强有力的骨干力量。

三、教会和社会慈善团体开办幼儿园

1870年以后,美国出现了一种属于教会和社会慈善性质的幼儿园。这些幼儿园大部分是由教会和社会慈善团体开办,招收的对象主要是贫穷家庭的儿童,免收学费。这种教会和社会慈善幼儿园发展得很快,到19世纪末,美国几乎所有的大中城市都办起了类似性质的幼儿园。其主要原因是,教会幼儿园可以成为教会进行宗教教育和传教活动的一个场所,而社会慈善幼儿园可以作为一种社会救济贫民事业来看待,得到政府的鼓励和支持。

最早建立教会幼儿园的是1877年俄亥俄州托利多的托利尼特教会,他们把幼儿园作为教区的一项事业。1878年,纽约市的一个教会也设立了幼儿园。这一时期,美国教会幼儿园发展迅速。到1912年,全国已有108所教会幼儿园。[①] 这一时期教会创办幼儿园的目的有三:一是通过幼儿园教育进行宗教宣传;二是对贫困儿童进行一定救济;三是把设立幼儿园当作教区的一项事业,通过开办幼儿园来扩大教会的影响。

在教会幼儿园兴起的同时,一些社会慈善团体也纷纷开办幼儿园,形成了幼儿园教育运动。其中有1870年在纽约市开设的"慈善幼儿园",1893年在芝加哥市开办的"邻人之家",等等。这些幼儿园设置的目的也是为了改善贫民子女的生活状况,面向社会贫民阶级开设的一种贫民救济事业。在这一运动中,"幼儿教育的使命是,从人道主义的立场出发,以保护未成年的幼儿不受现实生活中不道德、不良现象的影响,进而使幼儿教育成为积极促进社会改良和改善平民福利状况的手段之一"。[②] 由于幼儿园运动与教会传教事业和社会福利政策有密切关系,使得幼儿园教育模式为美国社会所接受,得到较快发展,并逐渐普及和推广。

四、公立幼儿园的创办与学前教育制度化的探索

从19世纪30年代开始,随着美国公立学校运动的开始,一批由地方政府开办、税收维持的公立学校得以建立,并且影响到学前教育领域。1873年,美国密苏里州圣路易市

---

① 〔日〕梅根悟.世界幼儿教育史(上册)[M].刘翠荣,等译.长春:吉林人民出版社,1986:302.
② 〔日〕梅根悟.世界幼儿教育史(上册)[M].刘翠荣,等译.长春:吉林人民出版社,1986:302.

的德斯皮尔斯学校建立了美国第一所公立幼儿园,创建者是当时的圣路易市教育局长威廉·哈里斯(William Harris,1835—1909)。受伊丽莎白·皮博迪的影响,哈里斯欣赏福禄培尔的教育思想,关心学前教育的发展。他向圣路易市教育委员会提交了一份报告,在报告中要求把学前教育作为公立学校制度的一个组成部分。报告得到批准,第一所附设在公立学校内的幼儿园建立。为了加强对幼儿园的管理,哈里斯聘请对福禄培尔幼儿园教育有一定研究的苏珊·布洛(Susan Blow,1843—1916)女士担任了幼儿园的第一任教师,并招收了20名儿童。

在哈里斯与布洛女士的合作下,这所幼儿园取得了极大成功,在美国产生较大影响,各地参观者不断,促进了公立幼儿园教育的发展。在普及公立幼儿园的过程中,把幼儿园教育作为学校教育制度组成部分的思想,逐渐得到了教育界的认同。到1880年,有52所小学附设了幼儿园。到19世纪末,美国全国10个主要城市都建立了公立幼儿园制度。①

1872年,美国全国教育协会成立后,重视幼儿教育事业的发展,鼓励学校教育的教师关心幼儿教育,并于1874年在芝加哥市开设了一所幼儿园。1875年到1876年,又在洛杉矶市、印第安纳波利斯市、丹佛、旧金山市等开设了幼儿园。到1880年,美国30个州建立了400多所幼儿园,全国10大城市也都设立了相应的幼儿教师培训机构。一些大学和师范学校等还开设了幼儿园部和幼儿师范课程。②

20世纪以后,美国公立幼儿园得到快速发展。到1914年美国公立幼儿园总数已达7554所,几乎所有的大中城市都建立了公立幼儿园制度,学前教育成为公共教育制度的组成部分。这表明,美国幼儿教育在社会化的同时,也开始了制度化的尝试。美国公立幼儿园以增进幼儿幸福为目的,保证学前教育的机会均等,体现了幼儿教育的公共性质,使得公立幼儿园在美国迅速发展起来,推动了幼儿教育的普及。

五、幼儿园协会的建立与幼儿园运动

19世纪后期开始,美国出现了许多幼儿园协会,包括1878年成立的旧金山幼儿园协会,1879年的新泽西幼儿园协会,1880年的芝加哥幼儿园协会等。到1897年,美国已有400多个这样的组织。有研究者指出,美国幼儿园协会的共同目的包括三个方面:一是为年轻的母亲提供解决有关幼儿教育实际问题的指导和建议;二是促进幼儿园的成立和幼儿教育运动的发展;三是在具体实践中培养现代社会所需的博爱精神。③ 这些团体宣传幼儿教育思想,开展幼儿园教育指导活动,对幼儿园的普及和发展起了促进作用。

为了更好地促进和指导幼儿园的发展,1892年,国际幼儿园协会在美国成立。协会的宗旨是:汇集世界有关幼儿园运动的情报资料;联合一切幼儿园,进行事业上的有效协作;促进幼儿园的成立和发展;促进幼儿师资的专业教养水平的提高。协会后来改组为幼儿教育协会,直到发展为今天的国际幼儿教育协会。

---

① 〔日〕梅根悟.世界幼儿教育史(上册)[M].刘翠荣,等译.长春:吉林人民出版社,1986:306.
② 〔日〕梅根悟.世界幼儿教育史(上册)[M].刘翠荣,等译.长春:吉林人民出版社,1986:307.
③ 〔日〕梅根悟.世界幼儿教育史(上册)[M].刘翠荣,等译.长春:吉林人民出版社,1986:309.

这一时期，美国各个幼儿教育协会都比较注重对幼儿母亲的教育。这种情况的出现，一方面是受到福禄培尔关于母子关系是幼儿教育基本问题的观点的影响；另一方面，随着对儿童发展问题的关注，人们也开始认识到家庭教育的重要性。于是各个幼儿教育协会积极开展有关母亲教育的研究和讨论；一些幼儿园还开设"母亲教室"，为母亲们提供学习的场所，学习有关幼儿保育和教育的各方面知识，促进父母与幼儿园教师的相互沟通。

为了更好地进行幼儿教育及对儿童的研究工作，1894年在芝加哥举办了"母亲协会"。这次会议成为以后同类会议的先导，促进了各地对幼儿教育问题关注的会议的召开。在这一基础上成立了"全国母亲联合会"。以后，这一组织又与"家长教师联合会"合并成立"合众国母亲与家长教师联合会"，从而促进了家长与教师的沟通，加强了家庭教育与幼儿教育的联系。

第五节　近代日本学前教育实践

日本是亚洲东部的一个岛国，从7世纪中叶以后，日本开始向封建社会过渡。在长期的封建社会中，日本在学习中国古代文化教育经验的基础上，结合自己的实际，逐渐形成了独特的教育体系。1868年的明治维新是日本从封建社会向近代资本主义社会过渡的转折点。日本明治政府在"富国强兵""殖产兴业"和"文明开化"的口号下，全面学习西方，实行了包括教育在内的一系列改革，为发展资本主义开辟了道路。日本成为亚洲第一个进入近代社会的国家。明治维新以后，日本教育步入近代化的历程，学前教育也开始了社会化的探索。

一、学前教育政策与幼儿教育机构的建立

（一）《学制令》的颁布与学前教育的地位

明治维新以后，为了实现其"富国强兵""殖产兴业""文明开化"的目标，明治政府对政治、经济、军事和文化教育各个方面都进行了重大改革，特别是在文化教育领域，希望通过教育去开发人才，启迪民智。其中也包括对学前教育的改革。

1871年日本设立文部省，负责全国的教育改革。1872年文部省颁布《学制令》，标志着明治维新后教育改革的开始。《学制令》规定了近代日本教育的领导体制和学校制度，也提出了设置幼稚小学进行学前教育的要求。其中第二篇"学校"的第22条规定：幼稚小学可以招收6岁以下的男女儿童，实施入小学之前的教育。① 这是日本通过立法实施学前教育的最早规定。但是由于当时政府工作的重心放在创建其他各类学校上，各类学校得到较快发展，1873年已达12500多所，唯独幼稚小学一所也没有建成。这反映出在日本教育体系中，学前教育的地位还没有引起全社会的重视。

---

① 〔日〕梅根悟.世界幼儿教育史（上册）[M].刘翠荣，等译.长春：吉林人民出版社，1986：313.

(二)官办幼儿园和"简易幼儿园"的创办

受19世纪欧美幼儿园发展的影响,1876年文部省大辅田中不二麿建议日本也应设立幼儿园。创设幼儿园的目的是"为今后的幼儿园树立榜样;力图促进教育之发展;为女子师范学校的学生提供实践园地"①。日本政府接受了这一建议,并创办了第一所学前教育机构——东京女子师范学校附属幼儿园,它是日本学前教育史上的第一所官办幼儿园。

东京女子师范学校附属幼儿园首批招收幼儿75人。幼儿园有管理人员6人,分别担任:监事(相当于园长)1人;首席保姆1人;保姆2人;助手2人。②这所幼儿园于1878年开始招收保姆实习生,后又设立了为学前教育培养师资的保姆训练班。为了加强对幼儿园的管理,1877年文部省还制定了东京女子师范学校附属幼儿园规则,对幼儿园的目的、入园年龄、保育时间、保育科目和保育费用等方面做出了规定。如规定幼儿的入园年龄为3—6岁,特殊情况下可以接收2—3岁或者超过6岁的幼儿。③这一规则后来为许多幼儿园所仿效。

东京女子师范学校附属幼儿园虽然是官办的幼儿园,但没有按照《学制令》中关于幼稚小学的规定开设。不过,从其性质来看,由于幼儿园占有大片园地,园舍精美,设备完善,入园费用昂贵,实际上它是一所为少数特权阶级的子女服务的贵族教育机构,许多普通家庭的孩子难以进入。在当时经济尚不发达、生产力水平较低的情况下,这种幼儿园是难以普及的。到1881年,日本全国建立的幼儿园仅有7所。④

为了普及幼儿园,使贫民子女也能接受学前教育,日本文部省于1882年提出了新的幼儿园办园意见,指出:"幼儿园的办园方向应该以教育所有幼儿为本,如能消除城乡、贫富的差异,使所有儿童都能够享受教育的话,那将会给贫民家庭带来更大的益处。"⑤由于办园需要大量费用,文部省无力全部承担,便提出文部省所属幼儿园和地方幼儿园。同时要求幼儿园的规模不宜过大,办园的方式可以任意选择,提倡设置"简易幼儿园"。创办简易幼儿园的意义在于,"可以大量收容那些贫民劳动者的子女,或父母无暇顾及或养育的那些子女"⑥。简易幼儿园的特点是:设备、园舍等设施简陋;把过去按不同年龄编班的幼儿园保育制度,改为不分年龄的集体保育,以节省开支,适宜边远地区幼儿园的普及。由于这一政策的实施,加速了幼儿园的发展,仅1882年一年之内就增加了6所简易幼儿园。到1885年,日本已有简易幼儿园30所,入园儿童总数达1893人。其中,私立幼儿园8所,其余22所为国家、府县以及镇村设置的公立幼儿园。⑦

(三)为困难家庭儿童开设民间托儿所

为了解决一些由于工作或者学习而无暇照顾幼儿的年轻父母的问题,这一时期日本

---

① 〔日〕梅根悟.世界幼儿教育史(上册)[M].刘翠荣,等译.长春:吉林人民出版社,1986:314.
② 唐淑,何晓夏.学前教育史[M].大连:辽宁师范大学出版社,2001:392.
③ 唐淑,何晓夏.学前教育史[M].大连:辽宁师范大学出版社,2001:392.
④ 〔日〕梅根悟.世界幼儿教育史(上册)[M].刘翠荣,等译.长春:吉林人民出版社,1986:315.
⑤ 〔日〕梅根悟.世界幼儿教育史(上册)[M].刘翠荣,等译.长春:吉林人民出版社,1986:315.
⑥ 〔日〕梅根悟.世界幼儿教育史(上册)[M].刘翠荣,等译.长春:吉林人民出版社,1986:316.
⑦ 〔日〕梅根悟.世界幼儿教育史(上册)[M].刘翠荣,等译.长春:吉林人民出版社,1986:318.

开办了不同于幼儿园的教育机构——托儿所。1890年,新潟市的赤泽钟美夫妇创立了日本教育史上的第一所托儿所。这所托儿所与幼儿园不同,是由私人出于人道主义的关怀开办的学前教育机构。主要作用是在年轻父母工作时为他们的幼儿提供一个寄托处,使这些孩子有一个健康发展的环境,同时减轻年轻父母的生活负担。

托儿所的出现引起社会的广泛关注,日本内务省也表示提供少量的资助。这些措施引发了企业和工厂的关注和实际行动。1894年大日本纺织公司在东京深川的工厂内附设了托儿所,对母亲产后100天以上至5岁以下的幼儿提供保育,以解决参加工作的母亲的托儿问题。

托儿所的创办反映了日本学前教育与社会发展的紧密联系,成为解决年轻父母由于劳作而无力照顾幼儿的一种选择,也是对幼儿园教育的一种补充。托儿所和幼儿园各具特色,都在力图解决幼儿发展存在的突出问题。它们在促进日本学前教育发展方面发挥了重要作用。

二、幼儿园立法与《幼儿园保育及设备规程》的制定

幼儿园和托儿机构的成立引起了社会的关注,各地相继建立了一批幼儿园和托儿所。不仅如此,加强幼儿园与幼儿园之间的联系,对一些教育问题进行研讨也变得十分必要。在这一时期,一些幼儿园的机构和团体组织相继成立。它们关注幼儿园发展中存在的问题,提出了许多建议,为推动学前教育的发展做出了重要贡献。它们的努力也使得建立和制定相应的学前教育制度及法规,使幼儿教育得以健康发展,成为日本政府关注和解决的问题。

1896年,东京女子师范学校附属幼儿园建立的福禄培尔学会(会长系师范学校校长),向文部省大臣提出建议:幼儿园与小学校以上的其他各级学校相比,在制度上没有明文的法律规定,应当为幼儿园制定教育法令。从历史上看,从1886年开始,日本先后颁布了旨在促进和规范日本教育发展的《小学校令》《中学校令》《大学校令》和《师范学校令》,唯独缺少关于幼儿园的法规。

1899年,文部省颁布了《幼儿园保育及设备规程》。这是日本政府制定的第一个有关幼儿园教育的法令,它对幼儿园的性质、保育内容、保育时间及设备等方面都做出了明确的规定。《幼儿园保育及设备规程》一共七条。主要内容包括:第一条,幼儿园是为年满3岁至学龄前儿童开设的保育场所。第二条,保育时间(包括吃饭时间),每日为5个小时以内。第三条,一名保姆可以保育40名以内的儿童。第四条,一所幼儿园可以招收100名儿童,个别情况可以招收150名儿童。第五条,保育要领。对幼儿进行教育是为了使身心得到健全的发展,养成良好习惯以及辅助家庭教育;保育方法应该坚持适应幼儿身心发展,教授其难易程度相应的事物;注意纠正幼儿的德行仪表,让他们多接触良好的品行。第六条,幼儿园的保育项目包括游戏、唱歌、会话及手工作业。第七条,幼儿园所需设备包括园舍、游戏场地、教学设备和操场等。其中规定幼儿园应在平房建筑的园舍中,设有保育室、游戏室、保育园室等;教学设备包括恩物、绘画、游戏等用具,以及乐

器、黑板、课桌椅、时钟、温度计、采暖设备等;操场、饮用水、门窗的采光标准,均以小学的有关规定为准。①

《幼儿园保育及设备规程》的颁布虽然引发一些争议,如幼儿保育时间较短,不能够完全满足全日制劳动阶层的需要等,但它毕竟为幼儿园的基本发展和制度化建设提供了规范化的标准。它也基本符合幼儿发展的特点,如幼儿园主要活动是儿童的游戏、唱歌、会话及手工作业,没有安排幼儿的读写算等知识学习。《幼儿园保育及设备规程》的颁布,奠定了日本学前教育发展的基础。此后虽曾多次修改,但基本规定和内容均被保留下来。

三、福禄培尔幼儿园思想在日本的传播与改造

近代日本学前教育政策的制定和幼儿教育机构的建立较多地吸收了欧美学前教育,特别是德国福禄培尔的幼儿园思想,如儿童游戏、活动和发展个性的理论等。但是在本土化过程中,特别是在引进、传播福禄培尔幼儿园思想过程中,由于受日本文化传统的影响,这些思想和主张也在日本幼儿园发展过程中被逐步改造,形成了符合日本社会及教育的价值和观念。

最早介绍福禄培尔幼儿园思想的是日本东京师范学校的校长中村正直。1877年11月24日的《日日新闻杂报》上首次刊登了他翻译的《福禄培尔幼儿园理论概要》一文。福禄培尔的主要观点是,如果要把幼儿当作人类的幼苗,就应该使其受到良好的教养,使其天性得以自由的发展,就要为幼儿设立幼儿园。幼儿园不是学校,是学校的预备教育。幼儿园的目的是把3—7岁幼儿组织起来进行游戏,使他们身体强壮,学会从事劳动,熟悉自然界和人类世界。幼儿教育也不是家庭教育。家庭中的母亲教养水平有限,不一定都是良师。幼儿教育也不能只是局限在一个家庭中,应该把幼儿组织起来,通过设立幼儿园,培养他们的独立性和助人为乐的习惯,形成他们自己的世界。中村正直在译文的前言中写道:"应该把幼儿组织起来,为其提供一个集体的环境,给予他们发挥自己自然才能和天赋的好机会。"②

不过受传统文化的影响,日本幼儿园的发展也出现了一些问题。这主要表现在以下两个方面:一是幼儿活动的"集体化"倾向。多数的日本幼儿园把幼儿按照智力发展程度编成若干班级,难以对每一个幼儿照顾周到。由于实行的是一种与小学相似的集体性保育,这就与小学教育没有什么区别了。二是幼儿游戏的"课程化"倾向。日本的一些幼儿园过于迷信福禄培尔主义,把恩物作为集体教育的重点,采取"问答法"的方式把各种"恩物"作为课程教给幼儿。但是游戏主要是幼儿参与、体验和认识自然的过程。游戏教学的"问答法"和"课程化"倾向导致了幼儿教学程式化和教育"小学化"现象的产生,不利于幼儿和学前教育的发展。

---

① 〔日〕梅根悟.世界幼儿教育史(上册)[M].刘翠荣,等译.长春:吉林人民出版社,1986:319-321.
② 〔日〕梅根悟.世界幼儿教育史(上册)[M].刘翠荣,等译.长春:吉林人民出版社,1986:327.

明治中期以后,日本开始减少幼儿园保育科中"恩物"的比重,也对长期以来"恩物"教学中使用的"问答法"提出了批评。在学者们看来,幼儿园作为教育幼儿的场所,不能只单纯传授知识。幼儿教育的主要任务是发展幼儿观察与思维的能力。要尽量给他们提供发表自己看法的机会,授课时应适应儿童的能力,鼓励他们发表自己的独立见解。"问答法"虽然可以帮助幼儿获得感性的认识,但它背离了幼儿发展和认识的特点。幼儿需要认识的是"恩物"的内在意义,而不是教学教法。否则,幼儿教学就可能成为一种灌输式教学。①

随着"恩物"地位的下降,"唱歌"和"游戏"在日本幼儿园保育科的地位加强。1888年,日本文部省音乐科编辑出版了一本《幼儿园歌曲集》,序言中写道:"本集是为儿童,首先是为幼儿园的儿童们而编集的。它的目的在于,使儿童能在愉快地学唱这些歌曲的过程中,不知不觉地受到道德及智力的启蒙。"②歌曲的一些内容反映了日本这一时期幼儿园教育的新的变化。例如,"一呀一,不能忘,孝敬父母不能忘,养育之恩深似海,理应奉养到终老。二呀二,不能忘,忠于君主不能忘,似那满山山樱花,为君开放为君落。三呀三,不能忘,怜惜生物不能忘,纵然暮秋路边草,也要爱惜免踏到。……十呀十,不能忘,忠心报国不能忘,似那朝阳冉冉起,灿烂光辉人间照"③。

这一时期,日本幼儿园中游戏的意义也发生了变化。过去的以"恩物"为主的认识事物和自然秩序的"20种游戏"取消了,道德教育开始贯穿于游戏中,幼儿们的"共同游戏"成为关注的重点。1905年,日本目黑书店出版的东基吉的《幼儿保育法》中指出了"游戏"的意义。其中,集体感和同情心的形成主要是通过"共同游戏"实现的。在"共同游戏"中,幼儿可以通过与他人合作,使个人置于集体中,就需要限制自己并考虑别人,逐步养成乐于与他人共事的习惯。④

近代欧美和日本关于学前教育的探索,反映了近代社会发展对学前教育的影响和要求。具体来说,就是在解决工业化过程中由于贫困问题的出现而需要解决贫困家庭幼儿的生存和发展问题。近代各国学前教育社会化的尝试和探索表明:在解决社会贫困问题,特别是贫困家庭儿童的发展和教育问题上,学前教育的社会化已经成为缓解社会冲突和教育矛盾的重要手段和途径之一。需要指出的是,由于受初等教育和普及义务教育的影响,近代欧美和日本都比较重视学前教育与初等教育的衔接,但也会忽略幼儿本身的发展特点和规律,导致学前教育"小学化"倾向的出现。在学前教育阶段如何处理"知识学习"与"儿童发展"的关系问题,避免学前教育的"小学化"倾向,仍然是现代学前教育发展需要面对和解决的问题。

---

① 〔日〕梅根悟.世界幼儿教育史(上册)[M].刘翠荣,等译.长春:吉林人民出版社,1986:345.
② 〔日〕梅根悟.世界幼儿教育史(上册)[M].刘翠荣,等译.长春:吉林人民出版社,1986:347.
③ 〔日〕梅根悟.世界幼儿教育史(上册)[M].刘翠荣,等译.长春:吉林人民出版社,1986:347.
④ 〔日〕梅根悟.世界幼儿教育史(上册)[M].刘翠荣,等译.长春:吉林人民出版社,1986:349.

自我评量

名词解释

1. "贫困儿童劳动学校"计划
2. 欧文"幼儿学校"
3. 怀尔德斯平幼儿学校
4. 奥柏林"编织学校"
5. 柯夏"托儿所"
6. 巴乌利美保育所
7. 阿尔古斯堡托儿所
8. 伊丽莎白·皮博迪幼儿园
9. 《幼儿园保育及设备规程》(日本)

简述题

1. 简述欧文"幼儿学校"产生的原因及意义。
2. 简述近代学前教育发展与解决贫困问题的关系。
3. 简述工业革命对学前教育发展的影响。
4. 简述近代学前教育社会化对学前教育家庭化的影响。
5. 简述近代学前教育制度化的出现。

论述题

1. 论述英国工业革命的产生对学前教育的影响。
2. 试析福禄培尔幼儿园对欧美学前教育的影响。

第九章 近代学前教育思想

 学习目的

通过本章的学习,了解近代主要教育家关于学前教育问题的关注和思考,把握教育家们关于学前教育的论述及主张,并对他们的学前教育思想进行合理的分析和评价。

外国近代学前教育的发展不仅有幼儿学校、托儿所、幼儿园等社会教育机构的创办,以及学前教育制度化的探索,也有许多教育家对学前教育问题的关注和思考。正是由于这些教育家对学前教育的研究,才使得学前教育的发展不仅仅是机构和制度的发展,而且还包括学前教育思想的发展,共同构成了丰富和完整的学前教育史。在这一章里,主要研究夸美纽斯、洛克、卢梭、裴斯泰洛齐、赫尔巴特、福禄培尔的学前教育思想。

第一节 夸美纽斯的学前教育思想

夸美纽斯(Johann Amos Comenius,1592—1670)是欧洲从古代社会向近代社会过渡时期的捷克①新教教育家。夸美纽斯继承了文艺复兴时期人文主义教育的优秀成果,吸收了马丁·路德(Martin Luther)、培根(Roger Bacon)等人的进步思想,在进行教育实践的同时,对许多教育问题进行了研究,为近代教育理论体系的形成奠定了基础。夸美纽斯的教育代表作是《大教学论》(1632),该书一般被认为是教育学成为独立学科的标志。在学前教育方面,夸美纽斯写了《母育学校》(1632),他的《大教学论》一书中也有章节论述"母育学校"问题,使他成为系统关注学前教育的第一人。在学前教育史上,夸美纽斯是第一位明确提出要"为幼儿设立学校"的教育家。② 夸美纽斯可以称为近代学前教育社会化思想的奠基者和探索者。夸美纽斯对于学前教育的许多问题都进行了研究,他的学前教育思想是世界学前教育宝库中的重要财富。

一、论母育学校及基本任务

夸美纽斯非常重视学前教育的地位,提出了关于设立"母育学校"的设想。在《大教学论》和《母育学校》中,夸美纽斯都谈到了母育学校的问题。比较而言,《母育学校》一书

---

① 捷克当时称为波希米亚(Bohemia),第一次世界大战后成立捷克斯洛伐克共和国,1948年成为社会主义国家,1989年改为捷克共和国(Czech Republic)。
② 〔美〕布鲁巴克.教育问题史[M].单中惠,等译.济南:山东教育出版社,2012:405.

虽然比《大教学论》一书出版要早一些,①但二者还是有很大区别。《大教学论》一书通过第27章和第28章对学前教育进行了概括性的介绍,概述了母育学校的内容;而《母育学校》则详细地论述了学前教育的内容和方法。

(一)母育学校是实施学前教育的最初学校

夸美纽斯主张人的发展应"追随自然的领导",人的学习和教育可以划分为几个阶段。他在《大教学论》的第27章指出:"学习应该从婴儿期开始,一直持续到成年。"②

在此期间,"可以分成四个明显的阶段,即婴儿期、儿童期、少年期和青年期,我们应给每期分派六年的光阴和一种特殊的学校"③。按照夸美纽斯对儿童成长阶段的划分,各级学校设置及名称见表9-1所示。

表9-1 夸美纽斯对儿童成长阶段的划分、各级学校设置及名称

儿童年龄	0—6岁	6—12岁	12—18岁	18—24岁
时期描述	婴儿期	儿童期	少年期	青年期
学校设置	每个家庭	每个村落或村庄	每个城市	每个王国或省
学校名称	母育学校	国语学校	拉丁语学校	大学(和旅行)

在夸美纽斯看来,0—6岁的母育学校是实施学前教育的机构,每个家庭都应当建立一所母育学校。夸美纽斯指出,与其他学校相比,母育学校主要有三个特点:一是在母育学校里,一切知识都用一种一般的、不确定的方式去教;二是在母育学校里,儿童的感官应该得到练习,教导去辨别事物的真伪;三是母育学校招收一切男女儿童。由于母育学校是儿童发展和接受教育的最初阶段,夸美纽斯把母育学校比喻为"温和的春季,充满形形色色的花香"。父母要"细腻地照顾着六岁的孩子像小心地种植、生了根、将要发出蓓蕾的嫩苗"。④

(二)母育学校的基本任务

在《大教学论》的第28章,夸美纽斯专门论述了母育学校的基本任务。在他看来,母育学校是儿童成长的"最初的学校",是为儿童知识学习和习惯练习打基础的地方,因此母育学校应该帮助儿童学习知识和养成道德习惯。

关于儿童学习的知识,夸美纽斯要求:要学习20个项目的知识。其中包括让儿童自己看、听、尝、接触各种物体等;学习水、土、空气、火、雨、石头等;学习自己身体各个部分的名称与用途;知道一时、一日、一周或一年的意义;知道多和少,数数能够数到10,3多于2,1加3等于4。

关于儿童道德习惯的养成,夸美纽斯要求:饮食时不要塞满胃部,不要取过多的食物,要练习节制;在吃饭、换衣服与玩玩具中要让儿童练习保持清洁;在与长辈的交往上,要让儿童练习对长辈的尊敬,对于命令和禁止要服从;还要让儿童对真理应当宗教般地

---

① 〔捷〕夸美纽斯.夸美纽斯教育论著选[M].任钟印,选编.北京:人民教育出版社,2005:5.
② 〔捷〕夸美纽斯.大教学论[M].傅任敢,译.北京:教育科学出版社,1999:203.
③ 〔捷〕夸美纽斯.大教学论[M].傅任敢,译.北京:教育科学出版社,1999:203.
④ 〔捷〕夸美纽斯.大教学论[M].傅任敢,译.北京:教育科学出版社,1999:205.

遵守,不容许虚伪与欺骗;要练习仁爱,遇到有人求助时要乐于施舍;还要让儿童练习一些基本的礼仪,如怎样握手,要东西时如何谦逊地表达请求等。

(三) 母育学校要帮助父母发挥作用

夸美纽斯认为,母育学校的范围与工作,难以作详细的叙述,只能进行一般的设计。因为父母有家务要做,他们的工作不可能像专门学校的教师工作那样系统,母育学校应当关注父母的工作,帮助父母发挥更好的作用;同时,由于孩子们的智力发展不一样,教育的细节应该由父母来斟酌办理。

教育者可以为父母提供两方面的帮助:一是为父母和保姆写一部《母育学校指南》,要写清教育孩子的责任,以及孩子们应该学习的各学科知识简介;二是给儿童提供一本图画书,把各种事物以图画的形式并且附以名称展示给儿童,帮助儿童形成印象、观念和学习阅读。

二、论儿童的价值和父母的责任

任何一个教育家在思考和设计教育时都会对儿童有一个基本的认识,提出自己的儿童观。儿童观是教育家思考教育的指导思想之一,夸美纽斯在这方面也有自己的思考。

(一) 儿童是上帝的种子和无价之宝

夸美纽斯非常重视儿童的价值,认为儿童是无价之宝。与以往教育家,包括中国教育家不同的是,夸美纽斯更多是从宗教角度谈这个问题。他认为,父母生儿育女不是为自己,而是为上帝;儿童是上帝的种子,上帝要求父母要关心孩子。对于那些欺负儿童的人,上帝会发出严厉警告。为此,父母要保护好儿童。夸美纽斯认为,儿童是上帝最优越的继承人,在上帝眼中具有不可估量的价值。[①]

表面上看,夸美纽斯的儿童观是加进了宗教的因素,但实际上却提出了儿童的价值和对学前教育的监督与保护问题。儿童的地位和发展如何,不完全是国家、社会、家庭、父母说了算,如果教育中有对儿童发展不利的方面,要受到更高的监督者——上帝的惩罚。这个观点对于在西方社会信仰宗教的背景下,认识和保护儿童,促进儿童健康发展是有积极意义的。

(二) 父母在儿童教养上的责任

夸美纽斯认为,父母在儿童教养和教育上负有重要的责任。他指出,学前教育始于幼儿的出生,母亲应当与幼儿在一起,承担教师的职责,而教师是做不到对许多儿童关注的。他认为,幼儿教育的目的主要有三:信仰和虔诚;道德上的正直;语言和艺术知识。夸美纽斯强调,这一教育的秩序是不能颠倒的。父母仅仅关心孩子的吃、喝、行、说是不够的,尽管这些有利于身体,但更要关心的是儿童的灵魂。儿童的灵魂是儿童本性最重要的部分。[②] 不过,夸美纽斯并没有忽视儿童的身体。他认为,忽略身体将会影响儿童心智的发展。他建议,母亲在怀孕时要关心自己的健康,要进行产前护理;孩子出生后,

---

① 〔捷〕夸美纽斯.夸美纽斯教育论著选[M].任钟印,选编.北京:人民教育出版社,2005:15.
② 〔捷〕夸美纽斯.夸美纽斯教育论著选[M].任钟印,选编.北京:人民教育出版社,2005:20.

母亲要亲自哺育,照顾好孩子,而把孩子交给别人养育是有害的;断奶后逐步引导孩子食用营养食物;要允许孩子游戏和玩耍,为他们的感官提供各方面的刺激活动。①

三、学前教育内容及其他教育

17世纪的欧洲,许多母亲由于缺乏知识和训练,没有认识到学前教育的重要性。夸美纽斯为此专门编写《母育学校》一书以帮助父母解决这些问题。② 该书被誉为"第一本学前教育学"著作。③ 与《大教学论》相比,《母育学校》中关于学前教育的内容更为丰富和详细。在书中,夸美纽斯论述了学前教育的内容,以及儿童的感官教育和宗教教育问题。

(一)学前教育的内容

夸美纽斯非常重视学前教育的内容。他指出,在学前教育中儿童教育的内容可以分为三类:儿童应当学习的知识;儿童应当做的事情;与儿童道德相关的事情。

1. 儿童应当学习的知识

儿童应当学习的知识主要包括:(1)自然知识——自然现象、植物、动物、水果的名称;儿童身体各个部位的名称和作用。(2)光色知识——对明亮、黑暗、颜色、图画等的认识。(3)天文知识——让孩子仰望星空,辨别太阳、月亮和星星,认识白天黑夜、春夏秋冬。(4)地理知识——儿童的出生地,生活的地点,以及关于村庄和城镇的知识。(5)时间知识——了解什么是小时、一天、一星期和一个月。(6)历史知识——儿童能够记住昨天所做的事情,认识家里的祖父母。(7)家庭知识——认识家里的人,认识家里的各种物品、位置及用途。(8)政治知识——习惯听父母有关政治谈话的初步知识,知道尊敬和服从。

2. 儿童应当做的事情

关于儿童应当做的事情,夸美纽斯认为,儿童总是爱好做事的,既然这样,就不应该限制,但必须有所准备,让他们有事可做。既然儿童常常模仿他们看到的别人所做的事情,那就让他们做一切的事,除了那些使他们招致伤害的事。例如,可以让孩子们搭盖小屋,用泥巴筑墙,堆集碎片、木头或者石头等。夸美纽斯指出:"不论孩子喜欢玩耍什么东西,与其限制他们,不如满足他们,因为就精神和身体而言,不爱活动比爱好作业反而更有害处。"④ 夸美纽斯认为,儿童到了4—5岁,可以让他们练习绘画和写字;而3岁的儿童可以让他们练习数数,4—5岁时就可以连续数到20,还可以知道7比5大,15比13多。⑤

3. 与儿童道德相关的事情

夸美纽斯认为,儿童的道德教育与日常活动密切联系。首要的品德是节制和俭朴。它们是儿童健康和生活的基础,是其他一切品德的根本。节制是一种来自儿童内部的需

---

① 〔捷〕夸美纽斯.夸美纽斯教育论著选[M].任钟印,选编.北京:人民教育出版社,2005:29-36.
② V. Celia Lascarides, Blythe F. Hinitz. History of Early Childhood Education [M]. Falmer Press, 2000:41-43.
③ 〔捷〕夸美纽斯.夸美纽斯教育论著选[M].任钟印,选编.北京:人民教育出版社,2005:5.
④ 〔捷〕夸美纽斯.夸美纽斯教育论著选[M].任钟印,选编.北京:人民教育出版社,2005:44.
⑤ 〔捷〕夸美纽斯.夸美纽斯教育论著选[M].任钟印,选编.北京:人民教育出版社,2005:45.

要。儿童应该依其自然天性的需要并在感觉饥饿或必须休息的时候,才去吃、喝和睡眠。儿童并没感觉到饮食和睡眠的需要,就给他吃、喝,让他们睡,超出他们需要地塞满他们的肚皮,让他们多穿衣服或强迫他们休息,这样的行为是疯狂的。

其次,儿童的用餐要注意清洁和有礼仪。保姆要教导儿童优雅地用餐,不要弄撒食物玷污自己;吃饭不要出声,不要伸舌头等;教导孩子不要贪饮,不要大声喝水,更不要溅洒在身上。在服饰方面也要有整齐清洁的训练;不要用衣服擦地板,或者把衣服故意弄脏等。①

再次,要让孩子学会尊敬长辈。对孩子的需要,长辈不要有求必应,否则孩子会变得更加顽劣和刚愎。在道德教育方面,夸美纽斯提出了许多具体要求,如父母用训练和畏惧等手段管教儿童,比溺爱儿童好。对儿童溺爱如同为刚愎和悖逆敞开窗户。父母要对孩子进行学会服从的训练,让他们习惯于按照父母的命令去做事,使其成为以后至善的基础;要训练孩子习惯于说实话,"是,就说是","不是,就说不是",不能说谎话或说言过其实的话;要接受待人平等、待人亲切的训练,不捉弄人,要使人高兴;要锻炼孩子的耐性,从小学习约束自己的愿望。②

最后,关于道德教育的方法,夸美纽斯强调父母可以为儿童提供好的行为范例;适时地和聪明地教导和锻炼;适当地进行规定的训练。

(二)学前儿童的感官教育

儿童的感官教育既是儿童教育的内容,也是儿童进一步发展的基础。夸美纽斯在1632年的《大教学论》中就提出过要给儿童提供一本图画书,把各种事物以图画的形式并且附以名称展示给儿童,帮助儿童形成印象、观念和学习阅读。这本书就是他在1658年出版的《世界图解》一书。《世界图解》的最大特点是语言与插图的结合,通过感官教育帮助孩子学习语言。

按照夸美纽斯的理解,感官教育的哲学基础是,"在感觉上最初没有的东西,在心智上也不会存在"③。感官教育的主要任务就是感觉训练,它是学习语言的基础;知识只有通过感觉才能得以永久。《世界图解》一书一共用了187个插图,包括从花、鸟到制鞋、身体、宗教和道德等许多方面的主题,其中每一个主题都由单独的一块小的版画的插图所显示。在课文下的版画是平行的一栏,一边是拉丁语,一边是翻译过来的英语或其他国家的语言。课文中每一个被命名的事物都有与版画相对应的数字。这些数字有助于儿童把单词与用图画所代表的物体联系起来。这种语言文字与视觉上的联系,给儿童的学习过程带来了变化,使学习成为一种乐趣。

《世界图解》一书的出版标志着学前教育开始系统关注儿童的感觉认知和感官教育,把文字、知识与形象的图画结合在一起,为儿童认识事物提供了便利条件。

(三)学前儿童的宗教教育

夸美纽斯非常重视宗教教育在学前教育中的作用。在他看来,学前宗教教育的目的

---

① 〔捷〕夸美纽斯.夸美纽斯教育论著选[M].任钟印,选编.北京:人民教育出版社,2005:55.
② 〔捷〕夸美纽斯.夸美纽斯教育论著选[M].任钟印,选编.北京:人民教育出版社,2005:26.
③ V. Celia Lascarides, Blythe F. Hinitz. History of Early Childhood Education [M]. Falmer Press, 2000:43.

是让儿童学会虔敬上帝。夸美纽斯指出,无论孩子的知识多么精练,仪表多么优雅,但是心中缺乏虔敬,没有真理,没有学会服从,都是害多益少。

夸美纽斯认为,儿童的宗教教育需要及早进行。在孩子还小,推理能力尚未发展时就要早作安排。如引导儿童进行祈祷活动,背祈祷词等。关于从小对儿童进行宗教教育的依据,夸美纽斯认为,幼儿的心智像一块蜡,当它凝固时,它会保持在它上面的痕迹,除非用力把它消除,它是不会再接受其他印象的;不过人脑与蜡烛又不同,人脑是无法强使它去掉它曾经接受的印象。①

四、论学前教育向学校教育的过渡

夸美纽斯不仅论及学前教育的许多方面,也关注学前教育与学校教育的关系,以及向学校教育的过渡问题。

(一) 儿童6岁以前的母育学校教育

在夸美纽斯看来,6岁以前的儿童不宜进学校,需要在母育学校里接受教育。对此,他提出了以下几个理由:一是这个时期的儿童还需要母亲的监管和照顾。与由一位教师教育许多儿童相比,母亲教育少数儿童更有利于儿童的成长。二是儿童的大脑发育还不成熟,不宜承担一些超出儿童脑力和体力发展的一些活动,他们更适合在游戏中自然地感知和学习事物。三是儿童的发展需要时间,不要急于让儿童迅速发展,让他们过早成熟,这样做结果并不好。而他们在母育学校充足的时间里,可以完成有关虔敬、优良品德、顺从、尊敬长者、聪慧、行动敏捷,以及语词拼音清晰的初步教育,为以后的学校教育打下基础。②

(二) 儿童6岁以后的初等学校教育

夸美纽斯认为,儿童6岁以后就不应该再待在家里,可进入初等学校(国语学校)接受教育。因为这个时期的儿童经过母育学校教育已经有了一定基础,许多事情很容易完成,需要有新的事情来做。如果不是这样,儿童会变得懒散,还可能会染上一些恶习。避免的办法就是让儿童继续学习。不过,夸美纽斯也指出,儿童进入学校接受教育需要具备一定的能力。这些能力的标志是:儿童是否真正学会了母育学校所应学会的东西;是否对问题有注意和辨别与判断的能力;是否有进一步学习的要求或愿望。

(三) 儿童入学前的准备

如果儿童已经有了上面这些能力,还要做好必要的入学准备。为此,夸美纽斯提出了一些建议:一是父母要理解孩子的入学学习。孩子入学是一件大事,父母要以快乐的心情尽量鼓舞孩子,而不是用处罚恐吓孩子,不要让他们一开始就产生恐惧学校的观念。二是要让孩子知道学校里有许多小伙伴,有可敬的老师,有许多知识,可以共同学习,共同游戏,增强他们上学的欲望。三是要让孩子知道,获得学问是一件美好的事情,通过学校的学习,可以成为有学问的、伟大的人,这样的人是受欢迎的、富足的和聪慧的人。

---

① 〔捷〕夸美纽斯.夸美纽斯教育论著选[M].任钟印,选编.北京:人民教育出版社,2005:66-67.
② 〔捷〕夸美纽斯.夸美纽斯教育论著选[M].任钟印,选编.北京:人民教育出版社,2005:68-69.

当然，学校里也有处罚。夸美纽斯指出，学校的处罚主要是针对那些不听话和顽劣的孩子。孩子只要听话和顺从，就不会受到处罚，还会得到老师的喜欢。不过，处罚不是管理的主要手段，学校更应该是充满快乐的。夸美纽斯指出，学校如果是一个娱乐的场所，孩子就会很快地和高兴地有所进步。①

五、夸美纽斯学前教育思想评价

作为近代著名的教育家，夸美纽斯在教育上最重要的贡献是提出了教育平等和教育阶段的思想。他认为，教育是每一个人，包括每一个孩子都需要的事情。无论什么家庭、地位、背景的人，都需要接受教育。

在学前教育方面，夸美纽斯最重要的贡献是从教育平等的角度阐述了学前教育社会化的构想。这一构想的核心就是把原来的学前家庭教育放在社会的框架内进行思考，使家庭与社会形成密切的联系。在夸美纽斯看来，人类的进步取决于适当的教育；只有通过适当的教育，一个人才能成为完全的人；而要成为一个完全的人，就必须使人固有的因素得到适当的训练；这个训练的过程就是儿童社会化的过程，学前教育社会化是儿童社会化的主要手段。当然，从形式和内容上看，夸美纽斯的母育学校与后来英国的幼儿学校和福禄培尔幼儿园相比有很大不同，但是它已经具备了学前教育社会化的一些特征。下面从几个方面进行分析。

一是夸美纽斯把幼儿发展和学前教育看成是整个教育系统中的一个部分。母育学校是为幼儿发展和教育单独设置的机构，而且要求每个家庭设立一所。这一设计与以往学前教育家庭化、分散化的特点是有区别的。在夸美纽斯看来，孩子属于上帝，父母是替上帝抚育孩子，儿童的地位和发展如何，不完全是父母说了算，如果教育中有对儿童发展不利的方面，父母也要受到更高的监督者——上帝的惩罚。因此，幼儿家庭教育应该成为社会化教育的组成部分。

二是夸美纽斯要求无论什么儿童，都应该接受母育学校的教育。这也就意味着父母不仅可以教育自己的孩子，也可能教育别人的孩子；学前教育者不仅是父母，也可能是保姆。从这个角度思考问题，学前教育社会化就要涉及如何认识和评价教育者和教育对象的问题，这与以往单纯的幼儿家庭教育中的亲情关系是不同的。

三是夸美纽斯主张为父母和保姆提供《母育学校指南》的手册，帮助他们做好学前教育工作，并且提出学前教育工作是父母和保姆"教育孩子的责任"。这种把遵循一定的规范作为母育学校任务的思想，表明夸美纽斯对母育学校的认识超出了对传统的家庭教育的认识。

当然，夸美纽斯学前教育社会化思想还是存在一定的局限。主要表现为：在学前教育的设计上，教育者主要还是父母或者保姆，教育专业化和职业化程度还有限；在学前教育问题的认识上多是从宗教角度进行论证，宗教观念影响较大，且理想化；在对教育对象的认识上多强调家庭和父母对孩子的教育，还不是集体的、不同家庭的、有组织的教育。

---

① [捷]夸美纽斯.夸美纽斯教育论著选[M].任钟印,选编.北京:人民教育出版社,2005:73.

第二节 洛克的学前教育思想

约翰·洛克(John Locke,1632—1704)是英国近代早期著名的哲学家、政治家和教育家。他在哲学上是17世纪英国唯物主义经验论的重要代表人物;在政治上洛克代表统治阶级的利益,并为君主立宪政体提出理论上的论证;他的建立在自然、权力基础上的"天赋人权论"和"社会契约论",以及"白板说"奠定了他的教育思想基础。洛克的《教育漫话》所阐述的绅士教育主张,就是他的哲学和政治思想在教育上的反映,对西方近代社会和教育的发展产生了重要的影响。洛克也比较关注学前儿童的发展和教育问题,在他的教育思想中有许多这方面的思考和论述。

一、儿童身体健康和精神健康教育

在《教育漫话》中,洛克非常重视学前儿童的身体和精神教育。他指出:"幼小时所得的印象,哪怕极微极小,小到几乎觉察不出,都有极重大、极长久的影响。"[①]在洛克看来,学前教育应该包括儿童的身体健康和精神健康的教育。

(一)儿童的身体健康教育是精神健康教育的基础

洛克主张,儿童应当拥有健康的身体,反对娇生惯养。洛克指出,父母最应该关心的事是儿童的身体。无论冬夏,儿童的衣着都不可过暖。自然已经给孩子的脑袋用头发遮盖住了,又给他一两年时光的锻炼,他在白天就不必戴帽子,晚上最好也不戴;脑袋戴得温温暖暖最容易引起头痛、伤风、咳嗽等疾病。[②] 为了使儿童有一个好的身体,洛克建议应该让儿童到户外活动,过露天生活,使儿童能够忍受冷热晴雨、风吹日晒。在洛克看来,及早培养儿童形成一些好的习惯,可以使他们的身体忍受和适应任何事情,成为一个有用的人才。

在饮食上,洛克建议儿童的饮食应该清淡和简单。至少在两三岁时,应该禁止儿童的肉食。如果要给孩子吃,也要少吃,吃一些清淡的牛肉、羊肉等。儿童的饮食不一定定时,在正餐之间可以给儿童吃一些干面包。关于睡眠问题,洛克认为这是儿童应该享受的事情。儿童幼小的时候要多睡眠,但也要限制,不能太贪睡,到一定时候要唤醒。不过唤醒时一定先要低声呼唤,轻轻抚弄,使他们渐渐醒来,对他们只能施用温和的言辞和温柔的动作,直到他们完全醒来。[③] 另外,儿童的床铺应该是硬的,宁可用絮绒,也不要用羽绒。儿童的身体不好,大部分是由于羽绒床褥所致。

总之,在洛克看来,儿童的身体健康教育是儿童健康成长的重要内容,也是儿童精神健康教育的基础。

(二)儿童的精神健康教育是儿童教育的核心

在洛克看来,如果说儿童的身体健康教育是一个人的发展基础的话,那么儿童的精

---

① 〔英〕洛克.教育漫话[M].傅任敢,译.北京:人民教育出版社,1985:24.
② 〔英〕洛克.教育漫话[M].傅任敢,译.北京:人民教育出版社,1985:26.
③ 〔英〕洛克.教育漫话[M].傅任敢,译.北京:人民教育出版社,1985:38.

神健康教育则是发展的核心。儿童身体健康教育的目的是能够让身体服从精神的命令。儿童在身体健康教育中所形成的对日常生活的习惯、忍受和适应等都是为精神健康服务的。洛克指出:"身体强健的主要标准在于能够忍耐劳苦,心理强健的标准也是一样。一切德行与价值的重要原则及基础在于:一个人要能克制自己的欲望,要能不顾自己的倾向而纯粹顺从理性所认为最好的指导,虽然欲望是在指向另外一个方向。"①

洛克认为,儿童的精神发展需要一定的约束。在洛克看来,儿童的精神在早期发展中往往处于最纤弱和最容易放纵的时期,如果父母不加以管束,极易流于溺爱,甚至连孩子的过失也放纵不管。由于缺少对儿童不良行为的约束,儿童长大以后也不会运用理智。②

洛克认为,儿童在发展中有欲望是正常的,但是欲望必须接受理性的规范和管束。如果儿童从小没有形成管束和克制自己欲望的能力,那么长大以后很少会服从自己的理性。为此,他建议,儿童之所以获得某件东西,不是因为那件东西能得到他们的喜爱,而是因为那件东西适于他们去获得。洛克认为,儿童毕竟是儿童,他们应该受到温和的对待,他们应该做游戏,应该有玩具。儿童要求的东西或者想做的事情,如果对他们不适合,决不可因为他们年纪小,便允许他们去做。儿童自己的理智愈少,就愈应该接受管理者的绝对权力的约束。③

如何对儿童进行管束？洛克从儿童理性形成的特点出发,提出了根据儿童理性发展不同特点进行管束的原则和方法。洛克指出:首先,当儿童还不能运用理性时,管束要严格;当儿童能够运用理性时,管束应放松。④ 其次,管束要适度,管束有效果后可放松,管束要采取比较温和的方法。⑤ 再次,管束要形成儿童自我克制的习惯,但不可太严,否则会使儿童失去活力。⑥ 管束的真正秘诀是既要有效,又不使其失去活力。

管束的目的是让儿童形成自尊和追求自尊。洛克认为,在管束教育中,对儿童进行一定的奖励和处罚是必要的,但要注意所使用的方法。洛克主张,在教育上,不应当使用改变儿童欲望对象的办法——用惩罚一种欲望、奖励另一种欲望的办法——来管束儿童,而应当使儿童的欲望本身发生改变。⑦ 洛克指出,这种改变欲望本身的做法就是使儿童由对原来较低一级欲望对象的关注而转移到对最高一级对象的关注,即自尊的追求,以形成儿童爱好名誉、惧怕羞辱的心理。"儿童一旦懂得尊重和羞辱的意义之后,尊重与羞辱对于他的心理便是最有力量的一种刺激。如果你能使儿童爱好名誉,惧怕羞

---

① 〔英〕洛克.教育漫话[M].傅任敢,译.北京:人民教育出版社,1985:43.
② 〔英〕洛克.教育漫话[M].傅任敢,译.北京:人民教育出版社,1985:44.
③ 〔英〕洛克.教育漫话[M].傅任敢,译.北京:人民教育出版社,1985:48.
④ 〔英〕洛克.教育漫话[M].傅任敢,译.北京:人民教育出版社,1985:49-50.
⑤ 〔英〕洛克.教育漫话[M].傅任敢,译.北京:人民教育出版社,1985:50.
⑥ 〔英〕洛克.教育漫话[M].傅任敢,译.北京:人民教育出版社,1985:51.
⑦ 洛克在这里提出了欲望与自尊的关系问题。他举例说,假如一个孩子哭着要一种不卫生的、有危害的水果,你便给他一些危害性较少的糖果,以求得他的安宁。这样一来,孩子的健康也许可以得到保证,可是他的自尊却受到了损害。因为这里改变的只是欲望的对象,对于欲望本身则是鼓励的。参见:〔英〕洛克.教育漫话[M].傅任敢,译.北京:人民教育出版社,1985:55.

辱,你就使他们具备了一个真正的原则,这个原则就会永远发生作用。"①

关于如何让儿童形成和追求自尊,洛克也提出了具体的方法:一是要赞扬儿童好的行为,批评差的行为,并且与其他人一起配合,在儿童的周围形成统一的教育氛围;二是在儿童受到赞扬或批评时,要伴随可爱的事物或可恶的事物,让儿童懂得凡是行为良好、受人尊重的人,他必定为人所喜爱,也会得到可爱的东西,而行为不好的人不仅得不到好的东西,还会遭到别人的谴责;三是在批评儿童时,教育者要尊重他们的名誉,应当背着别人私下进行,千万不要当众宣布他们的过失。

洛克重视对儿童的管束,但反对一味的管束。因为这样可能会带来使儿童"作假"的问题。为此,他提出了在一定条件下可以放任儿童或少管束儿童的主张。如当儿童已经知道尊重他人时,教育者对其行为可以不必过多干涉,不妨放任它。② 同时,对于儿童的一些不当行为,也是可以原谅的。因为这些行为会随着儿童在时间、成熟和年龄上的增加而得到改正。③

总之,在洛克看来,如果儿童的行为表现出了率真和不加造作的本性,可以任儿童自然的表现,因为这种情况比儿童所谓的"装腔作势"更可爱。

在管束中要正确对待儿童的过失。洛克指出,对儿童的过失进行一定的处罚是必要的,但要十分注意儿童对惩罚的判断。如果教育者不分青红皂白,只要儿童一有过失,立刻就责骂或者惩罚,会使儿童分不清教育者到底要的是什么,这对儿童的发展是不利的。洛克说:儿童"如果做错了事,只消给点眼色就可以改正过来;万一有时不能不责备几句,责备的话语也应当严肃、和蔼而又庄重,只消说明他们的过失究竟有什么不好或者为什么不合适,不可匆匆骂他几句了事;因为这会使他分不清你之所以生气是不是对他的成分多,而对过失的成分少"。④ 洛克在这里告诉我们,惩罚儿童要让儿童明白教育者的指向和对儿童的尊重。

洛克在儿童精神健康和管束中提出了一个重要的观点,即在儿童发展和教育上,对儿童的尊重是第一位的,它是儿童教育的目的。虽然儿童在发展中会出现各种问题和错误,但不要把儿童本身和所出现的过失相混淆,不能因为儿童身上有过失,就否定儿童的一切。这样做的结果实际上是把儿童的自尊否定了。洛克提出的尊重儿童的教育与以往教育有明显不同,它是以儿童为出发点,根据儿童特点进行的教育。这一观点体现了"儿童中心"的思想。

二、学前教育的内容和方法

洛克关于学前教育的内容主要包括体育、德育和智育。前面我们已经谈到了洛克关于体育的论述,这里主要就洛克所强调的德行、智慧、礼仪和学问进行分析。

---

① 〔英〕洛克.教育漫话[M].傅任敢,译.北京:人民教育出版社,1985:55.
② 〔英〕洛克.教育漫话[M].傅任敢,译.北京:人民教育出版社,1985:59.
③ 〔英〕洛克.教育漫话[M].傅任敢,译.北京:人民教育出版社,1985:59,64-65.
④ 〔英〕洛克.教育漫话[M].傅任敢,译.北京:人民教育出版社,1985:78.

（一）德行

洛克指出，德行是一个人所有品性中第一位的，最不可缺少的。洛克强调德行与上帝的关系，认为德行的基础是对上帝的真实观念。虽然儿童可能不理解上帝的存在，但是不能让他们把上帝看成与自己一样，或者认为上帝不存在。要让儿童知道，上帝创造一切，给予一切；凡是爱上帝、服从上帝的人，都可以从上帝那儿得到一切善。同时，不要让儿童形成对黑暗畏惧的心理。在教育上，一些人往往拿这些来吓唬儿童，以防止儿童的过失，但会在儿童心中形成恐怖的观念，不利于儿童的心理健康发展。在洛克看来，上帝所创造的一切都是有利于人类的。上帝创造出了白天，也创造出了黑夜，为的是让人们有更好的睡眠。在上帝的保护下，黑夜里没有什么东西能够伤害儿童。关于形成德行的方法，洛克认为，在使儿童具有真实的上帝观念的基础上，要使儿童成为一个说话真实、善良的人。要使孩子知道，有许多过失可以得到原谅，唯有曲解事实，遮掩任何过失则不可原谅。要使孩子成为一个诚实的人。①

（二）智慧

洛克认为智慧是一种善良的天性、心灵的努力和经验结合的产物。它可以使一个人具有能力和远见，能处理他的事务。要使儿童具有智慧，而要避免和阻止他们变得狡猾。狡猾模仿智慧，但它离智慧最远。狡猾是由于缺乏悟性，不能直接达到目的，就用计谋与欺骗去达到。它的弊端在于狡猾的计谋只能使人占一次便宜，但是以后永远要吃亏。狡猾的人，人人讨厌，都不喜欢，而坦白、公正、聪敏的人，人人会为他让路，他可以直接去做他的事。关于形成智慧的方法，洛克认为应使儿童获得关于事物的真实的观念，不获得就不满足；应使儿童把精神用在伟大的、有价值的思想上面，不要接近虚假与具有大量虚假成分的狡猾；要使儿童习于真实，习于诚笃，服从理智和尽量反省自己的行为。②

（三）礼仪

洛克认为礼仪也是一种美德。儿童的不良礼仪有两种表现：一是忸怩羞怯；二是行为不检点和轻漫。要避免这两种情形，在礼仪上需遵守两个规则：一是不要看不起自己；二是也不要看不起别人。即不要把自己想得太好，过高估计自己，看不起别人；也不要缺乏对自己的信心，在别人面前忸怩、羞怯，什么事情也做不成。在洛克看来，属于我们职分所该做的事情，别人也期待我们去做的，一定要把它做好。要看得起自己，无论在谁面前都不要惊慌失措，要按照人的地位与身份保持敬重与距离。关于礼仪的训练，洛克提出了一些具体方法：一是多交各种朋友，多与生人和上层社会的人交流、相处。二是待人要有礼貌。对一切人要有善意与尊重；在与人相处时，不要使对方感到不安。三是做事要得体，优雅有礼，使人感到安逸和高兴，博得别人的好评。洛克指出，给年幼的儿童讲道理和原则，他们是难以理解的。但只要告诉他们爱别人，尊敬别人，并有一定的练习就可以了。等他们到了一定年龄有需要时，他们就会按照平时的练习，找到合适的方法。③

---

① 〔英〕洛克.教育漫话[M].傅任敢，译.北京：人民教育出版社，1985：141.
② 〔英〕洛克.教育漫话[M].傅任敢，译.北京：人民教育出版社，1985：142.
③ 〔英〕洛克.教育漫话[M].傅任敢，译.北京：人民教育出版社，1985：147.

(四) 学问

洛克认为学问对于不同的人作用不同。对于心地良好的人，学问对于德行和智慧都有帮助；对于心地不好的人，学问可以使他更加愚蠢，变成更坏的人。因此，学问是应该有的，但是它应该居于第二位，作为辅助更重要的品质之用。

关于获得学问的方法，洛克建议：一是在儿童能够说话时应该开始学习阅读。但是要注意，千万不要让孩子把读书看成一种工作，或者变成他们的一种烦恼。人从小是爱好自由的，之所以对某些事情感到厌恶，原因就是别人把那些事情强加给了我们。如果把学习看作一种游戏或者消遣，把学习当成一件荣誉和快乐的事情，当作一种做了别的事情后的一种奖励，没有指责或惩罚，儿童是愿意学习的。如儿童开始学习字母时，可以把字母粘在玩具上，教儿童在游戏中来学习。如果把任何工作或者严肃的事情加在孩子身上，他们的身体和精神是承受不了的，会损害他们的健康。① 二是在儿童开始读书时，洛克建议先选择一本容易、有趣又适合他的能力的书。书中的乐趣就可以使他前进，回报读书时的辛苦。三是阅读的书中最好有插图，通过插图来认识事物和理解观念。四是结合书中的故事来阅读。如果希望孩子读《圣经》的话，最好读里面的故事和一些简明的道德规则，如"你要别人怎样对你，你便先得那样去对待别人"。②

洛克的学前教育思想不仅反映了英国传统家庭教育的特色，也反映了处于上升时期英国资本主义发展对教育培养新人的要求。洛克所强调的绅士不是一个娇生惯养、逆来顺受的人，而是一个有自己独立品行，受到尊敬的人。洛克的思想影响了近代许多教育家，包括卢梭的学前教育思想。

第三节 卢梭的学前教育思想

卢梭（Jean-Jacques Rousseau，1712—1778）是18世纪法国启蒙思想运动中著名的思想家和教育家。他反对封建专制统治，主张建立"主权在民"的国家。他撰写的《爱弥儿》提出了以人的自由发展和自然教育为基础的培养新人的教育思想。卢梭的教育思想对西方近现代教育的发展产生了重要的影响。在卢梭的教育思想中也有关于学前教育发展的论述。研究卢梭的学前教育思想对于认识近代学前教育思想的发展具有重要意义。

一、儿童的地位与儿童期

卢梭非常重视儿童的存在、地位和儿童期，提出了许多重要的观点。

(一) "把儿童当作儿童"，重新认识儿童的地位

卢梭认为，传统社会和教育是不重视儿童的，更缺乏对儿童的研究。教育的对象是

---

① 〔英〕洛克.教育漫话[M].傅任敢,译.北京:人民教育出版社,1985:153.
② 〔英〕洛克.教育漫话[M].傅任敢,译.北京:人民教育出版社,1985:157.

儿童,可是"对儿童是一点也不理解的;对他们的观念错了,所以愈走就愈入歧途"[①]。为什么会这样呢?卢梭指出,因为最明智的人只是致力于研究成人应当知道什么,却不考虑儿童按其能力可以学到什么,总是把儿童当成大人看待,对儿童还缺乏真正的理解。卢梭指出,人都是从婴儿过来的,如果人不是从做婴儿开始的话,人类也许早就灭亡了。[②]

那么如何认识儿童呢?卢梭并没有无限夸大或抬高儿童的地位,而是强调儿童有自己的地位和特点。卢梭指出,在万物的秩序中,人类有它的地位;在人生的秩序中,童年有它的地位;应当把成人当作成人,把儿童当作儿童。"把儿童当作儿童"是卢梭关于学前认识的核心要义,也是进行学前教育的基点。在这里,儿童与成人是有差异的,儿童有不同于成人的特点;儿童的地位是独特的,不能用对待成人的方式对待儿童,也不能用成人的教育替代儿童的教育。

(二)儿童年龄阶段划分应当依据儿童自然发展特点

关于儿童发展年龄阶段的划分,以往的教育家也提出过自己的观点,如古希腊的亚里士多德和近代的夸美纽斯等。不过他们关于儿童发展年龄阶段的划分的一个共同特点就是都比较整齐划一。如亚里士多德是把儿童年龄阶段分为3段,每段7年;夸美纽斯把儿童发展年龄阶段划分为4段,每段6年。卢梭的划分与他们不同。卢梭的观点是,要"按照孩子的成长和人心的自然发展而进行教育",使儿童的天性得到发展,合乎自然的成长为一个知道如何做人的人。从自然教育的基本原理出发,卢梭把儿童的发展划分为四个时期:从出生到2岁为幼儿期;从2岁到12岁为儿童期;从12岁到15岁为少年期;从15岁到成年是青年期。卢梭主张应该根据儿童发展不同年龄时期生理、心理发展阶段特点进行不同的教育。

(三)幼儿期的儿童是比较柔弱的

在卢梭看来,幼儿是指"不会说话的人",他们主要是用哭泣来表达自己的需要。卢梭认为儿童期的到来标志着幼儿期的结束,但儿童期包括了幼儿期,它是在幼儿期的基础上发展的。儿童期开始后,他们开始说话,哭的时候要少一些。这是用一种语言代替了另一种语言。而且随着儿童的发展,他们会感到哭泣是没有必要的,他们更多地依靠自己,开始了个人的生活。对于这一阶段的儿童,应当把他们看成是有"心思的人""会说话的人"。不过,卢梭也指出这一时期的儿童还是很柔弱的。

(四)儿童期的儿童应该有充分的发展时间

在教育史上,很少有人对儿童期给予特别的关注,卢梭可以说是历史上第一人。卢梭认为儿童期是一个人发展最重要的时期。他把这一时期定为2—12岁,为10年。这意味着儿童应有一个较长的、充分发展的时期。由于在这一时期儿童的力量还不能够满足自己的需要,还需要依靠成人。他们的主要任务是发展自己,逐步学会使用自己的力量。卢梭认为,教育者要理解儿童这一时期的发展特点,关心儿童的现实生活,按照儿童

---

① 〔法〕卢梭.爱弥儿(上卷)[M].李平沤,译.北京:商务印书馆,1996:2.
② 〔法〕卢梭.爱弥儿(上卷)[M].李平沤,译.北京:商务印书馆,1996:7.

的天性和对儿童的认识来进行教育。

二、儿童的发展阶段与教育

根据卢梭对儿童发展阶段的划分,这里具体谈第一阶段和第二阶段与学前教育有关的内容。

(一)幼儿期教育:在注重身体养护的同时发展其他能力

在卢梭看来,幼儿期是指0—2岁的时期。这一时期的主要任务是养护幼儿的身体。在这方面,卢梭提出的观点和理由都贯彻了他的自然教育的原则。

1. 不要妨碍幼儿的身体发展

卢梭认为,幼儿出生后伸展肢体是自然的,而用襁褓束缚幼儿是不自然的,因为这样会影响幼儿的脾气和性格。卢梭指出,这一时期的婴儿需要伸展和活动四肢,需要自由的活动。但是母亲或者保姆用襁褓把孩子手足束缚起来,妨害了他们身体的发展,使他们感到痛苦和不自由。[①] 在卢梭看来,这种做法虽然保全了孩子的手足,却损害了他们的身体;保全了他们的身体,却损害了他们的精神。

2. 母亲要尽责抚育幼儿

卢梭认为,幼儿出生后,由保姆哺育是不自然的,而由母亲亲自哺育是自然的,因为形成母子关系,母亲比保姆重要。卢梭建议,母亲要尽职责,亲自哺育婴儿喂奶,不要把孩子交给乳母。把孩子交给乳母哺乳是放弃了对孩子的情感。[②]

3. 母亲要学会真正关心孩子

卢梭认为,母亲给予孩子关心是自然的,不关心或过于关心是不自然的。因为不关心就是放弃了权利,过于关心实际上是在给他们准备苦难。卢梭指出,对孩子过于关心,是一条与自然相反、脱离自然的道路。这是为了防止孩子娇弱,却把孩子养得越来越娇弱。教育需要遵循自然,改变自然法则和秩序,结果是毁了孩子。[③]

4. 要由父亲或者导师教育孩子

卢梭认为,家庭中由父亲教育孩子是自然的,如果父亲忙,不能教,则找导师教也是自然的。而由教师教是不自然的,因为教师是拿东西教孩子,而导师是指导孩子做人。[④]

5. 幼儿身体和精神养护的统一

在幼儿养护教育方面,卢梭与洛克一样,也是强调要把身体养护与精神训练结合在一起。他认为,身体必须有精力,才能听从精神的支配。虚弱的身体也会使精神跟着衰弱。因此,一定要保证幼儿的身体健康。不过,卢梭也提出,如果给孩子选择一位导师的话,还需要有一个能够尽母亲责任的保姆。保姆应该是身心两健,品行端正的人。为了给孩子充足、有营养的奶水,要给保姆提供舒适一些的生活,吃的东西要丰富和好一些。

---

① 〔法〕卢梭.爱弥儿(上卷)[M].李平沤,译.北京:商务印书馆,1996:16.
② 〔法〕卢梭.爱弥儿(上卷)[M].李平沤,译.北京:商务印书馆,1996:22.
③ 〔法〕卢梭.爱弥儿(上卷)[M].李平沤,译.北京:商务印书馆,1996:23.
④ 〔法〕卢梭.爱弥儿(上卷)[M].李平沤,译.北京:商务印书馆,1996:31.

保姆要经常给孩子洗澡,并逐步降低水温,习惯用冷水洗澡。卢梭认为,这个习惯要保持下来,成为增强孩子体质的办法。① 卢梭认为,当孩子逐步长大时,可以离开襁褓,穿上宽松的衣服,让四肢能够自由活动。当体质增强时,可以让他在屋里爬来爬去,发展他的四肢和身体。②

6. 要发展幼儿的感觉能力

卢梭认为这一时期要发展幼儿的感觉能力。卢梭认为,幼儿时期的孩子,由于记忆力和想象力还处于静止的状态,幼儿主要对引起感官注意的东西发生兴趣。幼儿的感觉是他的知识的原料,要按照适当的次序让他产生感觉。可以让他什么东西都摸一摸,不要妨碍他的活动。③ 在卢梭看来,自由自在、无拘无束的孩子,与那些时时刻刻行动受到干预的孩子相比,身体更结实。④

(二)儿童期教育:在成人帮助下发展自己的力量

按照卢梭的看法,进入儿童期有两个标志:一个是当幼儿逐步学会说话,用说话来替代哭泣时,就标志着幼儿期的结束和儿童期的到来。儿童期开始后,儿童哭的时候少了,用说话表达自己的需要多了,成为一个"会说话的人"。卢梭认为,这是用一种语言代替了另一种语言,儿童更多地依靠自己,开始了个人的生活。第二个标志是儿童体力的发展。卢梭指出,儿童体力的发展使得他们逐步有能力依靠自己成长。由于他们更多地依靠自己,就不用经常求助别人。有了体力,他们运用体力的智慧也跟着发展。他不仅成为一个"会说话的人",也成为一个"有心思的人"。对于这一阶段的儿童,卢梭提出了一些教育上的建议。

1. 要正确对待儿童的伤痛

卢梭认为,这一时期的儿童爱活动,到处跑,容易引起伤痛。卢梭指出,既然伤痛已经发生了,儿童就必须忍受,大人急急忙忙地跑过去,反而使他更害怕,更加觉得疼痛。在卢梭看来,人受伤时,使人感到痛苦的,并不是所受的伤,而是恐惧的心情。有些人用各式各样的东西把孩子围起来,预防他受到任何伤害,以致他在长大以后一有痛苦便不能对付,既没有勇气,也没有经验。为孩子提供那么多设备有什么用呢?⑤ 卢梭批评道:这是把孩子们本来可以自己学得更好的东西拿来去教孩子。

2. 要关注儿童的现在

卢梭认为,童年应该是欢乐的,为不可靠的将来而牺牲现在的教育是野蛮的。卢梭认为,一些大人以为孩子好为由,对孩子进行各种各样的管束,本该欢乐的童年是在哭泣、惩罚、恐吓和奴役中度过的。这种教育的依据是,孩子在童年时对痛苦的感觉最轻,这个时候让他们多受苦,可以在懂事的年龄少受苦。卢梭质问道:你怎么知道目前的痛

---

① 〔法〕卢梭.爱弥儿(上卷)[M].李平沤,译.北京:商务印书馆,1996:44.
② 〔法〕卢梭.爱弥儿(上卷)[M].李平沤,译.北京:商务印书馆,1996:46.
③ 〔法〕卢梭.爱弥儿(上卷)[M].李平沤,译.北京:商务印书馆,1996:51.
④ 〔法〕卢梭.爱弥儿(上卷)[M].李平沤,译.北京:商务印书馆,1996:55.
⑤ 〔法〕卢梭.爱弥儿(上卷)[M].李平沤,译.北京:商务印书馆,1996:70-71.

苦能够解除将来的痛苦？这是把放纵与自由、快乐的儿童与娇养的儿童混淆起来。①

在卢梭看来,每个人在万物的秩序中都有自己的位置,不要超出这个位置；每个人也都有上天所赋予的体力和能力,不要超出这个限度。② 这是教育的重要法则。

3. 儿童的教育是基于自身能力和自己力量的教育

卢梭指出,一些父母在孩子还没有成年时就使他过成年人才有的生活,给孩子的东西超过了他的需要。结果由于父母的钟爱和孩子的柔弱,使他们的相互依赖变成了一方对他方的奴役。卢梭指出,明智的人是知道自己的地位的,可是孩子不知道。孩子的发展需要依赖成年人,但不能服从成年人的摆布；孩子可以提出要求,但不能发布命令。如果孩子的需要超出了他的力量,他是得不到快乐的。在自然的状态下,孩子只能享受部分的自由,因为他们的成长必须依靠他人。

总之,在卢梭看来,幼儿期和儿童期的教育都需要遵循自然。要遵循儿童的自然,尊重儿童在能力范围内的自由选择和自身发展。只有按照儿童自身的发展和能力水平进行教育,儿童才有真正的自由。

三、学前教育的方法

关于学前教育的内容,前面已经讲了许多。这里主要就卢梭的学前教育方法进行分析。

(一) 要根据儿童的力量教育儿童

卢梭认为,对于儿童来说,绝不能因为他要什么就给什么,而是看他是不是确实有需要。当儿童在活动时,不要教他怎样地服从人；在大人给儿童做事时,不要告诉他怎样地使役人。要让他在他的行动中和大人的行动中都同样感到他的自由。③

教育上应该提防儿童去做他力所不能和必须别人代替他做的事情。因此,要仔细分辨哪些需要是儿童的真正需要,是自然的需要,哪些是由于儿童的幻想或者过于优裕的生活造成的。如果一个孩子哭着要这个那个时,应该怎么办,卢梭建议,当孩子已经到了可以说话的年龄,只要孩子还用哭的方式索取他想要的东西,就应该干脆地加以拒绝。孩子用哭来索要东西,就立刻满足他,这是在鼓励他哭泣可以解决问题。当然,卢梭也指出,过于严格或者过分放任都是应该避免的。放任不管会使孩子的健康和生命遭到危险；过分关心会使他们将来遭受更大的苦难。④ 总之,卢梭认为,这一时期儿童教育的关键词不是"服从"和"命令",也不是"责任"和"义务",而是"力量""能力不足"和"遏制"。⑤在儿童力量还有限时,教育要依据儿童的"力量",看到儿童的"能力不足","遏制"儿童超出自身"力量"的欲望。

(二) 反对过早对儿童进行说理教育

卢梭不同意洛克关于从小对儿童进行理性教育的观点。他认为,好的教育是造就一

---

① 〔法〕卢梭.爱弥儿(上卷)[M].李平沤,译.北京:商务印书馆,1996:72-73.
② 〔法〕卢梭.爱弥儿(上卷)[M].李平沤,译.北京:商务印书馆,1996:79-80.
③ 〔法〕卢梭.爱弥儿(上卷)[M].李平沤,译.北京:商务印书馆,1996:83.
④ 〔法〕卢梭.爱弥儿(上卷)[M].李平沤,译.北京:商务印书馆,1996:85.
⑤ 〔法〕卢梭.爱弥儿(上卷)[M].李平沤,译.北京:商务印书馆,1996:89.

个理性的人,但是过早用理性教育孩子是不自然和虚假的。在卢梭看来,与其他官能相比,人的理智官能是一种高级官能,是一切官能中最难发展的。过早用理性去教育孩子,是把目的当成手段了。卢梭指出,这一时期的孩子还不懂道理,从小对他进行理性的教育容易使他养成种种不良习惯,如反抗、撒谎、欺骗和掩盖。卢梭认为,大自然希望儿童在成人之前就要像儿童的样子。如果打乱这个次序,就会造成一些早熟的果实。儿童有他特有的看法、想法和感情。如果想用成人的看法、想法和感情去替代他们的看法、想法和感情,那是最愚蠢的事情。① 卢梭认为,对孩子讲体力,对成人讲道理,这是自然的秩序。因此,要按照儿童的年龄对待他们,把儿童放在他应有的地位。②

(三)主张对儿童进行"消极教育"

关于"积极教育"和"消极教育",卢梭曾经说过:"我把那促使儿童心灵先于身体发育而成熟,在儿童理性发展以前把成年人的各种义务和知识传授给儿童的教育称之为积极教育;把那种在儿童获得知识以前先训练各种获得知识的工具,通过感官训练来为理性发展做准备的教育称之为消极教育。"③

卢梭主张应该对儿童进行"消极教育"。在他看来,由于儿童的理性发展较晚,因此不要对儿童进行任何口头教训,应使他们从经验中去学习;也不要对他们施加任何种类的惩罚,因为他们还不知道错在哪里。

"消极教育"应采用自己不教也不让别人教的方针,保护儿童的理性,把儿童健康地带到12岁。只有到了12岁以后,儿童的智慧才可以接受理性;对儿童进行"消极教育"可以使儿童避免染上偏见和不良习惯;还可以使儿童自由地表现自己,有利于全面地观察儿童。"消极教育"的方法主要是锻炼儿童的身体、器官、感觉和发展他的各种能力。如在儿童产生情感以前,先要形成他的判断情感的能力;在儿童明白道理之前,先要形成他自己的理智。

(四)儿童通过做事情来学习

卢梭认为,通过做事情来学习是儿童获得知识和观念的最基本的途径。卢梭指出,以往的教育对孩子只讲他们的责任,不谈他们的权利,这是一种颠倒:他们应该知道的事情没有告诉他们,他们不应该知道的和与他们毫不相干的都给他们讲了。卢梭认为,孩子也需要知道一些观念,其中第一个观念,不是自由,而是财产的观念。如何获得"财产"的观念,卢梭举了一个"种蚕豆"的例子。一次爱弥儿与导师一起去种蚕豆,经过锄地、播种,他们种下了蚕豆。可是没多久,他们种下的蚕豆被人铲掉了,爱弥儿和导师很生气。四处查找,原来是园主干的。园主也很生气,因为在这块地上,他早于爱弥儿种下了马耳他瓜种子,却被爱弥儿他们破坏了。知道这个情况后,爱弥儿和导师立刻向园主道歉。最后他们达成协议,园主同意给爱弥儿一小块土地,让他在上面种蚕豆。这次经历使爱弥儿懂得了"财产权"的概念,即第一个通过自己的劳动而获得的对某物(土地)的占

---

① 〔法〕卢梭.爱弥儿(上卷)[M].李平沤,译.北京:商务印书馆,1996:93.
② 〔法〕卢梭.爱弥儿(上卷)[M].李平沤,译.北京:商务印书馆,1996:89-93.
③ 徐一多.论卢梭教育思想的矛盾性[J].四川师范大学学报:社会科学版,1993(1).

有权。①

从这个思想出发,卢梭主张用做事情的学习代替符号的学习。他认为这一时期的孩子容易接受形象的东西,很难接受符号的东西。而让孩子的头脑中记住许多符号是没用的,儿童会产生极其危险的偏见,会把一些根本不懂的话作为学问;不明白其用途,丧失了自己的判断力。② 因此,在这一阶段,儿童最好不要读书,如果需要,只能读《鲁滨孙漂流记》。

(五) 利用"自然后果法"教育儿童

卢梭认为,儿童在做事情时会出现一些破坏的行为,这时应采取"自然后果法"进行教育,即通过儿童自己行为的后果来教育儿童。例如,一个儿童弄坏了他所用的东西,教育者先不要修理,而是让他感到缺少这种东西所带来的不方便,感到痛苦和心烦,最后再修理。例如,儿童打破房间的窗子,就让他昼夜都被风吹,不要怕他受寒,最后再叫人修理窗户。卢梭指出,在用"自然后果法"教育儿童时,应把惩罚孩子不良行为的后果与惩罚孩子本身区分开来,即惩罚的是孩子的错误行为,而不是孩子本身。③

(六) 让儿童成为学习的主人

卢梭认为,对于儿童的学习,先要让他们有学习的欲望,然后再学习各种方法。如何产生学习欲望,卢梭指出,儿童的现实利益是最大的动力。要让孩子感到学习的东西应与儿童自身的利益发生联系,要学习有用的东西。让儿童按照自己的思维和能力学习。在卢梭看来,旧教育的一个主要特征是,儿童用自己的身体和别人的头脑来生活,而新教育的主要特征是儿童用自己的身体和自己的头脑来生活。它可以使儿童注意与他有直接关系的事物,通过自己的观察、记忆、推理来学习。

在这个基础上,卢梭提出了培养儿童成为学习主人的主张。卢梭指出,在儿童管理上,教育者一般有两种不同的方法:一种是表面上是教育者做主,实际上是儿童做主;一种是表面上是儿童做主,实际上是教育者做主。在卢梭看来,教育的技巧在于如何让儿童支配自己的意志,同时又让他听从教育者的教育。如何让儿童成为学习的主人,卢梭提出的方法主要有:给儿童一定的自主权利,让他常常认为自己在做主;让他自己想办法解决问题,发挥他自己的理智;教育活动要让儿童感到有利于他自己的利益。④

卢梭的学前教育思想内容十分丰富,在教育发展史上具有重要的价值。卢梭关心儿童的存在,关注儿童的需要,关心儿童的健康发展,为提高儿童的地位做出了重要贡献。正如学者所指出的那样,在那个时期,"儿童被医生和改革者所拯救,被洛克和休谟从愚蠢的思想中所解放,被卢梭带进人类事物的中心"⑤。卢梭的自然教育和学前教育思想被许多教育家,如欧文、蒙台梭利、杜威和霍尔,以及20世纪的其他教育家所研究、实践和发展。当然,卢梭的学前教育思想也存在片面的地方,在研究和借鉴时要进行合理的

---

① 〔法〕卢梭.爱弥儿(上卷)[M].李平沤,译.北京:商务印书馆,1996:106.
② 〔法〕卢梭.爱弥儿(上卷)[M].李平沤,译.北京:商务印书馆,1996:120-128.
③ 〔法〕卢梭.爱弥儿(上卷)[M].李平沤,译.北京:商务印书馆,1996:108-109.
④ 〔法〕卢梭.爱弥儿(上卷)[M].李平沤,译.北京:商务印书馆,1996:141-142.
⑤ V. Celia Lascarides, Blythe F. Hinitz. History of Early Childhood Education[M]. Falmer Press, 2000:53.

分析。

第四节 裴斯泰洛齐的学前教育思想

裴斯泰洛齐(Johan Heinrich Pestalozzi,1746—1827)是瑞士著名的教育实践家和教育思想家。他出生在欧洲资本主义的确立时期,当时法国已进行了资产阶级革命。在法国影响下,瑞士虽然也爆发了资产阶级革命,但广大农民仍处于生活不得温饱的状态,更谈不上接受教育的问题。就是在这种情况下,裴斯泰洛齐接受了卢梭的自然教育思想,开展了广泛的教育和社会活动。裴斯泰洛齐的教育重点是在慈善教育和普通教育上,他努力探索教育规律,改革教学方法,力图通过教育改善贫困儿童的地位。裴斯泰洛齐的教育思想在许多国家得到传播,对近代教育的发展产生重要的影响。裴斯泰洛齐的学前教育思想主要反映在他的《葛笃德怎样教育子女》(1801)、《见解与经验》(1807),以及《致格瑞夫斯的信》(1818—1819)等书中。[①]

一、婴幼儿成长与"母爱"教育

裴斯泰洛齐非常重视婴幼儿成长与父母的关系。他指出,虽然婴儿期儿童的动物性本能可以支配他成长,但是父母不仅要关心婴儿的身体,更要关注其精神的发展。动物的发展主要依靠本能,而人的发展要遵循高级的精神天性。一旦儿童精神方面的天性开始显露,就不再允许他的动物天性来支配他了。[②] 如果在高级天性显现之后,仍然放任这种本能为所欲为,无拘无束,那么就开始同良心处于冲突的状态。它每放纵一步都会使儿童利己本能向前发展一步,并损害仁慈、温和的天性。

为此,裴斯泰洛齐提出了"母爱"的问题。在他看来,过度溺爱与放任自流都是对幼儿精神发展的伤害,母亲对幼儿的教育应该寻求一种二者之间的平衡。对孩子的关心要持之以恒,尽可能坚持同一种做法;如果孩子的需求是实际的,就不要忽略它们;如果需求是过分的,或者胡搅蛮缠的,就决不能放纵。如果母亲放任儿童,不仅会牺牲自己的安逸,也不能使孩子得到幸福。[③]

在婴幼儿教育上,裴斯泰洛齐提出了"权威与慈爱相依托"的方法。在他看来,母亲在教育孩子时需要一定的权威。但在行使权威时,"应该小心行事,每一步都必须由她的良心和经验来证明是正当的。……就她的权威性质而言,唯一正确的观点是把它看作一种责任,而不是一种特权,决不能认为它是至高无上的"。而且爱与权威相比爱更重要。如果没有爱,权威就可能被抛弃。爱是持久的,是基于一种道德的、永恒的原则。慈爱可以赢得爱与信赖。

在《致格瑞夫斯的信》的第二十封信中,裴斯泰洛齐谈到了婴幼儿早期智力和道德的

[①] V. Celia Lascarides,Blythe F. Hinitz. History of Early Childhood Education[M]. Falmer Press,2000:61.
[②] 〔瑞士〕裴斯泰洛齐.裴斯泰洛齐教育论著选[M].夏之莲,等译.北京:人民教育出版社,2001:354-356.
[③] 〔瑞士〕裴斯泰洛齐.裴斯泰洛齐教育论著选[M].夏之莲,等译.北京:人民教育出版社,2001:358.

活动。① 他指出,随着幼儿身体的发育,他也开始意识到智力和道德的自主性。在婴儿的早期活动中,好奇心可以强有力地刺激儿童进行思考。如果获得成功,或者得到别人帮助,儿童将会养成一种善于思考的习惯。一旦婴儿达到一定年龄,他周围的每一个事物都可以成为激发思维活动的工具。不停止的思维活动迟早能使儿童在许多方面产生智力上的自主性。这一时期幼儿的道德情感也在发展,表现出对某人某物的喜爱或反感,甚至惧怕。婴儿的许多情感在许多方面是从母亲那儿学到的;母亲喜欢和信任的,也是他所喜欢和信任的。母亲的爱使孩子也感受到爱。不过,一旦纵容孩子的坏脾气,就很容易失去婴儿的爱,这时就是靠哄也不能重新赢得婴儿的爱。

二、论学前教育的内容

裴斯泰洛齐关于学前教育的内容和方法主要包括儿童的智育、德育和体育三个方面。

(一) 儿童的智育

在《致格瑞夫斯的信》一书中,裴斯泰洛齐谈到了儿童的智育问题。他指出,儿童的智育不仅要考虑向幼儿的头脑中传递何种知识,而且要考虑应该用何种方式来传递,而且教育方式比内容更重要。差的教育方式既不能适应儿童的各种能力,又不易激发儿童的兴趣。裴斯泰洛齐指出,这个时期幼儿由于其智力刚露端倪,识别能力未形成,一味地进行记忆训练,其结果是有害的。母亲要防止这种错误,首要的法则是,始终借助事物而不是单词来教;除非准备向儿童展示物体本身,否则就要尽可能少地向儿童讲这些物体的名称。当然,如果母亲要借助事物教孩子的话,只将物体摆在儿童的感官面前形成概念还不够,必须解释事物的性质;说明事物的由来;描述它的各个组成部分,弄清各部分与整体的关系;阐明它的用法、作用和结果,在这个基础上形成概念。如果有些东西不可能拿来摆在儿童面前,还可以使用图片。②

在儿童智育问题上,裴斯泰洛齐论及了学习兴趣与努力关系的问题。他指出,教学需要避免使儿童厌倦,但是并不是说教学始终具有娱乐性,或者具有游戏的性质。如果这个观点被教师接受的话,将永远不能获得牢固的知识。儿童必须在早期的生活中获得这样的教训——要习得知识必须付出努力。但是教育不要把儿童努力看作一种不可避免的灾难,不应该使恐惧成为激励努力的动力,这将会扼杀儿童的兴趣,并会迅速引起厌学情绪。

裴斯泰洛齐认为,幼儿的智育活动可以采取实物教学的办法。他在做一个3岁孩子的家教时采取的办法是,用字母、图片和身边的东西来教孩子;通过这些手段使孩子获得清晰的概念和表达方式。教孩子正确地说出他知道的事物的名称、颜色、四肢、地点、形状和数目。结合幼儿教育实验,裴斯泰洛齐提出:"① 低龄儿童必须有带插图的课本;② 需要确定无疑的方式来解释这些课本;③ 需要有一本根据这些课本和对它们的解释

---

① 〔瑞士〕裴斯泰洛齐.裴斯泰洛齐教育论著选[M].夏之莲,等译.北京:人民教育出版社,2001:364-366.
② 〔瑞士〕裴斯泰洛齐.裴斯泰洛齐教育论著选[M].夏之莲,等译.北京:人民教育出版社,2001:398.

而编写的有关名词、单词知识的指导书,儿童在学习拼读以前应该完全熟悉这些东西。"①在裴斯泰洛齐看来,如果儿童对事物名词有了深刻的印象,那么一接触到这些事物,他们就能够牢牢地记住;如果能够根据实际事物和事实真相的顺序把名称串联在一起,那么就可以发展并保持儿童对各事物之间实际关系的认识。

在儿童语言教学中,裴斯泰洛齐也论述了儿童的发音教学和语言教学方法的问题。他认为,对于让儿童听到声音的时间早或晚,是组合还是孤立的声音,不能听其自然。要让儿童尽可能早地知觉全部说话的声音是重要的。这种知觉应该在儿童说话能力形成以前就完善起来,或者在他们具有阅读能力以前,就形成发出各种声音的能力。为此,裴斯泰洛齐特意为母亲编写了《拼音课本》,以帮助儿童进行长时间的拼音练习,使儿童一看到生词就很快发出声音来。为了使儿童很容易认识字母,他主张字母必须在拼读之前教。可以把这些字母粘贴在硬纸上,一个一个地拿给孩子看。当孩子能够认得字母时,再换成三重文字,即在德文字母的印刷体上面是德文字母的书写体,下面是罗马字母。孩子在认识德文字母的印刷体后再去认识另外两种文字。②

(二) 儿童的德育

裴斯泰洛齐认为,人类的爱、感激和信任等感情,人的服从行为主要来源于婴儿与母亲之间的关系。例如,母亲出自本能照顾孩子,喂养孩子,保护孩子,使孩子高兴。孩子无力自治,母亲来帮助他,孩子得到母亲的关怀感到快乐,爱的情感便在心里萌生。③ 有了需求才有热爱,需要营养才产生感激,得到关怀才产生信任;同样,有了强烈的请求才会产生服从。如孩子等急了就哭。他先是不耐心,后来才服从。耐心在服从之前得到发展,只有通过耐心,孩子才能变得服从。"这种德行的最初表现仅仅是被动的……但是这种德行也是在母亲的怀抱里发展起来的。孩子必须等到妈妈为他解怀,等到妈妈把他抱起来才能有奶吃。主动服从的发展要晚得多,而认识到服从母亲对自己有好处的意识更是后来的事。"④服从和爱、感激和信任二者相结合就萌发了良心。孩子开始认识到,对母亲发脾气是不对的;母亲生活在世界上不纯粹是为了他一个人;这个世界上的一切东西也不是为他一个人存在的,各种初始的模糊感觉出现了;而他生活在这个世界上也不仅仅是为了自己,初始的权利和义务感萌发了。

在裴斯泰洛齐看来,这就是道德发展的基本原理,这些原理是在母亲和孩子间的自然关系中展现出来的。当然,与智育相比,裴斯泰洛齐更重视儿童的道德教育。他说:"对儿童的早期教育绝不是发展他们的才智或者理智,而是发展他们的感觉、心地和母爱。"⑤

(三) 儿童的体育

关于儿童的体育问题主要在《致格瑞夫斯的信》中可以看到。裴斯泰洛齐指出,如果

---

① 〔瑞士〕裴斯泰洛齐.裴斯泰洛齐教育论著选[M].夏之莲,等译.北京:人民教育出版社,2001:37.
② 〔瑞士〕裴斯泰洛齐.裴斯泰洛齐教育论著选[M].夏之莲,等译.北京:人民教育出版社,2001:96.
③ 〔瑞士〕裴斯泰洛齐.裴斯泰洛齐教育论著选[M].夏之莲,等译.北京:人民教育出版社,2001:183-184.
④ 〔瑞士〕裴斯泰洛齐.裴斯泰洛齐教育论著选[M].夏之莲,等译.北京:人民教育出版社,2001:185.
⑤ 〔瑞士〕裴斯泰洛齐.裴斯泰洛齐教育论著选[M].夏之莲,等译.北京:人民教育出版社,2001:190.

要发展儿童的全部才能,就必须注意儿童的体育。在他看来,儿童的体育运动必须是循序渐进的。可以从简易的运动开始,继而进行较为复杂、难度较高的运动。只有通过体育练习,那些缺乏的能力才可以发现,才可以发展起来。在体育练习中,裴斯泰洛齐比较重视儿童的体操。他建议母亲要熟悉体操的原理,以便根据情况选择出那些最适合、最有益孩子的运动。体操不仅锻炼孩子的身体,还可以养成道德。如通过运动,可以培养孩子勤奋的习惯、坦诚的性格、个人的勇气、吃苦耐劳的品质等。①

三、影响儿童发展的主要因素

在《见解与经验》一书中,裴斯泰洛齐还专门谈到了影响儿童发展的主要因素问题,即以父母为主的家庭关系、与儿童发展联系的社会关系以及自然关系。

在裴斯泰洛齐看来,一切使孩子的身心健康成长的东西都以父母的教育为外在源泉,其内在源泉在孩子自身。后者与前者不可分割,并依靠前者。"因此,那些替代父母为没有父母的孩子们当父母的人,必须以父母的精神教育孩子,他们实际上不是父母,但要努力做到像父母。"②

裴斯泰洛齐非常强调家庭生活的重要性。他指出,家庭生活必须被看成上帝为教育人类所提供的唯一的外部环境。家庭生活的黏结力就是爱的黏结力,它是上帝赐予的,是用以唤醒个人爱的能力的手段。在有爱的和有爱的能力的家庭,不论哪种教育形式都不会没有结果,孩子肯定会变好。而孩子如果表现出缺乏友爱、没朝气、不活泼,那是因为他的爱的能力还没有形成,没有在家庭中得到应有的扶持和引导。③

孩子同其他人的关系构成了孩子活动发展的最重要的因素。裴斯泰洛齐指出,孩子的人际关系从他在襁褓中起就在能及的范围和许多方面开始发生。一个孩子既是父母的儿子,也是兄弟姊妹的弟兄,他会与许多人建立关系。最初,婴儿不懂这些关系,他只知道这些是满足他的需要的人。只要这些人来到他的面前,他就感到高兴。他逐渐学会了对与自己有关系的人的亲近和喜爱,并且学会区分不同的人。④ 当他逐步长大,扩大自己的活动范围时,他逐步看到自己的力量、自信,开始有意识地在自己的内心生活和外部生活中独立于父母。

关于儿童和自然相互作用的教育价值,裴斯泰洛齐也提出了自己的看法。他指出,当孩子还不能自理时,他在母亲的怀抱里得到了必要的保护;当离开母亲的怀抱,便来到母亲也无法控制的世界中,受到各种新事物的影响,对事物的兴趣也日益增长。羊、鸡、鸽子,一切活的东西都使孩子感兴趣。这些动物的意外、受伤、病死,也会使孩子感到悲伤。孩子的心中逐步形成人类的高尚情感,开始关心与自己有密切联系的自然万物。裴斯泰洛齐强调,父母要让孩子感到自然界给他们带来的恩惠,并以爱心对待有生命和无

---

① 〔瑞士〕裴斯泰洛齐.裴斯泰洛齐教育论著选[M].夏之莲,等译.北京:人民教育出版社,2001:373.
② 〔瑞士〕裴斯泰洛齐.裴斯泰洛齐教育论著选[M].夏之莲,等译.北京:人民教育出版社,2001:301.
③ 〔瑞士〕裴斯泰洛齐.裴斯泰洛齐教育论著选[M].夏之莲,等译.北京:人民教育出版社,2001:302.
④ 〔瑞士〕裴斯泰洛齐.裴斯泰洛齐教育论著选[M].夏之莲,等译.北京:人民教育出版社,2001:307.

生命的自然界。①

在裴斯泰洛齐看来,学前教育应当从儿童出生开始。这一时期,婴儿对母亲关心的反应和母亲对婴儿需要的反应都是本能的。母爱构成了儿童发展中最重要的影响因素。在这一时期,母亲有资格是一个创造者,是儿童的第一位教师。儿童的道德本性要及早发展,儿童的能力要平均地培养。母亲要依据儿童的内在的爱和信仰的原则发展和教育儿童。需要指出的是,裴斯泰洛齐的教育体系虽然是为贫困儿童的发展服务的,但它也影响了其他阶层,如在当时的富裕阶层中也开始学习和流行裴斯泰洛齐的一些做法,即教育要关心儿童的内在发展,激发儿童发展的活力,为儿童的发展提供好的环境和条件。

第五节 赫尔巴特的学前教育思想

赫尔巴特(J. F. Herbart,1776—1841)是19世纪德国著名的哲学家、教育家,也是欧洲教育心理化运动的重要代表人物之一。赫尔巴特的主要代表作是1806年的《普通教育学》。他的教育思想的主要特点是将教育理论建立在哲学和心理学基础之上,试图揭示教育和教学过程的规律。他提出的教育学应当成为科学和"教育性教学"的思想受到人们的广泛重视。赫尔巴特注重教育科学的探索,是西方教育史上第一个提出较为完整的教育理论体系的人,被称为"教育学之父"和"科学教育学的创始人"。赫尔巴特也关注学前教育问题,提出了许多关于学前教育的主张。需要指出的是,赫尔巴特的学前教育思想的形成是与他的教育实践密切联系。也与他重视教育理论的哲学、心理学和伦理学基础,注重教育各个部分和环节的多方面联系,注重教育过程和教学阶段的阶段性和连续性是密切联系的。这使得他的学前教育思想也具有整体性和系统性的特点。

一、0—3岁儿童的教育

赫尔巴特不仅研究教育的一般问题,也关注儿童的年龄分期教育问题,并且提出了关于婴儿期和儿童早期教育的主张。需要指出的是,赫尔巴特所研究的婴幼儿教育是从普通教育的视角展开的。他在《教育学讲授纲要》的第四部分是以"按年龄论普通教育"为标题来论述幼儿教育的。② 可以看出,赫尔巴特是把学前教育与普通教育联系在一起,从普通教育的角度来思考学前教育的。在赫尔巴特看来,儿童发展要经历四个不同的阶段:婴儿期(0—3岁);儿童期(4—8岁);少年期;青年期。依据这个划分,赫尔巴特论述了儿童发展不同阶段的教育。关于0—3岁儿童的教育,赫尔巴特主要谈了四个方面的问题。

(一)对婴儿身体养护的重视

赫尔巴特认为,由于这一时期婴儿的生命还比较弱,对婴儿身体的养护应放在一切工作之先。③

---

① 〔瑞士〕裴斯泰洛齐. 裴斯泰洛齐教育论著选[M]. 夏之莲,等译. 北京:人民教育出版社,2001:313-314.
② 〔德〕赫尔巴特. 普通教育学·教育学讲授纲要[M]. 李其龙,译. 北京:人民教育出版社,1989:298.
③ 〔德〕赫尔巴特. 普通教育学·教育学讲授纲要[M]. 李其龙,译. 北京:人民教育出版社,1989:298.

（二）关注婴儿的智力发展和教育

赫尔巴特指出，在对婴儿进行智育的时间分配方面，应视其健康状况的不同作较大的区分。但是不管这种智育的时间如何少，由于早期年龄阶段的儿童具有巨大的敏感性和易兴奋性，智育是极其重要的。因此，应当在婴儿醒着而又没有什么疾病时，提供某些东西给他的感官去了解。"但不应强迫他去了解。应当避免给予他强烈的印象，同样也不应当迅速地更换给予他们了解的东西，稍微更换一下往往就足以重新引起他已疲乏的注意了。"①

在智育方面，赫尔巴特还强调要通过无害的方式为婴儿的活动提供场所。这主要是为了婴儿获得四肢活动的练习，使他们通过自己的尝试促进对事物和事物变化的观察。② 另外，在这一时期还要对婴儿进行一定的语言教育。赫尔巴特指出，要认真细心对他们进行语言教育，以便不使陋习根深蒂固，否则以后要造成大量的时间损失和麻烦。在语言教育中要避免使用不自然的表达方式，以免超出儿童的思想范围。③

（三）要处理好成人与婴儿的关系

一方面，必须谨慎地让婴儿避免获得对他人的可恶的印象，不管这人是谁。任何人都不允许将儿童当作玩偶来对待。同样，任何人也必须不听任婴儿来摆布，至少在婴儿表现出暴躁的时候，不能这样做。否则养成婴儿的任性将是不可避免的结果。④ 另一方面，要让婴儿服从成人。要使婴儿不断感觉到成人的长处，常常使他感到自己无能为力。婴儿对成人的必要的服从就是基于这一点之上。在合理对待婴儿方面，经常是在婴儿周围出现的人要比那些很少在他周围出现的人更容易得到他们的服从。如果婴儿情绪激动的话，必须给他时间，让他平静下来，不到万不得已，不要提出别的要求。⑤

（四）加强对婴儿行为的管理

赫尔巴特认为，在婴儿的早期就需要加强管理，以便在以后不必用极为有害的方式采用强硬手段。但是在管理中必须少用容易引起婴儿恐惧的暴力，除非有必要在迫不得已的情况下为了有效地进行威胁与制止婴儿的放肆行为。⑥

总之，在儿童发展的婴儿期阶段，赫尔巴特强调在注重婴儿身体发育的同时，要关注婴儿的智力教育和行为管理，但是方法要得当，不应采取强制的方式。

二、4—8 岁儿童的教育

赫尔巴特指出，4—8 岁儿童的教育属于儿童期的教育。儿童期的教育一方面具有婴儿期向儿童期过渡的特点，一方面又与学龄初期儿童的教育联系起来。关于这一时期儿童的特点，赫尔巴特指出，儿童期与婴儿期的真正划界不在于年龄，而在于婴儿基本的

---

① 〔德〕赫尔巴特.普通教育学·教育学讲授纲要[M].李其龙,译.北京:人民教育出版社,1989:298.
② 〔德〕赫尔巴特.普通教育学·教育学讲授纲要[M].李其龙,译.北京:人民教育出版社,1989:299.
③ 〔德〕赫尔巴特.普通教育学·教育学讲授纲要[M].李其龙,译.北京:人民教育出版社,1989:300.
④ 〔德〕赫尔巴特.普通教育学·教育学讲授纲要[M].李其龙,译.北京:人民教育出版社,1989:299.
⑤ 〔德〕赫尔巴特.普通教育学·教育学讲授纲要[M].李其龙,译.北京:人民教育出版社,1989:299.
⑥ 〔德〕赫尔巴特.普通教育学·教育学讲授纲要[M].李其龙,译.北京:人民教育出版社,1989:300.

照料需要是否已经结束,其四肢的与语言的有关应用是否已经出现。① 关于儿童期的教育,赫尔巴特主要关注儿童的自我发展、道德教育和知识教育,包括四个方面的内容。

(一)要关注儿童自理能力的出现

赫尔巴特认为,儿童期的主要特点是这个时期的儿童已经能自己从许多需要依靠别人的照料中摆脱出来,开始具有一些自理能力。因此,要注意儿童自理能力的形成,儿童越能自理,外界的帮助必须越少。同时,在管理方面,只要儿童任性的最后迹象还没有消失,就要加强管理的坚定性,对某些儿童还必须加强严格性。当然,这种做法的条件是:避免引起儿童进行某种自卫。"儿童越清楚地理解对于他采取的不可动摇的纪律,就越容易使他服从。"② 在赫尔巴特看来,儿童自理能力的发展与对他们进行一定的管理是不可分的。只要儿童的自理能够限制他的任性,就可以减少管理。

(二)发展儿童个性需要给他们一定的自由

赫尔巴特认为,儿童期也是儿童个性得到发展的时期。应当让儿童公开发表自己的意见,以便研究他的个性。同时也应该给儿童尽可能多的自由。在这一阶段需要注意的是,要防止儿童养成一些不好的习惯,特别是与不好的意识形态有关的坏习惯。③

(三)要避免或者防止儿童身上表现出来的恶意和不良行为

儿童在发展中总会出现一些恶意的表现或者一些不良的习惯,如何解决这些问题,赫尔巴特提出了让儿童形成完美和仁慈的观念的原则和方法。

1. 完美和仁慈是有区别的

赫尔巴特指出,完美的各种观念,多是由儿童自己形成的;而仁慈的观念,儿童很少自我发展,需要成人教给他们,但这种教导不能直接地进行。④

2. 仁慈观念的形成需要儿童参与伙伴的活动

使他的一切生活习惯能够合群,并通过活动中的纪律来约束自己。这样即使儿童身上有恶意表现的话,也会受到限制。赫尔巴特认为,如果儿童用这种起支配作用的纪律约束自己,服从于一种共同的意志,并在这种活动中感到快乐,就不能够忍受孤独,而成人还可以把这种孤独当作对他的惩罚。⑤ 当然,赫尔巴特也指出,儿童对于群体活动所形成的愉快感是有年龄阶段的,如果作恶的儿童已经对曾经产生愉快的群体活动产生反感,那么惩罚以及严格的纪律对他是不起作用的。

3. 形成儿童的仁慈观念要避免把仁慈活动当成一种义务

赫尔巴特指出,虽然一个儿童由于受到教育会为仁慈举动所感动,但也会因为习惯而麻木不仁。因此,应当取消对他的习以为常的关心。当重新给他关心时,他会敬重这种举动。另外,也不要让他感到把成人对他的关心视为一种义务,或者一种机械的反应,

---

① 〔德〕赫尔巴特.普通教育学·教育学讲授纲要[M].李其龙,译.北京:人民教育出版社,1989:300.
② 〔德〕赫尔巴特.普通教育学·教育学讲授纲要[M].李其龙,译.北京:人民教育出版社,1989:300.
③ 〔德〕赫尔巴特.普通教育学·教育学讲授纲要[M].李其龙,译.北京:人民教育出版社,1989:301.
④ 〔德〕赫尔巴特.普通教育学·教育学讲授纲要[M].李其龙,译.北京:人民教育出版社,1989:300.
⑤ 〔德〕赫尔巴特.普通教育学·教育学讲授纲要[M].李其龙,译.北京:人民教育出版社,1989:302.

否则他也会对仁慈产生误解。①

4. 为防止儿童的心灵变冷,要保护他的仁慈的萌芽

教育上的原则是:"对必要的严格辅以宽容,而对宽容辅以和蔼可亲。"②赫尔巴特指出,处于儿童期的儿童,他们的情绪还直接依赖于成人如何对待他们,长期地对他们不热情会使他们变得冷漠起来。因此,突出仁慈观念,激发儿童的仁慈观念是儿童期教育的重要任务之一。儿童期的教育就是使儿童形成良好的合群态度和同情感,并把它们与作为较高尚的事物来依赖的仁慈信念结合在一起,促进儿童道德行为和观念的发展。③

(四)关于儿童期的知识教学

在赫尔巴特看来,儿童期的教育不仅包括道德教育,也是儿童知识教学的开始。"尽管这种教学还未构成儿童这时主要的、有计划的活动,但在这方面已部分地带有综合的性质,并部分地带有分析的性质了。"④赫尔巴特指出,当儿童自由活动的范围扩大的时候,当他通过自己的尝试获得越来越多的经验,需要从教育者方面得到有意识的引导的时候,经验便超过早期的想象占据优势,他就会不断向教育者提出各种天真的、没有目的的问题。尽管教育者对于这些问题有些不能回答,或者不允许回答,也应该鼓励儿童爱问的倾向。教育者对问题的回答不要拖延,应当及时和彻底。⑤赫尔巴特认为,对这些问题的解答是以后教学的基础。

在赫尔巴特看来,知识教学主要包括分析教学和综合教学,这在儿童期的教育中也占有重要的地位。赫尔巴特认为,尽管这一时期包括回答儿童问题在内的分析教学还不能安排一定的课时,但应当使这种教学同引导、交际、活动与从这里引起的习惯、锻炼、道德判断以及初期的宗教印象等结合起来,也与阅读练习结合起来。⑥同时,在这一时期尽管儿童还不能长时间地坚持稳定的注意,但初步的综合教学,阅读、书写、绘画、计算和初步的观察练习等,属于这一年龄阶段后期要开始做的事情。

如何进行这种教学,赫尔巴特举了一些例子。如关于实物的"组合"教学,开始时可以变换两样东西的位置,即左右、前后、上下。"下一步是将三样东西在一条线上作六种放法。从上述一堆东西取多少对。"⑦赫尔巴特指出,这种教学不要用字母,而要用实物,由儿童自己来组合和改变位置。这种教学必须符合儿童的特点,要像游戏一样进行。又如关于字母和数字的教学,赫尔巴特认为可以把字母和数字写在小纸板上,以此做不同的组合,这有助于阅读教学。如果阅读进行得较慢,也要有耐心地去教,而不应让阅读造成儿童对教师和书本的反感。⑧

总之,赫尔巴特的学前教育思想注重儿童身体的发育,以及在身体发育基础上的儿

---

① 〔德〕赫尔巴特.普通教育学·教育学讲授纲要[M].李其龙,译.北京:人民教育出版社,1989:302.
② 〔德〕赫尔巴特.普通教育学·教育学讲授纲要[M].李其龙,译.北京:人民教育出版社,1989:303.
③ 〔德〕赫尔巴特.普通教育学·教育学讲授纲要[M].李其龙,译.北京:人民教育出版社,1989:303.
④ 〔德〕赫尔巴特.普通教育学·教育学讲授纲要[M].李其龙,译.北京:人民教育出版社,1989:303.
⑤ 〔德〕赫尔巴特.普通教育学·教育学讲授纲要[M].李其龙,译.北京:人民教育出版社,1989:304.
⑥ 〔德〕赫尔巴特.普通教育学·教育学讲授纲要[M].李其龙,译.北京:人民教育出版社,1989:304.
⑦ 〔德〕赫尔巴特.普通教育学·教育学讲授纲要[M].李其龙,译.北京:人民教育出版社,1989:305.
⑧ 〔德〕赫尔巴特.普通教育学·教育学讲授纲要[M].李其龙,译.北京:人民教育出版社,1989:305.

童自理、自立及道德情感和智育的发展。这个过程是一个连贯的、循序渐进的过程。在这个过程中,教育者不仅要关注儿童个性的发展,为个性发展提供必要的条件,也要关注儿童自身发展中存在的一些不足,强调教育者对儿童发展的指导作用及儿童对教育管理和教育秩序的服从,这些思想在一定程度上反映了赫尔巴特对儿童发展与教育关系的理性认识。

第六节 福禄培尔的学前教育思想

福禄培尔(Friedrich Fröbel,1782—1852)是19世纪德国著名的幼儿教育家,他的主要贡献是创立了以"幼儿园"命名的学前教育机构,同时也创立了一整套学前教育理论,推动了德国以及世界学前教育的发展,并且形成了"福禄培尔幼儿园运动"。因此,福禄培尔也被誉为"幼儿教育之父"。通过本节的学习,认识福禄培尔学前教育思想形成的背景,理解福禄培尔学前教育思想的基础,把握福禄培尔关于学前教育思想和幼儿园教育的主张和方法,对福禄培尔在学前教育方面的探索及贡献给予合理的分析和评价。

一、对幼儿期和少年期儿童发展的认识

在《人的教育》一书中,福禄培尔把儿童的发展分为三个阶段:幼儿期、少年期和学生期。他认为,儿童发展的不同阶段有不同的特点,但是把各个阶段截然对立起来并划分明显的界限,是不合适的,会给人类的进步和发展带来不幸、阻碍和干扰。福禄培尔指出,儿童的发展应当是充分和全面的。一个阶段是建立在先前阶段上的,每一阶段在达到下一阶段之前必须充分地实现,发展的每一阶段对于以后阶段的发展是必要的,而其中儿童发展的早期阶段——幼儿期和少年期的发展是非常重要的。

(一)对幼儿期儿童发展的认识

福禄培尔认为,在最初阶段,幼儿对于自己与外部世界是不分的、相互混合的。随着幼儿的发展,在父母的帮助下,他逐渐通过言语区分出自己与外部世界,并把自己与外部世界统一起来,最后以其独特性开始展现自己,并与其他事物区分开。[①]

福禄培尔指出,按照对事物的认识规律,幼儿最初发展的是听觉器官,然后是视觉的发展。通过幼儿这两种感觉的发展,父母和周围的人有可能在物体与语言之间、物体与符号之间建立联系,引导幼儿去观察和认识事物。随着感觉的发展,幼儿又有规律地运用身体,通过坐和卧、抓和握、步行和跳跃来发展四肢的运用。福禄培尔认为,这一时期的幼儿主要是四肢的运用和练习,结果是次要的。[②]

为了鼓励幼儿发展四肢,福禄培尔提醒父母,幼儿不要过久地独自待在床上和摇篮里,以防止身体的虚弱。因为身体的虚弱必然产生并决定心理上的娇嫩和脆弱。为了避免这些后果,幼儿的卧床不要过于柔软,幼儿的枕头可以用干草、细禾草等,不要用羽毛

[①] 〔德〕福禄培尔.人的教育[M].孙祖复,译.北京:人民教育出版社,2001:32.
[②] 〔德〕福禄培尔.人的教育[M].孙祖复,译.北京:人民教育出版社,2001:35.

枕头。幼儿入睡时盖在身上的东西也应该轻一些,确保新鲜空气的流通。为了防止幼儿醒来后缺乏精神,福禄培尔还建议,在孩子的自然视线内挂一只晃动的、关着一只活跃小鸟的鸟笼,以刺激幼儿的感官和精神活动。①

需要指出的是,福禄培尔关于幼儿期儿童发展的认识是包括婴儿期的。他认为儿童在发展了感官、身体和四肢活动并到了开始自动向外表现内在本质的程度时,人的发展的婴儿期宣告终止,并开始了幼儿期。在福禄培尔看来,幼儿期与婴儿期的最大不同是开始由内向外表现自己,宣告自己的存在。婴儿期时,人的内在的东西还是一个不分化的、无多样性的统一体。随着言语的使用开始了分化,人的内在本质开始向外释放出来。正是幼儿期的到来,使得儿童开始寻求通过外部表现内部,使二者的结合达到统一,真正的人的教育开始了。其特征是,儿童身体的保育减少了,智力的培育加强了。②

福禄培尔指出,由于这一阶段是幼儿认识外界事物并掌握其内在本质的出发点,因此对于这一时期的儿童,应当把他周围的一切东西正确地、清楚地展示在他的面前,使他能够正确地、清楚地看到并认识和描绘一切事物。同时,尽量让他说话,让他运用自己的语言表达对事物的认识。处于这一阶段的幼儿,会视每一个事物都是有生命、有感情和有言语能力的,并相信每一个事物都在听他说话。这个过程就是儿童把内在的本质向外表现的过程。③

除了让幼儿说话外,福禄培尔非常重视儿童通过游戏活动发展自己。他指出,游戏是儿童发展的、也是这个时期人的发展的最高阶段,是儿童"内在本质的自发表现,是内在本质出于其本身的必要性和需要的向外表现"。④

这一时期,幼儿的进食和穿衣也是很重要的。福禄培尔指出,幼儿在母乳后的食物应简单而适度,不要超出绝对必要的限度之外的人工和精制的食物,尤其不要用过多的香料来刺激食欲,也不要太油腻。⑤ 同时,儿童的衣服不应该使他受到束缚、压迫和禁锢,否则会束缚、压迫和禁锢人的精神;儿童的衣服,衣服的式样、颜色、形状本身不应当成为目的,否则会使孩子很早就注意自己的外表,使他变成一个布娃娃而不是一个孩子,变成一个木偶而不是一个真正的人。⑥

随着幼儿体力的发展,父母开始教孩子站立和步行。福禄培尔指出,这时不应当使用拐杖和牵引的绳子。当幼儿有了独立站立和独立保持平衡的力量时,他自己会站立起来,当他能够独立地向前移动身体和独立保持平衡时,他自己会行走。母亲可以让孩子离母亲有一定距离之外自由地站立起来,再回到母亲跟前。⑦ 再经过一段时间,幼儿会被各种各样的小石子、五颜六色的纸片、光滑匀称的三角形和正方形的小木块,以及不同形状、颜色、光泽的树叶所吸引,他尝试着用刚刚学会应用的四肢去获得这些东西,把同

---

① 〔德〕福禄培尔.人的教育[M].孙祖复,译.北京:人民教育出版社,2001:36.
② 〔德〕福禄培尔.人的教育[M].孙祖复,译.北京:人民教育出版社,2001:36.
③ 〔德〕福禄培尔.人的教育[M].孙祖复,译.北京:人民教育出版社,2001:38.
④ 〔德〕福禄培尔.人的教育[M].孙祖复,译.北京:人民教育出版社,2001:38.
⑤ 〔德〕福禄培尔.人的教育[M].孙祖复,译.北京:人民教育出版社,2001:42.
⑥ 〔德〕福禄培尔.人的教育[M].孙祖复,译.北京:人民教育出版社,2001:42.
⑦ 〔德〕福禄培尔.人的教育[M].孙祖复,译.北京:人民教育出版社,2001:48.

一类的放在一起,把不同种类的分开。儿童逐渐发展了他对周围世界的认识,他们的生活显示了丰富多彩的特征。

总之,在福禄培尔看来,逐渐成长的幼儿,他们的生活和发展是丰富多彩、生动活泼的。这种生活适应人类的使命和天职,教育者要认识、保护、扶植、发展他的生活的内在萌芽,把人类幼苗的力量和元气、欲望和本能引向正确的方向。①

(二) 对少年期儿童发展的认识

福禄培尔认为,少年期与幼儿期有明显不同。幼儿期主要是生活的时期,是生活本身的时期,是为了生活而生活的时期,是一个使内部的东西变成外部的东西,向外表达自己需要的时期;而少年期则主要是使外部的东西变成内部的东西的时期,即学习知识的时期。少年期与婴儿期和幼儿期也不同。婴儿期主要是保育的时期;幼儿期主要是教育的时期;而少年期主要是教学的时期。②

在少年期,学习成为主要任务,因为它是把外部的东西变成内部的东西的过程。少年期的儿童学习什么?在福禄培尔看来,儿童开始学习如何从物体中区分名字和从名字中区分物体;从讲话者中区分言语和从言语中区分出讲话者。当语言在书写中被赋予外形和具体化时,当口语变成书面语言时,教学开始进行。福禄培尔认为,在这个时期,教学不仅要根据儿童的本性,还要根据固定的、明确的存在于儿童外部的事物的条件。对儿童来说,学习的过程就是认识外部的事物及其本性,认识各种事物和各种知识的联系的过程。

当然,这个时期的学习主要是在家庭里。福禄培尔指出,在家庭里,儿童会看到父母、其他家庭成员,看到成年人在生活中和他的家庭所触及的各种关系中进行创造、工作和劳动,于是他们也会去表现他们所见到的一切,或者帮助父母、成年人去做他们所做的一切。福禄培尔建议,父母在这时不要拒绝孩子的帮忙,要满足孩子的需要,允许孩子把他的力量使在父母的工作上。这样可以使孩子意识到他们自己的力量。如可以让孩子帮助父母举东西、拉东西、搬运东西、掘地、劈柴等。③

福禄培尔认为,这个时期的儿童也会从渴望获得知识的心灵出发提出许多问题来满足自己探索和活动的需要。"怎么样?为什么?用什么方法?什么时候?什么原因?什么目的?"每一个能够满足孩子的答案,都会给他们开拓一个新的世界。如果这个时候阻止孩子的问题或者活动,使孩子顺从父母的意志,那他也就放弃了相当大一部分作为一个人的力量,失去许多关于各种事物的知识。④

这一时期儿童的活动主要是塑造活动。他们喜欢玩弄各种材料,喜欢观察各种事物,喜欢动手做各种东西。在塑造活动中也是孩子们建立联系、解决冲突的过程。如在玩小船在"湖"中漂浮的活动,每个人都有自己的领域和船只,"但是每前进一步,就意味着侵入另一个孩子的领域,每个孩子都同样有资格要求作为主人和创造者的权利,每个

---

① 〔德〕福禄培尔. 人的教育[M]. 孙祖复,译. 北京:人民教育出版社,2001:51.
② 〔德〕福禄培尔. 人的教育[M]. 孙祖复,译. 北京:人民教育出版社,2001:68.
③ 〔德〕福禄培尔. 人的教育[M]. 孙祖复,译. 北京:人民教育出版社,2001:73.
④ 〔德〕福禄培尔. 人的教育[M]. 孙祖复,译. 北京:人民教育出版社,2001:75.

人可以要求自己的权利,同时也要承认别人的要求。那么什么东西能够在这方面起到调停作用呢？只有条约,就像国家与国家关系那样通过严格的条约相互联合起来"①。在福禄培尔看来,孩子们正是通过这样的游戏得到多方面的收获。

福禄培尔论述了少年期儿童的游戏问题。他指出,幼儿期也有游戏,但他们游戏的主要目的仅仅在活动本身;少年期游戏活动的目的不是在活动本身,目的是表现,是表现事物本身,表现出精神和道德力量的增长,而且这种增长要大于前者。在游戏中,儿童可以形成正义、节制、克己、诚实、忠诚、友爱,以及公正无私等品质。②

福禄培尔还主张每一个村镇应当设立一个自己的、供儿童使用的公共游戏场所。这对整个社区的生活将产生卓越的成效,因为儿童的游戏,不管在什么地方都具有共同性,它将为社会培养共同的意识和情感,发展社会共同的法则和要求。孩子会尝试在他的伙伴中观察自己、感受自己,衡量和测量自己,通过他们去认识自己和发现自己。这种游戏就直接对孩子的生活发生作用,激发和培育了公民的道德品质。③ 福禄培尔关于设置公共游戏场所的观点反映了他的学前教育家庭化走向社会化的主张。

当然,福禄培尔也对少年期儿童发展中存在的一些问题,如任性、固执、贪图安逸、身心不活泼、怠惰、高傲、武断、专横、缺乏友爱精神、厌恶做事,甚至厌恶游戏等进行了分析。福禄培尔认为,儿童身上存在一些不足和缺点是自然的,只要他能够对人的本质达到明确的认识,只要他不被恶习和弱点磨灭了力量和意志,他可以通过本身摆脱这些缺点。在教育上,应该在少年儿童身上唤起一种共同的感情并培养这种感情,形成真正的友好、信任、宽容和尊敬的品质。④ 福禄培尔指出,使少年期的孩子变坏的人大多数是成年人,甚至是教育者自己。因为这些人总是把孩子看成邪恶的、不良的、阴险的小魔鬼,结果是把天真无邪的孩子变成了有罪的人。⑤ 在这里,福禄培尔提出了一个非常重要的问题,即如何认识和看待少年期儿童发展中存在的不足和问题,不同的视角和评价对儿童的发展和成长会产生不同的影响。

二、幼儿园教育理论和方法

在长期的儿童教育中,福禄培尔一直在思考一个问题:学校教育中为什么花费许多时间却不能教好一个孩子。他认为,这首先是学校的过错。为此,福禄培尔曾进行了卡伊尔霍学校教育的实验,试图改变学校教育的方法,但是结果不满意。在仔细观察以后,他得出结论:儿童在进入学校之前一直接受错误的教育,儿童早期的教育有缺陷。这样,福禄培尔就开始考虑如何教育那些学前阶段的儿童,并且改变早期教育不被重视的情况。不过,在学前教育阶段,他也发现虽然一直强调母亲在儿童早期教育中的重要性,但是许多母亲没有时间和能力在儿童的第一个七年的时间里来进行教育,而且在一个家庭

---

① 〔德〕福禄培尔.人的教育[M].孙祖复,译.北京:人民教育出版社,2001:79.
② 〔德〕福禄培尔.人的教育[M].孙祖复,译.北京:人民教育出版社,2001:80.
③ 〔德〕福禄培尔.人的教育[M].孙祖复,译.北京:人民教育出版社,2001:81.
④ 〔德〕福禄培尔.人的教育[M].孙祖复,译.北京:人民教育出版社,2001:87.
⑤ 〔德〕福禄培尔.人的教育[M].孙祖复,译.北京:人民教育出版社,2001:89.

范围内又难以得到别人的帮助。他指出,儿童在3—7岁的社会和道德的发展需要一个有其他同伴的圈子,家庭教育限制了儿童的活动和经验,这需要一个新的学前教育社会化机构——幼儿园。

(一)幼儿园的设立及推广

关于学前教育社会化的思考,早在1826年的《人的教育》一书中,福禄培尔就已经有了关于创设学前公共游戏场所的主张。他认为创设这样的机构不仅对于整个社区的生活将产生积极的影响,还可以培养儿童形成公共意识、促进个体的社会性发展。

在1829—1836年期间的一系列信件中,福禄培尔关于对3—7岁的儿童进行学前教育的思想更加清晰。1837年,他在卡伊尔霍学校附近的伯来肯伯格(Blankenburg)建立了一个幼儿教育机构,希望这是一个专门为幼儿提供教育的机构。在这里,儿童可以根据他们的本性得到自由的发展。1840年的一个傍晚,福禄培尔在与朋友一起从卡伊尔霍到伯来肯伯格散步途中,他高兴地喊道:"我发现了,幼儿园将是新机构的名字。"[①]

伯来肯伯格的幼儿教育实验最初受到一些人的怀疑,但是当父母和其他人看见孩子们高兴地参加游戏和运动,他们所接受的教导,他们带回家的编织和缝制的物品,以及他们自发地沉浸在自己的活动中,父母们开始理解和支持幼儿园。1838年,福禄培尔在《星期日日报》上公开呼吁,家庭应联合起来完成这一格言:来吧,让我们与孩子们一起生活。1843年,福禄培尔在《关于德意志幼儿园的报告书》中指出:"幼儿园收容学龄前3—6岁的儿童,以家庭的方法助长儿童的身体发育与精神上诸能力的发展,养成良好的习惯为目的。"[②]

创立幼儿园以后,福禄培尔的精力主要放在使用各种方法来推广和扩大幼儿园上,主要表现为两个方面:一是在城市开展推广活动;二是通过通信和出版出版物进行宣传。1837年以后,福禄培尔与他的同事到德国的许多地方进行活动,促进了幼儿教育计划和幼儿园的发展。

一些研究者指出,幼儿园的建立具有重要意义。在此之前还没有人能够建立一个连续的、相连接的、能够完全适合所有阶层幼儿的教育制度。而通过福禄培尔的努力,使得"每一个儿童,不管其地位和条件如何,都能够发展其真正的本性、性格和生活的职业;自我教育以及接受教育;以及训练那些将来继续教育幼儿的幼儿园的工作者"[③]。在福禄培尔的影响下,许多人积极参与并且接受他的幼儿教育工作的训练。

(二)幼儿园教育与幼儿园活动

幼儿园教育是福禄培尔一生主要从事的事业,也是他最有成就、最有影响的事业。他系统地研究了幼儿园教育活动,在实践中创立了学前幼儿教育体系,使得学前教育开始从教育学科中分化出来,成为一个专门的学科和研究领域。

1. 幼儿园教育的任务

福禄培尔创立幼儿园是与他对家庭教育和父母在家庭教育中的作用的认识分不开

---

① V. Celia Lascarides, Blythe F. Hinitz. History of Early Childhood Education[M]. Falmer Press, 2000:98.
② 雷通群.西洋教育通史[M].北京:商务印书馆,1935:313.
③ V. Celia Lascarides, Blythe F. Hinitz. History of Early Childhood Education[M]. Falmer Press, 2000:100.

的。由于幼儿的成长离不开家庭的教养,因而,福禄培尔也十分重视父母在家庭教育中的作用。他认为,在这一时期,孩子的教育是完全托付给母亲、父亲和家庭的,父母在家庭中对儿童的生长和发展负有重要的责任。但同时他又认为,由于大多数父母缺乏足够的幼儿教育的知识和训练,不能很好地承担教育者的任务,因此,社会有必要建立专门的教育幼儿的机构——幼儿园,以帮助家庭对幼儿进行合理的教育。1837年,他创立了德国第一所幼儿教育机构。他把儿童比作植物,把教师比作园丁,把学校比作花园,1840年,这所教育机构正式命名为"幼儿园"。福禄培尔曾经指出:"称之为'幼儿园'与通常称为'幼儿学校'的类似机构是不同的。它并不是一所学校,在其中的儿童不是受教育者,而是发展者。"[①]

福禄培尔非常重视对幼儿园教育的研究。他认为,幼儿园教育的任务主要是保障幼儿的身体健康,发展幼儿的感觉,扩大对周围生活的认识,发展语言和创造力,以及进行初步的道德教育和宗教教育。他认为,幼儿园的任务可以通过幼儿的游戏和各种活动完成,因而,幼儿园应重视幼儿的游戏、活动以及教具和作业的设计。

关于幼儿园活动以及教具的设计,福禄培尔吸收了瑞士教育家裴斯泰洛齐的要素教育思想,但他不同意裴氏把系统的知识分解成孤立要素,为儿童提供支离破碎的东西的做法,而主张教育一开始就应为儿童提供全面而有兴趣的活动,而且这种活动应当是系统的、渐进的和统一的。

2. 幼儿园的"恩物"和"作业"

恩物和作业是福禄培尔幼儿园活动的主要内容和方法。福禄培尔认为,恩物就是依据发展儿童本性的思想为幼儿进行游戏和其他活动所设计的一套教具。恩物是上帝恩赐物的简称,它也意味着成人送给儿童的玩具。恩物的主要目的在于帮助儿童从生命的最初开始了解和认识外部世界。儿童在游戏中使用恩物,可以引入对世界的进一步认识。这些恩物也成为儿童全部环境的组成部分,并且与舞蹈和音乐结合起来。

福禄培尔设计的恩物都有使用说明和指导,并由幼儿园工厂的工人包装在盒子中,可见其生产已经具有一定商业化的特点。福禄培尔还经常把最新开发的恩物送给他的朋友或亲属的孩子,供他们检验,并征求他们的评论和使用每一个恩物的意见,然后他再根据这些意见来改进恩物。关于福禄培尔的恩物,并没有十分准确的数目,但有六种是通常使用的。

第一种恩物是六个不同颜色的毛线球。福禄培尔认为,球是一切教具中最有价值的,它是万物统一的象征,也是儿童天性统一的象征。而球对于儿童身心的发展很有益处。如球的不同颜色可以发展儿童对颜色的分辨能力;儿童抓球、玩球,可以发展儿童手的活动技能;成人甩动小球或用它与孩子做游戏,可以发展儿童的空间观念,如上下、前后、左右等;把球藏在成人的背后让儿童猜,可以形成"有"和"没有"的观念等。总之,通过分辨、摆动等各种使用恩物的活动,并用儿童可以理解的语言加以解释,可以锻炼儿童的感官,扩大儿童的经验,使他们感受到自己的存在和力量。

---

① 单中惠,刘传德.外国幼儿教育史[M].上海:上海教育出版社,1997:173.

第二种恩物是由木制的圆球、立方体和圆柱体组成。与第一种恩物不同,第二种恩物比第一种更加丰富。如立方体平面的稳定性可以替代圆球的不稳定性,它是事物静止的象征;而圆柱体是球体和立方体两种物体的混合,它既是稳定的,又是可以滚动的。通过这种恩物的多种性质和特点的展示,可以帮助儿童认识物体的各种形状和几何图形。

随后的四种恩物是把立方体按照不同方法分割而成的。如第三种恩物是用八个同样大小的小立方体组成的一个大立方体,通过让儿童把小的立方体组合成大的立方体,可以使儿童获得整体与部分的概念。第四种恩物是把一个立方体分成八个相同的小立方体,使儿童获得长、宽、高的概念。第五种和第六种恩物都是把一个大立方体分成27个小立方体,其中有的小立方体再分成更小的部分或平板、斜角等,使儿童认识各种集合形状。总之,这后四种恩物主要是帮助儿童认识部分和整体,以及二者的关系。

福禄培尔认为,这些恩物可以与游戏结合起来进行。如儿童把立方体分成的小立方体或长方板等搭接和重叠成为一条板凳、梯子等,以用来表现生活或体现建筑;还可以让儿童在一个简单的装饰物的基础上,通过替换个别物体而获得新的造型,以使儿童体现美或不同的图像形式。

除了上述六种恩物以外,福禄培尔还主张使用各种纸片、小木棒和小珠等,认为这些材料也可以为儿童提供各种学习活动。总之,在福禄培尔看来,真正的恩物应满足三个条件:① 能使儿童理解周围世界,又能表达他对这个客观世界的认识;② 每种恩物应该包括一切前面的恩物,并预示后续的恩物;③ 每种恩物本身应表现为完整的有秩序的统一概念——整体由部分组成,部分可形成有秩序的整体。

除了恩物外,福禄培尔还设计了一系列的"作业"来训练儿童在活动中运用各种方式、使用各种材料来制作物品。作业与恩物相比有自己的特点。恩物的目的是通过恩物的使用教儿童认识外部的世界;而作业是通过一定的技能给儿童提供实践的材料和活动的机会,作业更多的是儿童手工的活动。在福禄培尔看来,任何材料都可以成为作业,当然为儿童提供的作业应是在儿童能力所控制的范围内的。福禄培尔认为,作为一种用于幼儿园活动形式的作业,种类很多,主要有绘画、纸工、用小木棒或小环拼图、串联小珠、刺绣等。作业还应包括一些劳动活动,如初步的自我服务和照料植物等,并开辟劳动园地,组织儿童共同或单独进行栽种。

3. 幼儿园的游戏活动

在幼儿园教育活动中,游戏也是重要的教育途径。福禄培尔认为,游戏是儿童生活中不可缺少的元素,是人类在童年时代的生活中最快乐的一种现象。游戏不仅能增强儿童的体力,还可以发展智力和品德,而共同游戏还可以形成儿童节制、友爱、勇敢等良好品质。他曾由衷地赞叹全神贯注进行游戏、沉醉于游戏之中的儿童,认为那是生活之中的一种十分美好的景象。因此,他主张让幼儿的生活中充满愉快的游戏。

福禄培尔为儿童编制了多种游戏活动,其中有以恩物为代表的玩具游戏,它可以发展儿童的认识和创造性,并练习手的活动技能。还有一种是模仿自然现象或成人生活某些动作的游戏,如"小河流水""蜗牛""旅行"等。他为这种活动游戏编写了伴唱的歌曲或伴奏的音乐。活动游戏有利于身体的生长和发展。由于把游戏当作发展儿童主动性和创造性的最好活动形式,福禄培尔强调成人要允许儿童自由地、尽情地游戏,不应该干涉或禁止;同时,他也要求成人关心和指导儿童的游戏,培养儿童的游戏能力,保卫和指导儿童的游戏。

19世纪后半期乃至20世纪初期,福禄培尔的学前教育方法一直深刻地影响了欧美各国、日本和其他国家的学前教育。1851年,幼儿园首先传入英国,1855年传入美国,1876年传入日本,后又于1903年传入中国。福禄培尔的学前教育思想是对19世纪西方幼儿教育积极探索的产物,其中提出的许多思想和见解是具有划时代意义的。福禄培尔学前教育思想的形成,标志着西方近代学前教育理论开始从教育理论体系中分化出来,成为一门独立的科学。福禄培尔的学前教育思想对近代、现代学前幼儿教育事业的发展产生了重要影响。

(三)编写《母亲游戏和儿歌》

在学前教育实践中,福禄培尔一直关心母亲在幼儿教育中的作用。1847年,在幼儿园实践的基础上,福禄培尔出版了《母亲游戏和儿歌》一书。书里共有50个儿歌和游戏,每一个儿歌和游戏都有对母亲进行指导的格言,以及母亲为孩子唱的诗歌。每一游戏和歌曲都是儿童身体某一部分的练习。在这本书的结尾,还有福禄培尔为指导母亲使用这本书的说明。在福禄培尔看来,编写这本书的目的是使母亲相信儿童的教育始于出生的第一阶段。在这一阶段,母亲在婴儿智力和道德成长中具有奠基的作用。

《母亲游戏和儿歌》分四组手指游戏和儿歌。每一部分代表儿童发展的不同阶段。第一组涉及运动经验、感官辨别、模仿,以及各种对象的了解。第二组是扩展儿童生活的经验,包括涉及儿童家庭关系的儿歌。第三组是涉及儿童不熟悉的遥远物体和星体的内容。第四组是关于道德主题和职业的内容。在这几组内容中,反映福禄培尔一贯强调的相互联系的思想,每一阶段都是前一阶段的逻辑顺序的发展。[1]

福禄培尔认为,这本书尽管是为母亲写的,但可以提供给许多幼儿园使用。《母亲游戏和儿歌》一书的出版,在一定程度上已经超出了学前家庭教育的范围,成为学前教育社会化的重要手段和组成部分。

三、幼儿园的发展和福禄培尔的贡献

(一)福禄培尔幼儿园的发展

福禄培尔的幼儿园建立以后,在德国得到较快的发展。到1848年已有16个登记的幼儿园。福禄培尔的学前教育思想不仅在德国有很大影响,也传播到欧洲的大部分国家,包括奥地利、英国、希腊、瑞士和俄罗斯,以及美国和日本。

为了促进幼儿园的发展,1849年,福禄培尔开始花费大量的时间来训练幼儿教育工作者。在热心幼儿教育人士的资助下,福禄培尔建立了一个教师训练机构。这个训练机构的目标是培养年轻的女性照料、指导和教育从出生到准备上学这一时期的儿童。通过训练,使她们成为幼儿园、学校、儿童教育机构、家庭教育的帮助者,或指导者的助手。训

---

[1] V. Celia Lascarides, Blythe F. Hinitz. History of Early Childhood Education[M]. Falmer Press, 2000:104.

练机构招收学生的条件是:毕业于公立学校或女子学校;17—20岁之间;具有"对儿童的爱,与儿童游戏的能力,性格纯净,虚心,向往上帝的宗教情感,喜爱和唱歌的能力"。[1]下面是这一训练机构的一日时间表及内容。[2]

>早上7点,学生开始参加早祈祷,接着是宗教教学。学生要获得固定的宗教观点和对宗教本质的清晰认识,以及对儿童人性和童年发展的洞察。
>
>8点到9点是早餐时间。
>
>9点到10点,要对人性的发展和儿童发展规律进行观察,并对儿童的本性进行反省。
>
>10点到12点,是与儿童直接进行交往的活动时间。这一时间,要学习相互的交往;学习启发性的讲话,以及启发性的儿歌,主要学习《母亲游戏和儿歌》。
>
>12点到下午2点,是午餐和自由时间。可以与儿童自由地游戏。每个学生要回忆一天较早时间学习的内容。
>
>下午2点到4点,开始从事游戏,并把各种福禄培尔的恩物结合起来。
>
>下午4点到5点,晚餐和自由时间。
>
>下午5点到6点,学生要参加儿童的游戏。
>
>下午6点到7点,学生要学习恩物的使用。

这是一份最早的关于幼儿园教师培训计划日程的记录。它反映了福禄培尔的思想:幼儿园教师的培训应当与儿童所使用的恩物或活动结合起来进行;培训应当是有秩序的。这个幼儿教师培训机构的建立在一定程度上也标志着德国近代学前师范教育的开端。

应该指出,福禄培尔从创办幼儿园开始到幼儿园得到发展,一直是比较顺利的,但是到了1851年8月,普鲁士政府颁布法令禁止幼儿园在德国的活动,理由是由福禄培尔等人所写的《初级学校和幼儿园》的小册子上有不敬神的思想。

尽管这样,福禄培尔仍然开展了一些工作。1851年9月27日至29日,他组织教师协会召开关于幼儿园教师和讨论福氏教育体系的会议。他希望协会能够证明他对社会的实际工作,并进一步在德国妇女中传播这一思想。大多数参加会议的代表确信教育改革是必需的,并且改革的新的基础需要福禄培尔提供方法。会议报告了许多幼儿园的情况。福禄培尔也作了关于柏林第一个幼儿园妇女教育联盟的演讲。与会者还观看了儿童们所表演的游戏。福禄培尔的学生还展示了一些游戏,以及许多恩物。会议形成的宣言指出:"福禄培尔的教育体系远离所有党派偏见,必须看到它作为理论和实践教育的基础。它给了提高学校文化的希望;它本身证明通过妇女的职业教育特别适合改善家庭教育。"[3]

---

[1] V. Celia Lascarides, Blythe F. Hinitz. History of Early Childhood Education[M]. Falmer Press, 2000:105.
[2] V. Celia Lascarides, Blythe F. Hinitz. History of Early Childhood Education[M]. Falmer Press, 2000:105.
[3] V. Celia Lascarides, Blythe F. Hinitz. History of Early Childhood Education[M]. Falmer Press, 2000:106.

会议还建议福禄培尔应写关于他的思想体系的论文，为教师出版"幼儿园指导"，以及建立一个新的刊物《福禄培尔的教育目标》。福禄培尔同意会议的结果，这一杂志在年底出版。但由于他在第二年去世，他没有实现其他诺言。福禄培尔去世后，教师培训机构继续开展工作，福禄培尔的论文也陆续出版，他的学前教育思想在许多国家得到了传播。

（二）福禄培尔在幼儿园和学前教育上的贡献

福禄培尔是近代德国著名的教育家，他在学前教育领域的开拓和研究，使得学前教育和幼儿园成为普通教育的新的阶段和新的形式。福禄培尔的学前教育思想和幼儿园实践在由近代向现代学前教育发展过程中占有重要的地位。福禄培尔最突出的贡献是他实践和实现了学前教育社会化。从对学前教育的关注来看，福禄培尔对这个问题的考虑主要有两个出发点。

一是对学校教育存在问题的反思。福禄培尔指出，学校教育花费许多时间但是却不能把孩子教好。是学校的过错吗？福禄培尔进行了学校教育实验后发现，问题不在学校，而是儿童在入学前一直接受错误的教育，儿童的早期教育有缺陷。这样，福禄培尔就开始把注意力放在早期教育阶段，特别是早期家庭教育上。

二是他对儿童早期家庭教育不足的分析。他发现虽然一直强调母亲在儿童家庭早期教育中的作用，但是许多母亲实际上没有时间和能力来教育好孩子；而且在一个家庭里又很难得到别人的帮助。福禄培尔指出，儿童早期的社会和道德发展需要一个更大范围的、超出家庭的、有其他同伴参与的活动，但是家庭教育限制了儿童的活动和经验，这就需要一个新的教育社会化的机构，这个机构就是幼儿园。

当然，如果从更大的范围看，福禄培尔提出学前教育社会化的主张，也与他对人与社会，以及人与上帝的认识有关，特别是后者。在他看来，儿童是社会的人，更是上帝的种子。这就要打破每一个家庭教育的局限，让儿童走出家庭，为儿童的发展提供最好的环境。福禄培尔幼儿园的创办和为幼儿园所做的一切正是这种认识的实验和实践。需要指出的是，福禄培尔关于学前教育社会化的探索还与他为儿童设计的恩物有关。他把恩物当作一种游戏手段，向儿童和父母展示，邀请父母一起参与亲子活动。恩物直接面向儿童，突破了家庭的范围，吸引了父母的注意力，甚至为此创立了专门为儿童服务的游戏机构，这也就为幼儿园的创立及发展奠定了基础。总之，福禄培尔在幼儿园及学前教育上的贡献给我们的启示是，学前教育社会化问题的突破，可能是从一个点开始，但是这个点非常重要。福禄培尔可能事先并没有意识到恩物的作用，但它一旦被发现，则在促进幼儿园的形成及以后的传播中具有不可估量的价值。

福禄培尔的学前教育思想也存在一些不足。从教育哲学上看，他较多是从以神性为基础的教育哲学来认识儿童的发展，把儿童的发展看作是展示"上帝精神"的过程，并把这个过程看作是儿童自动发展的过程。这反映出福禄培尔的教育哲学对幼儿发展认识的时代局限性。同样，他为孩子们设计的恩物，虽然与以往的教育活动或者游戏、玩具相比，在一定程度上满足了儿童缺少玩具的需要，但这些恩物还是渗透着神学的思想，孩子的成长不是靠神学精神的灌输和渗透长大的。

近代教育家关于学前教育问题的论述,反映了近代社会条件下教育家对学前教育问题的深入观察和思考。他们的共同特征是都有对教育问题的一般认识,并且把这种对教育的一般认识运用到对学前的认识上,通过观察和研究儿童,在学前教育问题上提出了具体而丰富的见解。当然,每个教育家又都保持自己的风格,形成了各自的特色。总之,近代教育家从多个方面对学前教育问题进行了论述,而这些思想又经过多渠道的传播,不仅影响了各个国家学前教育的发展,并成为现代学前教育思想和实践的基础。尽管近代学前教育思想是一定时期的产物,带有一定的局限性,但思想的核心仍然具有生命力,已经成为今天世界学前教育思想的重要组成部分。

 自我评量

名词解释

1. 母育学校　　2. 白板说(洛克)　　3. 说理教育　　4. 自然教育
5. 消极教育　　6. 自然后果法　　7. 幼儿园　　8. 恩物
9. 作业

简述题

1. 简述夸美纽斯有关论述母育学校的基本任务。
2. 简述洛克关于儿童身体健康教育与精神健康教育的关系。
3. 如何理解卢梭的"把儿童当作儿童"的主张?
4. 卢梭为什么强调"儿童期是儿童发展的重要时期"?
5. 卢梭为什么反对儿童早期的"说理教育"?
6. 如何理解裴斯泰洛齐关于婴幼儿早期发展教育的主张?
7. 如何理解赫尔巴特关于婴儿期和儿童期教育的主张?
8. 福禄培尔为什么提出关于幼儿园的设想?
9. 如何理解福禄培尔的游戏观?

论述题

1. 评述夸美纽斯学前教育的内容与方法。
2. 评述洛克学前教育的内容和方法。
3. 评述卢梭学前教育的内容和方法。
4. 评述裴斯泰洛齐学前教育的内容和方法。
5. 评述赫尔巴特学前德育和智育的内容和方法。
6. 评述福禄培尔学前教育思想的内容和方法。
7. 评述福禄培尔关于幼儿园教育和幼儿园活动的思想。

第十章 现代学前教育实践

学习目的

通过本章的学习,认识现代英国、法国、德国、苏联、美国及日本等国学前教育发展的基本过程;结合不同国家学前教育发展的背景和实际进程,思考各国在探索学前教育制度化方面的问题和解决办法;把握学前教育由社会化向制度化发展过程中的影响因素和基本特征。

现代教育的早期阶段也是现代学前教育制度的形成时期。有研究者指出:"在19世纪,各种学前教育机构主要取决于个人的创意;在20世纪的第一个十年中,这些机构逐步地统一到教育机构中。"[①]在这一时期,学前教育机构逐步纳入并成为国家教育制度的组成部分。主要表现为:一是各国在发展学前教育上,均通过立法把学前教育纳入国家的教育体系中,确立学前教育的地位和关系。二是注重学前教育政策的制定。采取制定发展战略、教育规划、计划等多种形式提供促进学前教育发展的制度和政策环境。三是注重协调和解决学前教育制度化过程中的实际问题,包括学前教育的性质,学前教育的实施机构,学前教育与小学教育的关系,公立和私立学前教育机构的关系,学前教育与学前教育管理机构的关系等问题,促进学前教育的有序发展。当然,随着20世纪政治、经济发展和社会变革对教育的要求,学前教育对象的问题,特别是学前幼儿的发展问题一直是各国学前教育关注和研究的重点。从"儿童中心"到"智力中心",从儿童的"智力中心"到"整体发展",人们对学前发展的认识不断深入,在理论和实践上推动了现代学前教育制度的建设向更为人性化和科学化的方向发展。

第一节 现代英国学前教育实践

从历史上看,英国的教育一直采取自由、放任的政策,国家和政府很少过问教育事务。但在19世纪以后,随着工业革命的开始和国家竞争的需要,英国政府也注重加强对教育的干预,学前教育也成为被干预的对象之一。当然,国家对学前教育的干预并不等于学前教育的制度化,只有把学前教育机构纳入一定体系或者制度中,并且以法律的形式加以规范才可以称之为学前教育的制度化。19世纪末到20世纪初,现代英国学前教

---

① 〔瑞典〕T.胡森,等.教育大百科全书(第2卷)[M].张斌贤,等译.重庆:西南师范大学出版社,海口:海南出版社,2006:614.

育的发展既体现了学前教育的社会化进程加快,也反映了学前教育制度化推进的事实。

一、保育学校的创立与发展

20世纪上半叶,英国保育学校的创立和发展仍然反映了学前教育社会化的进程,而1918年的《费舍教育法》(The Fisher Act)和1933年的《哈多报告》的颁布,以及对保育学校的干预和相关政策的制定,加快了英国学前教育制度化的形成。

(一) 保育学校的创立

1870年英国《初等教育法》颁布及随后制定的若干法令,确立了对儿童从5岁开始实施义务教育的制度,但同时也出现了5岁以下幼儿无人看管的问题。一些孩子随他们的哥哥姐姐到小学学习,但有的学校拒绝接收这样小的孩子学习。5岁以下孩子的教育问题成为社会和教育急需解决的问题。1905年英国公布了一份《关于公立小学不满5岁儿童的报告》,[①]提出要为3—5岁的幼儿设立"保育学校"(nursery school),麦克米伦姐妹承担了这项任务。

姐姐拉歇尔·麦克米伦(Rechel McMillan)主要从事卫生学的流动教师工作。妹妹玛格丽特·麦克米伦(Margarete McMillan)是福禄培尔协会的成员和地方教育委员会的委员。1908年,麦克米伦姐妹开设实验诊疗所,1910年改称学校治疗中心,1913年正式命名为"保育学校"。学校主要招收5岁以下的贫民和工人家庭的幼儿。办学目标是为这些幼儿提供适宜的环境,以增进其健康。办学特点是注重幼儿的手工教育、言语教育、感觉训练、家政活动和自由游戏,注意采光、通风及环境的布置,让儿童在自然的环境中自由地成长。

麦克米伦姐妹创办的保育学校得到英国社会的关注和支持,保育学校得到较快的发展。到1919年,保育学校发展为13所,入校儿童有288名。同一年,英国的幼儿园也改称为保育学校;1923年,英国保育学校联盟成立,主要任务是推广保育学校和培训保育学校教师。

随着英国保育学校的不断发展,一些教育家也相应提出了有关保育教育的理论,其中格雷斯·欧文(Grace Owen)及苏珊·艾萨克斯(Susan Issacs)的贡献是比较突出的。格雷斯·欧文曾任保育学校联盟首任名誉干事。1920年,他出版了《保育学校教育》一书,对保育学校与家庭教育的关系、保育学校的特点进行了概括。他指出,保育学校是"家庭的补充或延伸";不应对幼儿进行读、写、算的正规教学或各种形式的测验,应尊重儿童自然本能,努力增进其各类经验;学校要多组织集体活动,以培养幼儿的协作精神。[②]

格雷斯·欧文关于保育学校的观点,既有别于家庭教育,也不同当时的学校教育,保育学校是一种专门为幼儿发展提供服务的学前教育机构。苏珊·艾萨克斯是一位幼儿心理学家,主要研究幼儿智力发展和社会性发展问题。她在《幼儿的智力发展》(1930)

---

① 周采,杨汉麟.外国学前教育史[M].第2版.北京:北京师范大学出版社,2012:145.
② 杨汉麟,周采.外国幼儿教育史[M].南宁:广西教育出版社,1998:526.

及《幼儿的社会性发展》(1933)等著作中,主张幼儿期的教育和纪律应是宽容的,反对压抑和绝对服从;强调应尊重幼儿的个体差异。

总之,这一时期英国保育学校实践与理论的相互结合,进一步促进了学前教育的发展。

(二)《费舍教育法》和《哈多报告》中关于保育学校的规定

1918年,英国国会通过了《费舍教育法》。该法案的目的是在英国建立统一的国家教育制度,确立一个包括幼儿教育、初等教育、中等教育和各种职业教育在内的学制。法案提出将小学分为5—7岁(幼儿部)和7—11岁两个阶段,承认保育学校是国民学校制度的一部分,并把保育学校的设立和资助委托给地方教育行政部门。法案还规定保育学校实行免费入学,并对13所保育学校实行国库补助,免费幼儿园也改称保育学校。不过由于战后面临种种经济问题,在很长一段时期内保育学校的发展较为缓慢。据统计,从1919年至1929年的10年间,英国保育学校仅增加15所。[①] 到1938年,英国46个地方教育当局开办的保育学校仅为57所。[②]

1924年上台执政的英国首届工党内阁任命以哈多爵士(Sir W. Hadow)为主席的调查委员会对英国初等教育进行调查,并提出发展中等教育的建议。该委员会在1926年、1931年和1933年分别发表三份《关于青少年教育的白皮书》(一般称《哈多报告》),其中1933年颁布的《关于幼儿学校以及保育学校的报告》是推动英国学前教育制度化形成的重要文献。

1933年的报告指出:(1)良好的家庭是5岁以下儿童的最佳环境,但同时认为保育学校对城市儿童智力的发展具有重要作用。建议将保育学校定义为"国民教育制度中理想的附属机构";提倡大力增设保育学校、幼儿学校和幼儿部附设的保育班。(2)指出5岁年龄并不应是区分儿童发展阶段的界限,而向7岁以上的少年学校过渡是其重要的发展阶段。注重对7岁以上的儿童实行一贯教育,成立7岁以下幼儿为对象的独立的幼儿学校。(3)要求幼儿学校的教师应遵循保育学校的原理,对6岁以下的幼儿主要开展户外体育、游戏等自然性活动和进行会话、唱歌、舞蹈、手工、图画等活动来让幼儿获得知识。对于6岁以上的儿童可以加进读、写、算的正式教育。[③]

《费舍教育法》和《关于幼儿学校以及保育学校的报告》,强调保育学校是国民教育制度的组成部分和附属机构,这是英国学前教育制度化形成的标志。同时,明确保育学校与家庭教育的密切联系和促进幼儿的智力发展,但又强调保育学校不同于普通学校的教育和教学,这有利于明晰保育学校的性质,促进保育学校的健康发展。总之,法案和报告确立了英国学前教育发展的多种形式,既有保育学校,也有幼儿学校和幼儿部附设的保育班,形成了一个与英国教育制度相衔接、多样化的学前教育体系。

---

① 杨汉麟,周采.外国幼儿教育史[M].南宁:广西教育出版社,1998:527.
② 单中惠,刘传德.外国幼儿教育史[M].上海:上海教育出版社,1997:213.
③ 周采,杨汉麟.外国学前教育史[M].第2版.北京:北京师范大学出版社,2012:147.

二、学前教育与初等教育的关系

学前教育与初等教育的关系问题,一直是学前教育发展过程中的一个重要问题。在近代学前教育发展过程中,这个问题就已经引起一些教育家和教育部门的关注。进入20世纪以后,随着英国保育学校的发展以及学前教育制度化的形成,如何认识和界定学前教育与初等教育的关系,如何划分学前与学龄儿童教育的界限,也成为教育界关注和解决的问题。第二次世界大战以后,受各国对人才质量竞争的影响,英国政府又颁布了一系列教育法律,强调智力教育和人才培养的重要性,加快发展学前教育,力图解决学前教育与初等教育的"幼小衔接"问题,使学前教育发生一些新的变化。

(一)《巴特勒法案》中初等教育与学前教育的关系

1944年,英国政府通过了一项重要的教育改革法令,即《1944年教育法》,又称《巴特勒法案》(Butler Act)。法案的基本内容包括:一是加强国家对教育的控制和领导。法案废除了1899年设立的只具有督导责任的教育委员会,设立教育部,统一领导全国的教育。二是加强地方行政管理权限,设立由初等教育、中等教育和继续教育组成的公共教育系统。其中,初等教育分保育学校、幼儿学校和初等学校。[①] 三是实施5—15岁的义务教育。父母有保证子女接受义务教育和保证在册生正常上学的职责。法案还提出了宗教教育、师范教育和高等教育改革等要求。

在学前教育方面,《巴特勒法案》主要是从初等教育的角度看学前教育与初等教育的关系。规定初等教育由三种学校实行:(1)为2—5岁儿童设保育学校(这一年龄不属于义务教育之内)。(2)为5—7岁儿童设幼儿学校。(3)有的地方如果设立5—11岁儿童的初等学校,则需在校内附设保育班(nursery class),招收3—5岁的儿童。

《巴特勒法案》把保育学校及保育班的设置看作是初等教育的范畴,并且强调5—15岁的义务教育年龄阶段,显然是意在提高义务教育的地位和责任。可以说,这个法案是一个旨在加强义务教育而将义务教育扩大到学前教育的法案,反映了初等教育发展对学前教育,特别是幼儿智力发展的影响。

(二)《普洛登报告》对学前教育发展的关注

20世纪60年代随着初等教育和中等教育的发展,英国学前教育发展的速度相对落后、发展不平衡,以及学前教育与初等教育的"幼小衔接"问题也引起了有关部门注意。1967年,英国教育咨询委员会委员长普洛登女士在对初等教育进行了4年考察以后,提出了关于"儿童与初等学校"的报告,这一报告也被称为《普洛登报告》(The Plowdon Report)。报告关注不发达地区学前教育和学前教育的管理及组织问题。提出:(1)大力发展英国的幼儿教育,增加保育机构的数量;在教育不发达地区设立"教育优先地区"。(2)加强学前教育的管理,由教育部门把目前由卫生部门负责管理的学前教育机构接管过来。(3)鼓励幼儿接受学前教育。规定年满3—5岁的幼儿,开学期的任何时间都可以入学。(4)提出幼儿教育机构设置的标准。幼儿教育机构应以20人为1组划成1个

---

① 瞿葆奎.教育学文集·英国教育改革[M].北京:人民教育出版社,1993:142-227.

"保育集体";1—3个保育集体组成1个"保育中心",可以与保育所或者儿童中心的诊疗所结合起来;保育集体每60人应配备1名有资格的教师,每10人至少配有1名修完2年培训课程的保育助理来担任每天的保育工作;每周保育5天,分上午部和下午部。(5)公立和私立幼儿教育都要得到发展。在公立保育机构得到扩充之前,地方教育当局有义务对非营利私立保育团体进行援助。(6)加强对学前教育机构的领导。报告建议将包括保育集体在内的一切幼儿保护服务机构统一在各个收容儿童的设施及小学校的领导之下。同时,在制定新的地区计划和对老区重新规划时,也应充分考虑到幼儿教育。报告还关注幼小衔接和5岁以下幼儿教育问题。①

《普洛登报告》的提出,对于大力发展英国学前教育,加强对学前教育的管理,以及规范学前教育的发展具有重要意义,但仍然可以看出初等教育对学前教育的影响。

(三)《教育白皮书》与幼儿教育的扩大

1972年12月,教育科学大臣撒切尔(Margaret Hilda Thatcher)发表《教育白皮书》,提出将"扩大幼儿教育"定为内阁将要实行的主要教育政策之一。白皮书肯定了《普洛登报告》的实践意义,并制订了实施计划,其中计划在10年内实现幼儿教育全部免费,并扩大5岁以下幼儿的教育。为此,提出了一些具体要求:一是调动各方面的积极性大力发展幼儿教育。除政府外,还要依靠地方教育行政当局的策划,以及自由团体、教师和家长的大力协助。二是加强师资培训,确保有相当数量的幼儿教师队伍。在改革大学幼儿教师培训课程的同时,对非正式教师进行特别训练。三是政府为实现上述计划提供必要的经费援助。其中为5岁以下幼儿提供的经费是:1971—1972年约为4200英镑,到1981—1982年增加到1.2亿英镑。1972年的《教育白皮书》发表后,英国的学前教育有了一定发展。到1978年,3岁幼儿入托率已达15%,4岁幼儿入托率达53%,但这两个数字均未达到《教育白皮书》提出的50%与90%的指标。②

三、英国现代学前教育的特点

20世纪70年代以来,英国学前教育经过长期的发展逐步形成了自己的特色,主要特点如下。

(一)形成了较为完备的学前教育机构

经过长期的发展,英国学前教育基本上形成了以保育学校为主的教育机构,主要有保育学校和保育班。保育学校是独立的幼儿教育机构,主要招收2—5岁的幼儿。保育班附设在小学里,招收3—5岁的幼儿。根据1945年英国政府颁布的《保育学校规程》,保育学校和保育班的目的主要包括为幼儿提供医疗服务;培养幼儿具有良好的学习习惯和品行;为幼儿提供良好的学习环境,使他们能够学到适合于他们年龄的知识。

在管理属性上,保育学校和保育班归国家教育和科学部以及地方教育部门管理。在机构设置上,保育学校规定:3—4岁幼儿每班不超过30人,配备教师、助手各1人;2岁

---

① 周采,杨汉麟.外国学前教育史[M].第2版.北京:北京师范大学出版社,2012:150.
② 周采,杨汉麟.外国学前教育史[M].第2版.北京:北京师范大学出版社,2012:151.

的幼儿每班 15 人,配备教师、助手、副助手各 1 人。保育班招收的幼儿也不能超过 30 人。在保育内容上,保育学校和保育班没有规定正式课程。课程内容主要由校长决定。幼儿日常活动多由孩子自己选择,以自由游戏活动为主。课程安排多是室外活动游戏与室内安静游戏结合进行。在活动和游戏中,教师注重与幼儿的对话,回答孩子的问题,并对他们的活动进行指导。[①]

幼儿学校属于义务教育系统,为小学的一部分,主要招收 5—7 岁的幼儿。幼儿学校学制两年,第一年的教学与保育学校相似,主要是自由活动,但注重作业活动的组织性和系统性。第二年的教学较为正规,有正式的教学大纲。

当然,除了这些属于制度内的学前教育机构存在外,还有一些属于非教育部门管理的机构,如日托中心等。这种机构在 19 世纪就已经出现,当时叫托儿所。"二战"期间由于战时需要,曾经得到一定发展,"二战"以后仍然存在。日托中心属于社会服务性质,由卫生部门领导。主要招收由社会救济部门送来的,或者因母亲外出工作而无人照管的 5 岁以下的幼儿。日托中心实行全日制,保姆负责保育,重在生活照顾和卫生保健,教育为辅。

另外,还有 20 世纪 70 年代的幼儿游戏班、幼儿玩具图书馆等,都是对正规的学前教育机构的一种补充。

(二) 注重学前教育质量的提升

进入 20 世纪 90 年代,英国在提高学前教育质量方面提出了许多政策。1995 年 7 月,英国教育和就业大臣公布了数额为 7.3 亿英镑的"幼儿凭证计划",规定发给家长 1100 英镑的凭证以支付幼儿教育的费用,使 4 岁以上的幼儿能够接受 3 个月的学前教育。"幼儿凭证计划"鼓励家长自由选择公立或者私立的学前教育机构,有利于学前教育质量的提高。

为了保证"幼儿凭证计划"的落实,1995 年 9 月,学校课程和评定委员会主席罗恩·迪林(R. Derig)爵士提出了实施义务教育时 5 岁幼儿应达到目标的提案。提案规定,学前教育的提供者,无论公立、私立的机构,以及一些团体,都必须向督学证明其所提供的教育能够使 5 岁以下幼儿达到国家规定的标准。这个标准包括:品德和情感教育;语言、识字与数学;对世界的认识与理解;创造性以及具体的技能与技巧发展。

英国学前教育在实施"幼儿凭证计划"的同时,也强调教育的均衡发展。这也是确保教育质量提升的重要步骤。1998 年,工党政府提出了一个旨在消除贫困、改善贫困儿童家庭教育的"确保开端计划"。其目的是采取早期教育、儿童养护、健康及家庭援助等措施为处境不利的幼儿提供一个良好的发展开端。计划内容包括:为所有儿童提供早期教育;为儿童提供好的养护;实施有影响的地方计划;继续向条件不利地区的儿童提供基于社区的服务,主要是社区卫生和家庭服务。为保障计划落实,规定在 2001—2002 年度,英国政府对早期教育、儿童养护以及确保开端计划的投入为 4 亿英镑;2002—2003 年度

[①] 单中惠,刘传德.外国幼儿教育史[M].上海:上海教育出版社,1997:213.

为8亿英镑。①

(三) 加强学前教育发展战略规划的制定

1998年5月,英国教育与就业部大臣大卫·布伦基特(David Blunkett)和社会保障部、妇女部大臣哈丽特·哈曼(Harriet Harman)联合向国会递交了题为《应对儿童保育挑战》的绿皮书。这一文件被称为"全国儿童保育战略"。声称这一战略是支持家庭和孩子的重要组成部分,"是政府第一次从整体上看待儿童保育问题"。② 文件认为英国学前教育存在的主要问题是,教育质量得不到保证;教育成本太高,许多家长难以承受;很多地区缺乏足够的场所,家长也缺乏获得入学信息的来源和渠道。对此,英国政府提出了一些改进措施,包括:提高儿童保育质量,促进孩子社会性和智力的发展;使家庭可以承受儿童的保育费用;扩建更多的儿童保育场所,并完善相关信息。

2004年,为了加强英国学前教育的科学发展,布莱尔政府推出了一个"儿童保育十年战略"。这是一个面向学前教育与保育问题的战略规划,目的是在"每个孩子都重要"的基础上促进英国学前教育的发展。2004年12月,英国财政部、教育与技术部和劳工部联合发布了《价值的选择与儿童最好的开端:儿童保育十年战略》,提出2005年实施"早期奠基阶段"规划,通过整合0—3岁早期保教框架、"基础阶段计划",以及8岁以下日间看护国家标准的政策和实践,在英国建立一个从出生开始的统一的、连续的和灵活的早教系统,促进儿童早期的全面发展与学习,改进所有儿童的生活质量,特别是使处境不利儿童得到高质量的保育和教育,缩小处境不利儿童与一般儿童的差距。③

第二节 现代法国学前教育实践

在进入20世纪之前,法国现代学前教育的形成已经有了一定的基础。从19世纪30年代中期到19世纪末,法国政府逐步将学前教育纳入中央集权的教育行政管理体制,将各种幼儿教育机构统称为"母育学校",托儿所成为公共教育体系中的一个组成部分。本节主要对20世纪现代法国学前教育的实践及特点进行分析。

一、法国学前教育制度的形成

19世纪末至20世纪初,法国教育家对传统教育进行了批判,希望尊重儿童个性,使儿童成为教育的中心。弗莱内(C. Freinet)和库奇内(R. Cousinet)批评传统教育重视知识的地位,而忽视儿童的地位。他们认为儿童是教育的中心,应当尊重儿童的个性、注重儿童的实际经验,提倡活动教学法。心理学家比纳(A. Binet,1857—1911)认为传统教育忽略教育对象,不把儿童当作正在发展中的个体,而把他们看作是小大人,认为儿童与成人之间只有量的差异,而没有本质的区别。比纳认为,教育应以儿童个体心理学为基础,在充分测定儿童智力能力的基础上开展教育活动。比纳的主要工作是对儿童智力的研

---

① 周采,杨汉麟. 外国学前教育史[M]. 第2版. 北京:北京师范大学出版社,2012:153.
② 周采,杨汉麟. 外国学前教育史[M]. 第2版. 北京:北京师范大学出版社,2012:153.
③ 周采,杨汉麟. 外国学前教育史[M]. 第2版. 北京:北京师范大学出版社,2012:154.

究。经过多年的探索,他认为儿童的智力是一种独立于情感和意志的现象,是一种能力。由此,他编制了儿童智力量表,对认识儿童智力问题提供了新的认识途径。①

这一时期,法国教育主管部门也对学前教育过于强调知识传授的问题进行了批评,并提出了相关要求。1905年,法国教育部长认为,对2—4岁的幼儿进行阅读和书写教学不是母育学校的主要目的。1908年,教育部长再次发布指示:母育学校的目的是对学前儿童加以照料,满足他们体、德、智三方面发展的要求;母育学校不是一般意义上的普通学校,它是保护处境不利儿童的避难所;要鼓励无人照料的儿童到母育学校来,并给予平等、热情的接待和照顾。②

在政府的重视和支持下,20世纪初法国逐步形成了现代学前教育制度。这个制度包括,公立的母育学校由国家和地方团体开办和资助经费,并实行免费制度;私立幼儿园的监督主要由教育部的母育学校的女视学官员负责;私立小学幼儿班的监督主要由小学的督学官员负责;母育学校的师资培养与小学一样,主要由初等师范学校培养。据统计,到20世纪初,法国进入母育学校或幼儿学校的儿童有60多万;到20世纪中期,法国的公立母育学校有3653所,私立母育学校有217所,公立幼儿班4385个,私立幼儿班397个。③

二、儿童智力测量与法国学前教育

儿童智力测量是19世纪80年代在欧美出现的从心理学角度研究儿童多方面发展的儿童研究运动的重要内容之一。儿童研究运动从最初形成到"一战"爆发为止,延续了大约30年。从发展来看,初期发展缓慢,但随着一些教育者和医学团体进行了有关儿童兴趣和智力发展的大量研究后,逐渐引起人们的重视。到19世纪90年代,得到迅速、广泛发展。

在法国,儿童研究运动的主要代表人物是心理学家比纳。他在儿童研究和教育上的重要贡献是创立了智力测量量表,用来进行智力测验研究,并把它应用于儿童研究中。比纳在1894年任巴黎大学文理学院心理学实验室主任时,开始对教育问题产生兴趣,据资料记载,他曾关注过正规寄宿学校学生吃剩退回来的面包数量,并把学生的食欲与智力工作联系起来。对学生食欲的研究主要通过面包的消耗量来计算。他发现面包的消耗量越近年底越少。由此他得出结论,紧张的智力工作会损坏学生的食欲。1904年,法国政府要求运用各种方法来鉴别低能儿童,以便为他们开设特殊学校或者特别班。在这样的背景下,比纳和西蒙(T. Simon)提出了用智力量表来测量儿童智力的方法,并编写了《比纳-西蒙智力测验量表》,测试对象是3—13岁的儿童。他们认为,正常的智力是随着年龄的增长而提高的;不同儿童的智力是有差异的。

比纳-西蒙量表提出以后引起了社会的关注,1908年、1911年他们又对量表进行两次修订。关于智力量表的使用,比纳反对把智力量表作为一种工具对儿童的智力高低或

---

① 郭法奇,等.欧美儿童研究运动:历史、比较及影响[M].北京:北京师范大学出版社,2012:139.
② 杨汉麟,周采.外国幼儿教育史[M].南宁:广西教育出版社,1998:547.
③ 周采,杨汉麟.外国学前教育史[M].第2版.北京:北京师范大学出版社,2012:158.

聪明程度进行评价。他指出:"我们的量表,有点像一把卷尺,其目的不是测量身高而在测量智力,但是正如普通的卷尺一样,不提供有关体力发展的正常状态的信息。所以,我们的智力量表,只举出智力的实际程度,而不分析它,也不评论表现于智力的聪明程度。"①

以比纳为代表的法国心理学家致力于智力测量工作,为评价和教育儿童提供了重要的方法和手段。以往的儿童智力研究只是强调观察,缺乏对儿童智力发展情况作较为精确的评价。比纳-西蒙量表的发明可以更好地认识儿童和儿童的智力发展情况,这对鉴别学前阶段低能儿童,及早对影响儿童智力发展的因素进行干预提供了条件。另外,智力量表也把学前教育与学校教育联系在一起,对在儿童早期发展中具有重要作用的学前教育提出了更高的要求。比纳-西蒙量表推出以后,很快为人们所接受,并在学前教育和特殊教育领域发挥了较大作用。

三、学前教育与初等教育的关系

第二次世界大战结束后,受"民主化"和"现代化"思想的影响,在恢复和发展教育的过程中,如何处理学前教育与初等教育关系问题,培养适合社会发展的人才,成为法国教育面对的问题。这个问题的解决,可以看出初等教育与学前教育的关系及对学前教育的影响。当时,法国虽然新建了许多幼儿学校,但是一项更重要的变化是从1957年10月开始将初等教育的入学年龄从6岁提前到5岁9个月。② 这个"提前教育"计划的出台,意味着儿童入学年龄的提前;也表明学前教育要做好相应的准备,为幼儿提前入学提供条件。

20世纪60年代开始,受开发儿童智力、加速人才培养观念的影响,法国教育部门又开始重视"早慧儿童"的选拔和培养工作。1970年,法国教育部指令:经母育学校推荐,早慧儿童可提前半年入学。1975年的《哈比教育法》重申了这一规定。1986年,法国有1.83万名5岁的早慧儿童进入小学就读。③

在20世纪60年代,初等教育对学前教育影响较大的还有法国学前教育的课程改革。1969年,法国的母育学校根据教育部的指令,在课程和教育方法方面进行了与小学类似的改革,将课程由原来的分科课程改为综合课程,即把课程综合为三大类,包括基础学科(语文、数学)、启蒙知识科(历史、地理、自然、公民教育、手工、图画、音乐等)和体育科目。

20世纪70年代,法国教育除了强调学前教育为升小学服务的传统功能外,又提出了一些新的要求。1975年,法国颁布《哈比教育法》,其中规定学前教育的目标是:发展儿童个性;消除儿童由于出身和家庭条件差异而造成的成功机会的不均等现象;早期发现和诊治儿童智力上的缺陷及身体器官上的残疾;帮助儿童顺利完成学前教育向小学教育的过渡。从这四项要求来看,法国的学前教育在承担以往的升小学、学前教育与初等

---

① 郭法奇,等.欧美儿童研究运动:历史、比较及影响[M].北京:北京师范大学出版社,2012:140.
② 唐淑,何晓夏.学前教育史[M].大连:辽宁师范大学出版社,2001:461.
③ 唐淑,何晓夏.学前教育史[M].大连:辽宁师范大学出版社,2001:461.

教育的衔接作用外,又增加了学前教育补偿和诊断治疗的功能。这也反映了 20 世纪 70 年代世界学前教育发展的主要特点。

四、法国学前教育的特点

(一)学前教育机构的基本类型

法国最早的学前教育机构是 1826 年的托儿所,当时主要是用来收留贫困家庭的幼儿。托儿所不仅教育幼儿,还负责培养幼儿教育师资。这正是早期学前教育社会化的结果。除了托儿所以外,法国还通过 1881 年的《费里教育法》设立了被称为母育学校的教育机构。母育学校属于初等教育的性质,进入母育学校的男女儿童都可以接受体、德、智全面发展的教育。但同时也规定,进入母育学校的儿童为 2—6 岁;学校根据儿童的年龄和理解力的发展程度把儿童编成两个小组:2—4 岁为一个组,5—6 岁为一个组,同时采取男女儿童混合编班的形式对儿童进行教育。

进入 20 世纪以后,托儿所和母育学校仍然是法国学前教育的主要机构,共同承担对儿童进行良好品德和基础知识的教育,以适应初等教育的学习。托儿所主要招收 2—5 岁的幼儿,进行适合其特点的幼儿教育课程。法国的母育学校分为公立和私立两种,受教育部或者地方当局管理。母育学校分小班、中班和大班,分别接收 2—4 岁、4—5 岁、5—6 岁的儿童。到 1949 年,法国有公立母育学校 3653 所,1959 年增至 5395 所。[①]

除了托儿所和母育学校外,法国学前教育机构还包括幼儿班和幼儿园。幼儿班主要设在农村小学,其性质与母育学校相似,也有公立和私立之分。幼儿园是一种私立的学前教育机构,为数不多。对幼儿班和幼儿园的监督工作主要由法国教育部的母育学校的女视学官负责。

(二)学前教育的入园率

法国的学前教育一直注重儿童的早期教育。在 20 世纪 70 年代,法国的幼儿教育就有了较大的发展,幼儿入园率跃居世界首位。据统计,1972 年的入园率是 40%;1980 年,4—5 岁儿童的入园率为 96.8%,5—6 岁儿童的入园率是 98.9%。到了 20 世纪 80 年代又有很大的提高。据 1985 年统计,法国 2—5 岁儿童入园率如下:2 岁的入园率为 81%;3 岁的为 92.6%;4 岁的为 100%;5 岁的为 100%;平均为 81.6%,居世界第二位。这一数字仅次于比利时。此外,公立学前教育机构学生比例达 87%,居发达国家首位。[②]

法国学前教育发展保持极高入园率的主要原因是,政府重视、社会支持和保障措施到位,使得法国学前教育的发展一直保持领先的地位。

(三)学前教育机构的多样化、灵活性

一般来说,法国的义务教育阶段为 6—16 岁。虽然学前教育不属于义务教育范畴,但却是初等教育的重要组成部分。在法国,一般对 3—6 岁的幼儿实施非强制性的免费教育。所谓"非强制性"是指家长有权决定是否让幼儿接受学前教育,但年满 3 岁的幼儿

---

① 唐淑,何晓夏.学前教育史[M].大连:辽宁师范大学出版社,2001:463.
② 唐淑,何晓夏.学前教育史[M].大连:辽宁师范大学出版社,2001:462-463.

家长只要有需要，政府及公立幼儿教育机构就有责任让幼儿接受免费教育。

进入20世纪80年代后，法国学前教育发生很大变化，在强调幼儿受到更好教育的同时，为了满足家长的需要，出现了一些非正规、灵活性强的学前教育机构。如一种被称为"温和过渡形式"的学前教育机构。该机构主要接收16个月大到5岁的幼儿，每天活动2个小时，主要内容有游戏、图画、音乐、阅读等。又如短期的儿童"休假中心"，该机构每期20—22天，招收4—6岁儿童。还有"微型托儿所"，主要是为解决就近入托问题而设立。一般是在新建公寓中利用几个房间作托儿所，招收十几个3岁以下的孩子。这些新型教育机构能够根据不同家长的实际需要，期限短、重实效、方便灵活，成为正规学前教育机构的有效补充。

第三节　现代德国学前教育实践

德国自1871年统一以后至"二战"期间，其教育发展可以分为三个时期：德意志帝国时期(1871—1918)、魏玛共和时期(1919—1933)和纳粹统治时期(1933—1945)。在德意志帝国时期，德国教育与欧洲其他国家一样，具有明显的等级性和阶级性。1919年，德国废除了君主政体，建立了魏玛共和国，并通过了《魏玛宪法》，规定了这一时期德国教育发展的指导思想。该宪法规定，教育权归各州所有，国家负责对各类教育事业进行监督。1933年，希特勒上台，推行法西斯专政，确立了法西斯教育体制，各级教育包括学前教育也都在这一体制的控制之下。

在学前教育方面，由于德国统一较晚，其学前教育的发展比英国和法国要慢些。进入19世纪以后，德国在借鉴和学习英国和法国经验的同时逐步形成了自己的特点，而福禄培尔幼儿园的创办和推广，使得德国的学前教育引起世界各国的关注。福禄培尔的核心思想是，教育不是某一阶级的教育，也不是等级的教育和职业教育，而是一个民族的教育。尽管福禄培尔思想中具有自由主义的特征，但是他的思想仍然奠定了德国学前教育发展的基础。

一、《儿童福利法》颁布与学前教育的发展

进入20世纪以后，德国的学前教育除了幼儿园以外，还包括历史沿革下来的收留幼儿的慈善机构以及幼儿学校等。第一次世界大战后，德国建立了魏玛共和国，强调教育为所有的儿童服务，学前教育得到一定发展。1922年，德国颁布《儿童福利法》，确认学前教育具有社会福利的性质。同时，设立儿童保护的公共机构——儿童保护局，负责监督和指导儿童福利事业，落实《儿童福利法》所规定的给婴幼儿等提供福利设施的任务，主要是设立公立幼儿园，并鼓励民间慈善团体和宗教机构开办幼儿教育机构。1923年，德国政府制定了《青少年法》。在发展学前教育方面，该法强调设立"白天儿童之家"，包括幼儿园、托儿所及幼儿保护机构等；并且要求加强幼儿教师的培训。政府在颁布的幼儿园条例中还规定：各种各样的幼儿教育机构，凡招收2—5岁儿童者，均称为幼儿园；所有幼儿园由政府监督，隶属于教育、卫生两部门，并强制不能教育儿童的家庭需送儿童

入园。

该法案的发布表明,德国学前教育的性质有了一定变化,由主要属于福利的性质又增加了保健和教育的性质。这以后,德国幼儿园,尤其是私立幼儿园得到较快发展,成为德国幼儿教育中的主要形式。据1930年的统计,私立幼儿园(含保育所)有8000多所,入园儿童有50多万人。不过公立幼儿园发展有限,只有50所。[①]

二、学前教育与初等教育的关系

第二次世界大战以后,由美国、英国、法国占领的德国西部成立德意志联邦共和国(简称"联邦德国"或"西德")。联邦德国废除了纳粹德国中央集权的教育行政管理体制,实行地方分权制,各州在学前教育指导思想上不完全一致,但在共同的文化背景下又有一些共同特征:一是强调幼儿园是协助家庭对幼儿进行教育的机构。二是幼儿园为培养优良的个性和为幼儿的全面成长打下良好的基础。三是在教学内容上主要由两类组成:一类是语言教学,包括说、听、绘画、看图说话、唱歌、游戏活动等;另一类是观察能力和思维能力的培养,包括日常生活中可观察到的色彩、形态、数量、时间等事物和概念辨别能力的训练。幼儿园开展游戏、音乐等活动,禁止教授读、写、算,也不教授外语。四是在教学组织形式上,各类幼儿园主张个别教学、小组活动,不要求组织全班儿童进行集体教学。[②]

从"二战"后联邦德国学前教育的这些特征看,德国的学前教育并没有纳入公共的初等教育系统中,因此不是特别强调与初等教育的关系和联系,而是强调学前教育与家庭的联系,重视由慈善机构和民间团体等创办的学前教育机构自行发展。这一特点与英国和法国学前教育是截然不同的。

在学前教育的管理方面,德国的幼儿园也具有自己的特点。由于德国采取地方分权制,20世纪60年代以前的德国也没有统一的学前教育发展政策,而是强调由各州自己制订发展幼儿教育计划并加以实施。同时,由于联邦德国的幼儿教育不属于国家规定的义务教育范围,幼儿园也不归教育行政部门管辖,州只是设立儿童局负责公、私立幼儿园的督察工作,幼儿园的基本制度也由各州自行规定。德国学前教育的这些特点,与其历史上把学前教育看成是一种家庭中父母的事务有关。因此,在很长时期内,德国的公共学前教育事业发展是比较缓慢的。

三、现代德国学前教育制度的形成

在西方发达国家中,德国学前教育制度的形成可以说是比较晚的。这固然有其历史传统,但也有一些现实的因素。这些因素主要包括:在学前教育事务上,管理者多是采取控制不援助的政策;长期把幼儿园交给非政府机构自行管理;多强调学前教育与家庭的联系;等等。

---

① 唐淑,何晓夏.学前教育史[M].大连:辽宁师范大学出版社,2001:465.
② 杨汉麟,周采.外国幼儿教育史[M].南宁:广西教育出版社,1998:552.

20世纪60年代以后,受国际学前教育重视幼儿智力开发及加强学前教育与初等教育联系等思想的影响,德国也开始强调对学前教育问题的关注,加强对学前教育的管理。1970年,德国联邦教育审议会公布了包括学前教育在内的全国教育制度改革方案。这个方案将德国的教育系统分为初等、中等、继续教育三个部分,其中把幼儿园3—4岁的幼儿教育纳入初等教育部分;把5—6岁的幼儿教育划为义务教育阶段。这个方案的发布可以实现两个目的:一是把学前教育纳入教育的整个体系中,实现了德国学前教育的制度化;二是把学前教育与初等教育联系在一起,以5—6岁为界,打破了以往的学前教育单独的体系,使学前教育的一部分成为初等教育的一部分,反映了现代西方发达国家学前教育发展的一般趋势。据统计,这一方案实施以后,德国的学前教育得到较快发展。1960年,德国3—6岁幼儿的入园率为33%;1975年,3—5岁幼儿的入园率已经达到75%;而到1980年,德国有的州幼儿的入园率已经达到98%。①

进入21世纪以后,德国学前教育在继续保持传统特色的同时,也关注"幼小衔接"问题并加以解决。2001年,慕尼黑国家学前教育研究所的专家制定了《巴伐利亚学前的陶冶与教育计划》,内容包括:通过教育促进幼儿基本能力的发展;实现家庭与学前教育机构、学前教育与小学间的衔接;注意特殊幼儿的整合教育;建立与父母的教育伙伴关系;加强学前教育机构与专业机构之间的合作;促进幼儿个性发展等。2004年,柏林大学、德国勃兰登堡州教育局、德国儿童青少年基金会合作提出"幼小衔接发展计划",目的是使学前教育机构与小学在教学内容和组织结构等方面保持紧密联系。这些计划反映了德国学前教育在新的时期开始关注过去一直忽视的问题。从这个意义上说,学前教育虽然有自身特点,但是关注学前教育与初等教育的关系,解决"幼小衔接"问题也是学前教育发展过程中不能忽视的问题。

四、现代德国学前教育的主要特点

德国学前教育经过长期的发展逐步形成了自己的特点,当然也会根据新的情况进行相应调整。德国的学前教育就是在继承传统,面对现实问题的调整和改进中不断发展的。

(一) 注重学前教育传统的继承

德国教育非常注重传统,包括学前教育。从福禄培尔开始形成的幼儿园自由教育的传统对德国学前教育的发展产生了极大影响。学前教育一直是家庭中父母和社会慈善机构的事情,国家和政府无须太多地干预。因此,德国的学前教育,特别是公共学前教育的发展与欧美其他国家相比,发展要慢许多。

与此相适应,德国的幼儿园主要分教育机构外设置的幼儿园和教育机构内附设的幼儿园两种。教育机构外设置的幼儿园主要是由地方政府部门、教会、企业、社会团体和私人开办。这种幼儿园多称为普通幼儿园,一般不纳入国家教育规划。教育机构内附设的幼儿园,多是设在小学内,招收对象主要是不到6岁的儿童。学校附设幼儿园可以为他

---

① 周采,杨汉麟.外国学前教育史[M].第2版.北京:北京师范大学出版社,2012:166.

们提供1年的特别准备,以适应将来的学校生活。学校附设幼儿园实行免费教育,主要任务是使幼儿身心达到小学1年级的要求。当然,即使是学校附设的幼儿园,德国也有规定,这种幼儿园也不能进行读写算的教育。

此外,德国学前教育还包括托儿所,主要招收双职工家庭的0—3岁的幼儿。还有一些属于自由式教育的幼儿教育机构,如"店铺幼儿园""白天的母亲"等。

(二)不回避与初等教育的关系

德国学前教育虽然一直强调传统的重要,如学前教育发展注重自身特点,很少关注与初等教育的联系等问题。但随着社会发展和对教育提出的新要求,也使得学前教育本身发生一些变化。这种变化主要表现在两个方面:一是内部的变化,即把传统处于学前教育阶段的幼儿中5—6岁年龄段的幼儿划入初等教育的义务教育阶段,使他们有1年的入学准备教育。二是外部的变化,即加强学前教育与初等教育的联系,并且开展相关问题的研究,使学前教育的发展与初等教育发生一定的联系,并且进行相关教育内容和方法的改革。虽然这种联系与法国和英国相比不那么突出,但是它对德国学前教育发展的影响是重要的。

(三)多样化的德国学前教育

德国学前教育既有传统特色的基础,也有为适合社会发展而对学前教育的一定改革,出现了适应社会需要和学前教育自身特点的一些新的变化。这种变化主要表现在,德国的学前教育能够根据实际情况提出一些新的法案和创新政策,以满足家长和幼儿的需要,呈现一种多样化发展的特点。如德国在2005年提出的《巴伐利亚儿童教育托育法案》,强化幼儿的主体性和社会责任感;2005年颁布的《日间托育扩充法》,强调提升托育品质,满足幼儿陶冶与教育的需要;2007年颁布的《联邦父母津贴法案》,对幼儿父母进行一定的补贴;以及"德语加强计划"等。[①]

第四节 俄国、苏联和俄罗斯的学前教育实践

本节内容主要由三部分组成:一是俄国的学前教育。俄国的学前教育没有放在近代,主要考虑是,对近代学前教育影响较大的还是欧美等国。俄国学前教育的影响,包括对中国的影响,十分有限。二是苏联的学前教育。应该指出的是,对中国学前教育发展影响较大的主要是苏联的学前教育。三是俄罗斯的学前教育。

一、俄国的学前教育

从历史上看,近代的俄国无论是政治制度、经济发展,还是各类教育,都比欧美各国落后很多。1861年俄国废除了农奴制度,为政治、经济和教育的发展创造了有利条件。迫于各方面的压力,俄国政府对各级教育实施改革,从而使俄国的学前教育有了一定的发展。但总的来说,俄国的学前教育事业是比较落后的。据资料统计,到1914年为止,

---

① 周采,杨汉麟.外国学前教育史[M].第2版.北京:北京师范大学出版社,2012:167.

俄国的学前教育机构总数只有177所，收容儿童总数为4550人，而且这些学前教育机构大部分是私立的。①

与欧洲许多国家一样，在学前教育发展方面，俄国也有通过设立慈善教育机构解决幼儿教育问题的情况。例如在叶卡捷琳娜二世（Екатерина II Алексеевна，1762—1796年在位）统治时期，俄国陆续建立了一些儿童慈善教育机构，以解决弃婴和孤儿的收容问题，其中主要代表人物是伊万诺维奇·别茨考伊（1704—1795）。1763年，别茨考伊建立俄国第一所幼儿教养院并任院长。该教养院收容2—14岁的弃婴和孤儿，分成三个年龄阶段实施教育：2—7岁的儿童主要是参加适龄的游戏和劳动；7—11岁的儿童主要是学习识字和计算，在教养院里，男孩子还学习园艺和其他手艺，女孩子学习编织、纺织和刺绣等；11—14岁青少年主要是学习算术、地理、教义问答和图画等。在别茨考伊的教养院之后，俄国的其他地区出现了一些类似的机构。在19世纪上半期，一些进步人士组建的各种慈善团体还开办了一些"收容所"和"孤儿院"。

俄国学前教育的发展主要受到来自福禄培尔幼儿园运动的影响。1860年，俄国建立了第一所幼儿园。1866年，在彼得堡发行了俄国最早的学前教育杂志——《幼儿园》。以后在彼得堡还出版了以宣传福禄培尔的学前教育思想体系为主的教育杂志——《家庭和学校》。1870年，在彼得堡、基辅等地成立了"福禄培尔协会"。这一组织的主要工作就是大力宣传福禄培尔的学前教育理论，促进幼儿园在俄国各地的开办。

这一时期俄国学前教育发展比较有特点的是学前教育师资的培养。1872年，在彼得堡福禄培尔协会的领导下，建立了"福禄培尔学院"。这是一所专门培训学前教育人员的私立学校，这所学校一开始学制为一年，后逐渐改为三年，主要招收初中毕业生或具有家庭教育经验的女青年入学。这所学校在十月革命后改为"学前教育大学"。此后，俄国其他一些地方也成立了类似的机构，成为当时唯一培养学前教育人员的机构。1908年，在基辅福禄培尔协会领导下，又开办了三年制的学前教育专科学校，这所学校在十月革命后改为"人民师范大学"，它以培养高级幼儿教师为目的，设置了教育学、心理学等课程，并配有实验室，还有作为教育实习的幼儿园，成为当时俄国规模最大的学前教育师范学校。②

近代俄国学前教育发展的一个主要特点是创办了许多孤儿院。在这方面，除了团体和个人外，政府也发挥了一定作用。孤儿院主要是收容贫困家庭幼儿，使他们有一个相对较好的生存和发展的机构。1841年彼得堡有6所孤儿院，共收容920名儿童。这些机构后来被俄国政府接收管理。

19世纪90年代受资本主义发展的影响，在城市孤儿院得到发展的同时，俄国政府也推动其他形式孤儿院的建立。1891年开始在农村设立孤儿院，到1901年全俄国共有80所农村孤儿院。以后，各教区也开始开办孤儿院。到19世纪末，在莫斯科和彼得堡开办了50余所教区孤儿院。③

在俄国学前教育发展的过程中，民间还创新了许多形式以满足学前教育发展的需

---

① 唐淑，何晓夏.学前教育史[M].大连：辽宁师范大学出版社，2001：382.
② 唐淑，何晓夏.学前教育史[M].大连：辽宁师范大学出版社，2001：384.
③ 周采，杨汉麟.外国学前教育史[M].第2版.北京：北京师范大学出版社，2012：86.

要。如育婴孤儿院、平民幼儿园、乳儿期托儿所、婴幼儿夏令营托儿所,以及专门为残疾儿童设立的聋哑幼儿园等。尽管这样,这一时期俄国政府并没有把学前教育纳入国民教育系统。与英国和法国等国已经出现学前教育制度化探索的事实相比,这个时期俄国学前教育制度化的探索还是相对落后的。

二、苏联[①]的学前教育

十月革命后,苏俄政府极为重视学前教育。从加强学前教育与统一学校的联系,从保护儿童和培养社会主义新人的目的出发,政府建立机构,制定政策,颁布法令,采取多种措施,逐步建立起较为完善的学前教育体系。

1917年11月,苏俄成立了教育人民委员会学前教育局。在学前教育局发布的关于学前教育的宣言中指出,苏俄的学前教育制度是整个学校制度中的一个组成部分;儿童的公共免费教育必须从儿童出生时开始。1918年10月颁布的《统一劳动学校规程》规定:"在统一的学校中还包括幼儿园。"[②]1919年3月,苏共第八次代表大会举行并通过党纲,提出了学前教育的两大任务:一是公共学前教育是学校教育事业的基础之一,必须按照儿童的年龄特征实现儿童的全面发展和共产主义教育的任务;二是为了改善公共教育和使妇女获得解放,应设立学前教育机关,如托儿所、幼儿园和托儿站等。两大任务明确了学前教育的目的、方向和性质。[③]

从建立初期苏联学前教育的发展来看,苏联政府发展学前教育的指导思想是:学前教育是整个学校教育制度的基础;应按照儿童的年龄特征进行教育,促进儿童的全面发展;学前教育事业是公共的、统一的、免费的。在这一思想影响下,苏联的学前教育得到一定的发展。至1920年,苏俄已有学前教育机构4723所,共有254527名儿童接受学前教育。[④] 到20世纪30年代,苏联学前教育在加强教育机构的建设和质量提高上都得到了快速的发展。

20世纪30年代的前五年,是苏联第一个"五年计划"(1930—1934)的实施时期。这一时期苏联政府采取一些积极措施,加快学前教育制度化的步伐。

1932年,苏联教育人民委员会颁布了第一部《幼儿园教育大纲(草案)》,第一次明确规定幼儿园的工作任务与内容,包括幼儿园社会政治教育、劳动教育、认识自然的作业、体育、音乐活动、美术活动、数学和识字等,对于促进幼儿园管理正规化,提高幼儿教育质量具有重要意义。不过,这一时期的苏联教育界和理论界也发生了批判西方教育思想的思潮。1936年,苏共中央颁布了《关于教育人民委员会系统中儿童学的歪曲见解》的决议,宣布儿童学是"伪科学",并予以取缔。西方的学前教育理论,包括福禄培尔、蒙台梭利的学说也被批判和禁止。这种批判和禁止在一定程度上阻碍了对学前教育和幼儿身心发展的研究。

---

① 苏联是"苏维埃社会主义共和国联盟"的简称,1922年以苏维埃俄国(苏俄)为主体建立,1991年瓦解。
② 周采,杨汉麟.外国学前教育史[M].第2版.北京:北京师范大学出版社,2012:183.
③ 唐淑,何晓夏.学前教育史[M].大连:辽宁师范大学出版社,2001:469.
④ 唐淑,何晓夏.学前教育史[M].大连:辽宁师范大学出版社,2001:469.

20世纪30年代后期到40年代是苏联学前教育制度化形成的时期。1938年苏联教育人民委员会制定了《幼儿园规程》和《幼儿园教养员工作指南》。《幼儿园规程》规定了幼儿园的教育目的、任务、组织、幼儿园的基本类型，以及对儿童的营养和幼儿园房舍的要求等。《幼儿园教养员工作指南》是根据前者编写的。《幼儿园教养员工作指南》由引言和七章组成，讨论诸如体育、游戏、绘画、手工、音乐教育、认识自然、初步数学观念的发展等问题。1944年，苏联教育人民委员会又制定了《幼儿园规则》，对幼儿园的教育对象、幼儿园的性质和任务、幼儿园教育的内容和方法及幼儿园的开设等问题作了规定。这个规则在许多方面把以前的内容更为具体化和规范化了。其主要内容包括：一是幼儿园是3—7岁幼儿接受苏联社会教育的国家机构，目的是保证儿童的全面发展和教育。二是不论幼儿园由何种团体或机构管理，必须根据《幼儿园规则》和《幼儿园教养员工作指南》开展工作。三是幼儿园应为儿童入学做好准备。这些准备包括要关心儿童的健康，发展儿童的智力、说话能力、意志和品性，实行艺术教育，使儿童接触自然和社会，进行游戏和上课，培养儿童独立和自我服务的习惯、卫生习惯、劳动习惯，正确使用和爱护物品，培养儿童守秩序、自制、尊敬长者和父母的习惯等。四是设立幼儿园的任务属于国民教育科、生产企业、苏维埃机构、合作社和集体经济的组织，不允许私人开办幼儿园。[①]

从上面颁布的规程和规则等可以看出，现代苏联学前教育的形成具有较强的国家意志和公立教育的性质。它强调幼儿园教育的国家性质，不允许私人开办幼儿园；它允许社会各种机构从事开设幼儿园的工作，但要符合《幼儿园规则》和《幼儿园教养员工作指南》；它注重3—7岁儿童的教育，但也强调学前教育要为儿童入学做准备。另外，苏联学前教育制度化的过程更多还是注重学前教育本身，幼儿阶段的划分相对有限，这与欧美国家注重学前教育与初等教育的联系，把学前教育阶段的一部分与义务教育阶段相联系的做法也是有区别的。

"二战"以后，苏联学前教育制度化建设的重点是将托儿所和幼儿园合并成统一的幼儿教育制度——"托儿所—幼儿园"。20世纪50年代以前，苏联学前教育按年龄段分成两个部分：一个是从出生到3岁的婴儿入托儿所，由卫生部管辖；一个是3—7岁的儿童进幼儿园，由教育部管辖。这种二元管理体制产生许多矛盾。为解决这一矛盾，1959年5月21日，苏共中央和苏联部长会议公布了《关于改革学前教育制度的决定》。改革的重点是建立将托儿所和幼儿园合并的统一学前教育机构，并将其命名为"托儿所—幼儿园"。"托儿所—幼儿园"的管理和监督权统一于各共和国的教育部。同时规定各共和国卫生部负责"托儿所—幼儿园"中儿童的保健工作；规定凡是有条件的地方，均须在1960年1月1日以前，完成幼儿园和托儿所的合并工作。

1959年的"决定"公布以后，新设的"托儿所—幼儿园"得到较快发展。据统计，到1966年，苏联常设学前教育机构（主要是托儿所—幼儿园）有9.2万个，接收儿童820万人；1976年，接收人数达1150万；1982年则超过1500万。除常设学前教育机构外，苏联在全国各地还因地制宜，设有学前之家、露天幼儿园、季节性幼儿园，以及招收接近入小

---

① 周采，杨汉麟.外国学前教育史[M].第2版.北京：北京师范大学出版社，2012：185.

学年龄儿童的普通学校附属预备班等。1988年年末,苏联常设学前教育机构有14.7万个,在园儿童1735万,占同龄儿童的58%。[①]

为了适应新的学前教育机构"托儿所—幼儿园"的需要,1962年,在《幼儿园教养员工作指南》基础上,苏联教育科学院学前教育研究所所长乌索娃和医学院的教授洛万诺夫教授共同制订了《托儿所—幼儿园统一教学大纲》。新《大纲》主要有五个特点:一是将原来婴幼儿(0—3岁)和学前(3—7岁)互相分离的教育内容系统化。按照出生后2个月至7周岁的儿童年龄阶段分为7个班级,第一婴儿期班(出生后第一年)、第二婴儿期班(出生后第二年)、婴儿晚期班(出生后第三年)、学前初期班(出生后第四年)、学前中期班(出生后第五年)、学前晚期班(出生后第六年)、入学预备班(出生后第七年)。二是比原来的大纲更为注重游戏,并对游戏组织形式及其指导有具体指示。三是恢复了以前大纲里被取消的劳动部分,在大班和入学预备班增添了劳动教育。四是在入学预备班里进行初步的读写教学,为进入小学做准备。五是重视教学方法的指导。[②]

苏联1962年颁布的《托儿所—幼儿园统一教学大纲》采取对托儿所与幼儿园统一管理的办法,有利于协调两个机构的关系;大纲第一次对儿童发展阶段进行详细划分,有利于根据儿童实际情况进行阶段教育;大纲提出的关于设置入学预备班的规定,也是对学前教育与学校教育关系认识的进一步深入,明确了学前教育作为学校教育的基础性地位。当然,把刚出生的婴儿送进托儿所进行教育是否符合儿童发展的特点,是否存在问题,需要进一步研究。

20世纪60年代末,苏联对1962年的《托儿所—幼儿园统一教学大纲》进行修订。修订后的大纲加强了婴儿期的护理和教育,加强了入学预备班的教育内容向初等教育过渡的衔接性。该大纲在此后又进行了多次修订。1978年的修订本把原来的七个阶段缩减为四个阶段,即学前早期(0—2岁)、学前初期(2—4岁)、学前中期(4—5岁)、学前晚期(5—7岁)。这一新的修订突出了学前教育与学校教育的联系,但也增加了儿童知识学习的难度。1984年,这个大纲更名为《幼儿园教育和教学标准大纲》,取消了原来"托儿所—幼儿园"合在一起的称谓,而突出幼儿园教育的地位,反映苏联在学前教育方面的新变化。

1989年,根据国际及国内心理学和教育研究的成果,在1984年《幼儿园教育和教学标准大纲》的基础上,苏联又发布了《学前教育构想》。次年以国家教育委员会公报名义予以颁布,提出苏联学前教育改革的思路:一是对20世纪30年代教育整顿后出现的忽视儿童的做法提出批评;反对将童年仅仅看成是未来生活的预备而忽视童年期自身价值的观点;要求教育工作人道主义化。二是要求根据当代世界尤其是苏联心理学及教育科学研究的新成就,改革学前教育体系;要求教师努力掌握现代有关科研成果。三是改善儿童的生活条件和幼儿园教师的工作条件;保证儿童教育的各个领域的协调性。四是改变培训教育工作干部的性质及学前教育单位和管理机构的财政条件。五是确立多种形

---

① 唐淑,何晓夏.学前教育史[M].大连:辽宁师范大学出版社,2001:471.
② 唐淑,何晓夏.学前教育史[M].大连:辽宁师范大学出版社,2001:472.

式和类型的学前机构并存的原则,以发展学前教育。六是实现教育过程中家庭教育与公共教育的协调一致。

为了将《学前教育构想》所包含的思想具体化,公报声称将制定《学前教育机构章程》《学前机构教育过程的科学方法原理》《教师培训和再提高示范大纲》等相关文件。但由于1991年年底苏联解体,这些文件未能完全拟定出来或付诸实施,其构想提出的主张也难以观其全貌和实际效果。

三、俄罗斯的学前教育

1991年苏联解体,其社会和教育出现新的变化。1992年,俄罗斯联邦政府颁布《俄罗斯联邦教育法》(以下简称《教育法》),确立了俄罗斯教育的国家政策。在《教育法》中,学前教育被列入俄罗斯国民教育体系的基础和组成部分。《教育法》的第二章"教育系统"中第九条教育大纲部分规定了普通教育大纲,包括学前教育大纲;第十二条"教育机构类型"中包括学前教育机构;第十七条规定在学前教育机构中实施学前教育大纲以及学前教育机构和普通初等教育等教育机构的教育大纲具有连续性,并且每一阶段大纲均以前一阶段的大纲为基础;第十八条对学前教育进行了具体规定。包括:"(1)父母是孩子的第一任教师,他们应为子女的身体发展在婴幼儿时期打下基础;(2)国家保证从财政和物质上支持幼儿教育;(3)学前教育机构网络的存在旨在帮助家庭对学龄前儿童进行教育,保护并增强他们的身心健康,开发其智力并纠正他们在发展中的缺陷;(4)学前教育机构和家长之间的关系根据双方的协议来确定,但相对于法律而言,该协议不得对双方的权利加以限制;(5)地方行政当局为在家庭中实施学前教育的家庭给予教育方法、咨询检查等方面的帮助并加以协调。"[①]

从这个《教育法》的具体规定来看,俄罗斯总体上继承了苏联学前教育的基本原则:学前教育是国民教育的基础;学前教育与学校教育的密切联系和连续性。当然,新的《教育法》也强调了学前教育机构与家长之间的权利关系和法律关系,以及对家庭实施学前教育的关注,这在以往苏联的学前教育中是不多见的。

1995年6月1日,在《俄罗斯联邦教育法》的基础上,俄罗斯颁布了《学前教育机构基础条例》,这是一部关于学前教育机构设置的法律性文件,共有六章内容,53条。第一章为总则,明确该条例的地位及作用;第二章对学前教育机构的组织和活动进行了详细的规定;第三章对学前教育机构的接收顺序进行了较为详细的安排,如优先接收父母中只有一方工作的、母亲还在读书的、一级和二级残疾人的孩子等;第四章对学前教育过程的参与者进行了明确规定,包括学生、父母(法定监护人)和教学工作者;第五章规定了学前教育机构的管理;第六章对学前教育机构的财产和配置进行了规定。

进入21世纪以后,俄罗斯政府又先后发布多项规划,进一步明确了学前教育发展的原则和任务。2001年,俄罗斯出台了《2010年前俄罗斯教育现代化构想》,确立了俄罗斯教育发展的主要原则,包括确保所有的俄罗斯公民都有权接受高质量的教育,特别是普

---

① 周采,杨汉麟.外国学前教育史[M].第2版.北京:北京师范大学出版社,2012:189.

通教育;其前提条件是每个儿童在学前教育阶段得到最佳的发展,并为他们在普通教育阶段的发展打下基础。这一时期俄罗斯学前教育发展的主要任务就是提高学前教育的普及率;通过调整财政拨款的分配系统,加大政府对学前教育机构和父母的物质支持,同时建立灵活多样的学前教育体系。[①] 2003年,俄罗斯发布了《连续教育内容构想(学前教育与普通教育阶段)》,制定了学前与小学儿童连续教育的目标和任务,密切了学前教育与学校教育的关系。

第五节 现代美国学前教育实践

美国学前教育早期受欧洲影响较大,到19世纪中后期,才建立起具有自己特色的学前教育机构。随着西部开发和工业化的完成,美国的经济开始领先于其他主要资本主义国家,为教育的发展提供了条件。在学前教育方面,20世纪前半期在进步教育运动的影响下,美国出现了进步主义幼儿园运动、保育学校运动等,儿童中心、儿童活动成为这些运动的主题。20世纪后半期美国学前教育发展的主题是教育平等和智力开发。在政府的干预下出现了以"开端计划"为代表的教育机会均等运动和早期智力开发运动。这些运动和研究提供了新的学前教育观念和方法,为美国现代学前教育制度化的形成奠定了基础。

一、在引进和争论中形成自己的特色

从19世纪下半叶开始,福禄培尔主义、蒙台梭利思想,以及保育学校等逐步进入美国,并成为有影响的教育思潮、教学手段和教育机构。不过,随着19世纪后期美国进步主义的兴起,福禄培尔的教育观和教学法首先遭到美国心理学家和教育家的争论和批判。

当时的心理学家霍尔(Granville Stanley Hall)认为,福禄培尔思想中存在神秘主义、象征主义以及浓厚的宗教色彩等。霍尔通过大量的实验和调查发现,福禄培尔思想主要存在四个问题:一是他的思想是建立在唯心主义和理想主义基础之上的,对于儿童如何成长、发展和学习等问题的认识缺乏科学的依据。二是福禄培尔的"恩物"更多的是用于发展幼儿的小肌肉,而霍尔通过研究认为儿童大肌肉的发展应早于小肌肉的发展。幼儿园应多为儿童提供大型玩具器械,以优先发展儿童的大肌肉动作。三是福禄培尔的教学法过多地要求儿童坐着摆弄物体,而通过活动学习的少。四是4—8岁儿童主要是情感的发展,而不是智力的发展,而福禄培尔强调对儿童进行的智力训练对于这一年龄段的儿童来说是没有意义的。

美国教育家杜威也进行了分析。杜威认为,福禄培尔强调游戏、表演、唱歌、讲故事,鼓励儿童进行社交,"这些都是他留下来的不朽贡献,……但他通过形而上学的解释,过

---

① 周采,杨汉麟.外国学前教育史[M].第2版.北京:北京师范大学出版社,2012:190.

于抽象了"①。儿童对于游戏,有一种天生的欲望,而在福禄培尔的游戏中,形而上学的象征主义往往使儿童无所适从。杜威批评福禄培尔设计的恩物和作业远离儿童的生活,与儿童的经验相脱离,对于儿童来说是毫无意义的。杜威指出,福禄培尔"幼儿园的作业不过是给儿童有关立方体、球体等的知识,和使他们养成某种使用材料的习惯(因为每件事都是'一点不错'地照做)"②。杜威主张,应为儿童提供真实的、可直接接触的事物。不应让儿童们住在假定的房子里,用假定的扫把扫地,而应让他们在真正的教室中,用真正的扫把扫地。③

受新心理学和新教育学理论的影响,在19世纪末20世纪初的美国学前教育领域开始出现分歧,形成了坚持福禄培尔理论的保守派和主张对福禄培尔理论进行改革的自由派。前者代表人物主要是苏珊·布洛(Susan E. Blow)等,后者代表人物主要是安娜·布莱恩(Anna Bryan)等。这个时期出现的进步主义幼儿园运动实际上是一个如何认识和评价福禄培尔主义,使幼儿园教育思想、观念、方法发生深刻变革的过程。

作为进步主义幼儿园运动的先驱布莱恩,在1890年公开批评福禄培尔主义和福禄培尔"恩物"等存在的缺陷,并依据实用主义的原理在自己的幼儿园对幼儿教育进行大胆改革的尝试。布莱恩指出,球对于儿童来讲,只是一个可以滚动的物体。如果说球对于儿童意味着"统一",那是很荒诞的。另外,她还指出,福禄培尔式幼儿园的教师对于"恩物"的使用过于呆板,"儿童在这一过程中只是在机械的操作并没有什么创造性的活动,因此,只能称之为僵化的游戏,缺乏教育意义"。④ 在布莱恩看来,福禄培尔主义存在的问题是,其理论的象征主义、恩物和作业的使用过于僵化,以及儿童在游戏中的自主性不够。

自由派的另一代表人物希尔(Patty Smith Hill)曾就学于杜威的门下,也深受布莱恩的影响。1893年,她接管了路易斯维尔免费幼儿园协会和路易斯维尔师范学校。经过12年的努力,使这里成为进步主义幼儿园运动的中心。希尔的突出贡献是设计发明了一组大型积木玩具,被称为"希尔积木"(Hill Blocks)。幼儿可利用这些积木建房屋、开商店、办邮局,做各种游戏。希尔积木被各地幼儿园广泛采用。⑤

在进步主义幼儿园运动中,安娜·布莱恩为代表的自由派以霍尔的儿童心理研究和杜威的教育哲学为依据,对福禄培尔主义幼儿园的教育内容和形式,从原则到方法上进行了全面的批判。主张教育要以儿童和儿童生活为中心,考虑儿童的兴趣与需要,提倡发展儿童的个性,把儿童培养成能适应社会并有益于社会的人。以苏珊·布洛为代表的保守派将福禄培尔主义奉为圭臬,认为只有以福禄培尔主义作为指导的幼儿园才能成为儿童成长的摇篮,福禄培尔主义是儿童教育发展的基石。双方展开针锋相对的论争,最

---

① 〔美〕约翰·杜威. 学校与社会·明日之学校[M]. 赵祥麟,等译. 北京:人民教育出版社,2005:267.
② 〔美〕约翰·杜威. 杜威教育论著选[M]. 赵祥麟,等编译. 上海:华东师范大学出版社,1981:207.
③ Evelyn Weber. The Kindergarten: Its Encounter with Education Thought in America[M]. New York: Teacher College Press, 1969:52.
④ Evelyn Weber. The Kindergarten: Its Encounter with Education Thought in America[M]. New York: Teacher College Press, 1969:45.
⑤ 周采,杨汉麟. 外国学前教育史[M]. 第2版. 北京:北京师范大学出版社,2012:170.

终是自由派获胜。

20世纪初期,也是蒙台梭利思想、方法以及她所设计的教具传入美国的时期。1912年,美国出版了《蒙台梭利方法》,销售火爆,5个月内相继再版6次。1912年和1915年,蒙台梭利两次访美,宣传自己的学说。1913年,美国蒙台梭利教育协会成立,"蒙台梭利学校"也建立,"蒙台梭利热"在美国达到顶峰。然而,蒙台梭利思想和方法在美国传播的同时,也是美国学者反思和批判的时期。当时美国心理学的机能主义、行为主义和精神分析学派,以及教育学上的进步主义等对蒙台梭利思想和方法展开了批判。1914年,美国进步主义教育运动主要人物之一的克伯屈就发表《蒙台梭利体系考察》,认为蒙台梭利法"实属19世纪中期的货色",是落后于时代要求的,其感官教育是孤立的和脱离幼儿生活实际的。[①]

1915年,杜威在《明日之学校》一书中也对蒙台梭利的思想进行了批判。杜威肯定了蒙台梭利关于自由价值的看法,指出:"蒙台梭利方法与美国革新家们观点的不同之处,不是对自由的价值有什么意见分歧,而在于对如何才算是最好地利用自由有不同的认识。从身体上讲,一个蒙台梭利班级的学生,要比大多数美国教育家办的班级的学生更自由些;但是从智力上讲,他们就不那么自由了。他们可以完全自动地来往、工作和闲着、谈话和走动;得到事物的有关知识和掌握行动的技能就是要达到的目的。每个学生独立地运用自我矫正的材料工作。然而不允许儿童有创造的自由。他可以自由地选择他将使用的器材,但是他却从不能选择他自己的目标,也不能把材料照他自己的计划去处理。因为这种材料限制在固定的几样物体上,必须以某种固定的方式来把握。"[②]在杜威看来,儿童思想的自由比身体的自由更重要。

1916年后,美国的蒙台梭利热迅速降温,美国学前教育逐步形成具有自己特色的教育思想和方法,就是学前教育既不是神秘主义的恩物教育,也不是机械主义的感官教育,而是儿童的实际生活教育。学前教育要与儿童的实际生活相结合,为儿童的生活和创造服务。

20世纪上半期,对美国学前教育发展影响较大的还有保育学校运动和日托所运动(Day Nursery Movement)。1915年,美国芝加哥大学教授夫人团体受到英国麦克米伦姐妹创办保育学校的启示,开设了美国第一所保育学校。1919年,第一所公立保育学校成立。10年后,全国保育协会建立。到1933年,美国设立的保育学校已达300多所。"二战"期间,联邦政府对保育学校实行经济援助,保育学校得到快速发展。到1945年2月底,共有1481所保育学校,收容幼儿69000名。

这个时期出现的日托所运动也是很有影响的运动。日托所也叫日托中心(Day Center),最早建于1838年,属于一种贫民救济机构。20世纪30年代,美国爆发经济危机,为稳定社会和缓和矛盾,1933年10月建立专为失业人员和劳工子女提供免费服务和照顾的日托所。日托所主要是为全日制母亲提供幼儿看护,供应食物,保证孩子的营养和

---

① 周采,杨汉麟.外国学前教育史[M]第2版.北京:北京师范大学出版社,2012:171.
② 〔美〕约翰·杜威.学校与社会·明日之学校[M].赵祥麟,等译.北京:人民教育出版社,2005:293-294.

健康。日托所以保育而非教育为主,不过也有日托所配备了经过一定培训的幼儿教师,教授一些与幼儿年龄相适应的课程。日托所建立后,在一定程度上缓解了社会矛盾,得到较快发展。到1938年,由联邦紧急救济总署建立的日托所就承担了为20万个劳工子女免费服务的工作。但是,1943年联邦紧急救济总署停止对日托所发放经费,造成日托所经费困难,入托人数由72.5万人下降到60万人。①

二、政府主导下的学前教育"开端计划"

20世纪50年代之前,美国的学前教育主要是在进步主义思想影响下对外来的学前教育思想进行反思和批判,关注儿童的发展和活动,并结合自己的实际情况创办了符合美国儿童需要的一些学前教育机构。学前教育发展并没有特别引起联邦政府的重视。第一次世界经济危机、第二次世界大战,以及"二战"后冷战形成的美苏对立等对教育提出了许多新要求,这些都构成了联邦政府干预学前教育的因素。如果说经济危机后,联邦紧急救济总署建立的日托所是首次对学前教育发展进行干预的话,那么"二战"以后美国政府采取的一些措施则是对学前教育进行干预的延续。这种干预之一就是出现了由政府主导的、为帮助贫困家庭幼儿实现教育机会均等目标而启动的"开端计划"(Head Start Program),这一计划也被称为"先行计划"或者"启智计划"。

从可能性来看,"开端计划"的提出与相应的儿童研究成果有关。一是它是建立在有关儿童发展、儿童研究的基础上的。早期的儿童养育、保育学校以及儿童研究运动提出的主张提供了学前教育的标准、方法论和思想基础。二是一些著名的儿童学者的工作也提供了理论、研究方法和模式。如格塞尔(Gesell)的成熟理论、行为主义理论、个性和社会发展的理论以及儿童人类学理论都影响了开端计划。其中,亨特(Hunt)和布卢姆(Bloom)的研究值得注意。亨特的研究指出,环境和母亲教育的质量影响智力的发展;布卢姆的研究结果是,4岁儿童的智商分数可以预言一个人完全成熟时期智商分数的一半。这一结论证明了对于处在危险中的儿童的生活进行直接干预是正确的。② 三是有关城市学校的研究也证明,学前教育计划对处于经济不利地位的儿童是有利的。③ 这些研究使得人们坚信政府应当提前采取行动,在消除影响儿童发展的消极因素方面发挥积极的作用;儿童发展的过程,包括智力发展,通过适时的干预,可以发生巨大的变化。

从必要性来看,"开端计划"的提出也与美国政府试图解决社会贫困问题及贫困家庭儿童教育问题有关。1963年和1964年,美国政府宣布"向贫穷开战"(War On Poverty),提出解决贫困家庭儿童福利和教育问题,使贫困儿童获得与富裕家庭儿童同等的环境、同等的教育机会等系列措施。1964年8月,美国健康、教育和福利部的经济机会办公室提出《经济机会法》。1965年秋,美国联邦教育总署根据1964年的《经济机会法》,提出了"开端计划"。

"开端计划"的基本假设是:如果儿童来自处境不利的家庭,他们进入学校与中产阶

---

① 唐淑,何晓夏.学前教育史[M].大连:辽宁师范大学出版社,2001:479.
② V. Celia Lascarides, Blythe F. Hinitz. History of Early Childhood Education[M]. Falmer Press, 2000:401.
③ V. Celia Lascarides, Blythe F. Hinitz. History of Early Childhood Education[M]. Falmer Press, 2000:402.

级儿童花费同样的精力,那他们就有某种理由期望来自学校教育的最初成功。如果他们经历了最初成功,他们也就愿意继续他们的学校教育。离开学校以后,他们要比那些中途辍学的人有更好的工作机会。如果他们利用这些机会,他们就可能使自己有高于其父母的经济地位。通过获得这些教育的、态度的和经济手段的长处,这些孩子就有可能得到更多的物质的和文化的利益。[1]

"开端计划"直接由萨根特·斯里夫(R. Sargent Shriver)领导。20世纪60年代,约翰·加德纳(John B. Gardner)成为约翰逊总统的健康、教育和福利秘书。他为联邦政府提出了两个"再分配者项目":一个是学前教育国家计划;另一个是联邦资助学区处境不利儿童的特殊教育计划。这些思想也成为"开端计划"的内容之一。

"开端计划"的内容包括6个主要部分:管理、教育、社会服务、健康服务、父母参与以及生涯发展。关于教育部分,主要是用来满足每个儿童个体的需要,以及社区服务的需要,形成其道德和文化的特征。如果计划涉及许多双语儿童,至少一位教师或者助手必须会讲双语儿童的母语。每个儿童能够接受多样性的学习经验,促进智力、社会和情感的发展。

"开端计划"的实施主要通过地方公立或者私立的在社区内的非营利性的机构。这一机构负责制订计划,实施、管理和对计划进行评估。"开端计划"接收的对象主要是家庭收入低于贫困线下的儿童,或者潜在需要公共帮助的儿童。"开端计划"在1965年夏季实施时,共有56100名儿童登记。这个计划帮助了那些来自贫困家庭的儿童,使他们能够为进入学校做准备,能够与中产阶级儿童进行同等水平的竞争。[2]

1968年,美国有关部门制订了"追随到底计划"(Project Follow Through),一般被视为"开端计划"的延伸。该计划的对象是在"开端计划"中受益的小学低年级学生,其目的是帮助贫苦家庭的儿童在入小学后能继续得到良好的发展。1972年以后,"开端计划"要求收纳10%的残疾儿童,并着手进行包括幼儿、家庭和社区在内的综合改革实验及与学前教育机构或小学衔接的实验。

"开端计划"被认为是"二战"后美国政府对于处于不利地位儿童的一种补偿教育,是一次规模大、历时长、效果较好的学前教育机会均等的运动。据统计,接受此项计划的3—5岁儿童,1965年有53.618万人,1972年已经超过100万人。该计划实施以来,受惠者达830万人以上。1982年,10多名儿童研究专家的纵向跟踪研究指出,"开端计划"促进幼儿的智力、语言、社会情感等方面的发展效果明显。还有研究表明,一般幼儿的智商因"开端计划"而提高10—15。[3] 当然,也有学者提出批评意见,认为在"开端计划"中少数学校视幼儿为小学低年级学生,过多进行知识教学,不利于幼儿的成长。

三、幼儿智力研究与学前教育实验方案

如果说"开端计划"是美国社会针对处于不利地位的儿童实施的一种教育补偿运动

---

[1] V. Celia Lascarides, Blythe F. Hinitz. History of Early Childhood Education[M]. Falmer Press, 2000:403.
[2] V. Celia Lascarides, Blythe F. Hinitz. History of Early Childhood Education[M]. Falmer Press, 2000:404.
[3] 唐淑,何晓夏.学前教育史[M].大连:辽宁师范大学出版社,2001:481.

的话,那么伴随"开端计划"出现的幼儿智力研究运动则是对所有儿童而言的一项智力开发和提升运动。

幼儿智力研究运动的产生与20世纪60年代美国的课程改革有密切联系。这一时期,美国掀起了中小学课程与教学方法的改革运动,目的在于提高中小学的教育质量。改革运动的思想基础是对儿童智力发展与知识关系的新认识。美国心理学家布鲁纳(J. S. Bruner)认为,儿童存在着极大的智力发展潜力;儿童智力有不同的发展阶段。只要在教学上做到使教材适合儿童发展的阶段,并按照儿童理解的方式加以组织和表达,任何学科都可以用某种方式有效地教给处在任何发展阶段的任何儿童。同时,智力研究运动也与对儿童早期发展和教育的关系研究有关。1960年,美国"早期教育实验室"主任伊利诺伊大学教授亨特在《智力与经验》一书中指出,婴儿期是决定儿童理性活动差异的重要时期;儿童4岁才接受教育已晚,教育必须提前。① 在这些研究成果的影响下,美国学前教育界、家长乃至联邦政府日益重视幼儿智力开发,强调对幼儿进行科学教育,形成了幼儿智力研究和开发的热潮。

这一时期,在美国幼儿智力研究运动中影响较大的是蒙台梭利运动的再次兴起和美国学者关于皮亚杰理论的幼儿教育实验的开展。20世纪50年代后期,蒙台梭利对早期教育的重视、关于智力发展、感官训练的方法,以及强调个别指导和科学研究的态度与方法等,重新引起美国人的注意,美国再次兴办蒙台梭利学校。1958年,冉布什女士(Nancy Rambush)在康涅狄格州格林威治城建立了"菲特比学校"(Whitby School)。1960年,美国蒙台梭利协会重新成立。到1972年,美国共有762所蒙台梭利学校。② 20世纪80年代以后,蒙台梭利运动得到快速发展。蒙台梭利方法不仅在学前教育领域,也逐步扩展到中小学;不仅在私立学校,也进入公立学校。据统计,1989年,蒙台梭利方法已被60个地区的110所公立学校采用。③ 需要指出的是,蒙台梭利方法从学前教育到中小学教育的扩展表明,一种运用于学前教育的方法可以超越原有的适用范围为高一级教育所采用。一个重要原因是教育界普遍出现的对智力问题的关注。当然,学前教育幼儿的智力发展与学校教育阶段儿童的智力发展有所不同,但是从儿童智力发展的连续性来看,蒙台梭利方法的复兴在一定程度上反映了美国教育界的一种务实态度。

20世纪60年代以后,皮亚杰的认知发展理论也被应用于幼儿教育实践,并形成了一些有名的幼儿教育实验方案。其中影响较大的实验方案是伊利诺伊州的拉瓦特里(Celia Lavatelli)的学前课程方案和威斯康星大学的皮亚杰学前教育实验方案。拉瓦特里曾赴日内瓦与皮亚杰进行合作研究。回国后,他设计出一套"学前课程——皮亚杰方案"(Early Childhood Curriculum—A Piaget Program),并在公立幼儿园中进行实验。该方案以4—5岁儿童为对象,通过系统提供多种具体运算内容帮助儿童获得逻辑思考的方式,以达到"为具体运算的出现奠定基础"的实验目标。在实验中,教师主要使儿童运用物件和材料,通过主客体的交互作用活动,同化新的观念。威斯康星大学皮亚杰学

---

① 唐淑,何晓夏.学前教育史[M].大连:辽宁师范大学出版社,2001:482.
② 周采,杨汉麟.外国学前教育史[M].第2版.北京:北京师范大学出版社,2012:177.
③ 周采,杨汉麟.外国学前教育史[M].第2版.北京:北京师范大学出版社,2012:177.

前教育实验方案(Piagetian Preschool Education Program)是由威斯康星大学幼儿研究中心设计,该实验于20世纪70年代初开始。实验的对象是3—5岁的儿童。实验的主要目标是,检查、探讨依据皮亚杰理论设计的学前教育实验方案对儿童的智能与社会发展的影响。在实验中,要求教师遵循皮亚杰的儿童认知发展阶段,通过适时提供适当的环境,向儿童提出探索性的问题;鼓励儿童和同伴、成人社会及物质环境的交互作用;通过同化、调节等过程,发展儿童的智力(包括认知、情感、技能等),并培养儿童的独立性、自主性及创新能力。①

总之,幼儿智力研究运动反映了20世纪60年代以后教育思想和教育方法的一种国际化的趋势。随着知识经济时代的到来,国际社会和教育界更重视对儿童早期智力的研究和开发。各种有关的,无论是早先的还是新的方案,只要是有利于智力开发,都可以进行实验和推广。智力研究和开发已经不仅仅是学前教育的事情,也成为学校教育的事情。这种由一个教育问题而引发的国际社会和教育的响应,为学前教育的国际化奠定了基础。

四、现代学前教育制度的形成

20世纪80年代,受国内经济和国际竞争的压力,美国教育问题又引起政府和社会的关注。1983年,《国家处在危机中:教育改革势在必行》报告的发表,引发了美国各州新一轮的教育改革。在这种背景下,作为与学校教育发展密切联系的学前教育也受到重视,许多州加强了对学前教育的立法,把学前教育作为学校教育的组成部分,为学前教育制度化的形成提供了条件。

从美国的教育立法来看,义务教育法是用来保证儿童接受州政府所保障的教育的法律。虽然它可能对父母指导儿童成长的普通权利构成了侵犯,同时也对美国人追求自由选择的权利构成了最大限制。但是从历史来看,义务教育法已经证明了它的合理性。②在殖民地时期,义务教育法的创立是出于宗教上的原因:不会阅读《圣经》的人被认为是不能抵制恶魔撒旦诱惑的。在美国建国时期,推行义务教育法的原因是:缺乏受过教育的公民,民主政府也无法生存。而进入20世纪以后,强调义务教育法的原因是:教育是一个人有效参与现代经济的先决条件。因此,一个人不仅要接受教育,而且还有可能提前接受教育。这样,学前教育就成为普通教育的组成部分,成为义务教育的一部分。

在美国,强制入学的法律在各州之间尽管不尽相同,但都要求儿童接受某种形式的教育学习,通常是7—16岁。一些州则要求儿童6岁入学。还有的规定,年满5周岁的儿童可以进入学前班,年满6岁的儿童进入1年级。③这样,美国学前教育逐步成为学校教育系统的一部分。1986年,密西西比州开始为所有5岁儿童开办幼儿园班,随后全美50个州都先后把幼儿园正式纳入公立学校系统中,完成了学前教育制度化的过程。④

---

① 唐淑,何晓夏.学前教育史[M].大连:辽宁师范大学出版社,2001:483.
② 〔美〕米基·英伯,等.美国教育法[M].李晓燕,等译.北京:教育科学出版社,2011:18.
③ 〔美〕米基·英伯,等.美国教育法[M].李晓燕,等译.北京:教育科学出版社,2011:26.
④ 周采,杨汉麟.外国学前教育史[M].第2版.北京:北京师范大学出版社,2012:178.

学前教育制度形成的过程也是伴随着对学前教育的管理进行的。1989年，美国艾奥瓦州教育厅设立"儿童发展协调处"；纽约州教育厅设立了"早期儿童服务办公室"。另外，美国的许多教育法律也涉及学前教育的事务。如1964年的《经济机会法》和1975年的《教育所有残疾儿童法令》，都有关于学前教育的内容。1979年，美国通过《儿童保护法》。1988年颁布《中小学改善修正案》和《家庭援助法案》，前者包含为1—7岁儿童提供早期教育的内容；后者规定凡是接受政府津贴的家庭，由政府发给幼儿入托费。1990年，美国通过《儿童早期教育法》和《儿童保育和发展固定拨款法》，决定每4年拨款8.25亿美元用于幼儿保育工作。随着学前教育得到重视，从20世纪80年代开始，美国的一些州也加大对学前教育的拨款，以促进学前教育的发展。如佛蒙特州在1985—1990财政年度每年用于学前教育的经费几乎增加了3倍；佛罗里达州对幼儿园的拨款由1987年的70万美元，增加到1990年的2290万美元。①

总之，美国现代学前教育制度的形成起步似乎较晚，但得到了较快发展。可以看出，各国学前教育制度化的进程不分早晚，已经成为学前教育发展的一种选择和趋势。

第六节　现代日本学前教育实践

明治维新以后，经过国家体制的改造和工业化的发展，日本成为亚洲第一个完成近代化的国家。进入20世纪以后，尽管受到欧美新教育运动和自由主义思潮的影响，日本教育仍然保持自身的传统，通过教育立法加强对教育的干预和控制。这一特点也影响到学前教育，使日本成为亚洲较早实现学前教育制度化的国家。

一、《幼儿园令》的颁布与学前教育制度的形成

明治维新以后，日本就曾经颁布许多关于学校教育改革的法令，包括《大学校令》《中学校令》和《小学校令》。在1900年修改的《小学校令》中规定幼儿园可以附设在小学校里。这是对学前教育与学校教育关系的明确规定，为学前教育的发展提供了一定条件。但是由于受许多因素的影响，幼儿园的发展还是相当有限。其中主要原因包括：一是义务教育经费有限。地方财政主要忙于发展义务教育阶段的小学，难以顾及学前教育。二是传统观念的影响。日本的传统观念认为幼儿主要在家里养育，让孩子进幼儿园会削弱家庭教育，不利于亲情发展。不过，一个很有意思的现象是，日本这一时期幼儿园发展有限主要是指公立幼儿园，而私立幼儿园则得到较快发展。据统计，到了1909年，日本私立幼儿园数增加到234所，超过了公立幼儿园的208所。而到了1926年，私立幼儿园达到692所，公立幼儿园只有372所。②

1911年，日本全国保育工作者大会召开，提出修改《小学校令》关于幼儿园附设在小学的规定，呼吁单独制定《幼儿园令》，以推动幼儿园的发展。同一年，日本文部省重新修

---

① 周采，杨汉麟. 外国学前教育史[M]. 第2版. 北京：北京师范大学出版社，2012：179.
② 周采，杨汉麟. 外国学前教育史[M]. 第2版. 北京：北京师范大学出版社，2012：193.

订《小学校令实施规则》,对其中有关幼儿园的条款进行修改。规定幼儿园的保育内容主要是游戏、唱歌、谈话和手工技巧四项,取消了原来对这四项内容的具体规定,允许各地自行安排;幼儿园的时间也由管理者和开办者自定,但需要经府县知事批准;幼儿园的设置规模扩大,由原来规定的每所幼儿园100—150人增加到120—200人。①

1926年4月,日本文部省颁布了《幼儿园令》及实施规则。这标志着日本学前教育的发展进入一个新的阶段。《幼儿园令》规定,幼儿园教育为小学教育体系的一环;幼儿园以保育幼儿身心健康发展、培养善良性格、辅助家庭教育为目的;放宽幼儿园的入园规定,由原来的3岁入园改为不满3岁也可以入园。② 还规定幼儿园可以附设托儿所。在保育时间上规定幼儿园不必拘泥于每日实行5小时的半日制,也可以采取全日制。此外,还规定了幼儿园园长和保姆的资格,要求提高他们的待遇和地位。③

《幼儿园令》的颁布,促进了日本幼儿园的发展,幼儿园的数量以年均100所的速度增加。到1936年,日本全国幼儿园数已经达到1890所,其中仍然是私立幼儿园占较大的比例。④ 随着幼儿园的快速发展,日本的托儿所也得到较快发展。日本较早就有托儿所,1922年日本托儿所有99所,其中公立15所;1926年托儿所有193所,其中公立65所;1936年托儿所有874所,其中公立163所;1944年,托儿所有2184所,其中公立636所。⑤ 从这里也可以看出,日本私立托儿所在托幼机构中的比重是较高的。

二、《幼儿园教育大纲》的制定与学前教育的发展

1945年8月,日本战败投降。在以美国为首的盟军控制下,日本宣布放弃军国主义政策,实施和平建国的策略。1946年11月,日本颁布新《日本国宪法》,为日本战后发展奠定了基础。在教育方面,日本战后继承了优先发展教育的传统,制定教育改革方针政策。1947年,日本颁布了《教育基本法》和《学校教育法》,对教育进行了多方面的改革。其中《学校教育法》对日本学前教育的管理体制、教育对象和目的等做出了明确的规定。

《学校教育法》规定,幼儿园是受文部省管辖的正规"学校"的一种;教育对象为3岁至小学就学前的幼儿;幼儿园教育的目的是保育幼儿,创造适宜的环境促进幼儿的身心发展。为了实现这个目的,提出了五项具体目标:(1)为了幸福的生活,培养幼儿日常必要的生活习惯,谋求身体诸机能协调发展;(2)通过园内的集体生活,培养幼儿积极参加的态度以及合作、自主、自律精神的萌芽;(3)培养幼儿正确认识和对待周围的社会生活和事物,使之养成正确的处世态度;(4)指导幼儿正确使用语言,培养对童话、画册等的兴趣;(5)通过音乐、游戏、绘画以及其他活动,培养幼儿创作的兴趣。⑥ 这些目标的设计表明,战后的日本在学前教育上更加注重幼儿保育与日常生活的结合,通过各种措施促进幼儿身心的和谐发展。

---

① 单中惠,刘传德.外国幼儿教育史[M].上海:上海教育出版社,1997:225.
② 单中惠,刘传德.外国幼儿教育史[M].上海:上海教育出版社,1997:225.
③ 周采,杨汉麟.外国学前教育史[M].第2版.北京:北京师范大学出版社,2012:193.
④ 单中惠,刘传德.外国幼儿教育史[M].上海:上海教育出版社,1997:226.
⑤ 唐淑,何晓夏.学前教育史[M].大连:辽宁师范大学出版社,2001:488.
⑥ 周采,杨汉麟.外国学前教育史[M].第2版.北京:北京师范大学出版社,2012:196.

为了加强对幼儿保育工作的管理,日本文部省于1948年3月制定了《保育大纲》。这个大纲被研究者认为是"一种试行方案,带有浓厚的参考书的色彩"。[①] 1956年,在对《保育大纲》进行全面修订的基础上,日本又推出了《幼儿园教育大纲》。这是一个国家基准性很强的法令性文件,它对幼儿园的发展具有重要的规范和指导意义。1963年,日本教育课程审议会作了题为《关于幼儿园教育课程改革》的咨询报告,指出幼儿园教育是培养日本民族活动力之源泉,要避免在幼儿园教育中偏重幼儿的知识和技能学习的倾向。认为要使幼儿养成日常基本生活习惯,培养其高尚的情操,使其安全而健康的生活、正确发展普通人格的道德萌芽。[②]

1964年,文部省再次修订并颁布了《幼儿园教育大纲》。修订后的大纲规定日本幼儿园教育内容为六个方面:健康、社会、自然、语言、音乐韵律、绘画创作,并对每个方面都提出"理想的目标"。主要包括:促进幼儿身心得到协调发展;培养幼儿基本的生活习惯和正确的人生态度;激发关心自然和社会现象的兴趣,培养初步思考能力;提高幼儿的语言能力;通过各种表达活动丰富幼儿的创造力;完善幼儿园生活环境;突出幼儿园不同于小学的特点;与幼儿家庭教育密切配合。

1989年3月,日本又颁布了一个新的《幼儿园教育大纲》,规定幼儿园教育的基本原则是:努力促进幼儿的主体性活动;以指导游戏为中心;指导方法须结合每个幼儿的特点。同时大纲将幼儿园教学内容由原来的六个方面改为:健康、人际、关系、环境、语言、表现。[③] 新的大纲反映了20世纪60年代以来日本社会生活的变化以及科技的进展,在关注幼儿健康发展的同时,更加关注社会关系、环境因素对幼儿的影响以及幼儿的自我表现。这在学前教育理念上是一个较大的变化。

三、幼儿教育振兴计划与学前教育的发展

20世纪60年代以来,受国际强调早期智力开发及教育机会均等的幼儿教育思潮的影响,日本政府也相继推出了三次振兴幼儿教育的行动计划。

1962年,日本文部省制定了从1964年开始的《幼儿教育七年计划》,目标是使1万人以上的市、镇、村幼儿入园率达到60%以上。这个计划被称为是"第一次计划"。到1972年,入园率已经达到63.5%,实现了计划规定的要求。[④]

1971年6月,日本中央教育审议会提出了《关于今后学校教育综合扩充整备的基本方针》的咨询报告。其中对幼儿教育问题提出了两点建议:一是将4—5岁的幼儿至小学1—2年级的儿童置于同一教育机构中,实行一贯的教育,以提高幼年期的教育效果,这一机构称为"幼儿学校"。同时也要求关注幼儿园与小学的衔接问题、对有才能的幼儿进行早期教育开发的问题。二是积极普及和充实幼儿园教育问题。其中包括扩充幼儿园,使所有希望入园的5岁幼儿都能够进幼儿园;同时调整布局,使公立和私立幼儿园分担

---

① 〔日〕梅根悟.世界幼儿教育史(下册)[M].刘翠荣,等译.长春:吉林人民出版社,1986:342.
② 〔日〕梅根悟.世界幼儿教育史(下册)[M].刘翠荣,等译.长春:吉林人民出版社,1986:342.
③ 唐淑,何晓夏.学前教育史[M].大连:辽宁师范大学出版社,2001:490.
④ 单中惠,刘传德.外国幼儿教育史[M].上海:上海教育出版社,1997:228.

一些公共教育责任;根据幼儿教育的研究成果,不断改善幼儿园教育计划的标准;促进私立幼儿园尽快转变为法人幼儿园。① 根据第二个问题,文部省在1972年制定了《振兴幼儿教育十年计划》。这个计划被称为"第二次计划",目标是实现4—5岁幼儿全部入幼儿园或保育所。为了鼓励增设幼儿园,日本政府还增拨新建幼儿园设施和设备的补助金,并且提高对私立幼儿园的补助。"第二次计划"实施以后,幼儿园数持续上升。由于补助金数额巨大,这个计划目标最终没有完全实现,但极大地推动了日本学前教育的发展。据1985年统计,日本3—4岁幼儿入园(所)率为70%;5岁幼儿入园率达到90%。②

1991年,日本文部省又制定了第三次幼儿教育振兴计划。其目标是确保今后十年3—5岁幼儿有充分入园机会,接受更好的教育。"第三次计划"的重点主要放在推动3岁幼儿的保育上。这次计划也拨了专项资金,供新建或改建幼儿园设施之用,其中1993年拨款32亿日元。另外,还将入园奖励费扩大到3岁幼儿的家庭,并对低收入家庭规定了幼儿园学杂费减免标准。③"第三次计划"的实施有力地推动了振兴计划的落实。

 自我评量

名词解释

1. 保育学校(英)
2. 母育学校(法)
3. 《儿童福利法》(德)
4. 《幼儿园规程》(苏联)
5. 《托儿所—幼儿园统一教学大纲》(苏联)
6. 《学前教育构想》(苏联)
7. 《学前教育机构基础条例》(俄罗斯)
8. 进步主义幼儿园运动(美)
9. "开端计划"(美)
10. 幼儿智力研究(美)
11. 《幼儿园令》(日本)
12. 《幼儿园教育大纲》(日本)
13. 《幼儿教育振兴计划》(日本)

简述题

1. 简述英国保育学校的特点。
2. 简述英国《普洛登报告》关于学前教育的主要内容。
3. 简述法国《哈比教育法》关于学前教育的主要内容。
4. 简述德国《儿童福利法》和《青少年法》的主要内容。
5. 简述苏联《幼儿园规程》的主要内容。
6. 简述美国进步主义幼儿园运动的主要内容。
7. 简述美国"开端计划"的产生及主要内容。
8. 简述日本《幼儿园令》的主要内容。

---

① 〔日〕梅根悟.世界幼儿教育史(下册)[M].刘翠荣,等译.长春:吉林人民出版社,1986:346.
② 唐淑,何晓夏.学前教育史[M].大连:辽宁师范大学出版社,2001:491.
③ 唐淑,何晓夏.学前教育史[M].大连:辽宁师范大学出版社,2001:492.

论述题

1. 评述英法德三国在解决学前教育与初等教育关系上的做法和经验。
2. 比较和评述俄国、苏联和俄罗斯学前教育改革的特点。
3. 评述美国在面对外来学前教育思想影响方面的经验和特点。
4. 评述日本学前教育制度化过程中的特点和经验。

第十一章 现代学前教育思想

 学习目的

通过本章的学习,了解爱伦·凯、蒙台梭利、杜威、皮亚杰、马拉古奇等现代教育家关于学前教育意义、儿童发展与教育、学前教育课程、游戏等方面的论述,把握 20 世纪学前教育理念、主题及理论发展的特点和趋势,并结合现代学前教育发展的实践给予合理的评价。

进入 20 世纪以后,随着欧美等国家学前教育制度化的发展,一些教育家也对学前教育存在的问题、儿童的自我发展与个性发展、儿童发展与学前教育的关系等问题进行了研究,提出了许多有价值的观点。本章主要介绍爱伦·凯、蒙台梭利、杜威、皮亚杰、马拉古奇等现代教育家的学前教育思想。

第一节 爱伦·凯的学前教育思想

爱伦·凯(Ellen Key,1849—1926)是瑞典妇女运动活动家和 20 世纪欧洲新教育运动的倡导者之一。她出生于一个国会议员的家庭,从小受到父母政治思想的影响。23 岁时曾经随其父漫游欧洲,并广泛阅读有关进化论、优生学、哲学和心理学等著作,也深受卢梭、达尔文、尼采和斯宾塞等人思想的影响。后由于家境破落,独自谋生,先后在妇女学校、工人学校和平民大学任教授课。1889 年,她积极地投身于捍卫妇女和儿童权利的妇女运动中,并于 1900 年出版了《儿童的世纪》(The Century of the Child)一书。在书中,她明确地提出"20 世纪是儿童的世纪"。《儿童的世纪》全书共十一章。作者在第一部分的四章中,主要从妇女权、家庭环境等方面,论述了优生优育和儿童的早期教育问题。第二部分共有七章,主要论证了作者的自然主义的儿童教育观。反映了 20 世纪初爱伦·凯作为欧洲新教育的代表之一对儿童成长及教育所涉及问题的思考。[①] 该书被视为欧洲新教育运动中的经典。爱伦·凯关于学前教育的论述主要包括对幼儿园教育的批评,尊重儿童的个性,保护儿童的自我发展等。

一、对幼儿园教育的认识

爱伦·凯关于学前教育的思想是与学校教育联系在一起的。在《儿童的世纪》第六

---

① 姜勇.国外学前教育学基本文献讲读[M].北京:北京大学出版社,2013:72.

章"未来的学校"开头就谈及了幼儿教育机构。她认为,幼儿园机构只是家庭教育的辅助和补充形式。她不赞同单独设立这类机构,认为幼儿会受到这种机构的群体和集体的影响。在她看来,幼儿教育机构的作用不如家庭教育,应该用家庭教育取代幼儿园教育。因为幼儿园机构多采取组织起来的游戏,这些游戏多为强迫式的,扼杀了儿童的想象力。

当然,爱伦·凯也看到了幼儿园或托儿所具有的社会价值和意义。她认为,幼儿教育机构的出现主要是对那些母亲不能承担幼儿教育职责的一种替代。因此在这种情况下,幼儿园教育可以部分取代家庭教育,但是不能全部取代。爱伦·凯的思想所要表达的意思是,幼儿教育机构虽然存在问题,但也有一定的价值。当母亲本人不能教育孩子时可以交给幼儿园的老师代替管理和教育;当孩子没有玩伴时可以送孩子到幼儿园与小朋友们一起玩耍。

同样,爱伦·凯所处的时代,正是福禄培尔幼儿园思想及运动的传播并形成一种模式的时期,学前教育到底是关注儿童生活,还是关注教学教具,也开始成为问题的焦点。爱伦·凯批评福禄培尔幼儿园教育的主要问题是缺乏接近儿童的实际生活,主张应该使儿童在实际生活中经受锻炼,以便让他们获得与实际生活相一致的经验。她认为,凡是可以让儿童自己去体验、经历的事物,一定要让他亲自去体验,成人不应阻止;也不要用间接的事物去替代。这种直接的经验可以使孩子体验真正的生活,受到真正的教育。教育的核心就是让儿童积极生活、独立成长,使孩子从成人的束缚和形式主义教育中解放出来,通过生活形成他自己的经验。

从对幼儿园教育的批评来看,爱伦·凯的幼儿园教育思想实际上是一种主张儿童自由发展和儿童中心的观点。在她看来,现代教育需要对幼儿园教育有全新的思考,建立一种新型的师生关系。这种思考是:如果幼儿园还有存在的价值,就应该允许儿童自由地玩耍,让儿童自己考虑自己的事情,自己提供实施计划的途径,让他们自己找到一起游戏的小伙伴。教师只需要在旁边静静地监护或观察,只有当儿童有可能受到伤害时才去过问。[①]

爱伦·凯对幼儿园问题的批评反映了当时西欧,特别是瑞典的学前教育所出现的忽视和压抑儿童自由发展问题的一种反思和批判。她所主张的学前教育回归家庭教育的观点也正是这一认识的反映。

二、儿童的个性发展与教育

与主张儿童的自由发展和教育相关,爱伦·凯强调教育要为儿童的发展创设良好的环境,以保护和发展儿童的个性。早在1870年,爱伦·凯对自己的教育观进行了总结,内容包括:① 切勿让孩子通过苦恼的手段获得任何东西;② 让他们完成自己的任务时,不要提奖品、奖励,不许诺任何东西;③ 切勿对孩子说谎或进行恐吓;④ 不要打孩子;⑤ 让他们自己动手帮助自己;⑥ 少发命令,但要让孩子无条件地服从,少进行威胁,但要说到做到;⑦ 将惩罚作为教育手段只会助长人的本性中的那些需要根除的原始和恶

---

① 雷蕾.爱伦·凯的儿童教育思想[D].上海:上海师范大学硕士学位论文,2011:45.

劣的方面。①

爱伦·凯提出的教育观主要从反面批评了旧教育强迫儿童屈从于成人意志、对儿童提出各种不合理的要求和做法。在她看来,在旧教育中所谓儿童的发展主要是以牺牲儿童的个性为代价的。保护和发展儿童的个性,就是允许儿童有他自己的意志,有他自己的想法,获得他自己的知识,形成他自己的判断。爱伦·凯指出:"种种的重要个性不可不充分顾虑;个人之自由,除非它有妨害他人或侵害他人之权利,不可抑制。"②儿童各有其独特的倾向,教育应该根据他们自己所认定的原则从事自己所决定的事情。从这里可以看出,爱伦·凯的教育观实际上是一种尊重、保护儿童个性发展的教育观。这种儿童观反映了欧洲新教育发展的基本特点,即教育应当减少外来的干预与压制,使儿童个性得到良好发展;教育应当允许儿童自然地、任其本性地活动;教育者主要是要注意儿童周围的活动环境。

与此相关,爱伦·凯高度赞扬近代教育家卢梭和斯宾塞的"自然后果法",认为这种方法可以避免教育对儿童的直接干涉,形成儿童对自己行为负责的品质,培养儿童的独立人格。她认为,为了种族和社会的发展,教育应当培养儿童的独立之心;要给儿童自己寻求独立的机会。当然,爱伦·凯并不是一味反对教育的干预,也强调儿童养成服从习惯的必要性,认为这对于儿童以后的发展和走向社会都是十分重要的。

三、儿童的自我发展与教育

儿童的个性发展与儿童的自我发展密切相关。为此,爱伦·凯十分重视和强调保护儿童的权利。在她看来,首先应保障作为未来母亲的妇女的权益,包括择偶权和选举权等。同时,妇女作为母亲应担负起抚养和教育儿女的责任,并提高自我发展的能力。爱伦·凯认为,家庭中的和谐诚挚的气氛、父母高尚的情操及其以身作则等,对儿童发展和权益是最好的保护和教育。为此,她设想不仅婴幼儿教育应由母亲负责,甚至未来的小学教育也应由家庭承担。关于儿童权利的保护,爱伦·凯一直给予重视,并积极参加保卫母亲和儿童权利的妇女运动,在出版《儿童的世纪》一书以后,她放弃了其他一切工作,全身心致力于宣传自己的主张。她曾指出,在未来社会的法规中,"第一位的和最重要的条款是儿童的权利"③。

关于促进儿童的自我发展,爱伦·凯提出了首先要了解儿童和尊重儿童的观点。她指出:"20世纪将成为儿童的世纪。它具体表现在两个方面:一是成人了解儿童的特点;二是成人注意保护儿童天真纯朴的个性。"④要了解儿童,就要认识到儿童对于人类的意义和价值。儿童是人类的希望和未来,是未来世界的主人;要保护儿童的纯洁天真,为儿童的发展创造一个自然、自由的环境;要关注教育的每一个细节,为儿童的自我发展提供好的条件。

---

① 雷蕾.爱伦·凯的儿童教育思想[D].上海:上海师范大学硕士学位论文,2011:24.
② 雷蕾.爱伦·凯的儿童教育思想[D].上海:上海师范大学硕士学位论文,2011:31.
③ 单中惠,刘传德.外国幼儿教育史[M].上海:上海教育出版社,1997:234.
④ 单中惠,刘传德.外国幼儿教育史[M].上海:上海教育出版社,1997:234.

要保护儿童，就要了解儿童、研究儿童。爱伦·凯十分重视对幼儿生理和心理发展的观察研究。她指出："幼儿心理之研究，开始于幼儿诞生时，继续在游戏中，在其工作中，在其休息中，而进行每日的比较研究，需要一个人的专门注意。"①在她看来，应该把保护儿童权利与对儿童的整个细心观察联系起来。

儿童有自我发展的能力，教育就要少干涉儿童。爱伦·凯指出，教育的干涉，无论是诉诸暴力还是说教，总是会削弱儿童的自我发展。儿童有属于自己的天地和世界，应当保护儿童的这个世界，让他们在属于自己的世界中自由地活动和发展。

同样，促进儿童的自我发展也要反对教育上的体罚。爱伦·凯指出，从人类社会的发展来看，文明与体罚是不相称的，现代文明和教育要反对体罚；从儿童的发展来看，他们难免会犯错误，但是用体罚解决不了问题；从教师的管理来看，教育儿童要依靠头脑，而不是靠手臂。体罚所唤起的是奴隶性格，不是自由精神。爱伦·凯的这些思想对于认识儿童发展与教育的关系，认识体罚对儿童的负面影响是有积极意义的。

总之，作为欧洲新教育的倡导者之一，爱伦·凯的学前教育思想，反映了新教育运动对传统旧教育的批判和对现代教育的向往。从爱伦·凯的思想倾向来看，首先，她不仅关注学前教育，也关注学校教育，且把学前教育与学校教育联系在一起，注重二者的统一性对儿童发展的影响。其次，她不仅关注学前幼儿教育，更强调学前家庭教育，反对模式化和形式化的学前教育，可以看出她对新教育造就身心健全、自由独立和富于创造精神新人目标的一种期盼。因此，她呼吁对儿童进行细致的观察和研究，倡导儿童的自由教育、个性教育和自我发展的教育，强调对儿童权利的保护，主张建立以儿童为中心的学校。这些都反映了她的思想进步的一面，具有重要的价值。当然，爱伦·凯的思想中也存在激进的一面。如在批判了幼儿园教育存在的问题后，就主张从幼儿园教育回到家庭教育，降低幼儿园在儿童发展方面的作用；在批判了传统旧学校弊端后，就要求废除班级制度、废除教科书、废除考试制度等。从现代教育的角度看，这些主张和观点是片面的。

第二节　蒙台梭利的学前教育思想

玛丽娅·蒙台梭利（Maria Montessori，1870—1952）是意大利著名的女教育家，1896年获得罗马大学医学博士学位。毕业后在罗马大学精神病诊所担任助教，并开始智力障碍儿童的问题研究。在实践中逐步形成了"儿童心理缺陷和精神病患主要是教育问题，而不是医学问题，教育训练比医疗更为有效"②的信念。转到正常儿童和学前教育研究后，蒙台梭利成为继福禄培尔以后这一时期的重要代表。她创办的"儿童之家"（The Children's Houses）、提出的新的儿童观、蒙台梭利方法，反映了她对这一时期社会和教育需求的理解，以及对儿童发展和教育问题的关注，对20世纪学前教育的发展产生了重要影响。蒙台梭利在研究儿童心理和进行教育实验的同时，写下了大量教育著作。如

---

① 单中惠，刘传德. 外国幼儿教育史[M]. 上海：上海教育出版社，1997：233.
② 〔意〕蒙台梭利. 蒙台梭利幼儿教育科学方法[M]. 任代文，译. 北京：人民教育出版社，2001：4.

《高级蒙台梭利教育法》《家庭中的孩子》和《童年的秘密》等。蒙台梭利晚年仍积极从事教育活动,曾在英国、印度和巴基斯坦主持教师培训学校的工作。1952年逝世于荷兰的阿姆斯特丹。

一、儿童发展观和教育观

蒙台梭利的儿童观和教育观是建立在对儿童进行研究的基础上的。她曾说过:"我所做的事情不过是研究了孩子们,把孩子们给我的东西表现出来了。"[①]在建立"儿童之家"时,蒙台梭利就强调,要把这个新的教育机构办成科学的实验教育学与儿童心理学的研究与实践场所。她认为,传统的儿童研究只是根据外部观察获得对儿童的认识,没有把儿童放在一个自由的环境中。通过建立"儿童之家",可以观察自由的儿童,抓住儿童的自由表现和愿望,建立科学的儿童心理学的结论。而传统的学校实践剥夺了儿童的自由,阻碍了他们的发展。这一时期,人类学、生理学、卫生学等理论的产生为蒙台梭利研究儿童提供了较好的条件,正是在这样的基础上,蒙台梭利形成了自己的儿童发展观和教育观。

(一)儿童发展观

受以前和同时代教育家、心理学家观点的影响,蒙台梭利认为,儿童的发展是一种内在生命潜力的发展,是一种实体化的发展。儿童的发展存在四个显著的特征。

1. 儿童发展的"精神胚胎期"

蒙台梭利认为,人类有两个胚胎期:一个是在母体内生长发育的过程,可称为"生理胚胎期",是人与动物共有的。另一个则是人类特有的"精神胚胎期",具体表现在从出生到婴儿期阶段。她认为这个时期是儿童精神的形成时期。因此,人的生命与其他所有的生命有所不同。他的能力既不是动物能力的延续,也不是动物能力的派生。应该给予儿童的最重要关怀是精神生活的关怀,而不仅仅是肌体的关怀。[②] 儿童的发展主要是精神的发展。

2. 儿童发展的心理吸收力

蒙台梭利认为尽管这一时期的儿童显得孤弱,缺乏经验,但是儿童所拥有的发展潜力可以使他能够很快适应外部世界,并且保护自己。蒙台梭利认为,婴幼儿有一种自发的心理,能够积极地从外部世界获得各种印象,并进行一定选择的吸收。这种心理称为"吸收心理"(absorbent mind),即儿童能通过与周围环境的密切接触和情感的联系,获得各种印象和文化,从而形成心理、个性和一定的行为模式。蒙台梭利认为,这是一种"能够吸收知识的心理,他们能够自己教自己"。[③] 这种心理可以使孩子能够自如地模仿成人,即使没有人专门教,他们也能够学会许多东西。

3. 儿童发展的关键期

蒙台梭利认为,在儿童心理的发展中会有各种关键期,这种关键期也被称为敏感期。

[①] 〔日〕梅根悟.世界幼儿教育史(下册)[M].刘翠荣,等译.长春:吉林人民出版社,1986:12.
[②] 〔意〕蒙台梭利.蒙台梭利幼儿教育科学方法[M].任代文,译.北京:人民教育出版社,2001:391-392.
[③] 〔意〕蒙台梭利.蒙台梭利幼儿教育科学方法[M].任代文,译.北京:人民教育出版社,2001:337.

它与儿童的发展密切联系,并在不同的阶段表现出一种特殊的敏感性,过了特定的时期,其敏感性则会消失。① 正是这种敏感性使得儿童在一定时期容易学会一样事情。根据对儿童的观察和实验,蒙台梭利提出了儿童的敏感期的区分。她认为儿童从出生到5岁是感觉的敏感期;秩序的敏感期是从1岁到4岁左右;语言的敏感期是在出生后两个月到8岁;动作的敏感期是从出生到5岁。② 蒙台梭利相信儿童在每个特定时期都有一种特殊的感受能力,这种感受能力促使他对环境中的某些事物比较敏感。

4. 儿童发展的连续性和阶段性

蒙台梭利认为,儿童的发展具有连续性。同时在儿童发展中的每个阶段,儿童均有其特定的身心特点,前一个阶段的发展又为下一阶段奠定基础。她将儿童心理的发展分为三个阶段,并指出了每个阶段的特点和活动内容。③

第一阶段(0—6岁),是儿童个性形成的重要时期。其中又分为心理的胚胎期(0—3岁)和个性的形成期(3—6岁)。在心理胚胎期,儿童主要借助有吸收力的心理来适应生活,依靠敏感性,无意识地去感受周围环境中的各种事物。在个性形成期,儿童能够主动地利用环境,将无意识获得的东西进行有意识的加工。

第二阶段(6—12岁),是儿童增长学识和才能的时期。主要特征是:儿童发展有了很大的稳定性,开始具有抽象思维的能力,产生道德意识和社会感,并要求离开过去狭小的生活圈子。在这一时期,儿童的教育要有相应的改变,应从感觉训练转向抽象的智力活动。

第三阶段(12—18岁),儿童进入青春期,身心有了更大改变,有了自己的理想,产生了爱国心和荣誉感,能根据自己的兴趣探索事物。可以对他们进行像成人那样的思想教育。

蒙台梭利儿童发展观的核心是:重视儿童的精神发展,特别是儿童早期精神的发展。儿童是有自己个性和思想的人。儿童的心理发展具有关键期,教育要关注儿童发展不同阶段的敏感期,促进儿童各种能力的发展。要重视儿童发展的连续性和阶段性,关注不同阶段的特点和教育内容。同时,儿童心理的发展必须依靠环境和教育进行及时、合理的安排。

(二) 儿童教育观

蒙台梭利的儿童教育观就是自由教育观。蒙台梭利认为,教育的首要任务是激发儿童的内在潜力,使之获得自由的展现和自然发展,目的是培养"独立、自主"的精神和善于工作的人。蒙台梭利的教育观主要体现在以下几个方面。

1. 儿童自由表现是自由教育的根本

蒙台梭利指出,促进生命,让它自由地发展,这是教育的首要任务。旧学校里的"儿童如同被针钉住的蝴蝶一样,被钉在各自的座位上,钉在课桌旁,张开着他们所得到的乏

---

① 〔日〕梅根悟.世界幼儿教育史(下册)[M].刘翠荣,等译.长春:吉林人民出版社,1986:13.
② 周采,杨汉麟.外国学前教育史[M].第2版.北京:北京师范大学出版社,2012:220.
③ 周采,杨汉麟.外国学前教育史[M].第2版.北京:北京师范大学出版社,2012:221.

味的、没有意义的知识的翅膀,然而这翅膀已失去了作用"①。新教育的基本原则必须是学生的自由,这种自由将能够允许发展每一个儿童本性的自发表现。

2. 自由教育需要与纪律教育协调

蒙台梭利认为:"自由和纪律是同一事物不可分离的部分。"②只要儿童没有侵害他人的利益,他们所有的自由活动都应该允许。当然,自由活动并非是放纵和无限制的。给儿童以极大的活动权利,并不意味着允许儿童可以任意妄为。不过,蒙台梭利也指出:"纪律必须通过自由获得。"③当一个人是自己的主人,在需要遵从某些生活准则时,他就能够节制自己的行为,他就是一个守纪律的人。

3. 自由教育也是儿童的自我教育

蒙台梭利认为,自由教育最重要的原则是让儿童自己能够进行自由的选择。应当允许儿童自由地选择教具和工作,以满足他们的内心需要。在蒙台梭利看来,儿童的这种自由教育也是他的自我教育。

4. 自由教育要培养儿童的独立性

蒙台梭利指出:"谁若不能独立,就谈不上自由。"④必须引导儿童个体自由的最初的积极表现,使儿童可能通过这种活动走向独立。她认为,应当让儿童有这样的认识,"我不希望别人服侍我,因为我并非无能"⑤。她指出,总是习惯于服侍孩子,为他们去做一切,容易窒息孩子的自发活动。不动手做的孩子是不知道如何去做的。

蒙台梭利的自由教育观的核心就是要促进儿童的自由发展,同时也要形成对自己行为的约束。蒙台梭利的自由教育观反映了20世纪初期现代教育家在学前儿童发展与教育约束问题上的辩证思考,这一思想在今天仍然具有重要的价值。

二、"儿童之家"的管理和教学

蒙台梭利早期从事智力障碍儿童研究和教育,1901年她把研究转向幼儿教育,开始把3—6岁幼儿作为研究的对象。1907年,她开办了"儿童之家",并在"儿童之家"中把自己的思想和方法应用于幼儿教育实践中并取得了成功,引起了社会的关注。

(一)"儿童之家"的管理

蒙台梭利认为,儿童最初几年的生活是非常重要的。出生至6岁是儿童性格形成的时期;所有的社会和道德习惯也都在幼儿期形成。因此,必须为儿童的发展设置一个适当的环境。但是家庭、学校和社会都没有形成帮助幼儿发展的教育制度,而且还有许多对儿童发展的限制。而"补救"的办法就是建立一个为儿童心智发展服务的"儿童之家"。它可以密切学校与家长的联系,有助于妇女外出工作,促进家庭教育的社会化。

---

① 〔意〕蒙台梭利.蒙台梭利幼儿教育科学方法[M].任代文,译.北京:人民教育出版社,2001:61.
② 赵祥麟.外国现代教育史[M].上海:华东师范大学出版社,1987:133.
③ 〔意〕蒙台梭利.蒙台梭利幼儿教育科学方法[M].任代文,译.北京:人民教育出版社,2001:112.
④ 〔意〕蒙台梭利.蒙台梭利幼儿教育科学方法[M].任代文,译.北京:人民教育出版社,2001:119.
⑤ 〔意〕蒙台梭利.蒙台梭利幼儿教育科学方法[M].任代文,译.北京:人民教育出版社,2001:120.

关于"儿童之家"的管理,蒙台梭利制定了如下的章程和规则。①

罗马住宅改善协会在贫民住宅楼内＊＊号建立"儿童之家",凡居住于该楼家庭的儿童均可以入学。

"儿童之家"的主要目的:为那些外出工作不能照顾孩子的父母提供免费服务。

"儿童之家"根据儿童的年龄特点进行教育,增进健康,促使身心的协调发展。

"儿童之家"设女指导员、医生、保育员各一名。

"儿童之家"的工作程序及时间表由教师安排。

凡本楼3—7岁儿童均可入"儿童之家"。

凡愿意把自己的孩子送入"儿童之家"享受这种优惠的父母,无须缴费,但必须承担下列义务。

(1) 家长必须按规定时间把孩子送入"儿童之家",儿童的身体、衣着必须整洁,并配合适围裙,否则教师和保育员可以拒绝接收。

(2) 家长对指导员和"儿童之家"的其他工作人员应给予最大的尊重。在儿童教育方面与指导员密切合作。母亲每周必须去"儿童之家"一次,与指导员交谈,向指导员提供孩子在家中的表现,听取指导员的有益建议。

凡属下列情况者"儿童之家"可将孩子除名:

(1) 父母将孩子送进"儿童之家"时,未曾梳洗,衣着不整洁;

(2) 屡教不改者;

(3) 父母不尊重"儿童之家"的指导员和工作人员,或父母不良行为破坏"儿童之家"的教育工作。

从这些规章制度可以看出,蒙台梭利"儿童之家"的创办是面向贫困家庭的孩子的。因此,这些规章制度也对他们提出了许多比较严格的要求。反映出早期面向贫困家庭孩子的学前教育体现了更多的注重孩子行为规范、服从、守秩序的特点。

(二) "儿童之家"的教学

为了保证儿童在"儿童之家"能够得到最大限度的发展,蒙台梭利非常重视教学工作,并设计了蒙台梭利教具。这些教具包括:(1) 以感觉训练为目的的教具。如使用三套大小不同的插入式圆柱和圆台,适合2岁半到3岁的幼儿。任务就是让儿童根据圆柱的大小把圆柱插入圆台的洞中,以训练幼儿的视觉;还有如粉红色的塔,任务是把10个木制的立方体胡乱地放在垫子上,让儿童把它们按照大小堆积起来成为一个塔,以训练幼儿掌握识别大小的能力。(2) 以写、算和其他为目的的教具。如贴有沙纸的文字卡片;从球形纸上剪下的大小不同的两组罗马字母;贴有沙纸的数字卡片等。教学时可以让儿童感觉沙纸的粗细,同时可以学习文字和数字。②

在"儿童之家"里,作为指导者的教师,主要是观察孩子,帮助他们进行自发的活动。在教学上,"儿童之家"不采取同时授课、同时作业的方式,也不按照幼儿年龄编班,而是

---

① 〔意〕蒙台梭利.蒙台梭利幼儿教育科学方法[M].任代文,译.北京:人民教育出版社,2001:101.
② 〔日〕梅根悟.世界幼儿教育史(下册)[M].刘翠荣,等译.长春:吉林人民出版社,1986:7.

给孩子充分时间,让他们从事各种学习和训练活动。下面是一份"儿童之家"冬季的作息时间表。

上午9:00开门—下午4:00关门。

9:00—10:00 进门,问候。个人卫生检查,实际生活的练习,互相帮助脱衣,穿戴围裙。查看教室是否整洁。语言、会话课:孩子报告说前一天的活动。宗教练习。

10:00—11:00 智力练习,实物课,中间有短暂休息。物品名称练习,感觉练习。

11:00—11:30 简单体操:优美地做各种规定动作,体态正常;列队行走,敬礼,立正,轻放物品。

11:30—12:00 午餐,餐前祈祷。

12:00—下午1:00 自由游戏。

下午1:00—2:00 有指导的游戏,尽可能在室外进行。此时,较大的孩子轮流进行实际生活练习:打扫教室,掸除灰尘,整理摆放教材。清洁大检查。会话。

下午2:00—3:00 体力劳动,黏土造型,作图等。

下午3:00—4:00 集体体操及唱歌,尽可能在室外进行。培养制订计划的能力的练习。参观、照管动植物。[①]

从这份冬季作息时间表可以看出,蒙台梭利"儿童之家"的教学比较注重教师指导下的幼儿练习和学习,以及幼儿行为习惯和规范的养成。

(三)"儿童之家"的教育方法

在《蒙台梭利幼儿教育科学方法》一书中,蒙台梭利专门谈了"儿童之家"的教育方法。在她看来,儿童之家的教育方法是基于教育科学的方法,主要是观察记录儿童的成长,为儿童的发展创设良好的、适宜儿童成长的环境。

在"儿童之家"创立的过程中,欧洲实验心理学已经对蒙台梭利产生很大影响,因此她非常重视利用建立在实验心理学基础上的儿童心理学来研究和观察儿童。她认为,儿童心理学只有通过外部观察才能建立,才能了解儿童的心理。她坚信德国心理学家冯特的观点,"实验心理学的一切方法可归结为一个方法,即对实验对象进行详细的记录观察"[②]。

如何观察儿童,蒙台梭利主张使用人类学的方法,在"儿童之家"定期对儿童的身体发育情况进行观察和记录。她设计了一个人体测量仪,用来测量儿童的身高和坐姿高,每月(在孩子的满月日那天)给孩子测量一次,以尽可能准确掌握儿童发育与年龄的关系。关于孩子体重的测量,"儿童之家"每星期安排一次,主要是在孩子洗浴前进行测量。蒙台梭利指出,这些人体测量项目是每个教师必须掌握的,也是学校要切实进行测量的项目。其他的测量还有内科医生的检查。此外,蒙台梭利还设计了带有表格的体检卡,以便于医生和女教师独立使用。体检卡包括两个部分,在基本情况部分包括父母的姓名、年龄、职业、详细遗传情况;在本人情况部分包括儿童的身高、体重、胸围、坐高、身高

---

① 〔意〕蒙台梭利.蒙台梭利幼儿教育科学方法[M].任代文,译.北京:人民教育出版社,2001:136.
② 〔意〕蒙台梭利.蒙台梭利幼儿教育科学方法[M].任代文,译.北京:人民教育出版社,2001:102.

指数、体重指数、头部(包括周长、前后直径、左右直径、头部指数)、身体素质情况、肌肉情况、肤色、发色等,最后是评语。①

蒙台梭利指出,对儿童进行体检也可以起到教育作用。当孩子离开"儿童之家"时,他就可以确切回答这样一些问题:"你的生日是星期几?你的生日是几月几日?什么时候是你的生日?"通过这些测量,可以养成孩子们有条理的习惯,尤其是观察自己的习惯。②

蒙台梭利也非常重视"儿童之家"的环境设置。她认为,环境教育也是一种教育手段。"儿童之家"有一个带有花园的宽阔广场,它和教室直通,儿童可以随便自由进出。"儿童之家"取消了一般的课桌、长凳或固定的椅子,而设置了既稳定又轻便的八边形和八条腿的桌子,两个4岁的孩子可以不费力地搬动它。她还设计了一些木制的小椅子,也方便儿童使用。教室中还设有很低的盥洗架,3岁的孩子也能使用。每个教室还有一排装教具的柜橱,橱门易开,孩子们自己照管教具。教室里还有许多黑板,挂得较低,最小的孩子也能在上面画和写。黑板上端的壁上挂着一些优美图画,可以引起孩子的兴趣。

与传统教育反对孩子在学校里到处乱跑的方法不同,蒙台梭利认为,传统教育的方法是基于一种奇怪的想法,即认为孩子应当在待着不动中长大。蒙台梭利指出,这是不利于儿童自由发展的。在"儿童之家"里,小桌子、小椅子都很轻巧,易于搬动;而且也允许孩子选择最舒适的坐姿,各自可以舒适地坐在座位上。蒙台梭利认为,这不仅是一种外部自由的象征,而且还是一种教育的手段。例如,如果一个孩子由于行动笨拙把椅子弄翻了,倒在地板上,说明他还缺乏能力;如果有孩子被绊倒于固定的板凳之间,便不会引起人们的注意。蒙台梭利指出,所有孩子都有纠正自己行为的一些方式,一旦他纠正了自己的行为,就证明他的能力已提高了,学会了支配自己的行动。蒙台梭利指出,"儿童之家"的这种做法与传统教育中让孩子一动也不动,并绝对保持安静的做法是完全不一样的。在"儿童之家"里,儿童所获得的行动能力,将受用终生。③

(四)"儿童之家"与"幼儿园"的比较

如何认识蒙台梭利的"儿童之家",日本学者比较了它与福禄培尔"幼儿园"的异同。首先,二者的相同点都是不用读物,都把使用玩具教学作为活动中心的作业。但不同点是福禄培尔的幼儿园比较注重幼儿想象的游戏、故事、诗歌的朗读等,而这些在"儿童之家"是不被重视的;相反,"儿童之家"重视使用教具的感觉训练、读写算的练习,以及实际生活的练习等。其次,幼儿园一般是作为中等以上家庭子弟的教育机构,保育时间短;而"儿童之家"则是为下层家庭儿童考虑的,保育时间长。只是到了后来,"儿童之家"也开始普及到中等阶层,保育时间也缩短了。④

美国学者也对蒙台梭利"儿童之家"与福禄培尔的幼儿园进行了比较。首先,二者相

---

① 〔意〕蒙台梭利.蒙台梭利幼儿教育科学方法[M].任代文,译.北京:人民教育出版社,2001:106.
② 〔意〕蒙台梭利.蒙台梭利幼儿教育科学方法[M].任代文,译.北京:人民教育出版社,2001:106.
③ 〔意〕蒙台梭利.蒙台梭利幼儿教育科学方法[M].任代文,译.北京:人民教育出版社,2001:107-110.
④ 〔日〕梅根悟.世界幼儿教育史(下册)[M].刘翠荣,等译.长春:吉林人民出版社,1986:11.

同点都是捍卫儿童积极活动的权利,让儿童通过各种形式的研究和创造性的努力,去探索他们周围的环境,发展其内在潜力。不同的是幼儿园采取分组教学,而"儿童之家"不采取分组教学;分组教学容易让孩子参与共同的练习,但可能忽略每一个孩子的实际需要和爱好。其次,二者都主张对儿童进行感官训练,但是蒙台梭利的教具设计比福禄培尔更详尽、更直接。不过,也有美国学者指出,蒙台梭利的体系与保守幼儿园(不是自由幼儿园)是一致的,即直接为学校进一步学习和掌握各种技能做准备。蒙台梭利在教儿童阅读、书写、计算方面设计了一套卓有成效的方法,而且也制作了许多很好的儿童早期计数的教具。[①]

三、学前教育的内容和方法

在批判旧教育的过程中,蒙台梭利明确提出,要为儿童准备一个适合儿童的好的环境,让儿童在这个环境中自由活动和自我发展。蒙台梭利总结了开办"儿童之家"的经验:一是儿童的教育环境应当是自由的,以便儿童创造自我和实现自我。二是儿童的教育环境是有秩序的,以使儿童形成有秩序生活的习惯。三是儿童的教育环境应当是愉快的、适合儿童特点的,以吸引儿童使他们全身心地投入到活动中。正是在这个基础上,蒙台梭利形成了关于学前教育与训练相结合的内容和方法。需要指出的是,蒙台梭利的学前教育内容与方法是密切联系的,也是一致的,如教育环境、感觉训练、体操训练等,它们既是内容也是方法。

(一)感觉训练

感觉训练是蒙台梭利"儿童之家"的重要特色,也是蒙台梭利学前教育最重要的内容和方法。蒙台梭利指出:"在实验教育学的方法中,感觉训练无疑起着最重要的作用。"[②]蒙台梭利在评论进行感觉训练的原因时指出:一是感官比高级智力活动发展早,3—7岁的孩子正处在感官的形成期,需要及早训练。二是感官是儿童智力发展的基础,对感官进行刺激、训练,可以帮助感官得到合理的发展。三是通过感觉训练可以发现并纠正学校里现在尚未发现的缺陷,如耳聋、近视等缺陷。四是感觉训练可以把人培养成为一个观察者,不仅能够为智育做准备,也是为实际生活做准备。[③]

蒙台梭利的感觉训练主要包括视觉、听觉、嗅觉、味觉及触觉的训练。在"儿童之家"里,蒙台梭利针对儿童的感官发展设计了多种教具。这些教具的特点是:一是根据用途不同分为不同种类,每一类教具都由若干部分组成。所有部分除了大小、重量有差异外,其余性质相同。二是每种教具专门训练儿童一种感官。例如,为了训练触觉,要求儿童将眼睛蒙上,或者在暗室中操作触觉教具,以排除视觉的干扰。三是教具能控制儿童出现使用不当的错误。即使儿童在操作过程中能根据教具的"暗示"进行"自我教育",一旦使用不当,就要重新开始,直到正确为止。如让孩子用圆柱去插带有圆孔的板子,孩子可

---

① 〔意〕蒙台梭利.蒙台梭利幼儿教育科学方法[M].任代文,译.北京:人民教育出版社,2001:10-12.
② 〔意〕蒙台梭利.蒙台梭利幼儿教育科学方法[M].任代文,译.北京:人民教育出版社,2001:169.
③ 〔意〕蒙台梭利.蒙台梭利幼儿教育科学方法[M].任代文,译.北京:人民教育出版社,2001:207-209.

以根据自己的判断进行尝试。如果剩下一个大的圆柱和一个小的圆孔,那就要重新开始。①

(二)智力教育

蒙台梭利指出,智力教育与感觉训练是密切联系的。正确的感觉训练会有助于智力教育,感觉训练的目的是"把儿童引向概念"。②即引向智力教育;智力教育是感觉训练的目的。蒙台梭利认为,感觉训练不是目的,教师必须引导孩子从感觉走向概念,从具体到抽象,到概念之间的联系。在智力教育问题上,蒙台梭利提出一个重要的观点,即"隔离"孩子的注意力。即在进行教学时,教师可以采用一定的方法使孩子的注意力固定在某一知觉上,使他集中到课程的内容上。③蒙台梭利指出,智力教育的主要工作之一就是教授准确的名词术语。为此,她提出三点要求:一是教师教授的名称必须简单,使孩子能够把名称与物体对应起来。二是教师必须随时考查,应在教授名称之后,让孩子沉默一会儿后再进行。三是如果孩子没有犯什么错误,教师可以唤起和这一物体概念相关的活动,让孩子说出名称。④

在智力教育上,蒙台梭利也重视儿童的写字练习。她曾说过,许多母亲请求她教孩子学习写字。理由是"儿童之家"已经使孩子变得懂事了,很容易学会许多东西,如果教孩子读和写,他们也会很快学会,而且可以为以后上小学减轻负担。于是,"儿童之家"进行了儿童读和写的训练。经过几个月的学习,"儿童之家"中的两个4岁孩子已经达到当时小学三年级的书写水平。⑤这个例子说明,蒙台梭利的学前教育比较重视与小学衔接的写字练习,目的是为儿童的进一步发展打下基础。

(三)实际生活的训练

实际生活的训练主要是日常生活的练习。为此,蒙台梭利为"儿童之家"制定了作息时间表(参见本书第259页内容),以安排每天的活动。在"儿童之家"里,她认为首先是唤起儿童,唤起儿童的注意力,唤起他们的内在生命,唤起他们和别人一起生活的能力。

实际生活训练包括清洁、秩序、安静、会话四个方面的内容。每天孩子一到校,就进行个人清洁检查,包括检查手、指甲、耳朵、牙齿,也注意头发是否整洁。如果衣服已破、撕坏或肮脏,缺少纽扣,鞋子不干净,即提醒孩子注意。这样会使孩子养成观察自己、随时注意自己仪表的习惯。"儿童之家"的孩子轮流洗澡,洗澡时可以帮助孩子学习如何洗手和清理指甲。有时还教他们洗脚;教他们小心洗耳朵和眼睛;教他们认真刷牙、漱口;教大的帮小的,鼓励孩子更快地学会照料自己。在蒙台梭利看来,通过日常生活技能的练习,可培养出儿童自我料理的能力,从而有助于儿童独立性的形成。

个人清洁检查后,孩子们都自己或者相互戴上小围裙。教师教孩子们打扫教室的各个角落,教孩子如何使用打扫房间的各种工具,如抹布、刷子和小笤帚等。然后,孩子们

---

① 〔意〕蒙台梭利.蒙台梭利幼儿教育科学方法[M].任代文,译.北京:人民教育出版社,2001:171.
② 〔意〕蒙台梭利.蒙台梭利幼儿教育科学方法[M].任代文,译.北京:人民教育出版社,2001:214.
③ 〔意〕蒙台梭利.蒙台梭利幼儿教育科学方法[M].任代文,译.北京:人民教育出版社,2001:214.
④ 〔意〕蒙台梭利.蒙台梭利幼儿教育科学方法[M].任代文,译.北京:人民教育出版社,2001:215-216.
⑤ 〔意〕蒙台梭利.蒙台梭利幼儿教育科学方法[M].任代文,译.北京:人民教育出版社,2001:247.

走向各自的座位,教师向他们讲解每个人坐在座位上的正确姿势,保持安静,脚放在地板上,手放在桌子上,头保持端正。这样教孩子保持安静和沉着。然后让孩子起立唱圣歌,教他们起立和坐下时不发出声响。

此后再让孩子进行一系列的举止文雅的练习,来回走动,相互敬礼,小心地拿起东西,有礼貌地相互授受物品。蒙台梭利认为,这些训练是"儿童之家"自由教学的起点。在这个起点上,教师可以与孩子们谈话,孩子报告自己的行为、游戏和对父母的态度等。蒙台梭利认为,以这种谈话的方式可以促进孩子语言能力的发展,并有很大的教育意义;可以教育孩子知道哪些是想让他们知道的事情,哪些是公众的事情,哪些是个人家庭的事情。对于这些话题,蒙台梭利建议鼓励孩子自己讲述。在结束谈话以后再进行其他课程的学习。

蒙台梭利关于实际生活的练习主要是让孩子认识社会生活的多方面,通过交流和相互帮助,养成好的习惯,引导孩子走向"自律"或者"自治",使孩子做好进行社会生活的准备。

蒙台梭利的"儿童之家"实践和学前教育思想是建立在实证主义基础上的。其主要特点是从儿童实际出发,去掉一切关于儿童先入为主的看法,通过观察、记录,用所获得的数据来认识和教育儿童。因此,在蒙台梭利看来,她的学前教育学是科学的教育学,也是观察儿童的实验教育学。但要观察儿童,就必须使儿童从各种束缚中解放出来,使他们能够自由地活动和发展,通过儿童的自由活动来获得对儿童的认识。从这个意义上说,蒙台梭利的学前教育学也是儿童自由发展和教育的教育学。儿童的自由发展和科学教育是蒙台梭利学前教育思想的核心。她的其他教育观和学说可以说都是这一观点推论的结果。

当然,蒙台梭利幼儿教育方法在传播过程中也曾遭到批判和引起争论。不过,自20世纪60年代起,她的体系又重新受到重视。可以这样说,如同杜威一样,只要现代教育中还有旧教育对儿童的束缚,对旧教育的批判就永远存在,蒙台梭利的学前教育思想也就具有价值。直到现在,蒙台梭利仍然是学前教育领域和实践中影响较大的教育家之一。

第三节 杜威的学前教育思想

约翰·杜威(John Dewey,1859—1952)是20世纪前期最伟大的教育家之一,也是美国实用主义哲学家和教育家。杜威的实用主义哲学是美国民主主义、社会改良主义和科学精神三者结合的产物。在长达90多年的生涯中,杜威投身于社会的改革并把教育作为他改良社会的切入点。他把哲学、心理学与教育学结合起来研究教育问题,并通过芝加哥实验学校的实践,形成了较为完整的教育理论。20世纪初期的美国也是进步主义教育运动的盛行时期,杜威直接参与这一运动,并成为该运动的思想领袖。杜威最有影响的代表作是1916年的《民主主义与教育》,这一著作与柏拉图的《理想国》、卢梭的《爱弥儿》一起,被认为是人类教育发展的三个里程碑。杜威也关注学前教育,并把学前教育作为整个教育体系的有机组成部分,对学前教育的问题进行了试验和研究,提出了许多重要的见解。杜威的学前教育思想主要反映在他的《明日之学校》《民主主义与教育》等著作中。本节主要内容包括杜威的儿童中心观,以及关于学前教育的论述。

一、杜威的"儿童中心观"

杜威的儿童中心观主要反映在《我的教育信条》(1897)、《学校与社会》(1899)、《儿童与课程》(1902)、《明日之学校》(1915)、《民主主义与教育》(1916)等著作中,主要包括以下内容。

(一)儿童发展是主动的,是教育的中心

杜威指出,把儿童看成被动的个体,是历史上"身心二元论"的反映。在早期,人们认为儿童在获取知识方面,心灵活动是主动的,身体活动是被动的。"前者被认为是纯粹理智的认识因素;后者则被认为是一个不相关的、起干扰作用的物质因素。"① 教育应严格控制儿童的身体,以防止其干扰心灵的求知活动。以后受机械经验论的影响,人的心灵活动也成为被动的了。机械经验论认为,在获取知识方面,人的心灵纯粹属于受纳的性质。心灵愈是被动,实物愈能对心灵有深刻的印象。而心灵愈是主动,它将在求知的过程中毁坏真正的知识,反而不能达到目的。② 结果,儿童的学习成为被动掌握知识的过程;教师和教科书成了学校教育的中心。

杜威认为,这种把儿童的发展看成被动的观点是违反儿童本性的。在《学校与社会》中,杜威明确提出了"儿童中心"的思想。杜威批评旧教育的"重心在教师,在教科书以及你所喜欢的任何地方,唯独不在儿童自己的直接的本能和活动上"③。而现在教育正在发生一种变革即重心的转移。这是"一场革命,一场和哥白尼把天体中心从地球转到太阳那样的革命。在这种情况下,儿童变成了太阳,教育的各种措施围绕着这个中心旋转,儿童是中心,教育的各种措施围绕着他们组织起来"④。

(二)儿童的发展不仅是主动的,其活动也具有创造性

在《民主主义与教育》一书中,杜威在许多地方论及了"创造性"并高度评价了儿童的"创造性"活动。杜威认为:"创新以及有发明意义的筹划,乃是用新的眼光看这种事物,用不同的方法来运用这种事物。"⑤ 杜威在分析了儿童的活动特点后指出:"在教育上可以得出的一个结论就是:一切能考虑到从前没有被认识的事物的思维都是有创造性的。一个三岁的儿童,发现他能利用积木做什么事情;或者一个六岁的儿童,发现他能把五分钱加起来成为什么结果,即使世界上人人都知道这种事情,他也是个发现者。……如果创造性一词不被误解的话,儿童自己体验到的快乐,就是理智的创造性带来的快乐。"⑥

---

① 〔美〕约翰·杜威.民主主义与教育[M].王承绪,译.北京:人民教育出版社,1990:149.
② 〔美〕约翰·杜威.民主主义与教育[M].王承绪,译.北京:人民教育出版社,1990:282.
③ 〔美〕约翰·杜威.学校与社会·明日之学校[M].赵祥麟,等译.北京:人民教育出版社,2005:43.
④ 〔美〕约翰·杜威.学校与社会·明日之学校[M].赵祥麟,等译.北京:人民教育出版社,2005:44.
⑤ 〔美〕约翰·杜威.民主主义与教育[M].王承绪,译.北京:人民教育出版社,1990:169.
⑥ 〔美〕约翰·杜威.民主主义与教育[M].王承绪,译.北京:人民教育出版社,1990:169.

(三) 每个儿童都具有创造性

杜威批评了传统教育关于"只有少数人具有创造性"的观点。指出传统教育关于一般儿童和天才儿童之间的不同,在于一般儿童缺乏创造性的推断,"纯属虚构"。"一个人的能力怎能和另一个人的能力在数量上进行比较。……心智,个人的方法,创造性表示有目的的或有指导的活动的性质。如果我们照这个信念去做,即使按传统的标准我们也将获得更多的创造性。如果我们把一个所谓统一的一般的方法强加给每一个人,那么除了最杰出的人以外,所有的人都要成为碌碌庸才。"[①]传统教育的突出问题是把创造性只限定在少数天才儿童身上,忽视了大多数儿童的发展。

总之,杜威儿童中心观的核心是把儿童放在重要的位置上,强调儿童的主动性和创造性,形成了与旧的学校教育截然不同的观点,这对于认识杜威的学前教育思想具有重要的意义。

二、论幼儿教育的特点

杜威的幼儿教育思想是依据他在芝加哥实验学校实验基础上形成的,主要体现在杜威的《学校与社会》和《明日之学校》的著述中。另外,也在杜威同事所写的《杜威学校》一书中有所反映。按照杜威的设计,芝加哥实验学校是按照统一的原则组织教育,并把它的种种因素结合起来的。实验学校的教育从4岁的幼儿开始,注重与生活相关的教育,其目的是把教育作为一个整体与日常生活有机地联系起来。

从这里可以看出,杜威十分注重儿童教育的总体设计,使学前教育与学校教育相衔接,给儿童发展提供连续的环境。杜威的学前教育思想主要包括以下几个方面。

(一) 幼儿教育不同于一般的教育

杜威认为,一般的教育主要是"引出",当然如果这种教育是与"注入式"过程相对而言的话,那是一种好的教育。但是要把"引出"的教育与幼儿活动联系起来是困难的,因为幼儿主要是通过各种活动接受教育的。幼儿不单纯是需要成人向他提出强烈的告诫,以便逐步把潜藏着的活动的幼芽引发出来的处于休眠状态的人。幼儿教育的主要工作是抓住他的活动并给予指导;通过指导,通过有组织的运用,它们就会朝着有价值的结果前进而不致成为散乱的,或听其流于仅仅是冲动性的表现。[②] 杜威在这里强调的是,幼儿有潜在发展的冲动和兴趣;幼儿教育需要把这些冲动和兴趣引导到具有一定设备和材料的路径上来,使它得到一定训练,并最终能够实现或者满足他的需要。

(二) 幼儿是通过活动、训练,满足本能需要并获得知识的

杜威描述了这个过程:由于要满足幼儿的冲动,他就要努力工作,要努力工作就会碰到障碍,他就要熟悉材料,运用独创性、忍耐性、坚持性、机智。这个过程包含训练,并提供知识。杜威还举例说,如果一个孩子只是想煮一个鸡蛋,因而把它放在水里煮三分钟,叫他取出时他就取出,这是没有教育性的。但是,如果一个孩子由于认识了煮鸡蛋的事

---

① 〔美〕约翰·杜威.民主主义与教育[M].王承绪,译.北京:人民教育出版社,1990:183-184.
② 〔美〕约翰·杜威.学校与社会·明日之学校[M].赵祥麟,等译.北京:人民教育出版社,2005:42.

实、材料和所包含的条件而实现他自己的冲动,然后按照那种认识去调整他的冲动,这就有了教育性。这就是引起或者满足一种兴趣和通过对兴趣的指导实现它这二者之间的区别。① 在杜威看来,对儿童的兴趣进行指导并且实现它,是幼儿教育的主要目的。

(三) 幼儿教育要认识幼儿的四种本能

它们包括社交的本能、探究和发现的本能、制作的本能,以及艺术的本能。杜威认为,这些本能和兴趣是自然的资源,儿童的积极生长依赖于对它们的运用。教育者应该对儿童的这些兴趣加以激发并把它们引发出来,掌握它和指导它,使它成为了解人类进步的一个手段。在杜威看来,激发儿童的兴趣需要依托幼儿教育课程的开设,是随着儿童需要的不同,边实验边进行的。例如,儿童想要了解原始的石制箭头,就需要测试材料的脆性、形状、结构等。当他们检验各种不同的石头,去发现哪一种适合这个目的时,就可以为儿童开设一堂矿物学的课;儿童对铁器时代的讨论并提出建造土制熔炉的要求,就需要进行关于制图和燃烧性质的教学。②

(四) 幼儿园教育要与生活相结合

杜威指出,从幼儿教育的历史上看,幼儿园教育出现了与儿童的生活和需求相隔离的问题。杜威分析了当时存在的幼儿园机构及其理论基础,指出 20 世纪兴起的幼儿园是保育室和谢林哲学结合的产物,是母亲为她的孩子们进行的游戏和运动与谢林的高度浪漫主义和象征主义哲学结合的产物。结果是在幼儿园与学校之间造成了隔离,幼儿园进行的是道德教育,学校进行的是教学或训练。③ 如何解决这个问题,杜威为实验学校设计了第一阶段 4—7 岁的学前幼儿教育。在这一阶段,儿童是以直接的社会兴趣和个人兴趣为特征的,主要是从学生自己的社会环境中的生活状况选择教材,让他们自己重演接近于社会方式的事情,如游戏、竞赛、作业或微型工艺、讲故事等。

总之,杜威认为幼儿教育的基本特点是:幼儿教育不是"引出"式教育,更不是"注入式"教育。幼儿教育要发现儿童的本能和兴趣,通过对各种活动给予指导,并通过有组织的运用,最终帮助他们满足其需要。杜威指出,现代教育必须关注幼儿发展的特征,为满足其发展需要提供合适的环境,并根据对幼儿发展的理解进行恰当的教育。

三、幼儿教育教材和方法

杜威在《学校与社会》一书中通过分析福禄培尔的教育原理,提出了关于幼儿教育教材和方法的问题。杜威指出,芝加哥实验学校在一定程度上贯彻了福禄培尔的教育哲学。如在合作和互助的生活中培养儿童,培养他们相互依存的自觉性;一切教育活动的根基在于儿童本能的态度和活动,而不在于外部材料的应用等。不过,福禄培尔的教育哲学如果要全面推广运用的话,某些方面需要加以修改。

(一) 幼儿教育的教材

杜威指出,幼儿教育教材可以是多方面的。房间的布置、家具、用具等家庭元素和家

---

① 〔美〕约翰·杜威.学校与社会·明日之学校[M].赵祥麟,等译.北京:人民教育出版社,2005:44.
② 〔美〕约翰·杜威.学校与社会·明日之学校[M].赵祥麟,等译.北京:人民教育出版社,2005:45-48.
③ 〔美〕约翰·杜威.学校与社会·明日之学校[M].赵祥麟,等译.北京:人民教育出版社,2005:54-55.

庭中经常进行的作业结合在一起,提供与儿童有直接关系的和其他自然的以想象形式再现出来的教材。不过,幼儿教育的教材一定要与儿童的经验和能力相结合。如果教材过于强调儿童难以理解的象征主义,远离儿童的实际,会对儿童的理智发展产生不利的影响,使他们丧失对直接经验和简单事物的自然渴望。杜威不赞成幼儿提前学习学校教育的课程,认为幼儿提前学习一年级的教材很可能对他们造成严重的伤害。①

杜威的同事梅休(Katherine Camp Mayhew)等人在所著的《杜威学校》一书中所提供的资料证实了杜威的这些观点。杜威的实验学校分为11个班,其中1班和2班为幼儿部,主要接收4—5岁的幼儿,这是实验学校里最小的孩子。实验学校布置简单,除了午餐需要的桌椅,旧的图书室,儿童衣柜外,可以给儿童提供较大的空间,让他们自由活动和游戏。实验学校1898年秋季招生8人,次年增加到20人。儿童分为两班,4岁儿童为1班,5岁儿童为2班,每班男女儿童各半。幼儿每天的活动主要是在上午,其具体计划如下。

  9:00—9:30 手工劳动。
  9:30—10:00 唱歌和故事。
  10:00—10:30 列队行进和游戏;这时房间正在通风换气,有些儿童上厕所。
  10:40—11:15 午餐。
  11:15—11:45 戏剧性游戏和节奏活动。②

实验学校的管理者认为,这个次序并不是固定不变的,它会随着幼儿所做的作业而变化。有时组织幼儿到学校附近搞室外活动,目的是在一段时间集中注意的活动后,不使幼儿太长时间搞一种活动。幼儿的手工劳动课包括建造活动、玩积木、绘画、黏土塑造、沙箱活动等或者任何适合儿童表现的手段。③

由于儿童活动主要是在上午的时间,需要每天保证供应午餐。在就餐准备中,儿童要担任安放桌面餐具、上菜、伺候、洗涤和收拾碟子的工作。儿童的午餐菜单包括每人一汤匙煮好的麦片,加奶油和糖,一块饼干和一小杯牛奶,冷天供应可可。如果有特别需要,还可以供应水果。④

在日常活动程序上,学校幼儿部比较注重根据幼儿特点和经验安排活动。例如,幼儿入学的最初几天,主要把时间花在相互认识上。每一个儿童,通过和其他儿童的谈话和游戏,发现他们也有家。他们在家里,做着许多同样的事情,同时也有着这样那样的差别。同时,教师也比较注意对幼儿的活动进行引导。例如,在幼儿部里,由于生活简单,没有什么压力,幼儿常常满足于单纯的活动,不问手段和目的。最初,幼儿宁愿独自游戏,但是经过分组、安排,儿童的爬、跳、跑、滚等活动被引导到团体游戏中。在团体活动中,儿童学会适应别人,以及在别人面前表现自己。⑤

---

① 〔美〕约翰·杜威.学校与社会·明日之学校[M].赵祥麟,等译.北京:人民教育出版社,2005:86.
② 〔美〕凯瑟琳·坎普·梅休,等.杜威学校[M].王承绪,等译.北京:教育科学出版社,2007:44.
③ 〔美〕凯瑟琳·坎普·梅休,等.杜威学校[M].王承绪,等译.北京:教育科学出版社,2007:45.
④ 〔美〕凯瑟琳·坎普·梅休,等.杜威学校[M].王承绪,等译.北京:教育科学出版社,2007:45.
⑤ 〔美〕凯瑟琳·坎普·梅休,等.杜威学校[M].王承绪,等译.北京:教育科学出版社,2007:50.

随着孩子间的逐步熟悉,教师也注意引导儿童扩大活动范围和认识范围。如组织1、2两个班的儿童在公园散步,孩子们的注意力被引导到鸟类、昆虫以及其他动物的家。他们注意到空的鸟窝,带一些回家,谈论在一年的这个时候鸟飞到哪儿去了,为什么。孩子们也谈论自己的家庭,并以家庭生活为基础谈论与生活有关的其他事情和人。如家庭需要依靠天天上门的送奶员、食品商、卖冰人和邮递员,以及偶尔来的送煤人,等等。[①]另外,学校还会组织孩子们就一个想法或观念排演一出戏,如"邮递员送信""食品商店"的游戏,"母亲为家庭准备初冬寒衣"的角色扮演,以及"为家里做家务"的活动,等等。

实验学校还注重通过孩子们参与活动为他们提供自己管理和发挥创造性的机会。例如,在准备午餐、吃午餐和餐后收拾的过程中,可以让儿童积极参与,相互协助,掌握午餐的全过程。午餐时数椅子是孩子们最喜欢做的工作。每个孩子都需要一张椅子,排了许多次,最后想出一个好办法,先数孩子,然后数椅子。这个方法逐渐推及数调羹和其他必需物品,在计数的过程中熟悉了数的运用。[②]

从幼儿教育教材的内容可以看出,杜威实验学校非常重视儿童的活动和活动范围的扩大,重视儿童参与和动手自我管理能力的培养。这些都反映出杜威实验学校的特点及与传统幼儿园教育的根本不同。

(二)幼儿教育的方法

关于幼儿教育的方法,杜威从以下几个方面提出了自己的看法。

1. 要具备了解和观察儿童的方法

杜威指出,在幼儿教育中,教师的职责就是了解儿童发展在某一时期所表现出来的什么能力,哪一类活动能够使这些能力表现出来,以便据此提供所需的刺激和需要的材料。杜威认为,儿童的身心发展特点要求教育者要注意他们的自然冲动和本能,利用它们使儿童的理解力和判断力提到较高水平,使之养成更有效率的习惯;使他的自觉性得以扩大和加深,对行动能力的控制得以增长。如果不能达成这种结果,游戏就会成为单纯的娱乐,而不能导致有教育意义的生长。[③]

2. 要正确对待模仿法的使用

杜威指出幼儿发展具有很高的模仿性,但他不赞成幼儿活动中使用模仿的方法。杜威认为,幼儿的任何活动都不应该根源于模仿。在活动中,教师可以利用模型或者样本帮助儿童明确地去想象他真正需要的东西,使他进行思考。模仿的价值在于它不是作为在行动中照搬的模型,而是发展清晰而适当的想象力的指南。否则就会使儿童变成奴性的、依赖的;模仿可以起到辅助的作用,但不会导致创造。[④]

3. 要注意暗示方法的使用

杜威也对幼儿教育中的暗示方法进行了分析,指出教师在进行教学时可以采用暗示的方法,但是必须符合儿童内在生长的主要方式。暗示仅仅作为刺激,以使儿童的行动

---

① 〔美〕凯瑟琳·坎普·梅休,等.杜威学校[M].王承绪,等译.北京:教育科学出版社,2007:51.
② 〔美〕凯瑟琳·坎普·梅休,等.杜威学校[M].王承绪,等译.北京:教育科学出版社,2007:53.
③ 〔美〕约翰·杜威.学校与社会·明日之学校[M].赵祥麟,等译.北京:人民教育出版社,2005:87.
④ 〔美〕约翰·杜威.学校与社会·明日之学校[M].赵祥麟,等译.北京:人民教育出版社,2005:88.

能够产生结果。暗示要发挥积极的作用,必须成为促进儿童生长的因素,而不是成为妨碍正常成长的外来的、专断的要求。①

4. 在放任管理与指令控制之间寻求一种平衡

杜威分析了幼儿教育中完全听任儿童自己、无指导的或者完全依赖教师指令的方法。杜威认为这些做法都是荒谬的。杜威指出,当一个教师不得不依赖于一系列指令性的指示时,这恰恰是因为儿童对于他要做什么或为什么要做的那些事情不清楚,缺乏自己的主意。依靠遵守指令的方法,儿童不是获得控制能力,而是实际上失去这种能力。这些指令变成他依赖的一个外部根源。②

四、幼儿游戏与幼儿教育

应该说,幼儿游戏也属于幼儿教育的内容之一。由于杜威对幼儿游戏有许多论述,这里则单独列出进行分析。在《学校与社会》《明日之学校》等著作中,杜威都论述了幼儿游戏与幼儿教育的关系问题。杜威关于游戏的论述是结合对福禄培尔游戏思想进行分析的基础上展开的,主要包括以下几个方面的内容。

(一) 游戏是儿童兴趣的自由运用

在对福禄培尔游戏思想的分析中,杜威反对游戏是儿童的外部活动的观点。认为儿童的游戏是自己的兴趣自由运用,它不需要外部的压力和责任。杜威指出,游戏主要是指儿童的心理态度,而不是他的外部表现。如果按照这个观点来认识游戏,那么幼儿园的工作程序就要有根本的改变,要从遵循某种既定的制度或规定的制度,或遵循恩物、表演和作业的程式中解放出来。因此,只要作业、游戏是将福禄培尔和早期追随者所规定的活动变成永恒不变的东西,变成一种外部的东西,那么福禄培尔的原理就需要改变。③

在这里,杜威特别强调儿童的内在发展的重要性。儿童的发展需要外部的作用,但是不应完全以它为目的,外部要求只是儿童发展的条件之一。因此,杜威要求教师在组织儿童游戏时需要问两个问题:一是所提出的游戏方式是儿童自己所喜爱的吗?二是它是否根植于儿童自己的本能,是否能促使儿童力图表现自己的能力趋向成熟?④

(二) 游戏是儿童自身发展的需要

杜威批评了福禄培尔关于所谓发展"法则"的观点。该"法则"认为,有一些可以起总体作用的法则在支配着儿童的发展,这些法则可以不顾条件的变化和儿童的不同经验而对儿童产生重要影响。杜威指出,福禄培尔的哲学是强调儿童的发展是将已经蕴藏在儿童身上的绝对的和普遍的原理逐步显露出来。但是它产生了两种不良的结果:一是常常把发展的法则置于儿童的兴趣之上。其结果是,既然发展法则已经被规定好了,那么在具体情况下研究儿童,弄清楚儿童在干什么就不那么重要;而且如果儿童的发展与普遍法则不符,那么只能归咎于儿童,而不是"法则"。在儿童教育上,教师往往认为只要掌握

---

① 〔美〕约翰·杜威. 学校与社会·明日之学校[M]. 赵祥麟,等译. 北京:人民教育出版社,2005:89.
② 〔美〕约翰·杜威. 学校与社会·明日之学校[M]. 赵祥麟,等译. 北京:人民教育出版社,2005:89.
③ 〔美〕约翰·杜威. 学校与社会·明日之学校[M]. 赵祥麟,等译. 北京:人民教育出版社,2005:83.
④ 〔美〕约翰·杜威. 学校与社会·明日之学校[M]. 赵祥麟,等译. 北京:人民教育出版社,2005:83.

完整的发展法则就够了,而不注重对儿童的研究。二是把掌握既定的公式,呈现和掌握外部材料当成确保发展的方法。这一不良的结果是,既然这些事物的普遍联系是隐藏在发展之后的普遍原理的表现,它们便成为将蕴藏于儿童身上的同一原理引出的最好手段。即使儿童自发的游戏大家都认为有价值,也不在于游戏本身是什么,而在于它们是普遍实体的某种法则的象征。[1]

总之,杜威的时代是一个强调变化和个性化的时代。让个别的、变化的去适应一般的和不变的原则,从而符合现代科学和社会发展,以及幼儿发展的实际。

(三)儿童游戏的教育价值

杜威指出,幼儿生活中最主要的时间是花在游戏上的。不是从大孩子那儿学来的游戏,就是他们自己发明的游戏。这些发明的游戏通常是对大孩子的活动的模仿。所有的幼儿都会想到盖房子、当医生或者当战士的游戏,即使他们没有得到能暗示这些游戏的玩具。杜威认为,幼儿做游戏的快乐多半出于寻找和制造必要东西的过程中。这种游戏的教育价值是显而易见。它能教给儿童他们生活于其中的世界。他们游戏玩得愈多,他们的玩具材料就愈精巧,整个游戏也反映了他们家长的日常生活。通过游戏,幼儿了解成人世界的工作和娱乐,认识了一些活动和过程。

不过,游戏虽然具有教育价值,但是也要避免其中负面的东西。杜威指出,模仿性的游戏由于习惯的训练转移了儿童的注意力,往往使他的生活成为其家长生活的重演。如果家庭环境不好,会使儿童学到坏的习惯、错误的思维和判断方式。如果这些方式在幼儿的游戏中固定下来,是难以消除的。如何消除这些不良的方式,杜威建议要用在学校里获得关于日常生活的正确认识和观念来影响家庭中的游戏活动,使儿童注意力集中在学校教给他们的良好目标的设计上,而减少对家庭不良习惯的仿效。[2]

(四)儿童的游戏需要引导和指导

杜威指出,幼儿喜欢游戏是他们本能的需要,但需要引导和指导。例如,幼儿对玩布娃娃感兴趣,布娃娃就成为一个活动的起点。以此为动机,儿童就有无数的事情想做。手工及建造工作就有了真正的目的。此外,还可以要求儿童去解决问题。如布娃娃需要穿衣,孩子们就热情地为布娃娃做衣服。但是不知道如何裁剪缝纫,于是他们先用剪刀剪出纸样,再根据娃娃的身材进行修改和试验,教师只是给出建议和评论。成功做出纸样,他们就选择和裁剪布料,然后学起缝纫。即使衣服做得一点不像样,孩子们也从做衣服的过程中得到无穷的乐趣。除了一般的学会一些技能外,他们得到了一种训练,即懂得了做工先得有一定的目的。[3]

杜威指出,儿童的兴趣,从做布娃娃开始,不知不觉就发展到了需要一个娃娃的家,到需要一个娃娃的社会。正是这种游戏提供了更多的制作东西的机会,懂得了工作的用处。他们提供给娃娃的需要,就是他们提供给社会需要的雏形,同时也学会了对各种工

---

[1] 〔美〕约翰·杜威.学校与社会·明日之学校[M].赵祥麟,等译.北京:人民教育出版社,2005:267.
[2] 〔美〕约翰·杜威.学校与社会·明日之学校[M].赵祥麟,等译.北京:人民教育出版社,2005:269.
[3] 〔美〕约翰·杜威.学校与社会·明日之学校[M].赵祥麟,等译.北京:人民教育出版社,2005:270.

具的控制,这些工具实际上就是在满足这种需要时社会上要用到的。①

五、杜威学前教育思想的特点及贡献

作为美国进步教育运动中的思想领袖,杜威不仅对传统旧教育进行了猛烈批判,也提出了许多新的教育思想,为现代教育思想提供了重要的内容。杜威关于学前教育的论述也反映了美国教育家对学前教育问题的思考,具有美国进步主义教育求新、求变的特点。

其一,杜威把学前教育作为整个教育体系的一部分来看待,通过创办实验学校获得对学前教育的认识。在创办实验学校的过程中,杜威既重视学前教育与学校教育的衔接,也关注学前幼儿教育的教材、方法、方式对学校教育的影响,特别注重学前教育与学校教育的衔接性和统一性对儿童发展的影响。这在以往的教育家中是不多见的。

其二,杜威关于学前教育的论述,是建立在对前人的学前教育思想分析和批判的基础上的。杜威不仅分析和肯定了蒙台梭利、福禄培尔学前教育思想的贡献,也指出了其不足。在杜威看来,蒙台梭利和福禄培尔思想存在的主要问题是缺乏新的心理学的基础,缺乏对儿童发展与儿童发展所使用材料和条件的科学把握,孤立地看待材料的作用和某种技能的获得,忽视了儿童发展主动性与现实生活的联系。杜威认为,技能的获得单靠使用一些工具,或者在完成某种特定的目标过程中制作某个物体是没有用的。让儿童区分抽象的特性,如长度、色彩等,而不顾哪些东西具有这些特性,这样的练习可以给儿童一些技巧,但不一定能够使儿童成功地把握这些特性。而像福禄培尔那样一味地用象征意义的东西来训练儿童更是背离了教育与生活相联系的原则。在杜威看来,儿童的发展和教育是与生活、社会分不开的。他提出的幼儿教育的目的是鼓励儿童参与生活、对发展儿童兴趣进行指导并且实现它,这一主张是值得肯定的。

其三,杜威提出的幼儿教育需要注重儿童发展实际的问题,具有重要价值。这一问题的提出与揭示福禄培尔学前教育存在的理论问题有密切联系。在杜威看来,学前教育,包括游戏的目的是帮助和促进儿童的发展,儿童发展是目的。如果一味强调教育上的某些原则,并且按照这些原则来对待儿童的发展,那么儿童的发展则会受制于这些原则,儿童发展的实际不仅受到忽视,儿童研究也没有必要了。杜威所强调的是,幼儿教育要从引导儿童关注自己身边的事情开始,逐步关注家庭、社会的事情;从对自己发展的关注过渡到对社会发展的关注。

总之,杜威对传统幼儿教育,特别是蒙台梭利及福禄培尔学前教育中存在的各种问题进行了批判,提出了许多合理的见解,对科学认识现代学前教育,推动学前教育起了积极的作用。当然,杜威学前教育思想中关于儿童本能问题的论述也存在争议,什么是本能,如何理解儿童的四种本能,如何协调儿童兴趣与活动和指导的关系等,也需要进一步的研究。

---

① 〔美〕约翰·杜威.学校与社会·明日之学校[M].赵祥麟,等译.北京:人民教育出版社,2005:271.

第四节　皮亚杰的学前教育思想

皮亚杰(Jean Paul Piaget,1896—1980)是瑞士著名的教育家、儿童心理学家,日内瓦学派的创始人。他主要从事哲学、生理学、心理学研究和儿童心理发展的科学实验,注重儿童认知结构的研究,建立了结构主义的儿童发展心理学,形成皮亚杰学派(即日内瓦学派)。皮亚杰的理论主要体现在《儿童的语言与思维》(1923)、《儿童的道德判断》(1932)、《儿童智力的起源》(1936)、《智力心理学》(1947)、《结构主义》(1968)、《教育科学与儿童心理学》(1969),以及《发生认识论原理》(1970)中。皮亚杰注重理论与实践的联系,他把儿童认知理论运用到学前教育上,提出了儿童教育的新原则、方法和思路,对当时世界各国的学前教育及基础教育改革产生了重大影响。皮亚杰在学前教育史上享有崇高的威望,他的认知结构理论成为学前教育思想的重要基础。

一、儿童认知的结构与发展

皮亚杰认为,儿童的认知既不是源于先天的成熟,也不是起源于后天的经验;既不是机械地对环境刺激做出反应,也不是被动地通过强化获得知识。儿童的认知源于儿童的动作,是主体对客体适应的结果。儿童生下来就是环境的主动探索者。这种探索的结果就是主体与客体相互作用达成的一种平衡(equilibration)。皮亚杰认为,图式(schema)是个体认识事物的基本结构,它是一个动态、可变的认知结构。儿童的认知活动是通过同化(assimilation)和顺应(accommodation,也称调节)这两个对立的过程实现的。

在皮亚杰看来,同化就是个体在对环境的适应中将新的所认识的事物和刺激,纳入个人现有图式中的过程;是个体改造客体的过程,其结果是引起刺激输入的改变。通过同化作用,主体将外界的因素整合于原有的图式中,以加强和丰富自身的动作。例如,当外界刺激作用于个体时,个体首先是以利用现有的结构对刺激进行改造,使其转化为能够为自身结构吸收的形式,这个过程就是同化。不过,同化引起的变化只是量的变化,不是质的变化。在对刺激进行改造时,图式本身不会发生变化。只有当个体不能把所认识的事物或者刺激纳入图式中,出现不适应时,就会出现顺应的过程,使个体来适应新的情况。

在皮亚杰看来,顺应是与同化相反的过程,它是当主体的图式不能够同化客体时,改变图式以适应客体的过程。这时,原有的图式发生了改变,创立了一个新的图式。同化与顺应机制既相互联系,又相互对立。同化只能引起数量的变化,不能导致图式的改变;顺应则是质量上的变化,可以导致新图式的产生或者原有图式的调整。只有同化而没有顺应,就没有认知的发展。通过同化和顺应,机体达到与环境之间的一种平衡。

皮亚杰认为,平衡是个体在对环境的适应过程中,通过同化和顺应两种机能达到一种稳定的状态,这种稳定的状态是个体自我进行调整的结果。如果有机体与环境失去平衡,就必须改变自身的行为以重建平衡。个体的认知活动就是从平衡到不平衡,再到平衡的过程。这是个体认知发展的根本原因。

关于儿童的认知结构,皮亚杰反对传统的官能心理学和环境决定论的观点,认为儿童认识结构的形成也是一种整体的认识结构的不断构造与发展的结果。这种整体的认知结构与儿童的认知"图式"有关。儿童从最初的遗传性的认识"图式"开始,通过对环境的不断"同化"和"顺应",发生主体与客体的平衡联系,从而使他的认知结构得到不断发展。通过一定的发展阶段,构成一个个内容、特点各有不同的新的认识"图式"。当然,儿童的认知结构与成年人不同,具有自己的特点和一定的发展阶段。因此,皮亚杰反对传统教育把儿童看作"年幼的成年人"施以教育,而要求依据儿童认知结构的特点进行教育与教学。

二、儿童认知结构的阶段和特点

皮亚杰认为,儿童从诞生起其心理与生理一样在不断地发展和延伸,这种发展是一个持续前进的,是从较低的平衡状态向较高的平衡状态发展的过程。平衡状态是平衡过程的结果。同化和顺应每获得一次平衡,认知图式就会发生一次更新。皮亚杰认为,儿童认知结构的发展具有阶段性,一般可以分为前后相连又各有特点的四个阶段。各个认知发展阶段都与不同的年龄阶段相对应,具有独特的认知结构。在皮亚杰看来,由于受文化、教育等因素的影响,一些阶段可能提前或者推迟,但阶段出现的次序不会改变,不能超越或者互换。儿童的认知结构发展是一个连续的过程,前一阶段是后一阶段发展的基础,后一阶段包含着前一阶段的认知结构,这种结合构成了每一阶段的特征,其四个阶段分别是:前语言的感知运动阶段、前运算阶段、具体运算阶段和形式运算阶段。

(一) 前语言的感知运动阶段(出生—2岁)

在这一阶段,婴儿主要通过感觉运动图式与外界相互作用,即靠感知动作适应外部环境。这个时期的婴儿在对环境的反应中虽然能够逐步协调感知与动作间的活动,但是其感知运动智力还不具备运算的性质,不会使用语言。婴儿的活动还不能在大脑中形成对外部环境的表征。这一阶段又细分为6个时期。[①]

1. 反射练习时期(出生—30天)

在这一时期,婴儿的活动主要是遗传性的反射活动,即限于感知与动作之间那种由遗传所决定的活动的练习。例如,受"吮乳"条件反射的影响,婴儿对不能吃的物体也会表现出"吸吮"的动作。

2. 习惯动作时期(1个月—4、5个月)

在这一时期,婴儿的发展主要表现在对同一刺激可以引起多种感觉活动的反应。例如,声音的刺激不仅可以引起听觉的反应,而且可以引起视觉或抓握的反应。

3. 有目的的动作形成时期(4、5个月—10个月)

在这一时期,婴儿开始积极地选择一些能够引起兴趣的动作来做,开始抓握和摆弄身边能够得着的一切东西。例如,婴儿重复拉动系在摇篮里的绳子,使系在绳子上的拨浪鼓发出响声。

---

① 单中惠,刘传德. 外国幼儿教育史[M]. 上海:上海教育出版社,1997:309.

4. 手段和目的协调时期(10个月—12个月)

这一时期的婴儿已经能够运用他过去学会的一些手段,在一个不同的新的环境中处置情景来达到他的目的,实现对主体和客体之间关系最初的协调。例如,婴儿会在众多的玩具中设法移开不喜欢的,而去拿到他想要的玩具和物品。

5. 感觉运动能力时期(12个月—18个月)

在这一时期,婴儿表现出更为强烈的好奇心、预期和意向的灵活性。通过"尝试—错误"的方法去发现新的手段以便达到他自己的目的,或尝试新的手段适应新的环境。

6. 感觉运动智力的综合时期(18个月—2岁)

这一时期的幼儿已能够把头脑中许多运动图式相互联系起来,从而产生一种新的手段来解决新的问题;能通过直接的身体运作去认识和控制对象,并具有连续模仿的能力。

(二) 前运算阶段(2—7岁)

这一阶段也称为学前教育阶段。一般从2岁开始,儿童的各种感知运动图式开始内化为表象并开始运用表象符号,即语言的使用,参与各种活动。基本掌握了语言的儿童,通过用语词来代表外界事物,在广度和速度上增加了思维活动能力。皮亚杰认为,随着语言和思维能力的结合及发展,儿童无论是在认知方面,还是在情感方面都发生了深刻的变化。儿童越来越多地用表象符号来代替外界事物,开始了表象思维。他们不仅可以进行各种象征性的游戏活动,还可以理解童话故事中关于过去和远方的事情。不过,在皮亚杰看来,在这个阶段儿童的思维还只是直观思维,只会按照一定的次序朝着一个目标前进,还不会逆向思维;还不具备守恒性,不是根据逻辑,而是根据直观图形来进行推理。处于前运算阶段的儿童还不会进行数理运算。

(三) 具体运算阶段(7—12岁)

这一阶段相当于学龄初期。皮亚杰认为,这一阶段的儿童开始进行具体运算思维,能够认识事物的类、关系和数量之间的联系;具有思维的守恒性、可逆性和整体性特征。与此同时,他们也就获得了社会合作的能力和道德情感的发展,逐渐形成了相互尊重、自我约束的意识,公平和平等的观念也得到发展。

(四) 形式运算阶段(12—15岁)

这一阶段相当于儿童的青春期。儿童从12岁开始进入青春期。儿童的思维发展十分迅速,进入到形式运算阶段。主要特征是儿童逐步摆脱具体事物对认知的限制,在头脑中能够把事物的形式和内容区分开,不依赖具体事物而是根据假设和条件,借助命题进行运算。这些新的变化标志着儿童期的结束。

从儿童认知发展的第一和第二阶段来看,皮亚杰的研究在一定程度上揭示了学前幼儿认知及心理发展的规律和特点,为现代幼儿工作者研究幼儿的发展和进行教育提供了心理学依据。

三、儿童的发展与教育

在提出了儿童认知发展阶段理论的基础上,皮亚杰也论述了儿童发展与教育的问题。在这个问题上,皮亚杰比较注重儿童认知发展与教育的关系,但也谈到了儿童发展与游戏、与社会化关系的问题。这些思想主要反映在他的《教育科学与儿童心理学》和《当代教育心理学中的论争》中。

(一) 教育应该了解儿童的认知结构及特点

皮亚杰认为,与成人相比,儿童的发展有自己的认知结构和特点。传统教育总是把儿童看作小成人,是像成人一样推理和感觉、仅仅缺乏成人的知识和经验的人。皮亚杰指出,如果儿童的思维与成人有质的不同,那么教育的主要目的就在于形成儿童的智力和道德的推理能力,因为这些能力不能从外部形成。儿童智力教育和道德教育的主要任务是发现最合适的方法和环境,帮助儿童自己去组织它。① 不过,皮亚杰也认为,儿童与成人也有相同的方面,即儿童也是个具有主动性的人,他的活动受兴趣或需要的支配,如果不引起那种活动的自发的动机力量,是不可能全力工作的。②

皮亚杰指出,教育上最重要的是要知道儿童的认知(心理)结构是怎样的,以及幼儿与成人之间有什么关系。在皮亚杰看来,儿童从出生到成人时期的认知发展阶段是按一定年龄和次序相继出现的,有着性质不同的几个阶段。只有在每一个年龄阶段都给予良好的教育,而不是超越儿童认知发展阶段,才可能促进儿童的发展。为此,皮亚杰通过大量的研究、实验材料并详细记录了儿童的成长过程,论证了儿童认知发展阶段及其特点。强调教育应该符合儿童的认知发展阶段,按照儿童的年龄特点来加以组织;要考虑到每个年龄阶段儿童的特殊兴趣和需要,并据此来编写教材和进行教学。

(二) 教育要注意影响儿童认知发展的内外部因素

皮亚杰认为,儿童认知的发生和发展既不是先天结构的展开,也不是完全外部环境的结果,主要受四种基本因素影响。儿童教育应该注重考虑制约儿童认知发展的四种因素。③

一是有机体的成熟,主要是神经系统和内分泌系统的成熟。它是儿童心理和认知发展的必要条件。不过,成熟只是给儿童的发展提供了可能性,为实现发展的目标,儿童还必须通过练习获得最低限度的经验。例如,1岁左右的孩子可以学会走路,但是如果成人没有提供练习的机会,儿童学会走路的时间就会推迟。

二是自然经验,主要指儿童对物体做出动作过程中的练习和习得的经验,包括物理经验和数理逻辑经验。物理经验来自物体,是儿童作用于物体时感知物体本身的特征,如大小、形状、重量等。数理逻辑经验来自儿童的动作协调,如幼儿从排列物体的动作中知道,一组物体的数量与排列的方式无关。

三是社会经验,主要是指在社会上的相互作用和社会传递过程中获得的经验,涉及社会生活、文化教育和语言等方面。幼儿园的教育教学活动、亲子交往、书籍、报纸等都

---

① 〔瑞士〕皮亚杰.教育科学与儿童心理学[M]王承绪,赵祥麟.西方现代教育论著选.北京:人民教育出版社,2001:415.
② 〔瑞士〕皮亚杰.教育科学与儿童心理学[M]王承绪,赵祥麟.西方现代教育论著选.北京:人民教育出版社,2001:409.
③ 顾明远.中国教育大百科全书(第一卷)[M].上海:上海教育出版社,2012:0238.

是社会经验形成的途径,都能促使或者延缓儿童认知的发展。

四是平衡,皮亚杰指出,儿童认知的发展只有上述三个因素还不够,还必须有一个内部的机制把成熟、自然经验和社会经验三个因素整合起来,这就是平衡。包括认知结构的同化与顺应之间的机能平衡;认知结构中子系统之间的结构平衡;主体认知结构的知识平衡。其中,机能平衡是前提,结构平衡是基础,知识平衡是结果。

(三) 教育要认识儿童期认知发展的平衡状态

从对儿童认知发展的认识出发,皮亚杰认为,儿童期是儿童发展的重要时期,是对自然和社会环境的逐步适应。① 这种适应是同化作用和调节作用的一种平衡状态。它意味着在儿童认知发展的开始,被两种尚未相互协调、尚未相对地分化、彼此间尚未达到平衡的倾向拉向对立的方向。在这个过程中,儿童不得不持续地调节其感知运动器官即智力的器官,以适应必须从中学习的外界现实和各种事物的特点。这个不断调节、主体适应客体特征的过程就是模仿。皮亚杰指出,教育者要把握儿童认知的特点,为他们创造适应和同化事物的条件,使他们把事物融合进来。因为儿童有时还不能划清自身活动与外界现实、主体与客体的界限。

(四) 教育要关注儿童的游戏

皮亚杰指出,能够使儿童主体与客体相适应和同化达到平衡状态的活动就是游戏。在皮亚杰看来,游戏是最能够显示儿童特性的活动之一。对于传统教育把儿童游戏看作是儿童娱乐的一种方式,是精力过剩引起的一种反应的观点,皮亚杰指出这些简单化的观点无法解释幼儿游戏的重要性,更不能说明儿童游戏为什么采取象征性和虚构性等不变的方式。

皮亚杰指出,用"同化"概念解释儿童的游戏可以使对游戏的认识更为充实。例如,在儿童出生后的第一年,他们试图抓住所见的事物,摇啊、抖啊、摩擦啊等等,这些行为方式仅仅是一种练习,其特征是对客体本身没有兴趣,只是把客体作为机能上的原料同化于活动本来的方式。②

皮亚杰认为,练习的游戏主要是一种基于本能的游戏,它是一种初级形式的游戏。高级形式的游戏是一种象征性的和虚构的游戏,它超出了本能的简单练习游戏的范围。例如,玩娃娃的游戏,不仅为发展母爱本能之用,而且还提供全部现实的象征性表象;不仅把现实同化于自我,还是自我的扩大和展开以及欲望的实现。皮亚杰指出,教育要为儿童提供适宜的设备,使儿童能够在游戏中同化智慧的现实。③

(五) 教育要注重儿童智力发展和兴趣培养

关于智力问题,传统的观点认为,儿童的智力是一次性赋予的、能够认识现实的一种

---

① 〔瑞士〕皮亚杰.教育科学与儿童心理学[M].王承绪,赵祥麟.西方现代教育论著选.北京:人民教育出版社,2001:410.
② 〔瑞士〕皮亚杰.教育科学与儿童心理学[M].王承绪,赵祥麟.西方现代教育论著选.北京:人民教育出版社,2001:412.
③ 〔瑞士〕皮亚杰.教育科学与儿童心理学[M].王承绪,赵祥麟.西方现代教育论著选.北京:人民教育出版社,2001:412.

官能。这种观点反映在教育理论上就是强调儿童的感受性和记忆工具的重要。皮亚杰反对这种传统的观点,在他看来,智力的机能作用采取的形式既不是试探性的探索活动,也不单是内部生长的结构关系,"智力的最高形式是适应,是事物不断地同化于活动本身和那些同化的图式适应客观事物本身的调节这两者间的平衡"①。皮亚杰指出,如果智力是一种适应的过程,教育上对待儿童的智力像对待成人的智力一样不能单靠被动的教育方法。促进儿童智力发展的全部工作就是有赖于儿童的兴趣,兴趣是同化作用的动力因素。因为就儿童来说,事物对自我的同化作用不是一开始就与适应事物的调节过程相平衡的,因而需要一个与适应本身相协调的连续不断的游戏——练习的过程。

在教育上,皮亚杰指出,一定要承认认知(心理)发展过程的存在;一切智力的原材料不一定为不同年龄的幼儿所同化;也必须考虑每个阶段儿童的特殊兴趣和需要。好的教学方法应该增强学生的效能,加速他们的精神成长而无所损害。②

(六)现代教育要重视儿童的社会性发展

皮亚杰认为,传统教育并不是真正关心儿童的社会性发展。虽然传统教育也注重儿童的班级集体生活所形成的社会关系,但是教师对学生的行动就是一切。由于教师具有智力的和道德的双重权威身份,由于学生对教师只有服从的义务,因此传统教育所形成的社会关系是一种强制性的约束关系。在传统教育中,教师对待学生,无论是强制性还是温和性,都是这种关系的典型表现。皮亚杰指出,现代教育把发展儿童之间的社会关系置于重要的地位。按照现代社会学的观点,儿童从出生那天起就是社会性的。婴儿在第二个月就对人微笑,试图与人接触。随着儿童语言的发展和掌握,他们愿意与人进行交流,表达自己的需要。不过,与这些内在倾向相伴随的还有外部的社会,即语言、知识的交流与道德或法律行动等从外部建立起来的那些关系的总体。因此,尽管儿童从一开始就有同情和模仿的内驱力,但一切都需要儿童学习。在皮亚杰看来,儿童学习的过程就是儿童社会化的过程,就是从自我中心主义到相互性,从同化于尚未意识到的自我到相互理解的人格形成,从集体的无分化到以有纪律的组织为基础的分化。

(七)教育应当注意幼儿的自我中心主义

皮亚杰指出,儿童在发展中存在一种自我中心主义。例如,在游戏中虽然幼儿喜欢与其他孩子聚集在一起,但是他们通常并不想协调他们的力量;每个人只为自己而活动,互相的同化作用可有可无。例如,在打弹子的集体游戏中,即使是5、6岁大的幼儿,每个人仍然按自己的方式去应用规则,而且个个都同时得胜似的。③幼儿的讲话也是这样。3—6岁的孩子只顾自己讲话而不认真听别人说话的集体独白的比例很高。7、8岁以后,这种现象会逐步减少。

---

① 〔瑞士〕皮亚杰.教育科学与儿童心理学[M].王承绪,赵祥麟.西方现代教育论著选.北京:人民教育出版社,2001:414.
② 〔瑞士〕皮亚杰.教育科学与儿童心理学[M].王承绪,赵祥麟.西方现代教育论著选.北京:人民教育出版社,2001:421-422.
③ 〔瑞士〕皮亚杰.教育科学与儿童心理学[M].王承绪,赵祥麟.西方现代教育论著选.北京:人民教育出版社,2001:424.

皮亚杰认为,幼儿的这种自我中心主义特征在教育上非常重要。正是儿童的自我中心主义,才使得外部世界不再具有任何客观的重要性,外部世界完全屈从于儿童自我的兴趣,仅仅充当自我发展的工具而已。这个过程是幼儿发展的必经阶段。皮亚杰指出,幼儿的社会性发展是通过一系列的活动完成的。①

(八) 幼儿的社会化过程及可能存在的问题

皮亚杰认为儿童对成人的情感是由恐惧和爱混合组成的,这种情感可以称为尊敬。在儿童的发展中,如果一个人受到了儿童的尊敬,他所发出的命令和教导会使儿童感觉到就是义务,是一种责任感。

从智育上看,成人在儿童心目中的威望意味着儿童接受教师所做出的一切判断而毫无异议,教师对于儿童来说是一种无需反省的权威。由于自我中心的态度驱使儿童倾向这种不受限制的判断,因而尊敬成人往往使自我中心主义更加巩固而不是使自我中心主义得以纠正,结果是把相信自己代之相信权威。在现代教育中,教师需要引导儿童去进行思考与批判性的讨论,帮助他们进行推理;而这种思考与讨论只能是靠合作和真正的知识交流而发展的。

从德育上看,同智育一样,即把好和坏看作是不是符合成人的规则。这是一种在本质上受他人支配的和服从的道德观。它难以把儿童引导到个人良心的自主,形成与单纯义务的道德观相反的善良的道德观,也无法使儿童准备接受当代社会的价值观。如何解决这些问题?皮亚杰主张在智育上,需要儿童之间的合作;鼓励思想的真正交流和讨论;发展儿童主体的批判态度、客观性和推理思考的一切行为方式。在德育上,通过将儿童之间的有效合作和集体自治引进到教室的社会生活,形成以平等为基础的公正和相互依存的价值。②

总之,皮亚杰根据他对儿童认知发展的长期研究,深入探索幼儿认知发展的阶段、特点,并应用这一理论批判传统的教育观,认识幼儿教育实际,提出了新的儿童观、教育观及相关的教育原则和教育方法。皮亚杰从儿童的认知结构入手谈与儿童教育的关系,展示了一种对儿童认知发展的全新认识:儿童的认知是有结构的;儿童认知结构包括图式、同化、调节和平衡;儿童认知的发展是利用原有图式或者同化新事物,或者调节原有图式同化新事物,直到达到认识上的平衡;儿童认知发展的最高阶段是逻辑思维形式,7岁以前的"感知运动阶段"和"前运算阶段"是逻辑思维形成的基础,是学前发展的重要阶段;在这个阶段,儿童的主体地位和主动性是重要的。

基于上述认识,皮亚杰认为现代教育应按照儿童不同的年龄阶段,用不同的形式进行教学;教育要考虑儿童的自身的思维结构的特点和认知发展的阶段性;儿童的主动发展不能排除教师的作用,教师的作用主要在于认识和理解儿童,促进儿童的主动发展。皮亚杰的学前教育思想以现代认知理论为基础,内容丰富,对现代学前教育理论的发展

---

① 〔瑞士〕皮亚杰.教育科学与儿童心理学[M].王承绪,赵祥麟.西方现代教育论著选.北京:人民教育出版社,2001:426.

② 〔瑞士〕皮亚杰.教育科学与儿童心理学[M].王承绪,赵祥麟.西方现代教育论著选.北京:人民教育出版社,2001:428.

产生了重要影响。

第五节 马拉古奇的学前教育思想

罗里斯·马拉古奇(Loris Malaguzzi,1920—1994)是意大利著名的幼儿教育家。他一生致力于幼儿教育事业,创办了瑞吉欧·艾米利亚幼儿园。马拉古奇不仅注重教育理论的指导价值,还强调教育理论与实践的结合,形成了以理论指导实践,以实践丰富理论的特点。他创办的瑞吉欧·艾米利亚幼儿园被称为"世界上最好的幼儿园",他的基于实践和具有教育理论指导的幼儿教育被称为"瑞吉欧教育",成为世界各国学前教育工作者学习的典范。马拉古奇的代表性著作是《瑞吉欧——儿童的一百种语言》一书。

一、瑞吉欧教育的思想基础

马拉古奇认为,瑞吉欧教育的形成受许多学者思想及理念的影响。20世纪前半期主要有蒙台梭利、阿加齐、杜威、皮亚杰、维果茨基等教育家和心理学家的影响;20世纪60年代以后主要有卡甘、加德纳等心理学家、哲学家思想的影响。

(一)蒙台梭利博士和阿加齐修女的思想的影响

马拉古奇指出,在20世纪一开始,"蒙台梭利教学法"影响比较大,但是由于具有科学化的教育取向,后来受到意大利法西斯政府的压制。阿加齐的教学法比较接近天主教对幼儿所持的观点因而被采用。马拉古奇指出,当时的天主教会几乎控制了所有的托儿所教育,他们在协助幼儿发展和提供监护、服务方面付出了极大的努力。那时的一间教室通常要容纳40—50位幼儿,只由一位没有教学文凭也不领任何薪水的修女负责。据统计,当时大约只有1/3的幼儿进入托儿所就读,而在22917位教师中,20330位是修女。①

(二)杜威、皮亚杰、维果茨基等教育家和心理学家的影响

马拉古奇指出,20世纪60年代以后,关于幼儿教育的争论主要是,学校是否应被纳入社会服务之中。随着杜威、皮亚杰、维果茨基等教育家的教育著作的传播,进步主义的"教育实验"和皮亚杰等人所进行的研究为人们所知晓,对意大利的幼儿教育产生重要影响。这些实验和研究使得意大利的幼儿教育开始反思以往的关于教育内容和方法关系的辩论,认为这些辩论毫无意义,它忽略了"差异性"是社会的一部分,忽略了积极性教育的作用。马拉古奇认为,幼儿教育是需要家庭、幼儿、教师三个方面积极参与的多元的教育;幼儿教育要尊重其他人所处的政治地位的不同,以摆脱传统的成见的束缚。

(三)卡甘、加德纳等心理学家、哲学家的影响

马拉古奇指出,20世纪70年代以后,一些心理学家、哲学家以及神经心理学家的思想影响了意大利的幼儿教育,提供了许多可选择的资源。一些能持续很久,或者不能够

---

① 〔意〕罗里斯·马拉古奇.瑞吉欧——儿童的一百种语言[M]//姜勇.国外学前教育学基本文献讲读.北京:北京大学出版社,2013:198.

持续太久的构想,成为讨论的主题,以寻求文化变迁的关联性与不协调性。这些思想激励了教育者关于幼儿教育的扩展实践与价值,并掌握了对理论与研究变通的能力。马拉古奇认为,幼儿教育的实践与发展不能受到文献的局限,而要关注社会的变迁和转型。因为这些都会影响到幼儿教育的内容和实践新方法、新问题,以及关于心灵探索的问题。①

"二战"以后,由于意大利社会的动荡和变化,如何解决由于家庭的破碎而带来的幼儿与母亲分离的问题成为幼儿教育急需解决的问题。1971年马拉古奇在瑞吉欧·艾米利亚创办了第一个接收3岁以下幼儿的幼儿园,满足了妇女的需求,这个幼儿园既可以承担母亲的职责与工作,也可以使幼儿能够在核心家庭中顺利成长。这个幼儿园的建立提供了一些解决问题的经验,即家长和教师要关心和处理儿童面临的转型期,由一个集中于对父母与家庭的依恋感,转变为对婴幼儿中心成人与环境之间的依恋感。马拉古奇认为,即使再年幼的孩子也是社会的一分子,他们从出生开始,就倾向于与父母及其他的照顾者产生重要的关系。当然,父母也没有因此失去他们的责任与特权。家庭和幼儿园都应该是愉快和舒适的地方,孩子们可以在家庭与中心之间循环,可以得到被关注与同伴共同相处和成长。马拉古奇指出,在幼儿园,最明显的好处就是幼儿在与同伴的互动游戏中获得团体经验,获得自我满足。②

二、瑞吉欧教育的组织机构

关于瑞吉欧教育的组织机构,马拉古奇强调应该把幼儿园当作一个完整的生命的有机体来看待。他认为,幼儿园是一个成人与幼儿可以彼此分享生活与关系的地方。幼儿园是一个运转的有机体,需要持续不断地调整自己的体制,明确发展的方向,使其成为一个友善、乐观、积极的机构。

如何使幼儿园成为这样一个机构,马拉古奇认为,主要是将幼儿园工作的组织与环境融入整个教育课程中,以激活最大的活动,允许最大范围内的相互依赖和互动。在马拉古奇看来,作为一个有机体,幼儿园存在困难、争议、欢乐,也有处理外在干扰的能力,重要的是对幼儿园的走向有一个共识,而把各种争执、杂念放在一边,追求和创造一个和谐的环境,使在这个环境中的每一位幼儿、家庭及教师都感到自在。

关于校园环境的组织,马拉古奇描述了幼儿园的基本情况。如在大厅入口处,设有关于幼儿园的整个形式和组织的通告、记录以及预告。在大厅的另一个方向进入之后是一个共同的、被称为"广场"的公共空间,这是一个作为接触、友谊、游戏及其他活动的场所。幼儿园的教室与其他设施空间,与广场隔一段距离,但都与其相连接。每个教室也被分隔为两个紧密相邻的空间,采用的是皮亚杰的建议,即允许幼儿可以独处或者与教师在一起。除了教室的空间外,幼儿园还设立了"工作坊",即小型工作室及实验室。在

---

① 〔意〕罗里斯·马拉古奇.瑞吉欧——儿童的一百种语言[M]姜勇.国外学前教育学基本文献讲读.北京:北京大学出版社,2013:198.

② 〔意〕罗里斯·马拉古奇.瑞吉欧——儿童的一百种语言[M]姜勇.国外学前教育学基本文献讲读.北京:北京大学出版社,2013:199.

这里,幼儿可以进行操作或者实验。另外在每一间教室旁,设立一个"小型工作坊",可以让幼儿进行更具深度的项目活动。幼儿园也有音乐教室和数据文件室,在那里放置由家长和教师所制作的大小、形状不一,有用但非商业性的物品。校园内所有的墙壁都是幼儿或者教师的作品临时或者永久性的展示空间;学校的墙壁是会"说话"与"记录"的。[①]

关于教学的组织和培训,马拉古奇认为,幼儿园的每一个教室里有两位教师采用协同教学的方式,而且也与其他同事或者家长共同计划教学活动。幼儿园里的所有职员一星期开一次会,相互讨论和扩充他们的想法,同时在一起接受在职培训。还通过个别会议、团体会议或者校务会议让家长们自行召开会议,或者与教师一起召开会议。每一所幼儿园的家长也成立一个咨询机构,每月固定开会2—3次。除此之外,整个市镇、郊区以及附近的山区都可以作为额外的教学场所。

总之,在马拉古奇看来,这样一个机构可以把幼儿园的方方面面,包括大厅、教室、教学,以及各种机构组织,充分利用起来,在一种真诚的、充满活力的环境中,使家长和幼儿形成一种归属感。

三、瑞吉欧教育的主要特点

马拉古奇所创立的幼儿园非常注重幼儿的发展和教育,形成了一些主要特点,主要包括以下几个方面。

(一)以幼儿、家长、教师为"三中心"的教育

马拉古奇指出,在瑞吉欧教育体制中,除了"以幼儿为中心"外,还需要加强教师与家庭在幼儿教育中扮演的重要角色。也就是说,幼儿教育要构建以幼儿、教师和家长为"三中心"的教育。幼儿、家长和教师的相互关系是幼儿教育的重要关系。幼儿教育要放在这三个主角和关系上。[②]

马拉古奇认为,瑞吉欧教育的目标是建立一所和谐的幼儿园,使在这所机构里的幼儿、教师和家长感觉就像在家里一样。为了达到这个目的,需要进行缜密的思考、计划过程、动机和兴趣,也必须包含三个核心主角的相处之道,强化三者关系的方法,对教育问题付出全心的关注,以及参与和研究的推动。而最有效的方法就是让幼儿、教师以及家长三者更团结并了解彼此的贡献。

为了能够使三方相处、沟通和了解,马拉古奇认为幼儿园需要建立一种新的沟通联络网。如在学校里,管理者要与家长一起开会讨论课程;在策划活动、安排场地以及准备新生欢迎会时,要寻求与家长的合作。学校还将其他小朋友及教师的地址与联络电话发给每一位幼儿鼓励他们相互拜访,在家里准备点心接待客人,或参观幼儿家长的工作地点。幼儿园也与家长一起组织远足活动,如去游泳馆或者体育馆,与家长共同修理家具或玩具,一起讨论项目和研究,也在幼儿园共同举办餐会或其他庆祝活动等。

---

① 〔意〕罗里斯·马拉古奇.瑞吉欧——儿童的一百种语言[M]姜勇.国外学前教育学基本文献讲读.北京:北京大学出版社,2013:200.

② 〔意〕罗里斯·马拉古奇.瑞吉欧——儿童的一百种语言[M]姜勇.国外学前教育学基本文献讲读.北京:北京大学出版社,2013:201.

马拉古奇指出,这种与家长共同合作的取向与其教育所信奉的理念有关,主要包括互动与"构建主义"、对关系的重视、合作的精神等。同时,它也把对幼儿政策的理解,鼓励幼儿与家长之间关系的相互调整,提升成人的教育能力结合起来,摒弃幼儿以自我为中心、只专注认知及外部环境的看法,以及低估幼儿的感觉与情感发展的态度等。①

(二)在关系丰富的互动情境中促进幼儿的学习

马拉古奇指出,在幼儿的发展过程中各种关系和学习是相互配合的。它们来自幼儿的期望与技巧、成人的专业能力,以及更广泛地源自整个教育过程。幼儿的学习并非教师教授后的一个自行发生的结果,反而大部分是由于幼儿自己参与活动的结果及利用提供的资源自己动手做的结果。②

马拉古奇认为,幼儿在入园前就已经构建自己的知识和技巧,这类知识不是完全独立的,而是幼儿社会性发展的结果。在任何情境下,幼儿并不会等待对自己提问题或者形成关于想法、原则或者感觉的策略,他们总是在学习与理解的构建与获得中扮演主动、积极的角色。幼儿的学习不仅是一种满足的经验,还是体验欲望、表演及挑战。因此,当挑战来临时,当幼儿受到协助而把自己视为作者或者发明者时,一旦他们接受协助而发现质疑及追根究底的快乐时,便爆发出动机及兴趣,他期待不同与惊喜。作为教育工作者,必须理解幼儿,不要让他们感到失望。

马拉古奇指出,虽然幼儿在构建活动中采取主动的角色,但是一定要注意幼儿教育中教师与幼儿的互动,这是一个重要的原则。这种师生互动的方式影响幼儿的学习动机及所学习的事物。教育中要设定好鼓励认知领域与关系、情感领域之间的互动,把发展与学习、想法与行动、个体与人际关系结合起来,通过关系丰富的互动促进幼儿的发展。

(三)建立幼儿、教师和家长共同参与的教育沟通联络网

马拉古奇认为,幼儿园并不只是注重以关系为基础的教育,还要把各种元素组织起来,形成教育沟通的联络网。在他看来,"关系"不应理解为一个温暖的保护壳,而应该从一个朝着共同目标互动的力量与元素之间富有活力的连接的角度来看。教育的目标是强化每个幼儿的自我意识,使他们充分感受到归属和自信心,以参与幼儿园的活动。要通过多种方式鼓励幼儿去开拓沟通联络网,重视语言在各个层面与情境中的使用,最终让幼儿发现沟通如何强化个人与团体的自主能力。

如何形成幼儿的沟通能力,马拉古奇根据幼儿的特点提出了许多方法。如对于某些沟通行为较其他人少的幼儿,教师要利用问题、面对面地交换意见、重新引导活动、修正方法等,使其与其他幼儿一起共同强化彼此的互动;还可以采取2—4个幼儿为主的小组活动,也可以取得较好的沟通效果。在马拉古奇看来,在沟通活动中每个人与其他人之

---

① 〔意〕罗里斯·马拉古奇.瑞吉欧——儿童的一百种语言[M]姜勇.国外学前教育学基本文献讲读.北京:北京大学出版社,2013:201.

② 〔意〕罗里斯·马拉古奇.瑞吉欧——儿童的一百种语言[M]姜勇.国外学前教育学基本文献讲读.北京:北京大学出版社,2013:202.

间都有一个正式的角色关系,成人与幼儿的角色相辅相成,他们相互提问、倾听与回答。这些关系产生的结果就是让学校里的每一位幼儿都拥有属于自己的权利,通过沟通与具体体验在经验中学习。①

在形成幼儿的沟通能力时,马拉古奇也重视家庭的参与。他指出,在幼儿教育中,家庭参与需要许多事情的配合,但重要的是需要教师的不断调适。教师必须对确定的事物仍抱有质疑的习惯,不断提高敏感度和认知;幼儿需要时随时出现;要研究重要形式的假设,随时更新对幼儿的知识,对父母角色的丰富评估,以及谈话、倾听和向家长学习的技巧。要满足这些,教师需要不断对自己的教学提出疑问,找到沟通和记录幼儿在园经验的方法,对家长提供稳定的信息,也使幼儿及教师重视这些信息。为了让家庭了解与教师的共同工作,也需要家长与教师一起开会讨论问题,研究合作计划,熟悉记录资料,使用设备器材,陪幼儿一起游戏,等等。

从现代教育家的学前教育思想中可以看出他们与近代教育家有许多不同的特点。

一是现代教育家主要生活在新旧时代和社会的转型期,深受欧洲新教育和美国进步教育的影响,对近代的旧教育有着深刻认识,具有强烈的批判精神;他们反对模式化的教育,主张培养身心健全、自由独立和富有创造性精神的人。这些都影响了他们对学前教育的认识。

二是许多现代教育家有理解现代教育的新的理论和研究方法,注重从进化论、实用主义哲学、机能心理学或者结构心理学等理论或者角度,思考和观察现代学前教育,并且进行相关的儿童心理实验,提出了许多新的见解和认识学前教育的方法。例如,杜威的学前教育研究有其实验学校的基础。皮亚杰则根据他对儿童认知发展的长期研究,深入探索幼儿认知发展的阶段、特点,并应用这一理论批判传统的教育观,认识幼儿教育实际,提出了新的儿童观、教育观及相关的教育原则和教育方法;儿童的认知是有结构的;儿童认知结构包括图式、同化、调节和平衡;儿童认知的发展是利用原有图式或者同化新事物,或者调节原有图式同化新事物,直到达到认识上的平衡;儿童认知发展的最高阶段是逻辑思维形式,7岁以前的"感知运动阶段"和"前运算阶段"是逻辑思维形成的基础,是学前发展的重要阶段;在这个阶段,儿童的主体地位和主动性是重要的。同样,马拉古奇的瑞吉欧教育思想也具有现代教育、认知理论、生理学等基础。他关注幼儿与教师的互动,注重幼儿教育与家庭的关系,也提出了许多新的主张。

三是在对学前教育的理解上,现代教育家不是单独从学前教育一个方面来认识,而是把学前教育与家庭教育、初等教育作为一个系统来理解,把学前教育看成是整个教育系统的重要组成部分。例如,爱伦·凯、杜威等教育家不仅关注学前教育,也关注学前家庭教育和学校教育,且把学前教育与学校教育联系在一起,主张建立以儿童为中心的学校,强调各类教育的统一性对儿童发展的影响。

---

① 〔意〕罗里斯·马拉古奇.瑞吉欧——儿童的一百种语言[M]姜勇.国外学前教育学基本文献讲读.北京:北京大学出版社,2013:203.

当然,这些现代教育家也存在一些不足。如爱伦·凯批判了幼儿园教育存在的问题后,就主张从幼儿园教育回到家庭教育,降低幼儿园在儿童发展方面的作用;在批判了传统旧学校弊端后,就要求废除班级制度、废除教科书、废除考试制度等。如杜威的学前教育思想中关于儿童本能问题的论述也存在争议。什么是本能,如何理解儿童的四种本能,如何协调儿童兴趣与活动和指导的关系等,也需要进一步的研究。从现代教育的角度看,这些观点存在一定的片面性,在研究这些教育家教育思想时应给予注意。

 自我评量

名词解释
1. 《儿童的世纪》　　2. "儿童之家"　　3. 《童年的秘密》
4. "认知结构"　　　5. 儿童认知发展阶段　6. 瑞吉欧教育

简述题
1. 简述爱伦·凯的儿童教育主张。
2. 简述蒙台梭利的儿童观和教育观。
3. 简述蒙台梭利"儿童之家"的管理和教学。
4. 简述杜威关于幼儿教育特点的观点。
5. 简述杜威关于幼儿教育内容与方法的观点。
6. 简述杜威的幼儿游戏观。
7. 简述皮亚杰的儿童认知结构的观点。
8. 简述皮亚杰关于儿童认知发展阶段的主张。
9. 简述瑞吉欧教育的组织机构。
10. 简述瑞吉欧教育的主要特点。

论述题
1. 评述蒙台梭利关于学前教育内容与方法的基本主张。
2. 评述杜威的学前幼儿教育思想。
3. 评述皮亚杰的儿童发展与教育思想。
4. 评述马拉古奇的瑞吉欧教育思想。

第十二章 当代学前教育国际化

学习目的

通过本章的学习,了解教育国际化背景下学前教育机构的产生、学前教育研究的主要问题以及有关学前教育方案的基本内容,认识20世纪后半期国际学前教育的沟通与合作机制的建立及其影响,思考国际学前教育发展中关注的基本问题和解决方案,把握国际学前教育发展的特点和趋势。

进入20世纪50年代以后,学前教育的发展已经不再是一个国家内部的事务,逐步成为国家与国家、地区与地区之间相互联系、交流、合作,并形成由一定国际组织召集、负责推进的国际化的事业。这一事业是在学前教育制度化的进程中进行的,是由政府和非政府机构或者组织积极参与、共同推进的。这个进程是一个重新认识儿童地位、学前教育性质的过程,也是进一步推进学前教育观念、理念及方式现代化的过程。本章主要从三个方面:国际学前教育机构的建立及重要法规,学前教育共同关注或研究的问题,以及一些重要学前教育方案的推出及影响等,认识学前教育国际化的形成和发展特点,增进对现代学前教育发展和特点的认识。

第一节 国际学前教育机构的建立及重要法规

一、国际教育机构的建立及宗旨

国际学前教育机构的创建与国际教育组织的建立有密切联系。有研究者指出,与其他类型的国际组织一样,国际教育组织的建立和发展的起点主要是在19世纪。[1] 1899年,在欧洲新教育运动中,瑞士教育家费里埃尔(Adolphe Ferière)建立了国际新学校局(International Bureau of New Schools)。据统计,1913年在国际新学校局注册的新学校达一百多所。到1914年为止,在欧洲建立了55所新的乡村寄宿学校,其中英国18所,德国15所,瑞士9所,其余的在法国和邻近国家。[2]

20世纪初,一些有影响的国际教育组织相继诞生。如在"国际新学校局"的基础上,1921年又在法国的加来建立了"新教育联合会"(New Education Fellowship)。这个机

---

[1] 张民选.国际组织与教育发展[M].上海:上海教育出版社,2010:40.
[2] 张斌贤.外国教育史[M].北京:教育科学出版社,2008:336.

构在协调新教育运动发展、举办国际会议、宣传新教育思想方面发挥了重要作用。有研究者指出,新教育联合会在1921—1946年期间举办了多次重要会议。会议的主题包括:1921年法国加来的"儿童创造性的自我表现";1923年瑞士蒙特勒的"教育与创造性";1925年德国海德堡的"儿童创造性的培养";1927年瑞士洛迦诺的"教育中自由之内涵";1929年英国爱尔希诺的"新心理学与课程";1932年法国尼斯的"教育与社会变革";1936年英国切尔腾纳姆的"教育与自由社会";1941年美国安阿伯的"教育与社会重建";1945年英国多赛特的"为国际社会的生存而教育";1946年法国巴黎的"教育改革与新教育"。[①] 这个机构与美国的进步主义教育运动及进步主义教育协会一样,成为20世纪初期欧美影响最大的教育机构之一;其会议所讨论的主题对于推动20世纪上半期对儿童的认知和儿童教育的发展起到了重要的作用。

国际教育机构的出现比较集中的是在20世纪40年代到50年代。其中影响最大的是1946年建立的"联合国教育、科学及文化组织"(UNESCO)。这是第二次世界大战结束时建立的一个重要的国际性教育组织。1943年11月,盟国教育部长发表一份重要的报告,题为"教育与联合国",提出战后三大教育任务,包括迅速重建各国教育,对法西斯轴心国国民进行再教育;将发展教育作为建立战后世界体系的基础;建立永久性的国际教育机构。1944年盟国教育部长会议接受美国起草的建立"联合国教育文化组织"的提案,经过讨论通过了《联合国教育文化组织组织法》。1945年,鉴于美国在日本广岛投下原子弹的情况,英国科学家李约瑟等人建议在这个机构的名称上加上"科学"两字。1945年11月16日,联盟教育部长会议通过了《联合国教育、科学及文化组织组织法》,最后形成了后来的"联合国教育、科学及文化组织"。该组织的宗旨是:通过教育、科学及文化来促进各国之间的合作,以增进对正义、法治及联合国宪章所确认的,世界人民不分种族、性别、语言、宗教均享有人权与基本自由的普遍尊重,对世界和平与安全做出贡献。[②] 法案在其导言中写道:"战争起源于人之思想,故务需人之思想中筑起保卫和平之屏障。"[③] 从维护世界和平的角度思考问题,包括教育、科学和文化等问题,成为20世纪40至50年代国际性教育组织成立的一个重要特点。

二、国际学前教育机构的建立及宗旨

国际学前教育机构最早的是1892年在美国建立的"幼年教育国际协会"(Association for Childhood Education International),这是一个非政府组织的教育机构。协会的宗旨是促进幼儿教育的发展。[④]

1929年,受蒙台梭利教育思想的影响,国际蒙台梭利教学法学会(Association Montessori International)建立,其主要目的是传播蒙台梭利幼儿教学方法。这也是一个非政府的教育组织。

---

① 张斌贤.外国教育史[M].北京:教育科学出版社,2008:337.
② 顾明远.中国教育大百科全书(第二卷)[M].上海:上海教育出版社,2012:1292.
③ 张民选.国际组织与教育发展[M].上海:上海教育出版社,2010:47.
④ 兰军.国际教育舞台的参演——基于对国际教育组织及会议的考察[M].济南:山东教育出版社,2010:21.

20世纪40年代也是许多与学前教育有关的教育机构建立的时期。例如,1946年联合国教科文组织在法国巴黎建立。这个组织被认为是一个全球性的政府组织,其目的是促进各级各类教育,也包括学前教育的发展。同年,"联合国儿童基金会"(UNCF)在纽约建立。这也是一个全球性的政府组织,其宗旨是:为发展中国家儿童提供教育援助。[①]

这里需要说明的是,1946年建立的"联合国儿童基金会"由于战后的欧洲儿童的紧急之需,当时称为"联合国儿童紧急基金会"(United Nations International Children's Emergency Fund,简称 UNICEF)。1953年10月,这一机构成为联合国的永久性机构,并改名为"联合国儿童基金会",但仍然保留原来的英文名称。联合国儿童基金会总部设在纽约,工作主要用8个区域办公室和125个国家办公室执行。其预算来源独立,资金主要来自各国政府、个人企业和基金会的资源捐款。联合国儿童基金会下设执行局,作为领导机构,负责制定政策,审阅项目,批准预算。联合国儿童基金会的宗旨是援助各国改善儿童的保健、营养、教育及一般福利事业,主要为发展中国家的儿童福利提供咨询服务和物质支援,以拯救儿童的生命,保护儿童健康。其主要工作包括:(1)提供儿童基本的生存条件。主要是以社区为基础为儿童提供基本的健康护理,供应清洁食水及卫生设施;稳定、降低幼儿及儿童的夭折率;鼓励以母乳育婴,为婴儿提供疾病防疫及推广药物等工作。(2)提供儿童健康的环境。保障在战争中无辜受害、极度贫困、无人照料的儿童;加强供应营养及辅助物质如维生素A,防止因缺盐碘质而导致失明和弱智;使儿童享有健康成长的环境。(3)提供儿童接受教育和发展的机会。提供训练和教育,尤其是提倡给女童平等的教育机会,避免这些儿童因缺乏教育而影响社会的发展。(4)提供儿童参与的机会。确保儿童拥有表达意见的自由;对影响儿童生活的事务,儿童有发言的权利;等等。[②]

这个时期,世界学前教育组织(World Organization for Early Childhood Education,简称 WOECE)是最有代表性的国际性的学前教育机构。该组织建立于1948年,是一个非政府组织的学前教育机构。1948年,在欧洲的几位幼教专家的倡议下,该组织在捷克的布拉格成立,OMEP是该组织的法语缩写。世界学前教育组织的宗旨是促进各国幼儿教育的发展和幼儿教育的研究,使儿童有幸福的童年和家庭生活。其主要活动是收集、传播信息和交流各国学前教育情况,调查研究学前教育情况,协助建立国际图书馆并出版幼儿教育的文献,促进幼儿教育工作人员的培养工作,举办国际性学前教育研讨会等。

这期间还有一些学前教育组织建立,如美国的"国际幼稚园联合会",也是一个属于非政府的教育组织,其宗旨是促进世界幼儿园教育的发展。

世界学前教育组织建立后,以2—3种语言出版了《国际儿童教育杂志》;并召开国际会议,先后对幼儿的基本需要、学前教育机构的任务、学前教育工作者的培养、儿童的第一需要——游戏、儿童的权利等问题进行了研讨。该组织和其他相关的国际组织有广泛

[①] 兰军.国际教育舞台的参演——基于对国际教育组织及会议的考察[M].济南:山东教育出版社,2010:28.
[②] 顾明远.中国教育大百科全书(第二卷)[M].上海:上海教育出版社,2012:1291.

的联系,现有70多个会员国和会员地区(中国也是其会员国之一)。每个会员国或会员地区都有一个委员会,他们根据本国或本地区特点开展工作。世界学前教育组织的成员来自世界各国,其成员享有平等的权利。世界学前教育组织每年举行一次理事会,它非常强调国际间幼儿教育工作的交流与合作,也很重视世界各国的儿童权利保护问题,积极支持和配合联合国有关儿童方面的工作,对国际幼教的交流与合作起着极其重要的作用。1999年,世界学前教育组织与国际儿童教育协会(ACEI)在瑞士共同举办"21世纪国际幼儿教育研讨会",颁布了《全球幼儿教育大纲》,对全球幼儿教育的发展提出了指导性的规划。

总之,从这个时期与学前教育发展相关的国际性学前教育组织的建立可以看出,传播世界重要教育家的学前教育思想、促进学前教育的发展、关注儿童的地位和权益、为发展中国家儿童提供教育援助等,成为20世纪中期以来学前教育国际化发展的主要特点。无论是全球性政府的,还是非政府的学前教育组织,在促进学前教育国际化发展方面都做出了重要的贡献。

三、《儿童权利宣言》和《儿童权利公约》

20世纪40年代以来不仅是学前教育国际性组织建立较多的时期,也是国际社会开始关注儿童,为儿童提供法律及社会保护的时期。这个时期联合国《儿童权利宣言》和《儿童权利公约》的制定,对于儿童的发展和保护起到了促进作用,也为学前教育中保护儿童的权益,给予儿童较好的教育,提供了道义上和法律上的支持。

《儿童权利宣言》(*Declaration of the Rights of the Child*,以下简称《宣言》)是1959年11月20日联合国第十四届大会通过的一份关于儿童权利保护的重要文件。《宣言》在序言中指出:"儿童因身心尚未成熟,在其出生以前和以后均需要特殊的保护和照料,包括法律上的适当保护。"[①]《宣言》明确了各国儿童应当享有的各项基本权利。《宣言》包括10项原则。规定了儿童应该享有的健康成长和发展、受教育的权利。规定一切儿童毫无例外均享有这些权利,不因其本人的或家族的种族、肤色、性别、语言、宗教、政见或其他意见、国籍或社会成分、财产、出身或其他身份而受到差别对待或歧视。在涉及学前幼儿教育方面,《宣言》指出,儿童应享有社会安全的各种利益,应有能健康地成长和发展的权利。对儿童及其母亲应给予特别的照顾和保护,包括产前和产后的适当照料。儿童需要得到慈爱和了解,应当尽可能地在其父母的照料和负责下,在慈爱和精神与物质上有保障的气氛中成长。尚在幼年的儿童除非特殊情况,不应与其母亲分离。联合国大会发布《宣言》的目的是希望使儿童能够享有《宣言》中所说明的各项权利和自由,享有幸福的童年,并号召所有父母和其他个人以及各类组织、各国政府按照《宣言》所提出的各项准则逐步采取立法和其他措施保护儿童的各项权利。

《儿童权利宣言》的颁布虽然在一定程度上保障了儿童的权利,但是由于其不具有法律约束力,不能起到促使各国政府致力于儿童权利保护的作用,现实中仍然大量存在践

---

① 顾明远.中国教育大百科全书(第一卷)[M].上海:上海教育出版社,2012:0236.

踏儿童权利的现象。随着人权法的发展,许多国家呼吁制定一项全面规定儿童权利,具有广泛适用意义,并具有监督机制的专门法律文件,以促使国际社会在保护儿童权利方面普遍承担义务。在这种背景下,1978年第三十三届联合国大会通过决议,决定成立《儿童权利公约》起草小组。自1979年至1989年用10年的时间完成了起草工作。1989年11月20日,第四十四届联合国大会第25号决议协商一致通过,并向各国开放签署、批准和加入。到2015年已有190多个国家签署、批准履行《儿童权利公约》。

《儿童权利公约》分序言、实质性条款、程序性条款和最后条款四个部分,共54条,其中实质性条款41条。《儿童权利公约》的宗旨是最大限度地保护儿童的权益。正文部分分别阐述了儿童应该享有的各项权利,如姓名权、国籍权、受教育权、健康权、受父母照料权、娱乐权、闲暇权、隐私权、表达权等。其中最基本的权利是:(1)生存权。即每个儿童都有其固有的生命权和健康权。(2)发展权。即充分发展其全部体能和智能的权利。(3)受保护权。即儿童不受危害自身发展影响的、被保护的权利。(4)参与权。即儿童参与家庭、文化和社会生活的权利。保护儿童的权利需要遵循三条原则:18岁原则(即18岁以下的都是儿童)、无歧视原则和儿童的最大利益原则。《儿童权利公约》提出,各国政府应为本国儿童提供在卫生保健、教育、法律和生活服务方面必须达到的最低标准,并建议设立儿童权利委员会,以审查缔约国在履行根据该公约所承担的义务方面取得的进展。《儿童权利公约》认为,教育儿童的目的是最充分地发展儿童的个性、才智和身心能力;培养他们对人权和基本自由以及《联合国宪章》规定的各项原则的尊重;培养儿童对父母及自身文化、语言和价值观的认同感,对所居住国家民族价值观、原籍以及不同于本国的文明的尊重;培养儿童与不同国家的人民、种族、民族、宗教群体及土著居民之间的谅解、和平、宽容、男女平等和友好的精神,在自由社会里过有责任的生活;培养他们对自然环境的尊重。[①]

总之,《儿童权利宣言》和《儿童权利公约》的颁布对于儿童及学前教育的发展具有重要意义。如果说,瑞典教育家爱伦·凯提出的20世纪是"儿童的世纪"的观点还是一种理念的话,那么这两个文件的颁布可以说是这一理念的具体落实。把儿童,包括对幼儿的保护看作是整个国际社会,是各国政府的事情,恰恰反映了学前教育发展国际化的特点和趋势。儿童是人类社会的未来,需要国际社会和各国政府的保护,已经成为人类社会的共识。

第二节 国际学前教育研究的主要问题

20世纪80年代以来,世界各国学前教育比较关注儿童发展、学前教师培训、儿童读写以及性别差异教育等问题。这里主要就儿童发展的早期干预、儿童发展评价以及幼小衔接等问题进行分析,以认识这一时期学前教育发展的特点。

[①] 顾明远.中国教育大百科全书(第一卷)[M].上海:上海教育出版社,2012:0237.

一、儿童发展的早期干预问题

儿童发展的早期干预(Early Childhood Intervention)是世界各国教育和社会福利系统的组成部分,20世纪80年代初发展起来并引起国际社会的重视。研究者指出,儿童发展的早期干预不是针对儿童的教育问题,而是指影响儿童各个方面,包括身体的、心智的或者认知的、社会性的、情感的发展的一种互动"幼儿照料与发展"的过程。在这个过程中,儿童不仅受到他/她周围环境的影响,而且也在影响着周围的环境。儿童发展的早期干预需要考虑它对儿童各方面发展所产生的影响,同时要与幼儿生活于其中的社会环境背景相一致。[①]

关于儿童早期干预与儿童发展的关系,一些研究者指出,早期干预对于儿童入学的可能性、最初的适应、小学低年级的学业成就等有着积极影响;早期干预也有助于解决社会的公平问题,尤其对于贫困家庭的儿童,可以使他们更可能进入小学,辍学率也较低;早期干预不仅有利于儿童发展,也可以使早期干预的提供者,包括教师、看护者以及社区等都能从中受益。

20世纪80年代以后,儿童的早期干预成为国际机构关注的问题。1983年,联合国儿童基金会通过了"儿童生存与发展决议",旨在为儿童的发展提供良好的条件和环境,改善幼儿的健康状况,降低婴幼儿的死亡率。同时,为了促进儿童的全面发展,提出实行"综合性的学前教育"的观点,引起了国际社会和机构的注意。

关于综合性的学前教育,一些研究者指出,它可以整合健康、教育、营养、社会经济发展的多方面因素,以避免单方面的干预可能带来的问题(如通过单一补充儿童营养来试图改善儿童以后的学业等)。在哥伦比亚干预项目的实施中,研究者根据儿童参与干预项目时的年龄及所接受的干预内容为他们提供不同的经验,包括为家庭补充食物、定期的健康检查、全日制的儿童保教服务、一些父母的教育等。结果表明,那些接受了全部干预服务的儿童在健康、营养状况以及学业成绩等方面都有较好的发展。[②]

与此同时,国际社会也比较关注较小婴幼儿的早期干预问题。关于较小婴幼儿的早期干预,一些研究者指出在生命的最初三年时间中,儿童学习的速度比其他任何年龄阶段都要快得多。与年龄大的孩子相比,年龄小的孩子在综合性的如营养、健康和教育方面获益更大,特别是0—3岁的婴幼儿教育。研究者还发现,对家庭处境不利的有缺陷的婴幼儿不仅需要家庭之外的干预,更需要借助家庭力量加以干预,而且家庭力量的干预更重要。[③]

---

① 〔瑞典〕T.胡森,等.教育大百科全书(第3卷)[M].张斌贤,等译.重庆:西南师范大学出版社,海口:海南出版社,2006:694.

② 〔瑞典〕T.胡森,等.教育大百科全书(第3卷)[M].张斌贤,等译.重庆:西南师范大学出版社,海口:海南出版社,2006:696.

③ 〔瑞典〕T.胡森,等.教育大百科全书(第3卷)[M].张斌贤,等译.重庆:西南师范大学出版社,海口:海南出版社,2006:697.

二、儿童发展的早期评价问题

儿童的早期评价问题也是国际社会和各国教育关注的问题。关于早期评价,虽然人们认识不一,存在一些问题,但仍然引起学者的重视。这一时期的研究主要集中于四个问题。

一是儿童发展和评价的原则。研究者认为,由于儿童的发展是复杂的,受到许多因素影响,因此评价儿童的发展必须考虑儿童在各个领域的发展状况,包括他们的语言、活动能力、认知能力、经验的组织方式以及心理社会性和情感的发展。这种评价不是彼此独立的,而是一种复合的评价。需要考虑的是,由于婴幼儿的特征受到环境的影响,环境可以支持、促进或者阻碍他们的发展。这些环境非常敏感,包括婴幼儿的生物遗传特征,婴儿独特的基因组织,在子宫内的生活状况,母亲的健康,分娩生产时及以后可能发生的事件等。还要注意的是,由于在婴幼儿时期,社会和文化因素主要通过父母发挥影响,儿童的世界依赖于父母给予的解释。父母的生活阅历以及社会给父母带来的压力,也会传导到儿童身上,对儿童产生影响。[①]

二是早期儿童评价中存在的问题。研究者指出,由于幼儿不会阅读,许多用于年长儿童的评价工具不适用于幼儿,如纸笔问卷调查;长时间的访谈;抽象的提问以及多项选择题测验等。因此,在幼儿评价中要根据儿童外在的动作行为或者父母的报告(而非儿童的直接反应)去推测儿童是否理解某个概念或者是否掌握特定的认知技能。

三是关于评价方法与手段。这主要包括评价设计和评价工具。关于评价设计,有研究者指出儿童的评价设计要适宜。也就是说在有意义的情境中运用适当的评价工具,根据最佳实践原则对儿童进行评价。关于评价工具,研究者提出了多种不同的评价工具,主要用于评价幼儿发展的 7 个方面,包括筛选测验、总体发展量表、认知评价工具、交往评价工具、动作评价工具、社会性/情感评价和自我服务评价等评价工具。

四是寻找预测发展的因素。研究者指出,在儿童发展评价中仅仅依靠儿童早期评价所获得的资料对幼儿的发展进行长期的预测是不够的。发展意味着变化,婴幼儿的早期发展具有不稳定性,2 岁以后稳定性随着年龄增长而增长,5 岁以后稳定性飞速发展。当然,也有研究者指出儿童的发展不是一步到位的,其发展趋势是无法预测的。不过,虽然难以预测儿童 6 岁以后的 IQ,但仍然可以获得关于不同组间和组内的幼儿差异结果的有意义的解释。[②]

三、儿童的入学准备问题

幼儿从幼儿园进入小学,这是幼儿发展的必然过程,也是幼儿发展的重要阶段。关于幼儿进入小学的入学准备问题也是这一时期国际学前教育研究关注的问题。这一问

[①] 〔瑞典〕T.胡森,等.教育大百科全书(第3卷)[M].张斌贤,等译.重庆:西南师范大学出版社,海口:海南出版社,2006:723.

[②] 〔瑞典〕T.胡森,等.教育大百科全书(第3卷)[M].张斌贤,等译.重庆:西南师范大学出版社,海口:海南出版社,2006:725.

题主要包括:儿童入学准备的概念;儿童入学准备测验;儿童入学的标准;等等。

关于儿童的入学准备问题,研究者指出历史上存在两种准备的概念:学习准备(readiness to learn)和入学准备(readiness for school),这两种概念同时存在,也容易被混用。关于学习准备的概念是由儿童发展理论家古德(Good)提出的,主要指个体具备了进行某种特殊材料的学习的能力,这种能力通常是该年龄段的所有个体都具有的。[①] 尽管人们对这一概念有一定共识,但究竟是在什么特殊因素影响学习准备的问题上仍然有争论。如有人认为,学习准备的因素包含三个因素:注意力、动机和发展状况。皮亚杰(1970)认为是它涉及先前已经掌握的信息和新的刺激的整合;布鲁纳(1960)等则认为环境的作用更重要。不过这些观点都承认多种因素影响学习的准备,包括动机、身体发育、智力、情绪情感的成熟度和健康状况等。[②]

关于入学准备的概念,研究者指出,这个问题目前也已经达成共识,即已经为入学做好准备的儿童在身体、智力、社会性和情绪情感的发展上都达到了一定的标准。为入学做好的准备还包括一些特殊的认知、语言和心理运动技能。研究者指出,学习准备和入学准备两个概念之间存在差异。第一个概念适用于所有年龄的学生;第二个概念只适用于幼儿,主要是指正规的学校教育的开始阶段。前者把教育环境看作是变化的、发展的;后者更多地把教育环境看作是静止的、固定不变的。在这个基础上产生了"成熟准备"的概念,即它接受了入学准备的基本原则,希望儿童在入学前达到行为和知识方面的一定标准。但是也看到,由于儿童个体之间存在的差异,有自己的发展进度,因此不会同时达到入学标准。当然,也有一些成熟论者指出,与其把儿童置于超出其发展水平的学校环境中,或者改革学校教育以适应儿童的个体差异,不如让儿童远离学校。[③] 20世纪60年代、70年代和80年代美国的许多学区和家长接受了这种观点。

关于入学准备测验的问题,研究者指出幼儿的成熟准备通常是通过测验来评价而不是由其实足年龄来决定的。不过在对于使用什么测验方法上也有许多争论。支持测验的人强调这些测量工具可以有效预测幼儿在学前班的成功或者失败;而反对者则怀疑这种过早实施测验的结果,认为幼儿年龄还小,无法长时间静坐并保持注意力集中。反对者指出,在任何特定时间内进行的测验都像快照一样,只能反应那个特定时间的发展;超越那个特定时间的推论,无法反应正常儿童发展过程中的"突进和停顿"的特点。除了对测验本身提出批评外,还有人对测验结果也提出批评,认为根据测验结果对儿童进行分班,决定他们的升留级的做法也存在问题。虽然一些机构会为没有通过测验的儿童开设特殊教育班,但是有人指出它可能造成的后果是复杂的。有资料表明,留级的后果并不是积极的而是消极的;被留级的或被剔除的幼儿会因为意识到自己没有取得正常的进步而对学校的态度变得比较消极。另外,早期准备测验还可能由于区别对待,使留级的儿

[①] 〔瑞典〕T.胡森,等.教育大百科全书(第3卷)[M].张斌贤,等译.重庆:西南师范大学出版社,海口:海南出版社,2006:727.

[②] 〔瑞典〕T.胡森,等.教育大百科全书(第3卷)[M].张斌贤,等译.重庆:西南师范大学出版社,海口:海南出版社,2006:727.

[③] 〔瑞典〕T.胡森,等.教育大百科全书(第3卷)[M].张斌贤,等译.重庆:西南师范大学出版社,海口:海南出版社,2006:727.

童接受不同的教育而导致课程问题和公平问题。①

关于实足年龄作为入学标准的问题,研究者也进行了探讨,并向"成熟准备"的假设提出了挑战。成熟理论者认为发展先于学习,发展被看作是学习的一个先决条件;只有当发展为学习准备好了时才能进行教学。维果茨基等人的理论向这种学说发出了挑战。他认为,儿童身上有两种发展水平,一种是实际发展水平,一种是可能发展水平,这两者之间是最近发展区。在最近发展区中,通过问题解决、同伴合作、成人提供的支持,儿童就能获得新的能力,进入更高的智力活动阶段。由于这种观点把儿童看成是为学习做好准备的学习者,认为儿童必须处在一种能够促进其学习的环境中,这就否定了那种因为儿童没有做好准备就要被学校剔除出来的做法,而学校必须为儿童做好准备。这种观点受到普遍的赞同,促使人们重新思考把实足年龄作为入学的标准。

不过,也有研究者指出,按照实足年龄作为儿童入学的标准也存在一些困难。因为任何一个年龄段,即使对这个年龄段人们达成共识,但是在儿童之间也存在很大的差异。同时,要采用实足的年龄标准,就必须有表述良好的、个性化的、能够适合儿童在语言、文化、能力、态度和学习方式等方面的差异化方案,也就是说,需要把统一的入学标准与差异化的课程很好地结合起来,为儿童提供个性化的帮助。虽然实施这些需要一定条件,但是这一观点促使人们对幼儿入学标准进行思考,提出了相应的措施。1991 年,美国国家教育目标委员会准备资源小组提出了关于儿童入学的五个维度的标准:身体健康、情绪情感的成熟、社会信任感、语言的丰富性和认知方面的知识等。②

进入 20 世纪 90 年代以后,随着人们对学前入学准备问题的更多了解,传统的观念在发生改变,单一的成熟主义的准备观开始被更为恰当的多维度的入学准备观所取代。它对学校教育提出的要求是,学校和班级必须能够适应儿童之间的发展差异,并为儿童的顺利入学做好准备。

第三节 国际学前教育的主要方案及大纲

20 世纪 60 年代以来,一些有关学前教育的方案和大纲的提出也促进了学前教育国际化的推进,促进各国学前教育的相互了解和借鉴。这些方案主要包括 20 世纪 60 年代提出的"婴儿教育方案"、80 年代出现的"儿童看护方案",以及 90 年代后期由世界学前教育组织和国际儿童教育协会共同制定的《全球幼儿教育大纲》。

一、"婴儿教育方案"

"婴儿教育方案"的提出主要来自欧美国家,是基于 20 世纪 50 年代以后欧美社会民主化的需求和"向贫穷宣战"的背景下产生的。

---

① 〔瑞典〕T. 胡森,等. 教育大百科全书(第 3 卷)[M]. 张斌贤,等译. 重庆:西南师范大学出版社,海口:海南出版社,2006:728.
② 〔瑞典〕T. 胡森,等. 教育大百科全书(第 3 卷)[M]. 张斌贤,等译. 重庆:西南师范大学出版社,海口:海南出版社,2006:728.

20世纪60年代美国政府提出的"向贫穷宣战"的政策是"婴儿教育方案"的主要动力。这项政策的基本考虑是,在社会的贫困问题中,贫困家庭的儿童是主要的受害者。由于他们没有为入学做好准备而无法从学校教育中获益,因此社会需要为他们提供托幼机构教育以补偿其处境的不利。但是在如何对这些贫困家庭孩子进行教育的问题上,"婴儿教育方案"的提出者向传统的教育观念发起了挑战。传统的观念认为,集体看护会削弱婴儿与母亲之间的情感关系,有损于婴儿情绪情感的发展。因此,"婴儿教育方案"考虑比较多的是如何在集体看护的条件下使这些贫困家庭的婴儿有更好的发展。

最早提出"婴儿教育方案"的是1964年的锡拉库兹方案。这一方案的特点是使母亲与孩子的亲子关系在托幼机构中得以延续。具体要求是在婴儿与母亲之间建立一种具有连续性的关系,使幼儿能够和托幼机构中的一个成人建立稳定的关系。为了给6—18个月的婴儿提供一个熟悉的环境,托幼机构的日常生活制度注重按照婴儿的家庭生活经验来制定。父母要关注婴儿的发展,每月要和教师开一次会。该方案还为母亲提供观看教师如何护理婴幼儿的机会,同时也为教师提供了解母婴之间关系的机会。为了确保看护者与婴儿之间建立稳定的关系,对婴儿生理需要的呵护都是由同一个人完成的。①

20世纪80年代以后这种模式继续加以改进,更加注重托幼机构与家长的交流与合作。1987年,拉利提出了新的方案。该方案的理论基础包括:皮亚杰的平衡理论,尤其是儿童积极参与知识建构过程的观点对新方案影响较大;语言发展理论使得该方案特别注重成人的语言示范作用;艾里克森的理论也使得该方案注重婴儿的基本信任、主动性、学习的自发性的培养等。在该方案的影响下,幼儿教育机构的培训注重面向整个中心的工作人员,包括厨师、秘书、司机等。该方案持续到孩子长到60个月,并为年长儿童增加了4个活动区域:大肌肉活动、小肌肉活动、感知觉活动、创造性的表达。教师固定在每个区域,幼儿可以自由选择参与每个区域的活动。②

在幼儿36个月时,研究者对"婴儿教育方案"的效果进行了追踪评价,发现参与该方案的幼儿在斯坦福-比纳智力测验上的得分要高于控制组幼儿的成绩,但是当幼儿60个月以后,这种差异就消失了。研究发现,在36—60个月之间,参与该方案的幼儿在社会情感方面明显优于控制组幼儿,但是在幼儿进入小学以后,他们比其他孩子表现出更多的积极行为和消极行为,尤其是对教师的态度方面有更多的消极行为表现。有研究者对于这种发现的解释是,幼儿园的环境是宽容的,对幼儿需要反应比较敏感;而小学的环境则为以学业成就为取向的、非宽容性的环境。与此不同的解释是,具有托幼机构教育经历的儿童之所以在日后表现出更多积极的和消极的社会性行为,是因为在托幼机构人们总是接受并鼓励幼儿表达他们的积极情感和消极情感。但是当孩子进入小学后这种教育策略就不再使用了。一般来说,对待幼儿的消极行为,学校环境比托幼机构更多的是

---

① 〔瑞典〕T. 胡森,等. 教育大百科全书(第3卷)[M]. 张斌贤,等译. 重庆:西南师范大学出版社,海口:海南出版社,2006:715.
② 〔瑞典〕T. 胡森,等. 教育大百科全书(第3卷)[M]. 张斌贤,等译. 重庆:西南师范大学出版社,海口:海南出版社,2006:716.

控制和压制。因此,来自托幼机构的幼儿自然会对这种变化做出消极的反应。①

总之,美国人在这一问题上虽然存在许多争论,但是这些解释对于理解托幼机构与学校教育的关系,理解幼儿在由托幼机构向学校机构过渡过程中的行为变化是非常必要的。

欧洲一些国家也提出了具有特色的"婴儿教育方案"。如匈牙利的皮克勒(Emmi Pikler)提出了一个主要为3岁以下的婴儿提供服务的婴儿教育方案。这个方案的假设是:每个儿童都有自己的发展节奏或速率;每个正常儿童都清楚什么会吸引他们的注意力;他们不会完全受外部环境刺激的影响;成人必须让婴儿通过自己的努力进入下一个发展阶段。这一方案和模式产生一定影响,很快传入英格兰、法国、德国、西班牙和意大利等国。另外,克劳瑞提出的"婴儿教育方案"也有自己的特点。该方案的组织原则是,每个看护者都要与八个婴儿中的两个婴儿建立亲密的关系;在幼儿3岁以前,确保婴儿群体拥有稳定不变的看护者;允许每个婴儿有自己的睡眠习惯和活动次数;随着年龄的增长,将2个或3个婴儿分成一组,进行小组式的看护。②

在意大利,马拉古奇的瑞吉欧模式在当时国际社会上也产生了较大影响,并获得广泛认可。瑞吉欧教育模式的基本假设是儿童的感知能力及经验是其发展的基础,它也因此规定了看护者的教育任务,其中一个主要任务就是要保持婴儿感知的激情和探索的活力。

在德国,柏林的婴儿教育模式也有特色。其独特之处在于,看护者对每个婴儿都有深入的了解,能够使所提供的教育经验适应于每个婴儿的发展水平。该模式的主要做法是设计了婴儿的发展图表,指导看护者观察和评估每个婴儿的各种能力发展;同时为每个婴儿建立发展档案,帮助看护者全面了解每个婴儿的特点。

从欧洲一些国家提出的"婴儿教育方案"可以看出,教育机构和教育者非常重视与婴儿个体的联系,并建立亲密的关系。许多婴儿教育机构还注重婴儿发展的独立性和多种能力的形成,并为看护者提供一切条件,尽可能多地了解和护理婴儿,促进婴儿的健康发展。

二、"儿童看护方案"

"儿童看护方案"是20世纪80年代以来欧美国家幼儿教育机构为12—26个月的学步儿童设计的。这些儿童看护方案主要由不同的幼儿教育机构提供,包括家庭托儿所、较大规模的公立或私立的儿童看护中心等。其目的是为幼儿的发展提供更好的服务。这里分别介绍美国和欧洲的儿童看护方案及研究情况。

从20世纪80年代起,儿童看护问题成为美国学前教育研究的主要问题。有研究者指出,这一时期主要形成了四次研究浪潮。第一次研究浪潮关注的问题是,"日托中心究

---

① 〔瑞典〕T.胡森,等.教育大百科全书(第3卷)[M].张斌贤,等译.重庆:西南师范大学出版社,海口:海南出版社,2006:716.
② 〔瑞典〕T.胡森,等.教育大百科全书(第3卷)[M].张斌贤,等译.重庆:西南师范大学出版社,海口:海南出版社,2006:717.

竟对儿童有益还是有害?"研究的结果表明,必须以对托幼机构教育质量进行的调查结果为依据,而不能以简单的"是"或"不是"的答案来回答。第二次研究浪潮关注的问题是各个日托中心之间的差异,包括社会性结构方面的差异(如班级规模、师幼比等),以及师幼互动的数量和质量(如语言的使用、身体的接触等)的差异。研究的结果表明,托幼机构教育的发展适宜性是托幼机构教育质量的决定性因素。发展适宜性包括两个维度,即年龄适宜性和个体适宜性。所谓发展适宜性是指教师或看护者的行为、期望和目标能够反映幼儿的年龄特点和个体的特点的程度。第三次研究浪潮出现在20世纪80年代中期,主要关注的问题是,"怎样才能使日托中心变得更好?"研究的结果是,幼儿与看护者之间的言语和教育性的互动要频繁,不是一种监管性的、控制性的互动;成人不是让幼儿自己在毫无目的的游戏中浪费时间;师幼比是合适的;看护者接受过儿童发展知识方面的培训,拥有一定程度的关于儿童看护的专业经验和较长时间的工作经历;等等。这些结果导致了第四次儿童看护研究的浪潮。第四次研究浪潮提出的问题是,"为什么在我们对幼儿如何学习与发展以及高质量的儿童看护的构成因素有了相当多的了解之后,我们还无法将这些认识转化为实践?"①

为了解决这个问题,1988年开展了关于全美儿童看护从业人员状况研究。该研究调查了5个大城市的227所儿童看护中心的看护质量,得出的结论是:美国的儿童看护是不适宜的。其主要表现为,教师工资非常低;接受过正规教育和学前教育专业化培训的教师数量少;政府没有制定关于师幼比、教师的教育培训和工资报酬等方面的标准,导致了41%的教师流失率,而且很难吸引合格的教师。②

需要指出的是,欧洲的儿童看护教育质量在不同国家也存在较大差异。在法国,国家的儿童看护政策得到较强的支持,包括接受高水平培训的教师、与儿童看护有关的预防疾病和健康保护项目、根据父母的支付能力来确定3岁以下儿童的看护费用、为3—5岁幼儿提供的免费的托幼机构教育,以及为幼儿提供的设计良好的空间和材料等。这与美国的儿童看护实践形成鲜明对照。

在意大利,也有一些质量较高的儿童看护教育,如前面提到的瑞吉欧·艾米利亚教育模式。有研究者指出,这个模式是"整个西欧由社区支持的儿童看护系统中最著名的一个机构"。这个机构的教育特点是,在幼儿园生活的3年期间不改变幼儿和教师构成的班级群体;形成强有力的家庭和学校之间的联系;以项目为基础的教学;儿童看护环境高度的可见性和可感知性;教师非常尊重他们所负责看护的幼儿并对他们给予很高的期望。③

总之,这一时期在欧美出现的关于儿童看护教育方案及研究,特别是一些国家的儿童看护教育政策及实施,反映了不同地区和国家的不同特点。这在一定程度上表明,人

---

① 〔瑞典〕T.胡森,等.教育大百科全书(第3卷)[M].张斌贤,等译.重庆:西南师范大学出版社,海口:海南出版社,2006:719.

② 〔瑞典〕T.胡森,等.教育大百科全书(第3卷)[M].张斌贤,等译.重庆:西南师范大学出版社,海口:海南出版社,2006:720.

③ 〔瑞典〕T.胡森,等.教育大百科全书(第3卷)[M].张斌贤,等译.重庆:西南师范大学出版社,海口:海南出版社,2006:720.

们对儿童看护教育模式及实践的探索是多样性的,研究的成果也是显著的;目的都是为了加强教师与儿童的联系,使儿童能够得到更好的教育。这些都恰恰体现了现代学前教育发展的特征。

三、《全球幼儿教育大纲》的制定

1999年7月5日—8日,由世界学前教育组织和国际儿童教育协会(ACEI)在瑞士共同举办了"21世纪国际幼儿教育研讨会",有28个国家和地区的83名幼儿教育工作者参加,共同制定了国际性的幼儿教育大纲——《全球幼儿教育大纲》(以下简称《大纲》)。该《大纲》的设想是:制定一套适合所有国家的总的幼儿教育原则,以改善新世纪的幼儿教育。主要包括7个部分。

(一)关于幼儿教育的指导思想、目标和策略

《大纲》指出,每个儿童都应有机会在一个尊重他们的环境里成长,这种环境必须是安全的,对儿童间的差异性是宽容的。儿童有自己的需要、权利和内在的价值,而这些都应被认可和支持。儿童必须在出生后一直受到良好的照料和教育才能健康成长,在家里是如此,在外面也是如此。对儿童早期营养、健康、教育以及社会心理的关注就是对人类未来的关注。面对新世纪的挑战,《大纲》敦促每个成员:评估并检讨为儿童的教育及成长所付出的努力;制定并实施一系列政策来促进幼儿教育的发展;合理分配来自国家、各发展机构、政府及非政府组织的资源,以提高教育的质量;加强各国间的互助合作,以提供高质量的服务。为此,还要求:平等对待所有儿童;加强各种合作,以充分利用现有资源,达到最好的效果;尊重幼教工作者的价值,提供良好的工作条件及合理的报酬;利用一切机会加强亲子之间的交流;建立有稳定来源的基金;监督评价教育计划的实施。[1]

(二)关于环境与活动空间

《大纲》指出,幼儿的学习环境必须是安全的,他们既不能受到身体上的伤害,也不能受到心理上的伤害。前者是要保护孩子的身体健康,身体不健康会影响孩子的学习及成长;后者是指整个环境要让孩子有归属感,是为儿童的成长而设置的。《大纲》认为,儿童的环境与活动空间包括:一是安全的环境及活动空间。这种环境的设施是安全的,周围不应有污染、暴力;这个环境还应该使儿童有归属感、安全感、幸福感,而不是恐惧感。二是积极向上进取的环境。在这个环境中,儿童与儿童之间,儿童与教师之间,有经常的交流;鼓励儿童玩耍、探索和发现;是有吸引力的,令儿童愉悦的,而不是单调的,等等。[2]

(三)关于课程内容和教学方法

《大纲》指出,课程是一个体现了教育思想的计划,是幼儿教育工作者工作的指导准则。优秀的幼儿教育课程是针对儿童整个身心健康设计的,必须考虑儿童的身体状况、认知水平、语言能力、创新能力、社会性与情感的发展状况等。幼儿课程的最终目标是为社会培养更具能力、更具爱心的公民。《大纲》指出,在课程内容上,幼儿教育课程的重点

---

[1] 全球幼儿教育大纲——21世纪国际幼儿教育研讨会文件(上)[J].李毅,译.幼儿教育,2001(3).
[2] 全球幼儿教育大纲——21世纪国际幼儿教育研讨会文件(上)[J].李毅,译.幼儿教育,2001(3).

应和世界有关，内容应包括人类的价值观、希望、梦想以及家庭和社区对儿童的期望等。在教学方法上，幼儿教育工作者必须和儿童建立起积极的教育教学关系；掌握最基本的和更多的教学方法，以理解儿童的学习策略并帮助每个幼儿学习。在学习材料上，应使用本地的、天然的材料；应提供充足的、儿童需要的材料和设备，还要保持他自己民族文化的完整性。在儿童进步的评价上，每个儿童的优点和长处都要被认可，每个孩子的进步都要通知家长；评价儿童不仅要看他们所学的知识，同时要看他们的学习过程和学习表现。

(四) 关于幼儿园教师和保育工作者

《大纲》指出，幼儿教育是一个非常重要的工作，需要幼教人员有很强的责任心，有良好的品格，还应了解儿童的成长过程，并具备相应的知识和技能。关于幼教工作者的道德准则，《大纲》要求，幼儿园教师及保育工作者应该尊重儿童，尊重儿童的文化及家庭习俗，具有为儿童利益大声疾呼并身体力行的勇气。[①]

(五) 关于幼儿成长与家庭和社区的关系

《大纲》指出，幼儿的成长和教育是家庭、教师、保育人员和社区的共同责任。在家庭和社区里的所有成员应共同为儿童的利益创造良好的条件。在与家庭的交流上，应运用各种方法让公众知道有关教育理念、教育方针及步骤多方面的情况；幼儿教育工作者和家庭之间应就儿童的成长以及与儿童家庭有关的问题，经常进行讨论、交流，语言应通俗易懂；家庭应能获得必要的资源帮助儿童的成长。在道德责任及行为方面，幼儿教育机构应有保护儿童的措施；有保护儿童家庭隐私的措施；有培养儿童自尊自信的活动；课程计划中的道德教育应尊重各个家庭的道德价值观。整个幼儿教育环境要体现对多元性的尊重、宽容和接纳；多元包括文化、种族、年龄、语言、宗教、性别、社会经济地位、家庭组成及某些特殊需要等。幼儿教育工作者应有机会参加培训，以增加对多元性的了解和理解。儿童在进入幼儿园学习之前，应有机会熟悉幼儿园环境，教师应熟悉儿童的家庭；应提供机会让家庭和社区代表观察幼儿园的活动。[②]

(六) 关于有特殊需要的幼儿

《大纲》指出，有特殊需要的儿童主要指那些受过伤，有残疾或疾病，或有其他妨碍正常成长原因的儿童，也包括那些有特殊才能的儿童。这些特殊需求源于许多因素，包括遗传因素、与健康相关的因素（如营养不良、出生时体重过轻、视听障碍等）、神经疾病因素（如学习障碍）、社会心理因素（如精神及行为障碍）、社会文化条件（如针对民族、种族、语言、移民或者难民地位的偏见）、特殊的环境因素（如虐待、忽视、极端贫穷、受伤等）。《大纲》要求，所有国家在为儿童提供教育时，要平等对待所有儿童；保证基本健康和营养；形成共同的观念和目标；每所幼儿园要有一人具有判断儿童特殊需要的能力；幼教机构要尽最大可能将幼儿教育普及到所有儿童，不管他们是否有特殊需求；要关心幼儿不同的个体需求，鼓励和支持为有特殊需求的儿童建立单独的课程计划，提供特殊的服务。

[①] 全球幼儿教育大纲——21世纪国际幼儿教育研讨会文件（上）[J]. 李毅，译. 幼儿教育，2001(3).
[②] 全球幼儿教育大纲——21世纪国际幼儿教育研讨会文件（下）[J]. 李毅，译. 幼儿教育，2001(4).

(七)关于责任、督导和管理

《大纲》指出,要加强幼教工作者和幼儿之间的沟通;创造良好的教育氛围,鼓励竞争,鼓励正确的教育方法;加强与家庭和社区的合作关系,共同关心幼儿教育,使本地的幼儿教育更符合本地的实际情况;确保高质量的幼儿教育;明确保障儿童利益是政府、社区、专业组织、家庭和幼教工作者共同的责任。①

自从20世纪50年代以来,随着一些国际学前教育组织的建立,以及相关学前教育法规或方案的制定,为许多国家专业研究者对学前教育问题进行国际间的合作研究和交流提供了有利的条件,促进学前教育的进一步发展,呈现了学前教育发展和研究的国际化的新特点。学前教育的发展是与社会和教育整个大环境密切联系的。学前教育发展也与研究者对学前教育问题的持续关注和深入研究是分不开的。把握学前教育发展的动向和趋势,认识现代教育观念的影响,特别是对学前教育的影响,具有重要的意义和价值。

外国学前教育发展的历史表明:学前教育是一个由家庭化、社会化,向制度化发展的过程,而且在制度化的过程中还出现了国际化的特点。这个过程表明:学前教育的目的和本质是为了儿童,保护儿童,使所有的儿童由家庭走向社会,成为一个认识自己、认识他人、认识社会、认识世界的现代人。这个目的的实现,不仅需要本国幼教工作者的努力,也需要国际学前教育界的通力合作,改变观念,信息沟通,资源共享,制订规划,切实落实,真正促进儿童的发展。

 自我评量

名词解释
1. 世界学前教育组织
2. 《儿童权利宣言》
3. 《儿童权利公约》
4. 《全球幼儿教育大纲》

简述题
1. 简述"婴儿教育方案"的形成及基本内容。
2. 简述"儿童看护方案"的基本内容。
3. 简述《全球幼儿教育大纲》中关于课程与教学方法的内容。
4. 简述《全球幼儿教育大纲》中关于特殊儿童教育的内容。

论述题
1. 评述学前教育国际化的形成及特点。
2. 评述《儿童权利宣言》和《儿童权利公约》的制定对学前教育发展的影响。
3. 举例并评述20世纪中期以后国际学前教育研究的主要问题。

---

① 全球幼儿教育大纲——21世纪国际幼儿教育研讨会文件(下)[J].李毅,译.幼儿教育,2001(4).

参 考 文 献

中文类

[1] 礼记·内则.
[2] 礼记·祭义.
[3] 礼记·学记.
[4] 礼记·大学.
[5] 论语.
[6] 孟子.
[7] 孝经.
[8] 颜之推.颜氏家训[M].梁海明,译注.太原:山西古籍出版社,1999.
[9] 蒙学十篇[M].夏初,惠玲,校释.北京:北京师范大学出版社,1990.
[10] 中国学前教育史编写组.中国学前教育史资料选[M].北京:人民教育出版社,1989.
[11] 高平叔.蔡元培教育论集[M].长沙:湖南教育出版社,1987.
[12] 陶行知全集[M].长沙:湖南教育出版社,1985.
[13] 唐淑.中国学前教育史[M].北京:人民教育出版社,2002.
[14] 黄济.教育哲学通论[M].太原:山西教育出版社,2000.
[15] 马镛.中国家庭教育史[M].长沙:湖南教育出版社,1997.
[16] 王玉波.历史上的家长制[M].北京:人民出版社,1984.
[17] 〔美〕托马斯·库恩.科学革命的结构[M].金吾伦,等译.北京:北京大学出版社,2003.
[18] 〔法〕菲力浦·阿利埃斯.儿童的世纪:旧制度下的儿童和家庭生活[M].沈坚,等译.北京:北京大学出版社,2013.
[19] 〔美〕佛罗斯特.西方教育的历史和哲学基础[M].吴元训,等译.北京:华夏出版社,1987.
[20] 〔美〕F.普洛格,D.G.贝茨.文化演进与人类行为[M].吴爱明,等译.沈阳:辽宁人民出版社,1988.
[21] 〔英〕G.埃利奥特·史密斯.人类史[M].李申,等译.北京:社会科学文献出版社,2002.
[22] 〔法〕安德烈·比尔基埃,等.家庭史:遥远的世界,古老的世界[M].北京:三联书店,1998.
[23] 〔古希腊〕柏拉图.法律篇[M].张智仁,等译.上海:上海人民出版社,2001.
[24] 〔古希腊〕亚里士多德.政治学[M].吴寿彭,译.北京:商务印书馆,2009.
[25] 〔古罗马〕昆体良.昆体良教育论著选[M].任钟印,选译.北京:人民教育出版社,1989.
[26] 华东师范大学教育系,浙江大学教育系.西方古代教育论著选[M].北京:人民教育出版社,2001.
[27] 〔古罗马〕奥古斯丁.忏悔录(第一卷)[M].长春:时代文艺出版社,2000.
[28] 〔德〕恩格斯.德国农民战争[M]//马克思恩格斯全集(第7卷).北京:人民出版社,1975.
[29] 〔德〕汉斯-维尔纳·格茨.欧洲中世纪生活[M].王亚平,译.北京:东方出版社,2002.
[30] 〔美〕尼尔·波兹曼.童年的消逝[M].吴燕莛,译.桂林:广西师范大学出版社,2004.
[31] 〔以〕苏拉密斯·萨哈.第四等级——中世纪欧洲妇女史[M].林英,译.广州:广东人民出版

社,2003.

[32]〔美〕克伯雷.外国教育史料[M].华中师范大学,等译.武汉:华中师范大学出版社,1991.

[33]〔美〕爱德华·麦克诺尔·伯恩斯,等.世界文明史[M].罗经国,等译.北京:商务印书馆,1987.

[34]〔日〕梅根悟.世界幼儿教育史[M].刘翠荣,等译.长春:吉林人民出版社,1986.

[35]〔美〕布鲁巴克.教育问题史[M].单中惠,等译.济南:山东教育出版社,2012.

[36]〔捷〕夸美纽斯.大教学论[M].傅任敢,译.北京:教育科学出版社,1999.

[37]〔捷〕夸美纽斯.夸美纽斯教育论著选[M].任钟印,选编.北京:人民教育出版社,2005.

[38]〔英〕洛克.教育漫话[M].傅任敢,译.北京:人民教育出版社,1985.

[39]〔法〕卢梭.爱弥儿(上卷)[M].李平沤,译.北京:商务印书馆,1996.

[40]〔瑞士〕裴斯泰洛齐.裴斯泰洛齐教育论著选[M].夏之莲,等译.北京:人民教育出版社,2001.

[41]〔德〕赫尔巴特.普通教育学·教育学讲授纲要[M].李其龙,译.北京:人民教育出版社,1989.

[42]〔德〕福禄培尔.人的教育[M].孙祖复,译.北京:人民教育出版社,2001.

[43]〔英〕罗伯特·R.拉斯克,等.伟大教育家的学说[M].朱镜人,单中惠,译.济南:山东教育出版社,2013.

[44]〔美〕约翰·杜威.学校与社会·明日之学校[M].赵祥麟,等译.北京:人民教育出版社,2005.

[45]〔美〕约翰·杜威.杜威教育论著选[M].赵祥麟,等编译.上海:华东师范大学出版社,1981.

[46]〔美〕约翰·杜威.民主主义与教育[M].王承绪,译.北京:人民教育出版社,1990.

[47]〔意〕蒙台梭利.蒙台梭利幼儿教育科学方法[M].任代文,译.北京:人民教育出版社,2001.

[48]〔澳〕康内尔.二十世纪世界教育史[M].张法琨,等译.北京:人民教育出版社,1990.

[49]〔瑞典〕爱伦·凯.儿童的世纪[M].魏肇基,译.上海:上海晨光书局,1936.

[50]〔瑞典〕爱伦·凯.儿童的教育[M].沈泽民,译.北京:商务印书馆,1923.

[51]〔美〕凯瑟琳·坎普·梅休,等.杜威学校[M].王承绪,等译.北京:教育科学出版社,2007.

[52]〔瑞典〕T.胡森,等.教育大百科全书[M].重庆:西南师范大学出版社,海口:海南出版社,2006.

[53]〔美〕米基·英伯,等.美国教育法[M].李晓燕,等译.北京:教育科学出版社,2011.

[54]雷通群.西洋教育通史[M].北京:商务印书馆,1935.

[55]唐淑,何晓夏.学前教育史[M].大连:辽宁师范大学出版社,2001.

[56]周采,杨汉麟.外国学前教育史[M].第2版.北京:北京师范大学出版社,2012.

[57]杨汉麟,周采.外国幼儿教育史[M].南宁:广西教育出版社,1998.

[58]单中惠,刘传德.外国幼儿教育史[M].上海:上海教育出版社,1997.

[59]杨国章.原始文化与语言[M].北京:北京语言学院出版社,1992.

[60]瞿葆奎.教育学文集·教育与教育学[M].北京:人民教育出版社,1993.

[61]瞿葆奎.教育学文集·英国教育改革[M].北京:人民教育出版社,1993.

[62]滕大春.外国教育通史[M].济南:山东教育出版社,2005.

[63]夏之莲.外国教育发展史料选粹[M].北京:北京师范大学出版社,1999.

[64]马骥雄.外国教育史略[M].北京:人民教育出版社,1991

[65]吴式颖,等.外国教育史教程[M].北京:人民教育出版社,1999.

[66]吴式颖,等.外国教育史简编[M].北京:教育科学出版社,1995.

[67]姜勇.国外学前教育学基本文献讲读[M].北京:北京大学出版社,2013.

[68]郭法奇,等.欧美儿童研究运动:历史、比较及影响[M].北京:北京师范大学出版社,2012.

[69]郭法奇.外国学前教育史[M].北京:北京大学出版社,2015.

[70] 赵祥麟.外国现代教育史[M].上海:华东师范大学出版社,1987.

[71] 顾明远.中国教育大百科全书(第一卷)[M].上海:上海教育出版社,2012.

[72] 张民选.国际组织与教育发展[M].上海:上海教育出版社,2010.

[73] 兰军.国际教育舞台的参演——基于对国际教育组织及会议的考察[M].济南:山东教育出版社,2010.

[74] 俞金尧.西方儿童史研究四十年[J].中国学术,2001(4).

[75] 全球幼儿教育大纲——21世纪国际幼儿教育研讨会文件(上)[J].李毅,译.幼儿教育,2001(3).

英文类

[1] Philippe Ariès. Centuries of Childhood：A Social History of Family Life[M]. Translated from the French by Robert Baldick Jonathan. Cape Ltd,1962.

[2] Richard Q. Bell. Child Effects on Adults [M]. Wiley,1977.

[3] Magnus O. Bassey. Western Education and Political Domination in Africa [M]. Bergin & Garrey,1999.

[4] V. Celia Lascarides，Blythe F. Hinitz. History of Early Childhood Education [M]. Falmer Press,2000.

[5] Aubrey Gwynn. Roman Education from Ciceo to Quintilian [M]. Oxford. At the clarendon press,1926.

[6] Molly Harrison. Children in History，Book one The Middle Ages[M]. Hulton Educational Publication,1959.